Chroniques des comtes d'Anjou et des seigneurs d'Amboise, pub. par Louis Halphen et René Poupardin

René Poupardin, Louis Halphen

Nabu Public Domain Reprints:

You are holding a reproduction of an original work published before 1923 that is in the public domain in the United States of America, and possibly other countries. You may freely copy and distribute this work as no entity (individual or corporate) has a copyright on the body of the work. This book may contain prior copyright references, and library stamps (as most of these works were scanned from library copies). These have been scanned and retained as part of the historical artifact.

This book may have occasional imperfections such as missing or blurred pages, poor pictures, errant marks, etc. that were either part of the original artifact, or were introduced by the scanning process. We believe this work is culturally important, and despite the imperfections, have elected to bring it back into print as part of our continuing commitment to the preservation of printed works worldwide. We appreciate your understanding of the imperfections in the preservation process, and hope you enjoy this valuable book.

COLLECTION DE TEXTES

POUR SERVIR A L'ÉTUDE ET A L'ENSEIGNEMENT DE L'HISTOIRE

CHRONIQUES
DES COMTES D'ANJOU
ET DES SEIGNEURS D'AMBOISE

PUBLIÉES PAR

Louis HALPHEN et René POUPARDIN

PARIS
AUGUSTE PICARD, ÉDITEUR
Libraire des Archives nationales et de la Société de l'École des Chartes
82, RUE BONAPARTE, 82

1913

COLLECTION DE TEXTES

POUR SERVIR A L'ÉTUDE ET A L'ENSEIGNEMENT DE L'HISTOIRE

VOLUMES PUBLIÉS :

GRÉGOIRE DE TOURS, **Histoire des Francs**, Livres I-X. Nouvelle édition avec notes par R. POUPARDIN, 1 vol. . . . . 12 fr. »
    Pour les souscripteurs à la collection. . . . . 8 fr. »

La vie de saint Didier, évêque de Cahors (630-655), publiée par René POUPARDIN (fasc. 29). . . . . 2 fr. 25
    Pour les souscripteurs à la collection. . . . . 1 fr. 50

GERBERT **Lettres (983-997)**, publiées par J. HAVET (fasc. 6). *Épuisé.*
    Quelques exemplaires pour les souscripteurs à la collection.

RAOUL GLABER. **Les cinq livres de ses histoires (990-1044)**, publiés par Maurice PROU (fasc. 1). *Épuisé.*
    Quelques exemplaires pour les souscripteurs à la collection.

La Chronique de Nantes (570 environ-1049), publiée par René MERLET, archiviste d'Eure-et-Loir (fasc. 19). . . . 5 fr. 50
    Pour les souscripteurs à la collection. . . . . 3 fr. 75

ADHÉMAR DE CHABANNES. **Chronique**, publiée par Jules CHAVANON, archiviste du Pas-de-Calais (fasc. 20). . . 6 fr. 50
    Pour les souscripteurs à la collection. . . . . 4 fr. 50

EUDES DE SAINT-MAUR. **Vie de Bouchard le vénérable, comte de Vendôme, de Corbeil, de Melun et de Paris (X^e et XIe siècles)**, publiée par Ch. BOUREL DE LA RONCIÈRE (fasc. 13). . . 2 fr. 25
    Pour les souscripteurs à la collection. . . . . 1 fr. 50

HARIULF. **Chronique de l'abbaye de Saint-Riquier**, publiée par F. LOT (fasc. 17). . . . . 10 fr. »
    Pour les souscripteurs à la collection. . . . . 7 fr. »

Liber miraculorum sancte Fidis, publié d'après le manuscrit de la Bibliothèque de Schlestadt, avec une introduction et des notes, par l'abbé BOUILLET, 1 vol. in-8 (fasc. 21). . . . 7 fr. 50
    Pour les souscripteurs à la collection. . . . . 5 fr. 25

SUGER. **Vie de Louis le Gros, suivie de l'Histoire du roi Louis VII**, publiée par A. MOLINIER (fasc. 4.). . . . *Épuisé.*

GALBERT DE BRUGES, **Histoire du meurtre de Charles le Bon, comte de Flandre (1127-1128)**, suivie de poésies contemporaines, publiée par H. PIRENNE (fasc. 10). . . . . . . 6 fr. »
    Pour les souscripteurs à la collection. . . . . 4 fr. 25

GUILLAUME DE SAINT-PATHUS, confesseur de la reine Marguerite. **Vie de saint Louis**, publiée d'après les mss. par H.-François DELABORDE (fasc. 27). . . . . 4 fr. 50
    Pour les souscripteurs à la collection. . . . . 3 fr. 25

CHRONIQUES DES COMTES D'ANJOU

ET DES SEIGNEURS D'AMBOISE

COLLECTION DE TEXTES
POUR SERVIR A L'ÉTUDE ET A L'ENSEIGNEMENT DE L'HISTOIRE

CHRONIQUES
DES COMTES D'ANJOU
ET DES SEIGNEURS D'AMBOISE

PUBLIÉES PAR

Louis HALPHEN et René POUPARDIN

PARIS
AUGUSTE PICARD, ÉDITEUR
Libraire des Archives nationales et de la Société de l'Ecole des Chartes
82, RUE BONAPARTE, 82

1913

909238

INTRODUCTION [1]

Bien que les chroniques des comtes d'Anjou et des seigneurs d'Amboise soient au nombre des plus importantes pour l'histoire de la France féodale au temps des premiers Capétiens, il n'en a pas encore été donné d'édition satisfaisante. La *Chronique des comtes d'Anjou* (*Gesta consulum Andegavorum*) n'a même jamais été publiée sous sa forme primitive [2]. Cette lacune est d'autant plus sensible que la critique de ces textes est particulièrement compliquée et délicate. La nécessité s'imposait donc d'en donner une édition nouvelle, reposant sur un classement méthodique des manuscrits et des rédactions. C'est ce que nous avons tenté de faire ici.

Au groupe des chroniques des comtes d'Anjou et des seigneurs d'Amboise, tel qu'il se présente dans les plus anciens manuscrits (*Liber de compositione castri Ambaziae*, *Gesta consulum Andegavorum*, *Gesta Ambaziensium dominorum*), nous avons joint l'*Histoire de Geoffroi le Bel* par Jean de Marmoutier, le fragment de chronique attribué, — avec raison, semble-t-il, — à Foulque le Réchin, le *De*

---

1. Le plan de cette publication a été arrêté de concert entre les deux éditeurs ; mais M. Poupardin s'est occupé spécialement de la collation des manuscrits et a eu le rôle principal dans l'établissement des textes ; il a rédigé, en outre, le chapitre VII de l'introduction et les passages des chapitres VIII et IX relatifs aux manuscrits et aux éditions. Les notes, la détermination des passages empruntés à des documents antérieurs et le reste de l'introduction sont dus à son collaborateur. Les chapitres I à V de cette introduction ont déjà été publiés à part, sauf quelques légers changements, sous le titre d'*Études sur les chroniques des comtes d'Anjou et des seigneurs d'Amboise* (Paris, Champion, 1906, in-8°, 65 p.).

2. Emile Mabille en a indiqué aussi clairement qu'il le pouvait le contenu dans l'*Introduction* aux *Chroniques des comtes d'Anjou* qu'il a publiée en 1871 pour la Société de l'histoire de France. Cette *Introduction* de Mabille est d'ailleurs la première étude sérieuse qui ait été consacrée aux textes étudiés ici, et même sur les points où nous avons dû la contredire, elle a été notre guide principal.

senescalcia Franciae et quelques généalogies des comtes d'Anjou dressées au xie et au xiie siècles dans le monastère de Saint-Aubin d'Angers. Soit par leur nature, soit par leur provenance, ces textes nous ont paru devoir être rapprochés des précédents.

La matière de notre recueil est, par suite, à peu près la même que celle des *Chroniques des comtes d'Anjou* publiées en 1856 par Marchegay et Salmon [1]. Toutefois nous avons éliminé : 1° un catalogue des comtes d'Anjou, composé au xiiie siècle et dénué d'intérêt, que Marchegay et Salmon (*Chron. des comtes d'Anjou*, p. 371-372) ont tiré, sans l'indiquer d'ailleurs, de certains manuscrits de la *Grande chronique de Tours* [2] ; 2° un poème sur Geoffroi le Bel par Etienne de Rouen (*Ibid.*, p. 311-315), qu'on trouvera, avec les autres œuvres du moine normand, dans Howlett, *Chronicles of the reigns of Stephen, Henry II and Richard I*, t. II, p. 772 ; 3° des fragments que les précédents éditeurs (*Ibid.*, p. 319-347) ont intitulés à tort *Historia comitum Andegavensium auctore Thoma Pactio Lochensi priore* et qui sont de simples extraits des *Abbreviationes chronicorum* et des *Ymagines historiarum* compilées par Raoul de Diceto [3]. Il était inutile de réimprimer ces documents encore une fois. Par contre, nous avons cru bon, pour la commodité des historiens, de reproduire en appendice le fragment de chronique angevine des années 1151-1223 publié par Marchegay et Salmon sous le titre de *Fragmentum historiæ brevis comitum Andegavensium*.

---

1. Le titre primitif du volume est : *Chroniques d'Anjou recueillies et publiées pour la Société de l'histoire de France* par Paul Marchegay et André Salmon, tome 1er (Paris, 1856, in-8°, 398 p.). Augmenté en 1871 d'une introduction et d'une table par Emile Mabille, il a été pourvu alors du nouveau titre sous lequel il est communément désigné : *Chroniques des comtes d'Anjou recueillies et publiées pour la Société de l'histoire de France* par Marchegay et Salmon, avec une introduction par Emile Mabille (Paris, 1856-1871, in-8°, cxvi-434 p.).

2. Ces manuscrits sont signalés en tête de l'édition Salmon, *Recueil de chroniques de Touraine*, p. xxxii et suiv., et dans une notice de L. Delisle, au tome XXXII de l'*Histoire littéraire de la France*, p. 537-546.

3. Voir l'introduction de Stubbs aux œuvres du chroniqueur anglais dans la collection du « Master of the Rolls ».

CHAPITRE Ier

LES DIVERSES RÉDACTIONS DES « GESTA CONSULUM ANDEGAVORUM » ET LEURS RAPPORTS

I

Les manuscrits [1] nous ont conservé cinq rédactions différentes des *Gesta consulum Andegavorum*. La plus courte (rédaction 1) est contenue dans le manuscrit latin 6218 de la Bibliothèque nationale; une autre (rédaction 2), un peu plus longue, est contenue dans le manuscrit latin 6006 de la même Bibliothèque; une troisième (rédaction 3), un peu plus longue encore, se trouve dans le manuscrit latin 599 du fonds de la reine Christine, à la Bibliothèque du Vatican; une quatrième (rédaction 4), plus étendue que toutes les autres, est conservée dans un manuscrit appartenant à M. de Villoutreys, où elle se trouve jointe au cartulaire de l'église Saint-Laud d'Angers, ainsi que dans les manuscrits latins 6005 et 12872 de la Bibliothèque nationale et dans le manuscrit 309 de la Bibliothèque de Berne; une cinquième enfin (rédaction 5) est conservée notamment dans un manuscrit de la Bibliothèque de Weimar et dans une copie du XVIIe siècle faite pour André Du Chesne d'après un manuscrit de Notre-Dame de Loches.

Seules deux rédactions, la troisième et la quatrième, portent un nom d'auteur. Le préambule, dans la plupart des manuscrits [2], en est le suivant : « Domino Henrico,

---

[1]. On en trouvera la description au chapitre VII de cette introduction.
[2]. Mabille prétend à tort (*Introduction*, p. XXIX) que, dans ce préambule, *tous* les manuscrits, sauf celui de Saint-Laud, portent le nom de Jean. On va voir que, parmi ceux qui nous ont été conservés, il n'en est qu'un seul qui porte l'initiale « J » et qu'il n'en est pas un qui donne le nom en entier.

regi Anglorum, duci Normannorum, comiti Andegavorum, Turonorum et Cenomannorum, principi Aquitanorum, duci Guasconum et Arvernorum, duci etiam Britonum, frater Majoris Monasterii, humillimus monachorum et pars ima clericorum, pacem cum gaudio, vitam, salutem et sanitatem ab eo qui dat salutem regibus »[1]. Mais il est visible que, dans ce texte, un mot manque entre *Britonum* et *frater* ; aussi bien, le manuscrit latin 6005 de la Bibliothèque nationale donne-t-il la leçon : « J., frater Majoris Monasterii » ; un manuscrit, vu par Goussainville au milieu du XVIIe siècle, donnait même le nom en toutes lettres : « Johannes, frater Majoris Monasterii »[2]. L'attribution de ces rédactions à un certain Jean, moine de Marmoutier, ne fera enfin aucun doute pour quiconque les comparera à l'*Histoire de Geoffroi le Bel*, qui nous est parvenue d'une manière certaine sous le nom de ce même Jean : le début en est à peu près identique[3] et les analogies de style sont constantes entre les deux ouvrages. L'auteur de l'*Histoire de Geoffroi le Bel* ne fait-il pas d'ailleurs manifestement allusion aux *Gesta consulum Andegavorum*, quand il rappelle, avant d'entamer son récit, qu'ayant déjà narré l'histoire de plusieurs autres princes, il lui plaît à présent de s'arrêter un peu plus longuement sur celle du comte Geoffroi[4] ?

Par contre, toutes les autres rédactions sont anonymes. Mais, dans son préambule, Jean de Marmoutier déclare que son œuvre a été précédée de deux autres séries de rédactions, dont la plus ancienne, due à Thomas de Loches,

---

1. Ci-dessous, p. 162.
2. Goussainville reproduit le début des *Gesta* d'après ce manuscrit, que lui avait communiqué l'abbé de Marolles, dans une de ses notes aux lettres de Pierre de Blois (Migne, *Patrol. lat.*, t. CCVII, col. 199, n. 57). Or il faut remarquer qu'il ne connaissait pas l'*Histoire de Geoffroi le Bel*, puisqu'il n'en a pas dit un mot dans cette note, où il a résumé cependant tout ce qu'il savait sur Jean de Marmoutier. Il ne semble donc pas qu'il ait pu dans sa transcription ajouter un nom à un texte qui eût été incomplet.
3. Voir ci-dessous, p. 172.
4. « Et cum multorum aliorum principum historias collegerimus, circa hunc affectuosius immoramur » (*ibid.*, p. 173).

qui développa « de brèves chroniques mises sous le nom de l'abbé Eude », avait été, à son tour, remaniée et développée par Robin et par Breton d'Amboise [1]. Le problème qui se pose est donc double : il faut, d'une part, déterminer l'ordre de succession et les rapports des cinq rédactions que l'examen des manuscrits nous a révélées et, d'autre part, voir, en s'inspirant des remarques précédentes et du texte même de l'ouvrage, quels sont les auteurs de chacune de ces rédactions.

II

L'examen des manuscrits latins 6006 et 6218 de la Bibliothèque nationale nous permet de répondre en partie à la première question.

Le manuscrit 6006 porte, en effet, d'assez nombreuses ratures ; sur les marges se lisent fréquemment des phrases ou des débuts de phrases, rattachés au texte par des signes de renvoi. Or l'écriture prouve que ces notes remontent au milieu du xiie siècle [2], et il est facile de constater qu'elles correspondent aux changements et aux interpolations que Jean de Marmoutier a faits dans sa rédaction définitive [3].

Ainsi, il a introduit dans le chapitre consacré à Enjuger un long passage tiré de quelque recueil de légendes et racontant comment l'investiture du Gâtinais fut accordée au soi-disant comte d'Anjou [4] : dans le manuscrit 6006, nous trouvons notés en marge et rattachés à l'endroit

---

1. « Primus scriptor extitit Thomas Luchensis, qui breves cronicas nomine Odonis abbatis intitulatas, ut ab ejus ore audivi, repperit et multa que, fama vulgante, cognovit addidit. Secundus exstitit Robinus et Brito Ambaziacensis, qui ipsas cronicas emendaverunt et quedam, ut viva voce ab ipsis audivi, addiderunt. Tertius ego ex multis historiis multa addidi... » (ci-dessous, p. 164).

2. Il y a dans l'écriture de ces notes certaines différences sur lesquelles nous reviendrons plus loin (p. xiv-xv).

3. Pour celles qui correspondent à des modifications faites dès la première rédaction de Jean, voir p. xiv-xv.

4. Ci-dessous, p. 135-139.

voulu par un signe de renvoi les premiers mots de ce passage [1]. De même encore, Jean de Marmoutier a intercalé dans le chapitre consacré à Foulque le Bon un morceau de la Vie de saint Eude de Cluny par Jean l'Italien [2] : au bon endroit, l'interpolation a été indiquée et le texte primitif modifié en conséquence, à l'aide de ratures [3]. Pour d'autres passages empruntés par Jean de Marmoutier au *Liber de compositione castri Ambaziae* ou aux *Gesta Ambaziensium dominorum*, non seulement le début de chaque interpolation a été ainsi noté dans le manuscrit 6006 en marge des *Gesta consulum*, mais on a pris soin de marquer sur la copie même du *Liber* et des *Gesta Ambaziensium* contenue dans ce manuscrit les morceaux qui, conformément aux indications précédentes, devaient en être extraits pour être interpolés dans les *Gesta consulum* : de petites croix signalent, dans le *Liber*, le commencement et la fin de chacun de ces morceaux [4] et, dans les *Gesta Ambazien-*

---

1. Ms. 6006, fol. 10 r°. Les mots « valde augmentatum est » (ci-dessous, p. 29, l. 23) sont suivis d'une petite croix, qui est répétée en marge, où elle précède le début de phrase suivant : « Erat quidam Landonensis castri sive pagi Gastinensis ».

2. Ci-dessous, p. 35, n. a.

3. Ms. 6006, fol. 11 r° et v°. Le ms portait à la dernière ligne du fol. 11 r° et à la première du fol. 11 v° : « minima avaritia in ipso erat. Nulla bella gessit, quia jam sua etate pax facta cum Normannis erat. » Les mots « Nulla bella gessit, quia jam sua etate pax facta cum Normannis erat » ont été biffés, une petite croix a été placée après « avaritia in ipso erat » et le renvoi suivant a été mis dans la marge inférieure : « Iste nutrivit sanctum Odonem et ei cellam juxta beati Martini tribuit ecclesiam et cotidianum victum ex eadem canonia adquisivit eique concessit. Qui enim postmodum magister scole et precentor ejusdem ecclesie, eodem consule adminiculante, constitutus est. Factum est autem postmodum... » ; puis, en haut du fol. 11 v°, la même main a récrit : « Nulla bella gessit, quia jam sua etate pax cum Normannis facta fuerat. »

4. Ainsi, dans le chapitre consacré à Maurice, le ms. 6006, fol. 15 v°, portait ces mots : « Existimabat enim Ambaziacum consuli auferre, confidens in auxilio Odonis Campaniensis, qui Turonim, Blesim, Carnotum, Briam, Campaniam etiam cum urbe Treiciarum usque Lothoringiam possidebat. Itaque per Turonim et Lengiachum descendens, Valeiam impugnabat, etc. » (ci-dessous, p. 45). La main du milieu du XII° siècle qui a fait toutes les corrections a marqué les mots « qui Turonim, Blesim, etc., usque Lothoringiam possidebat » d'un signe de *deletur* et les a remplacés en marge par les suivants : « qui possidebat Campaniam usque Lotoringiam, Briam etiam et Carnotum, Turonim et Blesim. De nomine hujus castelli et

sium, on peut lire la note « Scribe » en tête de chaque paragraphe à transcrire et le mot « Dimite » (*sic*) aux endroits où il convenait de s'arrêter [1].

Or l'aspect du manuscrit, la manière dont les interpolations y ont été indiquées, le fait, qui mérite d'être signalé, que certaines d'entre elles ont été dans la suite modifiées par le moine Jean [2] ou même, comme cela se

---

constructione sive constructore ejus breviter lectori intimare curabimus : Ivomadus enim quidam juvenis... » C'est là le début d'une interpolation faite par Jean de Marmoutier d'après le *Liber de compositione castri Ambaziae*. Or, si nous nous reportons à l'endroit voulu du *Liber* dans le ms 6006 (fol. 3 v°), nous constatons qu'une petite croix de la même encre y marque les premiers mots du passage « Yvomadus quidam juvenis, etc. », et qu'une seconde croix, placée un peu plus loin, à la suite des mots « castellum illud concessit et a deceptione Blesim vocavit », marque l'endroit où Jean s'est arrêté. Le cas est le même pour toutes les interpolations tirées par Jean du *Liber*.

1. Trois interpolations ont été faites par Jean de Marmoutier à l'aide des *Gesta Ambaziensium dominorum* dans le chapitre consacré à Foulque le Réchin (ci-dessous, p. 64, n. c). Or avant les mots « Fulco plures duxit uxores », qui, dans le texte définif, suivent ces interpolations, une petite croix a été tracée dans le ms. 6006 (fol. 28 r°) ; elle nous renvoie à la marge, où se lisent les débuts des trois phrases empruntés aux *Gesta Ambaziensium* : « Erant autem tunc Ambazie », « Non longe post hec », « Quod sibi utile videtur quisque agit ; namque velle suum cuique est nec voto vivitur uno ». Parallèlement, dans la transcription des *Gesta Ambaziensium* contenue dans le même manuscrit (fol. 37 v° et suiv.), nous relevons la note « Scribe » en tête du passage « Erant autem tunc Ambazie », ce qui veut dire : « A copier dans les *Gesta consulum* » ; et là où l'interpolation de Jean s'arrête, une indication analogue nous en avertit : « Dimite », c'est-à-dire : « Ici, arrête-toi » Puis vient un signe de *deleatur* (fol. 39-40) marquant qu'il faut sauter tout ce qui suit, sauf un passage qui porte la mention « Scribe » et qui correspond à la seconde des interpolations : « Non longe post hec Sulpicius a curia Fulconis Andegavorum comitis rediens... ». Enfin, un peu plus loin (fol. 40 v°), un nouveau « Scribe » nous indique le troisième passage à interpoler (« Quod sibi utile videtur quisque agit, etc. ») et un nouveau « Dimite » marque l'endroit où il faut s'arrêter.

2. Ainsi, Jean de Marmoutier a, dans son ouvrage, ajouté l'indication de l'endroit où chacun des premiers comtes d'Anjou avait été enterré : c'est à Saint-Martin de Tours qu'il place les sépultures d'Enjuger (ci-dessous, p. 31), de Foulque le Roux (*ibid.*, p. 34), de Foulque le Bon (*ibid.*, p. 37), de Geoffroi Grisegonelle (*ibid.*, p. 44) et de Maurice (*ibid.*, p. 46). Dans le ms. 6006, ces additions ont été faites en marge ; mais c'est à Saint Aubin d'Angers que l'annotateur a placé (fol. 15 r° et v°) les sépultures de Geoffroi et de Maurice. De même, Jean a interpolé dans le chapitre consacré à Enjuger un long extrait du *Tractatus de reversione beati Martini a Burgundia*

présente dans un cas, tout à fait omises par lui après réflexion [1], tout nous force à reconnaître que le manuscrit 6006 n'est pas un exemplaire quelconque d'une rédaction des *Gesta consulum*, mais l'exemplaire de travail du moine Jean, l'exemplaire sur lequel il a préparé sa rédaction en le corrigeant et le complétant de sa propre main.

Si maintenant nous examinons attentivement le manuscrit latin 6218 de la Bibliothèque nationale, nous y relevons, comme dans le précédent, d'une main qui peut remonter au milieu du xiie siècle, des corrections nombreuses, des signes, en apparence vides de sens, placés après certains mots, des débuts de phrases rattachés au texte par des renvois ; et toujours ces changements et ces signes correspondent à quelqu'une des retouches que l'auteur de la rédaction 2, contenue dans le manuscrit 6006, a fait subir à la version donnée primitivement par le manuscrit 6218.

En effet, à côté de corrections purement verbales, rendues nécessaires par la négligence avec laquelle le copiste avait travaillé, nous y trouvons indiquée, par exemple, l'interpolation de Raoul le Glabre qui, dans le manuscrit 6006, se lit au milieu du chapitre consacré à Foulque Nerra [2]. A l'endroit voulu, ces quelques mots ont été notés dans la marge inférieure : « Nunc de moribus Bri-

---

(ci-dessous, p. 30, n. 4) ; dans le ms. 6006, cette interpolation est amorcée à l'endroit voulu, mais d'une manière différente de celle qui a passé dans la rédaction définitive ; le début de phrase indiqué est, en effet, celui-ci : « Tempore hujus Ingelgerii » (fol. 10 r°).

1. Dans le passage consacré à Geoffroi Martel le Jeune (ms. 6006, fol. 28 r°), après les mots « qui omnibus prevaluit et ab intentione eos revocavit » (ci-dessous, p. 65, l. 17), on voit une petite croix et, en interligne, le mot « hic » (destiné à marquer le début de la phrase suivante une fois l'interpolation faite) ; parallèlement, dans la transcription des *Gesta Ambaziensium* contenue dans le même ms. 6006, fol. 42 r°, le passage relatif à Geoffroi Martel qui va depuis « Qui, insignis justicie, ab omnibus metuebatur » (ci-dessous, p. 103, l. 17) jusqu'à « Martellus Hugoni et uxori sue Domicilium et quicquid Ambazio possidebat post obitum patris sui concessit » (ci-dessous, p. 104, l. 10) est compris entre deux petites croix accompagnées des mots « Scribe » et « Dimite » qui en marquent, comme dans les cas précédents, le commencement et la fin.

2. Ci-dessous, p. 49, n. 5.

tonum quid Glaber Rodulfus historiographus *in historia sua scripserit et de Conano pseudorege facto et de bello cum eodem Fulcone habito nostro operi breviter inseramus. Narrant siquidem plerique de eodem igitur Fulcone usque episcopii diocesi* »[1]. Un autre passage du même auteur qui, dans le manuscrit 6006, a été inséré au milieu du chapitre consacré à Geoffroi Martel[2], a été relevé d'une façon analogue : « Quid Glaber Rodulfus historiographus *de bello hoc in historia sua scripserit nostro operi inseramus Fuerat orta grandis discordia...* »[3]. Les emprunts faits aux *Gesta Ambaziensium dominorum* par l'auteur de la rédaction 2 ont été, de même, annoncés par quelque signe[4], et, d'une manière générale, il n'est presque aucune des additions ou même des suppressions dues à cet auteur qui ne se trouve indiquée dans le manuscrit 6218[5].

---

1. Ms. 6218, p. 45.
2. Ci-dessous, p. 58, n. *a*.
3. Ms. 6218, p. 52.
4. Ainsi, dans le chapitre consacré à Foulque Nerra (ci-dessous, p. 48, n. *d*), le ms. 6006 intercale un long passage des *Gesta Ambaziensium* ci-dessous, p. 78, l. 12-p. 79, l. 22) débutant par les mots : « At Fulco, alter Caesar... » A l'endroit voulu des *Gesta consulum*, un petit signe composé de quatre points a été placé (ms. 6218, p. 44), et, en marge du passage des *Gesta Ambaziensium*, la même main a noté comme signe de renvoi la lettre *a*. Dans le chapitre consacré à Geoffroi Martel, une croix placée à la suite des mots « succendit ac delevit » (ms. 6218, p. 53 ; ci-dessous, p. 59, n. *b*) correspond à une autre croix tracée en marge d'un passage des *Gesta Ambaziensium* (ms. 6218, p. 75 ; ci-dessous, p. 86, l. 9) qui a été incorporé à l'endroit marqué dans les *Gesta consulum* du ms. 6006.
5. Ainsi, dans le chapitre consacré à Foulque le Bon, aux deux endroits où, dans la rédaction du ms. 6006, ont été intercalées deux anecdotes relatives à Saint-Martin de Tours (ci-dessous, p. 36, n. *a*.), on voit (ms. 6218, p. 32) un signe fait à peu près ainsi Γ ; dans le chapitre consacré à Geoffroi le Barbu, à l'endroit où dans le ms. 6006 a été intercalé le récit du démêlé de ce comte avec Marmoutier (ci-dessous, p. 63, n. *b*), on voit un petit signe composé de quatre points. Inversement, après avoir raconté la prise d'Angers par Foulque le Réchin, en 1067, l'auteur de la rédaction 1 ajoute la phrase : « Deleta pene Andegavia et Turonia, Fulco Richin Barbatum, fratrem suum, subdole captum, in vinculis posuit et utrumque comitatum veluti suum suscepit » (ci-dessous, p. 64). L'auteur de la rédaction 2 a supprimé cette phrase qu'il jugeait, sans doute, trop violente ; dans le ms. 6218 (p. 57), elle a été marquée d'un signe de *deleatur*. L'auteur de la rédaction 2 a également fait disparaître, pour le reporter à la

Par conséquent, de même que le manuscrit 6006 est l'exemplaire sur lequel Jean de Marmoutier a, de sa propre main, noté les modifications qu'il comptait apporter aux *Gesta consulum Andegavorum*, de même le manuscrit 6218 est l'exemplaire sur lequel l'auteur de la rédaction 2 (contenue dans le manuscrit 6006) a préparé son travail.

III

Reste à rendre compte de la rédaction 5 et de la rédaction de Jean de Marmoutier contenue dans le manuscrit latin 599 du fonds de la reine Christine, ou rédaction 3.

Cette dernière n'a pas une individualité bien marquée : elle débute exactement par le même préambule et la même préface que la rédaction la plus longue ; celle-ci n'en diffère que par un assez grand nombre d'additions nouvelles [1]. C'est, en un mot, un premier essai d'un ouvrage que nous possédons sous sa forme définitive.

Le manuscrit latin 6006 de la Bibliothèque nationale permet, du reste, encore d'expliquer, dans une certaine mesure, l'origine de cette double rédaction. En effet, quoique d'une même main, les notes marginales et les corrections que nous avons relevées dans ce manuscrit ne se présentent pas toutes sous un même aspect : les unes sont d'une écriture régulière et posée ; les autres, d'une écriture heurtée et irrégulière. Or *toutes* les additions, *toutes* les corrections de la première écriture ont passé

---

fin de l'ouvrage (ci-dessous, p. 73, n. *a*), l'épilogue qui, dans la rédaction 1, se trouve placé avant la biographie de Foulque le Jeune : dans le ms. 6218 (p. 59), le passage a été marqué d'un signe de *deleatur*, qu'on peut encore fort bien distinguer malgré un grattage, ainsi peut-être qu'un signe de renvoi indiquant qu'il fallait reporter l'épilogue plus loin.

1. Ainsi, la rédaction 3 ne contient ni l'interpolation sur Enjuger publiée plus loin, p. 135, ni celle qui est tirée du *Tractatus de reversione beati Martini a Burgundia* (p. 30, n. *d*), ni celle qui, dans la biographie de Geoffroi Grisegonelle, est tirée du *De senescalcia* (p. 37, n. *c*), etc.

dans la rédaction 3. Les autres ne répondent point uniquement, il est vrai, aux retouches adoptées dans la rédaction définitive : cinq d'entre elles [1] se trouvent déjà dans le manuscrit de la reine Christine. Mais cette exception n'est, sans doute, qu'apparente. Quelques changements, en effet, ayant été introduits par le moine Jean dans sa rédaction définitive sans qu'il les eût indiqués dans le manuscrit 6006 [2], il est permis de penser qu'il fit de même lorsqu'il travailla à sa première rédaction ; et, dès lors, ne peut-on point admettre que les cinq notes d'une écriture irrégulière qui répondent au texte déjà donné par le manuscrit de la reine Christine sont le résultat d'une collation faite par Jean du manuscrit 6006 sur son premier essai avant de composer son texte définitif ? Dans ces conditions, *seules* les notes tracées d'une écriture régulière sur le manuscrit 6006 représenteraient le travail préparatoire d'où est sortie la rédaction 3. Ce n'est là qu'une hypothèse ; mais on accordera peut-être qu'elle offre quelque vraisemblance.

IV

Quant à la rédaction 5, elle dérive également du manuscrit 6006, tel qu'il se présente aujourd'hui, c'est-à-dire avec toutes les notes et toutes les corrections qui y ont été introduites par Jean de Marmoutier. La comparaison intégrale des deux textes est, à cet égard, tout à fait convaincante. Voici au moins quelques preuves caractéristiques.

---

1. L'interpolation « Tunc temporis papa Sergius... sicut decet filium patri obedire » (ci-dessous, p. 50, n. *a*), qui est indiquée au fol. 18 v° du ms. 6006 ; l'interpolation « Cum autem regressus fuisset Fulco... multis aliis pecuniis ditavit » (p. 51, n. *b*), qui est indiquée au fol. 19 r° du ms. 6006 ; l'interpolation « sepultusque in ecclesia beati Nicholai Andegavis » (p. 66, n. *f*), qui est indiquée au fol. 28 v° du ms. 6006 ; l'interpolation du nom « Peloquinus de Insula Bucardi » (p. 158, n. *a*), qui est indiquée au fol. 31 r° du ms. 6006 ; et enfin l'interpolation « sepultusque est cum aliis regibus in Golgota » (p. 71, n. *a*), qui est indiquée au fol. 32 r° du ms. 6006.

2. Voir, entre autres, les exemples donnés plus haut, p. xi, n. 2.

Au folio 18 v° du manuscrit 6006, la leçon primitive était : « Vir Deum timens Fulco Romam gratia peregrinationis venit et acceptis cum benedictione a Romano papa litteris, etc. »[1] : à la suite du mot *venit*, Jean a mis un signe de renvoi et indiqué en marge les premiers mots d'une interpolation à faire : « Tunc temporis papa Sergius quartus... » Dans le manuscrit de Weimar (fol. 11 v°), on lit cette phrase incompréhensible : « Vir Deum timens Fulco Romam gracia peregrinacionis venit tunc temporis pape Sergii quarti et acceptis cum benedictione a Romano papa litteris... » De même, au folio 28 r° du manuscrit 6006, la leçon primitive était : « ...de quibus mentionem faciens, quod suum est historie facio. Fulco plures duxit uxores, etc. »[2] ; à la suite du mot *facio*, Jean a mis encore un signe de renvoi et indiqué en marge les premiers mots de trois interpolations à faire : « Erant autem tunc Ambazie... Non longe post hec... Quod sibi utile videtur quisque agit : namque velle suum cuique est nec voto vivitur uno... » Dans le manuscrit de Weimar (fol. 29 v°), on lit : « de quibus mencionem faciens, quod suum est hystorie facio. Erant autem tunc Ambazie. Non longe post hec. Quod sibi utile videtur quisque agit : namque velle suum cuique est nec voto vivitur uno. Fulco duxit plures uxores, etc. » De même encore, le scribe du manuscrit 6006, ayant oublié de transcrire un passage, a réparé son omission en reportant un peu plus loin le morceau oublié et en en copiant les premiers mots à l'endroit voulu, avec cette note : « Verte duo folia et invenies. » Son texte (fol. 29 v°) se présente ainsi : « ...juxta germanum suum, regem videlicet Godefridum, sepelierunt. *Deinde Jerosolomite... Dum esset isdem consul in pago Turonensi, in obsidione Montis Basonis...* »[3]. Sans comprendre le renvoi et sans le transcrire, l'auteur de la rédaction 5 (manuscrit de Weimar, fol. 32 v°) écrit : « juxta germanum suum,

---

1. Ci-dessous, p. 50, l. 2.
2. Ci-dessous, p. 64-65.
3. Ci-dessous, p. 68, n. *a* et p. 70, n. *b*.

regem videlicet Godefridum, sepelierunt. Deinde Jerosolomite. Cum esset isdem consul in pago Turonensi, in obsidione Montis Basonis... »

Ces exemples, qu'on pourrait multiplier, suffisent à établir que la rédaction 5 des *Gesta consulum Andegavorum* dérive directement du manuscrit 6006 revu par Jean de Marmoutier et en est même une copie faite par un scribe inintelligent. Ce n'est pas à dire, d'ailleurs, qu'on y retrouve tout ce qui est dans le manuscrit 6006 : le texte de ce manuscrit y a été fort écourté ; non seulement plusieurs des notes marginales ont été omises, mais quantité de phrases ont été abrégées, des passages entiers ont été sautés ou condensés : l'auteur a cherché à faire besogne rapide.

V

L'examen des manuscrits permet donc d'établir d'une manière précise que la rédaction 2 dérive du manuscrit 6218 ; que la rédaction 3 représente un premier état de la rédaction 4 et dérive du manuscrit 6006 revu et annoté ; que la rédaction 4 dérive du même manuscrit 6006 revu et annoté une seconde fois ; enfin que ce dernier manuscrit, après la double revision que Jean de Marmoutier lui fit subir, fut la source de la rédaction 5.

Ces observations peuvent se résumer dans le tableau suivant :

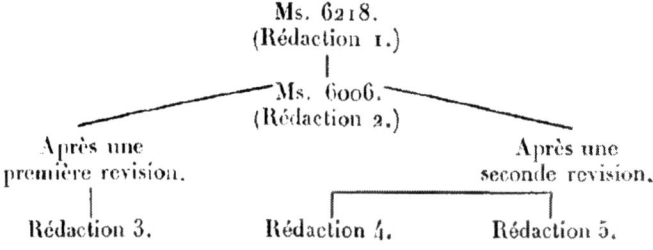

CHAPITRE II

LES AUTEURS DES « GESTA CONSULUM ANDEGAVORUM »

Les rédactions 3 et 4 étant l'œuvre de Jean de Marmoutier, il reste à déterminer quel est l'auteur de chacune des trois autres.

I

La solution de Mabille est, en apparence, fort simple. La rédaction la plus courte, dit-il, celle qui est contenue dans le manuscrit latin 6218 de la Bibliothèque nationale (rédaction 1) est celle de l'abbé Eude, puisque, s'il faut en croire Jean de Marmoutier [1], c'est cette rédaction qui a visiblement servi de base à toutes les autres, « aussi bien à celle de Thomas de Loches qu'à celle du moine Jean » lui-même [2]. Seule, une petite réserve doit être faite : au début des *Gesta*, Eude renvoie à une préface où il avait présenté en raccourci toute l'histoire des rois de France [3] : dans le manuscrit 6218, cette préface a disparu et a fait place à une autre compilation appelée *Liber de compositione castri Ambaziae*, et d'autre part, à la suite de l'œuvre d'Eude (abbé de Marmoutier et mort en 1137, suivant Mabille), un anonyme a ajouté quelques pages menant l'histoire des comtes d'Anjou jusqu'en 1150 [4].

---

1. Voir le texte cité ci-dessus, p. ix, n. 1.
2. Mabille, *Introduction*, p. viii.
3. « Quoniam in ante expositis de regibus Francorum que huic operi precedenti maximeque sequenti necessaria esse puto explanavi, nunc... » (ci-dessous, p. 25).
4. Ci-dessous, p. 67-73. Un épilogue (p. 67, l. 7) marque la fin de l'œuvre primitive et précède la biographie de Foulque le Jeune.

Mais, cette réserve faite, nous avons les deux anneaux extrêmes de la chaîne : nous connaissons la rédaction d'Eude, nous connaissons celle de Jean de Marmoutier ; par suite, les rédactions 2 et 5 doivent, au dire de ce dernier, être l'œuvre de Thomas de Loches, de Robin et de Breton d'Amboise [1].

Ne doit-on pas supposer, en outre, dit Mabille, « que c'est dans les manuscrits provenant de Notre-Dame de Loches, dont Thomas était prieur, que devait se trouver de préférence le texte de son histoire » [2] ? Or le manuscrit de la rédaction 5 copié pour Du Chesne venait, on s'en souvient [3], de Notre-Dame de Loches. Dès lors, ne doit-on pas admettre que cette rédaction est précisément celle de Thomas, à qui d'ailleurs Du Chesne [4] l'attribue formellement ? En effet, « le premier chapitre passé, si on compare le texte de ce manuscrit avec celui de l'abbé Eudes, on voit qu'il est sensiblement le même et que l'un a dû servir de modèle à l'autre ; le début a été modifié, quelques phrases ont été supprimées, l'ouvrage a été étendu à l'aide d'interpolations assez considérables faites à un texte primitif, qui, en réalité, n'est autre que celui de l'abbé Eudes. Toutes ces circonstances, rapprochées du témoignage du moine Jean, nous permettent d'affirmer que la rédaction contenue dans le manuscrit de l'église de Loches ne peut être que l'œuvre de Thomas de Parcé » [5].

En procédant donc par élimination, il ne reste plus pour Robin et Breton d'Amboise que la rédaction 2 (manuscrit 6006). L'auteur de cette rédaction, dit Mabille [6],

---

1. « Primus scriptor extitit Thomas Luchensis... secundus extitit Robinus et Brito Ambaziacensis... tertius ego... » (ci-dessous, p. 164).
2. *Introduction*, p. xviii.
3. Voir ci-dessus, p. vii. On verra, en outre, chap. vii, qu'un autre manuscrit de la même rédaction était certainement, au début du xvie siècle, conservé à Notre-Dame de Loches.
4. Bibl. nat., Mélanges Colbert, vol. 46, fol. 165 r° : « Gesta comitum Andegavensium Thomæ Paccii Lochensis, qui desiit in Godefrido Bello, Matildis imperatricis marito. »
5. Mabille, *Introduction*, p. xix.
6. *Ibid.*, p. xxv.

« paraît avoir suivi d'abord la rédaction de l'abbé Eudes, dont il a conservé le procemium ou prologue, mais il avait en même temps sous les yeux celle du prieur de Loches, car il a inséré dans sa transcription la plupart des interpolations faites par ce dernier. Il y en a quelques-unes cependant, ajoute-t-il, surtout au commencement, qu'il n'a fait qu'indiquer à la marge, comme il aurait fait de corrections ou d'additions exécutées après coup. Ce qui pourrait faire supposer qu'il n'avait eu d'abord à sa disposition que la chronique de l'abbé Eudes, qu'il avait déjà copiée en partie, lorsque l'histoire de Thomas de Loches tomba sous ses yeux. » Il faut donc admettre, suivant Mabille, que, dans une première transcription, Robin et Breton d'Amboise, « qui suivaient le manuscrit original de l'abbé Eudes, auraient copié sa rédaction sans y changer un seul mot, et ce travail aurait produit le manuscrit 6218. Ils auraient procédé à une nouvelle transcription, mais, dans l'intervalle, ils auraient pris connaissance de la rédaction de Thomas de Loches. D'abord ils avaient noté, en marge de la partie déjà copiée, les additions qu'ils avaient trouvées dans celle-ci et ils auraient suivi cette dernière pour toute la partie qui n'était pas encore copiée »[1].

II

Malheureusement cette théorie de Mabille se heurte à de très graves difficultés et même à des impossibilités absolues. Et tout d'abord est-il bien sûr que le manuscrit 6218 nous donne la rédaction dite de l'abbé Eude ? Mabille est forcé de reconnaître qu'il ne renferme pas, en tout cas, la préface de cette rédaction et qu'il contient quelques pages additionnelles : le copiste du manuscrit 6218 a donc fait, de son propre aveu, autre chose que de reproduire purement et simplement l'œuvre d'Eude.

Il y a plus : si on lit attentivement le texte des *Gesta*

---

1. Mabille, *Introduction*, p. XXVII.

consulum transcrit par ce copiste, on ne peut manquer d'être frappé de ce fait que certains passages, qui tous sont relatifs à Amboise et qui sont souvent en rapport étroit avec les *Gesta Ambaziensium dominorum*, semblent avoir été interpolés [1]. Les uns ont été assez habilement enchâssés ; d'autres rompent la suite des idées et du style ; certains même rappellent le *Liber de compositione castri Ambaziae* [2]. Il semble donc qu'on soit en présence non

---

1. Ainsi, Enjuger, épousant la nièce des évêques d'Angers et d'Orléans, reçoit d'eux des domaines en Orléanais, en Touraine et en Anjou. La phrase où le fait est énoncé est coupée par cette glose : « Nam alodium agnationis eorum erat Ambazium, villa tunc tantummodo et in colle habens ruinas castelli antiqui olim a versutis Normannis deleti ; quod sane, predictorum presulum rogatu, huic Ingelgerio rex Lodovicus refecit ac munivit » (ci-dessous, p. 30, l. 10). De même, après avoir raconté les exploits d'Enjuger, l'auteur conclut : « Aliquantisper hic, quandiu vixit, grassantium rabiem retorsit, quietem pacis in Andegavo preter Transmeduanenses pagos, reddidit... Talia actitans, Ingelgerius morte obiit » (p. 31, l. 1). Or, là où nous avons mis des points de suspension, la phrase suivante a été intercalée : « Roberto, Haimonis filio, viro forti sibique fideli, Ambazium commendavit ; qui tamen partem oppidi jure hereditario possidebat et Ingelgerio homo ligius erat. » De même encore, après avoir dit que Foulque le Roux épousa Roussille, fille de Garnier, le texte primitif devait continuer : « Iste Fulco longevo tempore vixit filiosque suos... » ; mais une nouvelle glose a été enchâssée : « Warnerius iste, cujus filiam Fulco duxit, filius Adelaudi fuit, illius scilicet cui Karolus Calvus Lochas dedit. Qui Ambazium sibi similiter a rege datum Adalaudo episcopo, filio suo, etc... » (p. 33, l. 5). Dans le chapitre consacré à Foulque Nerra, ces interpolations sont peut-être plus sensibles encore. Revenu de Jérusalem, Foulque construit l'église de Beaulieu : « Ambaziaco vero, in ecclesia sancte Virginis Marie de cruce Salvatoris posuit, etc... », ajoute le ms. 6218 (p. 51, l. 16-21). Plus loin, on voit Foulque Nerra, victorieux d'Eude II de Blois, tirer de la victoire tous les avantages qu'elle comporte en s'emparant de Montbazon et en faisant prisonnier Geoffroi de Saint-Aignan. « Itaque terra usque ad obitum Fulconis in pace siluit, etc... », peut-on dès lors conclure ; mais le ms. 6218 intercale avant ces mots la phrase : « Comes senescallo suo Lisoio neptam Supplicii thesaurarii uxorem dedit, cui arcem Ambaziaci cum omnibus appendiciis ejus, Virnullium Maureacumque et vigiferiam Canpanie donavit ; ipsum ita retinens, filio suo Martello commendavit » (p. 54, l. 13). Dans le chapitre consacré à Geoffroi Martel, le passage, entre autres, où l'on voit Lisois d'Amboise préparer le comte à la bataille (« Dimisit tamen Lisoium... His dictis, Lisoius Ambazio redit », p. 55, l. 23-p. 56, l. 5) semble une addition. Nous en dirons autant des phrases relatant l'expulsion d'Amboise d'Arnoul et de Léon de Meung par Foulque le Réchin (p. 64, l. 14-19) et le mariage de Hugue de Chaumont avec Elisabeth (p. 66, l. 4-6).

2. Voir spécialement la première des phrases citées à la note précédente.

d'une œuvre primitive, mais d'une œuvre remaniée.

D'autre part, les explications données par Mabille sur les rédactions de Thomas et de Robin et Breton sont étranges : non seulement ces derniers auraient collaboré à une rédaction unique, ce qui se conçoit difficilement au xii⁰ siècle, mais ils auraient pour tel passage, pour tel détail, suivi Eude, pour tel autre suivi Thomas, et cela sans ordre, sans règle ; ils auraient passé à chaque instant de l'un à l'autre, prenant d'ailleurs Eude pour base, tout en adoptant la plupart des interpolations et des variantes de Thomas ; de sorte que celui-ci, sauf les quelques passages où il s'est contenté de résumer le texte d'Eude, serait plus complet que Robin et Breton, tout en leur étant antérieur. Mabille essaie bien, nous l'avons vu, de sortir d'embarras en admettant que les corrections et les notes marginales du manuscrit 6006 proviennent de ce que Robin et Breton n'auraient eu connaissance de l'œuvre de Thomas qu'après avoir commencé leur transcription. Mais ces corrections et ces notes sont d'une autre main que le reste du manuscrit et sont, par contre, de la même main qu'une quantité d'autres additions, dont Mabille n'a pas tenu compte et qui, nous l'avons vu aussi, ne correspondent en rien à la rédaction de Thomas, mais à celle du moine Jean.

D'ailleurs, si Mabille avait pris soin de comparer dans le détail ces deux rédactions qu'il attribue, l'une à Thomas, l'autre à Robin et Breton, il n'eût pas manqué de constater que dans la première, comme nous l'avons dit, des phrases ont été sautées ou abrégées et que, pour une foule de passages, il est dès lors, si l'on s'en tient à son hypothèse, impossible de comprendre comment la rédaction 2 (manuscrit 6006) a pu être composée.

Mais ce n'est pas seulement sur ce point, c'est sur tous les points que la théorie de Mabille est contredite formellement par la filiation des manuscrits, puisque la rédaction 5, que Mabille attribue à Thomas de Loches, dérive non pas du manuscrit 6218, mais du manuscrit 6006, après revision et emploi de ce manuscrit par Jean de

Marmoutier ; puisque la rédaction 2, que Mabille attribue à Robin et Breton d'Amboise, dérive directement du manuscrit 6218 ; puisque l'œuvre de Jean de Marmoutier dérive directement du manuscrit 6006. Bref, il n'y a pas ici, dans toute la théorie de Mabille, un seul point que nous puissions accepter.

III

Or la comparaison des manuscrits place la rédaction 5 après celles de Jean de Marmoutier et permet de dire qu'elle n'est qu'un mauvais abrégé dû à un scribe inintelligent. Jean de Marmoutier, d'autre part, indique Thomas de Loches comme le premier rédacteur des *Gesta* après l'abbé Eude. Pour avoir fait de Thomas l'auteur de la rédaction 5 tout en voulant respecter l'affirmation de Jean de Marmoutier, Mabille n'est arrivé qu'à un système incohérent. Ne serait-ce pas qu'il faut distinguer cette rédaction 5 de l'œuvre de Thomas ?

Sur quoi, en effet, s'appuie-t-on pour l'attribuer à cet auteur ? Uniquement sur ce double fait qu'un des manuscrits qui nous l'a transmise provient de Notre-Dame de Loches, dont Thomas fut doyen, et que Du Chesne, en tête de la copie qu'il en a laissée [1], a placé la note suivante : « Gesta comitum Andegavensium Thomæ Paccii Lochensis, qui desiit in Godefrido Bello, Matildis imperatricis marito ». Mais cette note ne représente, cela va de soi, que l'opinion personnelle de Du Chesne, et la provenance du manuscrit, sur quoi tout repose en dernière analyse, ne constitue elle-même qu'une présomption qui demanderait à être confirmée. Or tout la dément : car on ne peut raisonnablement voir dans une rédaction aussi mauvaise et aussi négligée l'œuvre d'un homme instruit, comme devait l'être Thomas. De plus, le donner comme l'auteur d'une rédaction abrégée, n'est-ce pas se mettre en contra-

---

[1]. Bibl. nat., Mélanges Colbert, vol. 46, fol. 165 r°.

diction absolue avec ce que dit de lui Jean de Marmoutier dans son préambule, puisque, à en croire ce dernier, Thomas aurait « ajouté de nombreux faits » à ceux que contenait l'œuvre de l'abbé Eude ? Et enfin n'est-ce pas se mettre bien plus encore en contradiction avec Jean de Marmoutier, seule autorité invoquée ici cependant, que d'attribuer à Thomas une rédaction aussi tardive, puisque Jean donne Thomas comme le premier rédacteur des *Gesta* après Eude ? Il y a plus encore : si Thomas était bien l'auteur de la rédaction 5, Jean n'eût pu citer son ouvrage, puisque cette rédaction a été copiée sur le manuscrit 6006 après que cet exemplaire eut servi à Jean lui-même pour composer ses deux rédactions.

Mais si Thomas de Loches n'est pas l'auteur de la rédaction 5 et si cette rédaction n'a pu être connue de Jean de Marmoutier, le problème de la paternité des autres rédactions se pose d'une manière toute nouvelle. Nous savons, en effet, que l'œuvre de Jean a été immédiatement précédée des rédactions 1 et 2 ; le moine de Marmoutier nous dit, en outre, qu'avant lui trois auteurs se sont engagés dans la voie où il s'engage lui même : Thomas de Loches, Robin et Breton d'Amboise, le premier remaniant d'ailleurs un ouvrage plus ancien attribué à l'abbé Eude. Il s'agit donc de voir ce qui, dans les manuscrits 6218 (rédaction 1) et 6006 (rédaction 2), revient à chacun de ces compilateurs.

Or il est un fait qui nous semble certain, tout d'abord, c'est qu'on ne saurait chercher dans le manuscrit 6218 l'œuvre attribuée à l'abbé Eude. Nous en avons déjà donné plusieurs raisons [1], et ce qui les renforce encore, c'est que l'auteur de la rédaction contenue dans ce manuscrit dit dans son prologue qu'il a pris comme base de son travail un ouvrage assez confus et mal écrit [2]. Quelle peut être

---

[1]. Voir ci-dessus, p. xxi.
[2]. « ... de consulibus Andegavorum que scripta nimis confuse rudique sermone repperi, quam verissime potero, paucis verbis breviter et commode enucleabo » (ci-dessous, p. 25).

cette rédaction primitive des *Gesta*, à laquelle il fait allusion ? N'est-ce point précisément celle qui était attribuée à l'abbé Eude ? Car, si le manuscrit 6218 représentait l'œuvre de ce dernier, il faudrait lui supposer, à lui aussi, un prédécesseur. C'est là une complication que rien ne nous permet d'introduire.

Rappelons-nous, au contraire, ce que Jean de Marmoutier dit de Thomas de Loches : cet auteur, déclare-t-il, ayant trouvé de brèves chroniques portant dans le titre le nom de l'abbé Eude, les remania et les développa [1]. Cela correspond singulièrement à ce que dit l'auteur du prologue et de l'épilogue des *Gesta* dans le manuscrit 6218 [2]. Ce prologue et cet épilogue ne seraient-ils donc pas l'œuvre de Thomas de Loches ? Cette hypothèse nous paraît de beaucoup la plus vraisemblable.

Est-ce à dire que le manuscrit 6218 nous donne le texte pur de la rédaction composée par Thomas de Loches ? Sur ce point nous serons beaucoup moins affirmatif. Plusieurs détails dénotent même une rédaction remaniée : tels sont spécialement les mentions relatives à Amboise qui, comme nous l'avons vu plus haut [3], rompent presque toutes la trame du récit, et tel est surtout le fait que Thomas, dans le prologue, renvoie à une préface consacrée à l'histoire des rois de France [4], qui a été remplacée, dans le manuscrit 6218, par le *Liber de compositione castri Ambaziae*.

D'autre part, s'il est vrai que le manuscrit 6006 ne représente pas une œuvre faite en collaboration par Robin et Breton d'Amboise, il faut bien admettre que la rédaction qu'il renferme (rédaction 2) est de Breton d'Amboise seul ; et dès lors n'est-on pas porté à faire de Robin l'auteur

---

1. « Primus scriptor extitit Thomas Luchensis, qui breves cronicas nomine Odonis abbatis intitulatas, ut ab ejus ore audivi, repperit et multa, que fama vulgante cognovit, addidit » (ci-dessous, p. 164).
2. Voir le passage cité à la note 1 ; dans l'épilogue, l'auteur parle, de même, de ces écrits qu'il a trouvés : « Hec ego dum in voluminibus abditis invenissem scripta, non sum perpessus infructuoso silentio tegi » (ci-dessous, p. 67).
3. P. xxi, n. 1.
4. Voir p. xviii, n. 3.

des interpolations relatives à Amboise et des remaniements que nous relevons dans le texte du manuscrit 6218 ?

En d'autres termes, le manuscrit 6218 nous paraît être un exemplaire de la rédaction de Thomas remaniée par Robin : de Thomas, ce manuscrit aurait conservé sans changements le prologue et l'épilogue ; le texte même des *Gesta* n'y aurait subi que quelques interpolations ; mais la préface aurait disparu pour faire place au *Liber*[1] Et quant à la continuation des *Gesta*, qui est consacrée à l'histoire de Foulque le Jeune et de Geoffroi le Bel et qui, dans le manuscrit 6218, suit l'épilogue[2], rien ne permet de dire avec assurance s'il faut l'attribuer à Thomas ou bien à Robin.

IV

Pour conclure, il nous paraît établi que le manuscrit 6218 (rédaction 1) renferme la rédaction de Thomas de Loches, remaniée, selon toute vraisemblance, par Robin et peut-être même continuée par lui, et le manuscrit 6006 (rédaction 2), la rédaction de Breton d'Amboise ; la rédaction 5 n'est qu'un abrégé tardif, postérieur à l'œuvre du moine Jean ; et quant à celui-ci, il est l'auteur des deux autres rédactions.

C'est ce qu'on peut résumer dans le tableau suivant :

Rédaction primitive, dite
de l'abbé Eude, *perdue*.
|
Rédaction de Thomas de Loches
remaniée par Robin (rédaction 1, ms. 6218).
|
Rédaction de Breton d'Amboise
(rédaction 2, ms. 6006).
_____|_____
| | |
1re rédaction de   2e rédaction de   Rédaction 5.
Jean de Marmoutier   Jean de Marmoutier
(rédaction 3).   (rédaction 4).

---

1. Cf. ci-dessus, p. XVIII.
2. Cf. ci-dessus, p. XVIII, n. 4.

CHAPITRE III

LA COMPOSITION DES « GESTA CONSULUM ANDEGAVORUM »

Ayant indiqué à qui chaque rédaction des *Gesta consulum Andegavorum* nous semble devoir être attribuée, il convient maintenant d'exposer ce qu'on sait de la biographie de chaque auteur, de la date à laquelle il a pu écrire et de la manière dont il a composé son ouvrage.

I

THOMAS DE LOCHES

Sur la biographie de Thomas de Loches, les détails essentiels ont été donnés déjà par Mabille[1]. On ignore le pays où il naquit. Mabille, à la suite de Célestin Port[2], le suppose originaire de Parcé[3], en Anjou à cause du nom « Thomas de Paccio » que lui donne le chroniqueur de Notre-Dame de Loches[4] ; mais l'identification de *Paccius* avec Parcé ne repose sur aucune donnée solide, et nous ne connaissons point de texte dont il soit permis de déduire avec certitude que Thomas ait été d'origine angevine[5].

---

1. *Introduction*, p. xiv-xviii. Voir en outre, sur Thomas de Loches, Célestin Port, *Dictionnaire... de Maine-et-Loire*, t. III, p. 50, et Beautemps-Beaupré, *Coutumes et institutions de l'Anjou et du Maine*, 2ᵉ partie, t. I, p. 221-222.

2. Mabille, *op. cit.*, p. xiv, n. 1, d'après une note communiquée par Célestin Port ; Célestin Port, *op. cit.*, t. III, p. 50.

3. Canton de Noyant, arr. de Baugé (Maine-et-Loire).

4. *Recueil de chroniques de Touraine* publ. par A. Salmon (Tours, 1854, in-8°), p. 377.

5. On lit bien dans le texte des *Gesta*, tel qu'il est donné par le manuscrit 6218, la phrase : « Gosfridus, comes Andegavis, indutus tunica illius panni quem Franci grisetum vocant, *nos Andegavi* buretum, inter principes

Quoi qu'il en soit, Thomas fut d'abord notaire et sans doute chapelain de Foulque le Jeune[1]. Il lui dut d'être nommé prieur de Notre-Dame de Loches[2] ; mais il n'en continua pas moins d'exercer à la cour des comtes d'Anjou les fonctions de notaire et de chapelain. Nous le voyons expédier en cette qualité les actes de Geoffroi le Bel[3].

---

sedebat » (ci-dessous, p. 40). Mais il est difficile d'assurer que les mots « nos Andegavi buretum » sont de Thomas de Loches et non de l'auteur qu'il copiait ou même de son interpolateur. Nous nous demandons, d'autre part, sur quoi Mabille peut se fonder lorsque, acceptant l'identification de *Paccius* avec Parcé, il ajoute : « Nous hésitons d'autant moins à adopter cette opinion, que nous avons tout lieu de croire Thomas de Loches originaire d'Anjou » (*Introduction*, p. xiv n. 1). Ce ne peut guère être, en tout cas, l'ouvrage même de Thomas qui a suggéré à Mabille cette manière de voir, puisque, on s'en souvient, c'est non pas la rédaction 1, mais la rédaction 5, qu'il lui a attribuée.

1. La *Chronique de Notre-Dame de Loches* s'exprime, en effet, ainsi : « Mortuo vero Rorgone priore (beatae Mariae de Lochis), aliquot annis prioratus vacavit ; sed Fulco comes, qui rex Jerusalem postmodum fuit, Thomae de Paccio *notario* prioratum illum postmodum dedit » (*Recueil de chron. de Touraine* publ. par A. Salmon, p. 377). Nous supposons que Thomas fut en même temps chapelain de Foulque le Jeune, parce qu'il fut à la fois notaire et chapelain de son successeur et que ces fonctions étaient d'ordinaire unies à la cour angevine (voir Halphen, *Le comté d'Anjou au XIe siècle*, p. 193, n. 1).

2. Voir le texte cité à la note précédente. Thomas apparaît comme prieur dans les chartes dès l'an 1130, au plus tard. Voir un acte de Geoffroi le Bel du 29 juin de cette année dans le *Livre blanc de Saint-Florent de Saumur*, fol. 48 (Arch. de Maine-et-Loire), où, parmi les témoins, figure « Thomas, prior Lochensis ».

3. Dès janvier 1133, un acte de ce comte est donné au Mans « per manum Thome capellani atque notarii nostri » (*Chartul. insignis ecclesiae Cenomannensis quod dicitur Liber albus*, n° 3). Un autre acte du même, de l'an 1138, est donné « per manum Tomae, prioris Lochensis, notarii comitis » (*Livre d'argent de Saint-Florent de Saumur*, fol. 332 v°, aux Arch. de Maine-et-Loire ; Delisle, *Recueil des actes de Henri II, Introduction*, n° 1*). Citons encore un acte de Geoffroi le Bel, de l'an 1139, donné « per manum Thomae notarii mei » (*Cartul. de Cormery*, éd. Bourassé, n° 61). Thomas paraît comme témoin dans plusieurs chartes du même comte : le 24 août 1139, avec le titre de chapelain (*Cartul. de Saint-Aubin d'Angers*, éd. Bertrand de Broussillon, n° 9) ; vers 1140, en 1142 et entre 1141 et 1151 avec ce même titre (charte originale de Saint-Florent citée dans Mabille, *Introduction*, p. xvi, n. 1 ; *Chartes de Saint-Julien de Tours*, éd. Denis, dans les *Archives historiques du Maine*, t. XII, fasc. 1, n°s 82 et 88) ; en 1142, avec le titre de chancelier (*Cartul. du Ronceray d'Angers*, éd. Marchegay, n° 399) ; le 27 mars 1149 (charte originale du Bec, publiée par Ch. Haskins, *Normandy under Geoffrey*

Peu après la mort de ce dernier [1], en 1151, il se retira à Notre-Dame de Loches [2], où il sut s'acquérir par une heureuse administration et par ses libéralités de nombreux titres à la reconnaissance de ses chanoines [3]. La discorde cependant finit par se mettre entre eux : s'étant laissé entraîner à des dépenses excessives pour la réparation de l'église, Thomas voulut reprendre à son usage une partie des biens qu'il avait donnés à la communauté. Il fallut, pour apaiser le conflit, que Henri Plantegenêt intervînt et accordât au prieur, à titre exceptionnel et en reconnaissance des services qu'il avait rendus, deux nouvelles prébendes, à la condition qu'il ne cesserait de résider à Loches et qu'il renoncerait à ses prétentions [4]. Thomas ne sur-

---

Plantagenet, dans *English historical Review*, t. XXVII, 1912, p. 429, n° 2) et le 10 juin 1151 avec le titre de chapelain (*Cartul. de Saint-Aubin d'Angers*, éd. citée, n° 864). Le titre de « chancelier » lui est encore attribué, entre 1144 et 1150, dans quatre chartes de Geoffroi le Bel, où il figure en qualité de témoin, et qui sont datées d'Argentan, Lisieux et Rouen (Haskins, *loc. cit.*, p. 430-432, n°s 4, 5, 6, 7). Mais ce titre, quoi qu'en pense M. Haskins (*loc. cit.*, p. 429), n'implique pas forcément que Thomas ait été placé à la tête des services de la chancellerie angevine concurremment avec le chancelier Richard de Bohon. Il est arrivé souvent que ce titre fût donné à de simples notaires.

1. Pas immédiatement, semble-t-il : car un « Thomas capellanus » paraît encore parmi les témoins d'une charte de Henri Plantegenêt, délivrée en 1151, postérieurement à la mort de Geoffroi le Bel, en faveur du prieuré de Fontaine-Saint-Martin (original aux Archives de la Sarthe, indiqué dans Delisle, *Recueil des actes de Henri II*, Introduction, n° 21*). Il n'est plus qualifié que « Tomas decanus de Lochis », en 1152, dans une charte du même Henri Plantegenêt pour l'abbaye de Fontevrault (*Cartul. de Fontevrault*, à la Bibl. nat., ms. lat., nouv. acq. 2414, charte n° 111, indiquée dans Delisle, *loc. cit.*, n° 26*). C'est sans doute à tort que M. Delisle serait porté à reculer jusque vers 1154 un mandement de l' « impératrice » Mathilde où « Thomas capellanus comitis Andegavensis » figure parmi les témoins. (Delisle, *loc. cit.*, p. 143 et n° 84*).

2. La *Chronique de Notre-Dame de Loches* parle de l'époque où « Thomas Lochis resideret » (*Recueil de chroniques de Touraine* publ. par A. Salmon, p. 377).

3. Voir la *Chronique de Notre-Dame de Loches*, *loc. cit.*, p. 377-378, et la notice de l'obituaire de Notre-Dame de Loches (Bibl. de Tours, ms. 1367, fol. 29 r°) publiée par M. Boulay de la Meurthe dans le *Bulletin de la Société archéologique de Touraine*, t. III (ann. 1874-1876), p. 84. La notice de l'obituaire (du xv° siècle seulement, dans son état actuel) dérive d'ailleurs de la chronique.

4. Voir la *Chronique de Notre-Dame de Loches*, *loc. cit.*, p. 378-379. On

vécut guère à cet arrangement : il expira le 27 avril 1168[1].

Nous n'avons aucune donnée positive sur l'époque à laquelle il a pu composer sa rédaction. Le seul indice chronologique que renferme la première partie des *Gesta* (celle qui précède les biographies de Foulque le Jeune et de Geoffroi le Bel) nous renvoie après le départ de la duchesse de Bretagne Ermenjart à Jérusalem[2], événement qui se place entre les années 1131 et 1135[3] ; mais on ne saurait dire si cette indication est imputable à Thomas ou à Robin. Toutefois les *Gesta*, dans leur forme primitive, s'arrêtant à la mort de Foulque le Réchin, en 1109, il est permis de supposer qu'ils n'ont pas été écrits longtemps après cette date ; et d'ailleurs la rareté des allusions faites à Notre-Dame de Loches[4], l'ignorance où les chanoines de cette église semblent avoir été, au xiie siècle, de l'ouvrage de Thomas[5], ce fait aussi, sur lequel nous reviendrons, que cet ouvrage fut utilisé dès 1155 environ par le rédacteur des *Gesta Ambaziensium dominorum*[6], nous portent à en placer la composition avant le moment où l'auteur vint résider à Loches.

Ses sources sont mal connues. La principale fut, nous l'avons dit, une chronique sommaire et informe qui était « mise sous le nom de l'abbé Eude » (*chronicas nomine*

---

y trouve citée la lettre de Henri Plantegenêt mettant fin au débat. Cette lettre y porte la date erronée de 1188, qu'il faut vraisemblablement corriger en 1168.

1. Obituaire de Notre-Dame de Loches, éd. Boulay de la Meurthe, *loc. cit.* : « V kalendas maii. Anniversarium solemne pro domino Thoma, priore hujus ecclesie, qui obiit anno Domini millesimo centesimo sexagesimo octavo. »

2. L'auteur parle, en effet, de « filiam Lancelini de Baugentiaco, ex qua orta est comitissa Britannie illa que post obitum viri sui Jerusalem in ecclesia sancte Anne vitam monialem exercuit » (ci-dessous, p. 65).

3. Voir Célestin Port, *Dictionnaire... de Maine-et-Loire*, t. II, p. 117.

4. La seule à noter est relative au don fait à l'église par Geoffroi Grisegonelle d'un morceau de la ceinture de la Vierge (ci-dessous, p. 44).

5. Il n'en est point question, en effet, dans la *Chronique de Notre-Dame de Loches* rédigée vers cette époque ; et pourtant on a pris soin d'y noter en détail tous les autres travaux exécutés par Thomas (*Recueil des chroniques de Touraine* publ. par Salmon, p. 377-378).

6. Voir chap. v.

Odonis abbatis intitulatas). Il est assez difficile de savoir ce qu'était cette chronique, et plus difficile encore d'en déterminer l'auteur. Mabille, qui croyait en avoir retrouvé le texte dans le manuscrit 6218, l'attribuait à Eude, abbé de Marmoutier de 1124 à 1137 [1]. Il est de fait que, parmi les abbés angevins ou tourangeaux de ce nom qui ont vécu au début du xiie siècle, l'abbé de Marmoutier est le seul auquel on puisse songer.

Un doute cependant vient à l'esprit : il est bien peu question de Marmoutier dans les *Gesta* ; et comment se fait-il, s'il s'agit réellement d'Eude de Marmoutier, que Jean, moine de Marmoutier, n'ait pas eu connaissance directement de son ouvrage ? L'hypothèse de Mabille ne peut donc être acceptée que sous les plus expresses réserves. On se souvient d'ailleurs que Jean parle non pas de la chronique *composée par l'abbé Eude*, mais de « breves chronicas nomine Odonis abbatis intitulatas », c'est-à-dire d'une chronique *mise sous le nom de l'abbé Eude*. Que « l'abbé Eude » en soit véritablement l'auteur, c'est ce qu'il ne dit pas ; et cela nous fait immédiatement penser à cette autre compilation rédigée en Touraine au xiie siècle et attribuée, elle aussi, à « l'abbé Eude », — saint Eude de Cluny, — alors qu'en réalité ce nom est mis là uniquement pour en imposer [2]. Car, remarquons-le, pour que Jean, moine de l'abbaye de Marmoutier, dise « l'abbé Eude », sans plus, et non « un certain abbé Eude », il faut qu'il entende parler soit d'un abbé de son monastère, soit de celui qui, pour un Tourangeau, était l'abbé Eude par excellence. Mais l'œuvre de cet abbé étant aujourd'hui perdue, il est, semble-t-il, impossible d'apporter à la question une réponse décisive.

En dehors de cette chronique perdue ou par l'intermédiaire de cette chronique, les *Gesta* de Thomas de Loches dérivent de quelques autres textes dont on ne peut guère

---

1. Mabille, *Introduction*, p. ix-x.
2. Nous voulons parler du *De reversione beati Martini a Burgundia* (*Recueil de chroniques de Touraine* publ. par Salmon, *Supplément*, p. 14-34).

malheureusement préciser la nature. Pour les faits généraux de l'histoire de France, l'auteur a eu pour guide des *Historiae*, qu'il cite en un endroit[1] et dont on retrouve plusieurs fois la trace au début de son ouvrage. Ces *Historiae* étaient, à coup sûr, distinctes (la comparaison des textes le montre aisément) de l'*Historia Francorum* qui, nous le verrons, avait été résumée par l'auteur dans sa préface[2], et elles n'avaient, semble-t-il, que de très lointains rapports avec les autres histoires de France du moyen âge connues jusqu'à ce jour. Il semble, en outre, que les invasions normandes de l'ouest et les guerres bretonnes de l'époque carolingienne y aient occupé une place prépondérante, et, en raison de ce fait, il n'est peut-être pas sans intérêt de signaler quelques légères ressemblances entre ces passages des *Gesta* et des textes composés dans la Gaule occidentale[3]. Si le rapprochement n'était pas fortuit, on pourrait voir là un indice nouveau en faveur de l'existence d'annales rédigées dans cette région au cours du ixe siècle[4].

Pour l'histoire même des comtes d'Anjou, l'auteur déclare avoir utilisé des généalogies[5]. Tout ce qu'on en peut dire, c'est qu'elles différaient de celles qui nous ont été transmises par ailleurs[6] et qu'elles étaient surtout

---

1. « ...sicut loquuntur historie » (ci-dessous, p. 31).
2. Voir le chap. iv de cette introduction.
3. Ainsi, la qualification de *triarchus* donnée à Charles le Chauve (ci-dessous, p. 27) fait penser à l'expression « anno DCCCXLIII... qui est annus Karoli trierarchae tertius » du fragment annalistique conservé dans un manuscrit de Saint-Serge et publié p. 14 de la *Chronique de Nantes*, éd. Merlet. De même, l'auteur des *Gesta* (p. 28) parle de « Nomenoii pseudoregis Britonum tyrannidem », alors que dans la *Chronique de Nantes*, éd. Merlet, p. 42, les mêmes termes de « pseudorex » et de « tyrannis » s'appliquent à Erispoé. Ce qui est dit au même endroit des *Gesta* sur les violences de Nominoé rappelle la complainte *De eversione monasterii Sancti Florentii* (*Chronique des églises d'Anjou*, éd. Marchegay et Mabille, p. 201-204).
4. Sur cette hypothèse, voir R. Merlet, *Chronique de Nantes*, p. xli. On peut remarquer d'ailleurs que c'est à la fin du ixe siècle que s'arrêtent dans les *Gesta* les notes concernant l'histoire générale de la Gaule.
5. « Genuit Tertullum, qui primus ex progenie Andegavensium comitum per antiquos genealogie illorum relatores computatus est » (ci-dessous, p. 27).
6. Nous les publions p. 247-250.

beaucoup plus inexactes¹ ; mais celles que nous connaissons proviennent uniquement de Saint-Aubin d'Angers.

Or nous touchons ici à un point sur lequel il convient d'insister quelque peu : l'auteur des *Gesta* n'a connu aucun des textes historiques composés en Anjou proprement dit. Ce ne sont pas seulement les généalogies de Saint-Aubin qu'il n'a pas mises en œuvre ; il n'a pas consulté davantage les annales si précises compilées dans les églises et les monastères d'Angers² ; il a ignoré l'*Histoire* écrite à Saint-Florent de Saumur dès la fin du xi° siècle³ ; il a ignoré enfin la curieuse chronique que nous devons à Foulque le Réchin⁴. C'est exclusivement en Touraine qu'il semble s'être documenté : ainsi, bien que les détails relatifs à Saint-Martin de Tours se soient multipliés dans les rédactions suivantes, il y a déjà dans la sienne plusieurs passages qui proviennent visiblement de cette église⁵, et l'on peut, croyons-nous, conjecturer sans trop de hardiesse que c'est par Saint-Martin de Tours (collégiale royale, on le sait) qu'il aura eu communication des *Historiae* auxquelles il a emprunté plusieurs renseignements sur l'histoire des rois de France. Il faut d'ailleurs remarquer que, dans la continuation des *Gesta* qui embrasse les règnes de Foulque le Jeune et de Geoffroi le Bel, on relève plusieurs emprunts caractérisés, soit à la chronique même de Pierre Béchin, *chanoine de Saint-Martin de Tours*, soit plutôt à une des sources de ce dernier⁶ ; et le fait est d'au-

---

1. Elles faisaient notamment de Maurice le père, au lieu du frère, de Foulque Nerra.
2. Publiées dans L. Halphen, *Recueil d'annales angevines et vendômoises* (Paris, 1903, in-8°).
3. *Chroniques des églises d'Anjou* publ. par Marchegay et Mabille, p. 207 et suiv. Sur l'époque à laquelle a commencé la composition de cette chronique, voir *ibid.*, p. xxvi-xxvii.
4. Publiée plus loin, p. 232.
5. Voir notamment la biographie de Foulque le Bon.
6. Ainsi, parlant du partage fait par Guillaume le Conquérant de ses États entre ses trois fils, Pierre Béchin (*Recueil de chroniques de Touraine* publ. par Salmon, p. 57) dit : « Roberto Normanniam dedit, Guillelmo Angliam, Henrico maternas possessiones », et l'auteur des *Gesta* : « Wilermo Rufo Angliam, Roberto Normanniam, Henrico maternas possessiones dona-

tant plus intéressant que nous aurons plus loin [1] l'occasion de relever des rapports analogues entre cette même chronique et des passages du *Liber de compositione castri Ambaziae* qui sont, selon toute vraisemblance, des épaves de la préface dont Thomas de Loches avait fait précéder ses *Gesta*.

En dehors des données historiques et légendaires qu'il a pu recueillir à Saint-Martin de Tours, l'auteur des *Gesta* a fait usage dans son ouvrage de traditions orales et de récits épiques qui devaient avoir cours de son temps encore dans le comté d'Anjou. Nous avons, en effet, la preuve que, parmi les premiers comtes d'Anjou, quelques-uns au moins furent de bonne heure transformés en héros d'épopée. Déjà dans la *Chanson de Roland*, Geoffroi Grisegonelle occupe une place assez importante, et dans les chansons de geste postérieures, son rôle va sans cesse croissant : c'est notamment lui qui, dans la guerre des Saxons contre Charlemagne, d'après la *Chanson des Saisnes*, est censé tuer le roi Caloré [2]. C'est aussi plus ou moins Foulque Nerra qu'on retrouve derrière le Thierri d'Angers ou Gaydon épique. Ce Thierri n'est d'abord, dans le *Roland*, qu'un personnage un peu flou, le frère, et non le fils, de Geoffroi ; c'est lui qui, à la fin de la chanson [3], triomphe de Pina-

---

vit » (ci-dessous, p. 68). La suite, dans les *Gesta*, n'est guère qu'un résumé de deux autres paragraphes de Pierre Béchin (éd. citée, p. 59, l. 16-23 et p. 60, l. 1-11). Plusieurs phrases sont presque textuellement les mêmes. Par exemple : « ... filium habuit Guillelmum, qui filiam comitis Andegavensis, postea regis Hierusalem, duxit ; sed ab illa propter cognationem separatus, sororem reginae Franciae, uxoris Ludovici regis, duxit, data ei Flandria post obitum Caroli comitis ; sed Guillelmus non diu vixit, lancea manu percussus » (P. Béchin, éd. citée, p. 60) ; « ... cujus filius Guielmus filiam Fulconis comitis Andegavis duxit ; sed ab illa propter cognationem separatus, sororem regine Francie, uxoris Ludovici regis, duxit, data sibi Flandria post obitum Karoli consulis ; sed Wilermus, lancea manu percussus, non diu post vixit » (ci-dessous, p. 68). Enfin le paragraphe de Pierre Béchin « Henricus, rex Angliae, habuit ex Mathilde Guillelmum... » (éd. citée, p. 61) est textuellement reproduit dans les *Gesta* (ci-dessous, p. 68, l. 25-p. 69, l. 2).

1. Chap. IV, p. LIV.
2. Voir *La Chanson de Roland*, éd. Léon Gautier, note du vers 106.
3. *Ibid.*, vers 3819 et suiv.

bel. Mais, par la suite, il prend consistance : dans le poème tardif de *Gaydon* [1], il est présenté nettement comme le fils de Geoffroi Grisegonelle. Sans doute, les rapports entre Foulque Nerra et ce héros d'épopée plutôt banal ne sont qu'assez lointains ; mais il est impossible de ne pas trouver dans *Gaydon* comme un vague écho des guerres de Foulque (et peut-être en même temps de son fils) contre les comtes de Blois personnifiés en Thibaud d'Aspremont. La conspiration de ce dernier, qui cherche à se faire roi « de France et de Loon » [2], n'est pas, en tout cas, sans analogie avec les machinations contre Hugue Capet dont se rendit coupable Eude Ier en 993, d'accord avec l'évêque de Laon Asselin [3]. L'aide prêtée, dans *Gaydon* [4], au comte d'Anjou par son vassal le comte du Maine contre le même Thibaud [5] peut, de son côté, faire songer à Herbert Eveille-Chien venant soutenir Foulque Nerra contre Eude II à la bataille de Pontlevoy [6]. Enfin le brusque départ de Gaydon, quittant la cour royale en hâte pour aller porter secours à ses neveux surpris par l'ennemi, n'évoque-t-il pas la légende, rapportée dans les *Gesta*, du comte Foulque Nerra abandonnant tout à coup Orléans, où il était auprès du roi, pour aller secourir Angers que les fils de Conan attaquaient traîtreusement [7] ?

De plus, M. Lot [8] a noté à quel point étaient empreintes

---

1. *Gaydon, chanson de geste publiée pour la première fois d'après les trois manuscrits de Paris*, par F. Guessard et S. Luce, Paris, 1862, petit in-8º (Coll. des anciens poètes de la France).
2. *Gaydon*, éd. citée, v. 1782-1785.
3. Voir Ferdinand Lot, *Études sur le règne de Hugues Capet*, p. 170-172.
4. *Gaydon*, éd. citée, notamment p. 24-28 ; et sur les rapports de seigneur à vassal qui unissent le comte du Maine au comte d'Anjou, voir surtout les v. 503-505.
5. Voir L. Halphen, *Le comté d'Anjou au XIe siècle*, p. 33-35 et 67.
6. *Gaydon*, éd. citée, p. 79.
7. Ci-dessous, p. 48-49.
8. Ferdinand Lot, *Geoffroi Grisegonelle dans l'épopée*, dans la *Romania*, t. XIX, 1890, p. 377-393. M. Baist avait composé en même temps et a publié dans la *Zeitschrift für romanische Philologie*, t. XVI, 1892, p. 452-457, un article sur *Jofreiz d'Anjou*, où il a examiné la même question que M. Lot, mais d'une manière beaucoup moins complète.

d'un caractère épique les pages consacrées dans les *Gesta* aux exploits de Geoffroi, et il a montré les rapports qu'il y a entre l'épisode du comte d'Anjou tuant le géant Hethelulf et celui de Guillaume au Court-Nez tuant le géant Isoré devant Paris [1]. Puis, par une comparaison attentive des récits de Richer, des *Gesta episcoporum Cameracensium* et de l'*Historia Francorum Senonensis* avec ceux des *Gesta consulum Andegavorum*, qui en sont indépendants, il a pu établir que Geoffroi Grisegonelle avait été dès le xe siècle « dans l'ouest de la France le héros de récits épiques célébrant particulièrement la part qu'il avait prise à la lutte de Lothaire et Hugues Capet contre les Allemands en 978 » et, eût-il pu ajouter, à la guerre de Lothaire contre Richard Ier de Normandie. Ce sont ces récits épiques qui ont été utilisés par l'auteur des *Gesta consulum Andegavorum*.

II

BRETON D'AMBOISE

Si nous sommes assez bien renseignés sur la personne de Thomas de Loches, il n'en est pas de même pour Breton d'Amboise. Mabille n'avait pu découvrir aucun renseignement sur cet auteur, et tout ce que nous croyons pouvoir avancer, c'est qu'il faut peut-être l'identifier avec un certain Breton qui paraît en 1141 parmi les chanoines de Saint-Florentin d'Amboise [2].

---

1. M. René Merlet a relevé depuis, dans son édition de la *Chronique de Nantes*, p. 99, n. 1, un passage où sont attribués à Alain Barbetorte les mêmes exploits devant Paris que les *Gesta* attribuent à Geoffroi Grisegonelle. M. Lot (art. cité, p. 386) estime d'ailleurs que c'est à un vassal de Hugue Capet nommé Ive qu'il faudrait réellement attribuer le mérite d'avoir vaincu un Danois en combat singulier.

2. Charte relatant un accord intervenu le 8 septembre 1141 entre les religieux de Pontlevoy et les chanoines de Saint-Florentin d'Amboise au prieuré de Saint-Thomas d'Amboise (orig. aux Arch. de Loir-et-Cher, fonds de Pontlevoy, publ. par l'abbé Porcher, dans la *Revue de Loir-et-Cher*, t. XVI, 1903, col. 55-57). Breton y est désigné en ces termes : « Magistro Brittone, similiter canonico (S. Florentini). »

Ce n'est pas avant 1155 qu'il a pu donner son édition des *Gesta* : car c'est à cette date, au plus tôt [1], qu'ont été composés les *Gesta Ambaziensium dominorum*, dont il s'est servi à plusieurs reprises. Nous verrons, d'autre part, que c'est en 1173, au plus tard, que Jean de Marmoutier a remanié et développé la rédaction de Breton : celui-ci a donc écrit entre les années 1155 et 1173.

Son œuvre ne se distingue guère de celle de son devancier que par un certain nombre d'additions [2]. Quelques-unes d'entre elles sont importantes au point de vue historique. Ainsi, Thomas de Loches ne mentionne qu'un seul pèlerinage de Foulque Nerra à Jérusalem et semble ignorer les circonstances dans lesquelles celui-ci a trouvé la mort. Breton d'Amboise a réparé l'oubli, en s'aidant sans doute de Raoul le Glabre [3], mais en y ajoutant de curieux détails, qu'il devait peut-être à quelque moine de l'abbaye de Beaulieu [4]. Plus digne encore d'attention est le récit circonstancié de la bataille livrée à Alençon en 1118 par le comte d'Anjou. Ce récit, qui a été intercalé dans la biographie de Foulque le Jeune [5], est non moins remarquable par sa forme que par les précieux renseignements qu'il renferme ; mais nous ignorons s'il est dû à Breton lui-même ou si celui-ci l'a emprunté à quelque autre narrateur. Un autre passage que Mabille croyait tiré « d'une de ces compilations qui servaient de thèmes aux sermonnaires » [6] et qui provient, en tout cas, de Marmoutier, raconte le différend survenu entre les moines

---

1. Voir ci-dessous, chap. v, p. LVII.
2. Quelques rares suppressions ont été également effectuées par l'auteur. L'une d'elles a été rendue nécessaire par l'intercalation d'un chapitre de Raoul le Glabre : c'est celle qui a fait disparaître la note relative à la mort d'Eude II de Blois en Lorraine (ci-dessous, p. 54). Une autre est peut-être plus significative : c'est celle qui a fait disparaître la phrase « Deleta pene Andegavia et Turonia, Fulco Richin Barbatum fratrem suum subdole captum in vinculis posuit et utrumque comitatum veluti suum suscepit » (ci-dessous, p. 64).
3. *Historiae*, IV, 9, éd. Prou, p. 113-114.
4. Ci-dessous, p. 54, n. *e*.
5. Ci-dessous, p. 155.
6. Mabille, *Introduction*, p. XXII.

de ce lieu et Geoffroi le Barbu à la mort de l'abbé Albert, en 1064 [1]. Certains traits se retrouvent dans la vie de saint Hugue de Cluny composée par Hildebert de Lavardin [2], et bien qu'on puisse, dans ce récit, relever plusieurs inexactitudes, dont les prétentions des moines de Marmoutier à la fin du XIe siècle expliquent l'origine [3], il semble avoir, dans l'ensemble, un fondement historique solide.

Nous n'en dirons point autant du fragment relatif à la fondation de Châteaurenault inséré par Breton dans la biographie de Geoffroi Martel [4]. Malgré les affirmations de Mabille [5], il n'est certainement pas tiré d'une charte-notice, car les détails qu'on y lit sont tout à fait fabuleux [6] ; mais nous n'en saurions indiquer la provenance.

C'est, au contraire, à coup sûr, dans un recueil de miracles provenant de Saint-Martin de Tours que Breton a puisé deux légendes bien connues relatives à Foulque le Bon. L'une [7] raconte la réponse faite par le comte d'Anjou aux railleries du roi de France, qui l'avait surpris au moment où il chantait la messe avec les chanoines : « Un roi illettré est un âne couronné » ; l'autre [8] est l'histoire de Foulque le Bon portant Jésus-Christ sous la forme d'un lépreux de Port-Cordon à Saint-Martin de Tours.

Plusieurs autres interpolations ont été faites à l'aide de Raoul le Glabre, dont l'auteur [9] a transcrit intégralement les chapitres III et IV du livre II et le chapitre II du livre V et partiellement les chapitres II et IX du livre III

---

1. Ci-dessous, p. 152.
2. *Hist. de Fr.*, t. XIV, p. 70.
3. Voir Lévêque, *Trois actes faux ou interpolés des comtes Eudes et Robert et du roi Raoul en faveur de l'abbaye de Marmoutier*, dans la *Bibliothèque de l'École des Chartes*, t. LXIV, 1903, p. 54 et suiv., et cf. Halphen, *Le comté d'Anjou au XIe siècle*, p. 139-140.
4. Ci-dessous, p. 148.
5. *Introduction*, p. XXIII.
6. Cf. ci-dessous, p. 148, n. 1.
7. Ci-dessous, p. 140.
8. P. 141-142.
9. Voir, p. 49, n. b ; p. 54, n. b ; p. 58, n. a et *Erratum*.

et le chapitre vi du livre IV. Aux *Gesta Ambaziensium dominorum* enfin il a fait quelques emprunts [1] qui lui ont permis d'allonger les biographies de Foulque Nerra et de Geoffroi-Martel.

De tout ce travail est sorti une œuvre plus complète, à bien des égards, que celle de Thomas de Loches, mais aussi plus confuse, et où de nombreuses interpolations viennent trop souvent rompre d'une manière gênante la suite du récit.

III

JEAN DE MARMOUTIER

La vie de Jean, moine de Marmoutier, n'est pas mieux connue que celle de Breton. Salmon [2] le croit originaire de Tours ou de Châteauneuf; mais c'est qu'il lui attribue sans raison la paternité de la *Narratio de commendatione Turonicae provinciae*. Il ajoute qu'il dut naître dans les premières années du règne de Louis VII, et cette date reposerait, suivant lui, sur ce fait que Jean « dit lui-même dans l'histoire du comte Geoffroy, mort le 7 septembre 1151, qu'il n'a pas connu son héros et qu'il a écrit sa vie sur les témoignages de plusieurs des contemporains du comte ». Cette affirmation n'est pas plus solide que la première : de ce qu'un auteur, surtout au moyen âge, n'invoque pas ses souvenirs personnels (Jean ne dit d'ailleurs pas qu'il n'a pas connu Geoffroi le Bel), on ne saurait déduire qu'il n'a pas été contemporain d'une partie au moins des événements qu'il raconte. En réalité, sauf peut-être le quantième de sa mort (14 mars) [3], nous ne connaissons de Jean que ses œuvres.

---

1. Voir p. 48, n. *d* ; p. 52, n. *d* ; p. 59, n. *b*.
2. *Recueil de chroniques de Touraine*, p. LXXXVIII.
3. C'est, en effet, à lui vraisemblablement qu'il faut rapporter la mention suivante de l'obituaire du Ronceray d'Angers : « II idus marcii. Obiit Johannes, monachus Sancti Martini Majoris Monasterii » (Salmon, *ibid.*, p. XCIII, n. 1).

Nous reviendrons plus loin sur son *Histoire de Geoffroi le Bel*. Quant aux *Gesta consulum Andegavorum*, Jean les composa en 1164, au plus tôt, après la mort de Guillaume Longue-Épée, frère de Henri Plantegenêt [1], puisque, dans sa préface, il dit, s'adressant au roi d'Angleterre : « Toi qui, ayant perdu tes frères, gouvernes un empire que tu laisseras prospère à tes enfants » [2]. Mais comme, du ton de cette préface et surtout de la manière dont il y est parlé des fils du Plantegenêt [3], il semble ressortir que ceux-ci ne s'étaient pas encore soulevés contre leur père, nous nous trouvons reportés en 1173, au plus tard. Mabille [4] croit même pouvoir, à la suite de Salmon [5], préciser davantage et donne la date de 1169-1170. Cette date repose partie sur une erreur, partie sur une conjecture sans fondement : Mabille a placé en 1170 la coalition qui éclata en 1173 et supposé l'ouvrage postérieur au partage que fit Henri II de ses États entre ses enfants en 1169, alors que la seule phrase qui puisse être citée à l'appui de cette hypothèse est précisément celle où Jean dit au roi d'Angleterre : « Toi qui, ayant perdu tes frères, gouvernes un empire que tu laisseras prospère à tes enfants ». Ce n'est point là une preuve ; et peut-être pourrait-on même soutenir avec plus de vraisemblance que le sens général de cette phrase est : « Toi qui, depuis la mort de tes frères, règnes *seul* sur l'empire angevin », ce qui nous reporterait avant le partage de l'an 1169. Mais ce serait sans doute

---

1. Pour cette date, voir Kate Norgate, *England under the Angevin kings*, t. II, p. 29.
2. « Tu, quintus decimus in antecessoribus tuis, comitibus videlicet Andegavorum, qui, mortuis fratribus tuis, monarchiam tenes, Deo opitulante, filiis tuis feliciter dimissurus » (ci-dessous, p. 171).
3. Ci-dessous, p. 171.
4. *Introduction*, p. xxviii. C'est par erreur que, p. xxix, note, Mabille fixe en 1168, au lieu de 1169, l'époque où Henri Plantegenêt partagea ses États entre ses enfants.
5. *Recueil de chroniques de Touraine*, p. xci. Salmon donne la date de 1167-1169, mais en invoquant les mêmes raisons que Mabille : l'ouvrage, dit-il, fut composé « de 1167 à 1169, après la mort des frères de Henri II, roi d'Angleterre, et lorsque ce prince eut partagé ses États entre ses fils ».

encore là vouloir tirer du texte plus qu'il ne contient.

Il semblerait au premier abord qu'une précision plus grande pût être atteinte au sujet des sources auxquelles Jean a puisé pour enrichir la compilation de Breton. Il en énumère, en effet, lui-même un certain nombre au début de sa préface : *Historia Francorum*, l'histoire de Raoul le Glabre, les chroniques de Geoffroi Béchin, les récits (*dicta*) de maître Robin et les écrits de Gautier de Compiègne [1]. Mais sauf Raoul le Glabre, auquel Jean n'a d'ailleurs rien emprunté lui-même directement, et sauf l'*Historia Francorum*, qui n'est autre, sans doute, que le *Liber de compositione castri Ambaziae*, ces sources sont pour nous inconnues. On pourrait croire que le nom de Geoffroi Béchin est une erreur pour Pierre Béchin ; mais cette hypothèse serait sans consistance : car Jean n'a fait aucun emprunt à la chronique de ce dernier, et le nom de Béchin semble avoir été assez répandu en Touraine [2] pour que toute assimilation de ce genre soit par avance condamnée. Quant à maître Robin, c'est peut-être le même que le compilateur des *Gesta consulum Andegavorum* ; mais comme il s'agit de ses *dicta*, c'est-à-dire, pensons-nous, de ses récits oraux, l'indication de Jean de Marmoutier reste dans le vague.

Pour Gautier de Compiègne enfin, sommes-nous beaucoup mieux renseignés ? A en croire Mabille [3], ce serait à cet auteur que Jean aurait emprunté le récit de la vision de Foulque le Jeune [4] au moment de son départ pour Jéru-

---

1. « Tertius ego ex multis historiis multa addidi et ad auctoritatem historie et studium audientium sive legentium nomina auctorum annotare curavi : primo ex Historia Francorum nonnulla ; secundo ex historia Glabelli Rodulfi multa ; tertio ex cronicis Gauffredi Bechin aliqua ; quarto ex dictis magistri Rabini quedam necessaria ; quinto ex scriptis Gauterii Compendiensis, Majoris Monasterii monachi, non negligenda » (ci-dessous, p. 164).
2. Outre ce Geoffroi Béchin et Pierre Béchin, nous pouvons citer, par exemple, un Robert Béchin, dont la mort est notée d'une main du XIIe siècle dans l'obituaire de Pontlevoy (Molinier, *Obituaires de la province de Sens*, t. II, p. 215) : « .IIII. idus [decembris], Robertus Bechini ».
3. *Introduction*, p. xxxiv-xxxvi.
4. Ci-dessous, p. 161.

salem et l'anecdote relative à la construction du monastère de la Trinité de Vendôme[1]; et Mabille donne même sur Gautier et ses œuvres des renseignements assez explicites. Malheureusement, il faut en rabattre : presque tout ce qu'il dit à cet égard n'est qu'un échafaudage d'hypothèses plus chancelantes les unes que les autres. Nous savons seulement qu'il y eut à Marmoutier, dans le premier quart du xiie siècle, un moine nommé Gautier de Compiègne[2]. On l'identifie sans preuve avec un Gautier cité en 1131 comme prieur de Saint-Martin-en-Vallée, aux faubourgs de Chartres[3]. Sur ses œuvres, en tout cas, on n'a aucune donnée solide. On lui a attribué[4] un recueil de miracles de la Vierge, composé par Gautier, « moine de Cluny », d'après les récits de Geoffroi, évêque de Chartres ; ce recueil est dédié à un chanoine de Saint-Venant de Tours et suivi d'un miracle de saint Martin survenu à Saint-Martin de Tours en 1141[5]. Mais cette attribution, qui se fonde uniquement sur une similitude de noms et sur le séjour hypothétique de Gautier à Saint-Martin-

---

1. P. 150.
2. Gautier de Compiègne (*Gualterius* ou *Walterius Compendiensis*) est cité parmi les moines de Marmoutier en 1120, dans une charte par laquelle Hildebert, évêque du Mans, confirme une donation faite au prieuré de Notre-Dame de Mayenne (copie dans le ms. lat. 12879 de la Bibl. nationale, fol. 158, publ. dans dom Piolin, *Histoire de l'église du Mans*, t. III, n° 61), en 1122, dans un acte passé à Blois (copie d'une charte de Marmoutier dans le ms. lat. 12879 de la Bibl. nationale, fol 52), en 1124, dans la charte de fondation du prieuré de Troo par Foulque le Jeune (*ibid.*, fol. 63). Mabille relève encore son nom dans deux chartes de l'année 1120 environ, relatives au prieuré de Marmoutier à Mayenne (*ibid.*, fol. 176 et 177) et en conclut qu'il dut habiter ce prieuré.
3. Charte de l'évêque de Chartres Geoffroi, datée du 18 janvier 1131 et stipulant un accord avec les moines de Marmoutier pour le prieuré de Saint-Martin-en-Vallée, dans la *Gallia christiana*, t. VIII, *Instrumenta*, col. 327, n° 50.
4. *Histoire littéraire de la France*, t. XII, p. 491-492 ; Mabille, *Introduction*, p. xxxv-xxxvi.
5. On le trouvera dans Labbe, *Bibliotheca nova manuscriptorum*, t. I, p. 650-655, et d'après Labbe, dans Migne, *Patrol. lat.*, t. CLXXIII, col. 1379-1386. Le début en est le suivant : « Fratri venerando et in Christi visceribus plurimum complectendo Sancti Venantii monacho Gauterius, Cluniacensis monachus... »

en-Vallée, est fort douteuse ; le titre de moine de Cluny que prend l'auteur semble même la démentir. Dire que c'est dans les œuvres de Gautier de Compiègne que Jean a puisé l'anecdote relative à la fondation de la Trinité de Vendôme, c'est encore avancer une assertion sans preuve, cette anecdote n'étant connue que par Jean lui-même. Simple conjecture enfin que l'attribution à Gautier d'un petit recueil de miracles de saint Martin, publié par Mabillon[1], où se trouve racontée la vision de Foulque le Jeune : ce recueil est anonyme et on ne l'a attribué à Gautier qu'au nom d'une prétendue analogie avec les miracles de la Vierge dont il vient d'être parlé.

Des autorités invoquées par Jean de Marmoutier, il faut donc nous résoudre à n'en pouvoir identifier à peu près aucune d'une manière précise. Du moins nous est-il possible de déterminer un certain nombre des sources qu'il a utilisées sans les citer ou qui ne nous sont connues que sous le couvert de l'anonymat. Sur ce point d'ailleurs nous ne pouvons aller beaucoup plus loin que Mabille. Celui-ci a déjà nettement indiqué[2] les passages que Jean avait empruntés au *Liber de compositione castri Ambaziae*[3] et aux *Gesta Ambaziensium*[4], au prologue des *Gesta consulum* contenu dans le manuscrit 6218 et reproduit dans le manuscrit 6006[5], au traité *De senescalcia Franciae*[6], à la vie de saint Eude par Jean l'Italien[7], au *Tractatus de*

---

1. *Acta sanctorum ordinis S. Benedicti*, saec. VI, 2ᵉ partie, p. 391-402. Ce recueil de miracles nous est connu par deux manuscrits, l'un du xvᵉ siècle (Bibl. nat., ms. lat. 13899, fol. 25 r°-31 r°), l'autre du xivᵉ siècle, incomplet du début (Bibl. nat., ms. lat. 15067, fol. 1 r°-15 r°). Mabille dit (*Introduction*, p xxxvi) qu'il a été écrit entre les années 1140 et 1155, au temps de l'abbé Garnier. C'est là encore une affirmation sans preuve ; un miracle où l'on voit un enfant prier « abbatem loci, Garnerium nomine, ad se venire » (Mabillon, p. 394) permet seulement de dire que le recueil date au plus tôt du temps de l'abbé Garnier.
2. *Introduction*, p. xxxi-xxxii.
3. Voir p. 29, n. *b*, et p. 46, n. *a*.
4. Voir p. 64, n. *c*.
5. Voir p. 27, n. *a*.
6. Voir p. 37, n. *c*.
7. Voir p. 35, n. *a*.

reversione beati Martini a Burgundia[1] et aux miracles de saint Martin attribués faussement à l'archevêque de Tours Herberne[2].

Ces deux dernières compilations sont originaires de Saint-Martin de Tours. C'est de cette église aussi que provenait le recueil anonyme de miracles de saint Martin que Mabille, à la suite de l'*Histoire littéraire*, attribuait sans raison à Gautier de Compiègne et dont Jean a extrait le récit de la vision miraculeuse de Foulque le Jeune lors de son départ pour Jérusalem.

D'autres textes légendaires ont été encore mis à contribution par lui : telles sont les pages d'allure épique[3] où sont racontées les prouesses d'Enjuger, comte de Gâtinais[4], ou bien celles qui sont consacrées à la fondation de la Trinité de Vendôme[5] ou encore à la mort de *Crescentius*[6].

Nous ignorons la provenance des premières. Il est manifeste, au contraire, que les secondes proviennent de Marmoutier : la manière dont il y est parlé de ce monastère, « le plus religieux de toute la Gaule »[7], est par elle-même convaincante, et l'abbaye vendômoise ayant été tout d'abord peuplée de moines de Marmoutier[8], on s'explique que ceux-ci aient conservé de cette fondation un souvenir particulièrement vivace.

L'origine de la légende de *Crescentius* est plus difficile

---

1. Voir p. 30, n. *d*.
2. Voir p. 30, n. *d*.
3. M. G. d'Espinay a fait sur le caractère épique des pages consacrées à Enjuger quelques remarques assez justes, qu'il a limitées à la chronique primitive, mais qui valent pour la rédaction de Jean (G. d'Espinay. *La légende des comtes d'Anjou. Deuxième partie : Les comtes héréditaires*, dans les *Mémoires de la Société d'agriculture, sciences et arts d'Angers*, ann. 1883, p. 81-87 du tir. à part).
4. Ci-dessous, p. 135.
5. Ci-dessous, p. 150.
6. Ci-dessous, p. 144.
7. « Elegit etiam ex religiosiori monasterio totius Gallie, videlicet ex monasterio beati Martini Majoris Monasterii, viginti quinque monachos... » (ci-dessous, p. 151).
8. Voir note précédente.

à éclaircir dans le détail. Toutefois il est manifeste que c'est au monastère de Beaulieu, près Loches, qu'elle a reçu sa forme définitive, et c'est par cette voie que Jean de Marmoutier en a eu connaissance. Tout, en effet, dans cette légende, converge vers la fondation du monastère de Beaulieu : c'est de Loches que Foulque Nerra part pour aller combattre l'ennemi du pape ; ce sont les corps des saints *Chrysanthus* et *Daria* qu'il reçoit comme récompense de ses services, et ces corps, il les apporte à Beaulieu, dans l'église du Saint-Sépulcre, « où ils reposent encore aujourd'hui »[1]. Ce dernier trait est significatif : c'est, on le devine aisément, pour donner plus d'éclat à leurs reliques, que les moines de Beaulieu ont forgé ce récit. Mais l'ont-ils inventé de toutes pièces ? Ou bien, au contraire, se sont-ils contentés, en quelque sorte, de tirer à eux une légende déjà à demi formée ? C'est cette seconde hypothèse qu'on est porté à adopter si l'on remarque que les données essentielles de la légende figurent déjà dans l'*Histoire de Saint-Florent de Saumur*[2], commencée, on le sait, dès la fin du XIe siècle[3]. Mais comment l'histoire de *Crescentius* s'est-elle trouvée rapprochée de celle de Foulque Nerra ? Comment, en un mot, la légende a-t-elle pris naissance ? C'est là un point qui reste encore obscur.

Le passage relatif à *Crescentius* n'est d'ailleurs pas le seul dont Jean de Marmoutier soit redevable au monastère de Beaulieu. C'est à un texte de même provenance, quoique plus sérieux, qu'il a dû emprunter les détails qu'il donne sur le premier abbé de ce monastère[4]. Quant aux indications relatives aux sépultures des comtes d'Anjou[5],

---

1. Ci-dessous, p. 147.
2. *Chronique des églises d'Anjou*, p. 273.
3. *Ibid.*, p. XXVI.
4. Ci-dessous, p. 143.
5. P. 31, n. *a* ; p. 34, n. *a* ; p. 37, n. *a* ; p. 44, n. *c* ; p. 46, n. *c* (voir l'*erratum*). Jean y place à Saint-Martin de Tours les sépultures d'Enjuger, de Foulque le Roux, de Foulque le Bon, de Geoffroi Grisegonelle et de Maurice.

elles sont si fantaisistes [1], que notre auteur a fort bien pu les tirer de sa propre imagination.

Par conséquent, en dehors des textes contenus dans le manuscrit 6006 et de la légende d'Enjuger de Gâtinais, dont l'origine est inconnue, les sources utilisées par le moine Jean proviennent de Marmoutier, de Saint-Martin de Tours et de l'abbaye de Beaulieu, et l'on peut présumer que c'est dans la bibliothèque d'une de ces deux premières églises qu'il a dû lire et copier le *De senescalcia Franciae* et la Vie de saint Eude.

---

1. Jean de Marmoutier avait d'abord placé à Saint-Aubin d'Angers quelques-unes de ces sépultures qu'il a, après coup, situées à Saint-Martin. Voir ci-dessus, p. xi, n. 2.

CHAPITRE IV

LE « LIBER DE COMPOSITIONE CASTRI AMBAZIAE »

I

Nous avons vu[1] que Thomas de Loches, dans le prologue de ses *Gesta consulum Andegavorum*, renvoyait à une préface où il avait résumé l'histoire des rois de France. Cette préface a disparu des manuscrits et a fait place à un opuscule intitulé *Liber de compositione castri Ambaziae*[2], lequel constitue en réalité la préface, non point des *Gesta consulum*, mais des *Gesta Ambaziensium dominorum*. Ceux-ci, dans les manuscrits 6218 et 6006, sont transcrits après les *Gesta consulum*, et les ouvrages se succèdent dans l'ordre suivant : 1° *Liber* ; 2° *Gesta consulum* ; 3° *Gesta Ambaziensium*.

Mabille[3] a bien compris l'origine de cette confusion : si le *Liber* a pris la place de l'histoire abrégée des rois de France, c'est que cette histoire y avait été incorporée ; dès lors, le copiste du manuscrit 6218 (directement suivi par le manuscrit 6006) avait jugé plus expéditif de supprimer celle des deux préfaces qui était la moins complète et de reporter le *Liber* avant les *Gesta consulum*. Mais Mabille s'est figuré que cette fusion de l'histoire abrégée des rois de France et du *Liber* était le résultat d'un remaniement de ce dernier ouvrage et il a même été jusqu'à prétendre qu'on pouvait déterminer dans le détail ce qu'avaient été primitivement à la fois le *Liber* et la préface des *Gesta consulum*.

---

1. P. xxv.
2. On en trouvera le texte p. 1-24.
3. *Introduction*, p. v et xxvii.

Nous possédons, en effet, dit-il [1], « le thème primitif qui a dû servir de base » à l'auteur du *Liber* : « Dans le volume XLVI des *Mélanges de Colbert*, parmi les papiers de Duchesne, se trouve une copie, faite sur un manuscrit de la collégiale de Loches, d'un ouvrage écrit en 1138 ou 1140 au plus tard, par conséquent avant l'époque où le moine de Pontlevoy (auteur des *Gesta Ambaziensium*, suivant Mabille) composait le sien. Il est intitulé : *De constructione aliquorum oppidorum seu castrorum Turonicae regionis et nonnullarum partium vicinarum et primo de constructione Ambaziae*. Il renferme les mêmes matières que le *Liber de compositione castri Ambaziae*, moins l'histoire abrégée des rois de France ajoutée par Robin et le Breton d'Amboise (auteurs du ms. 6218, suivant Mabille). Les faits y sont rapportés dans le même sens, mais d'une manière beaucoup plus concise... L'époque où a été rédigé cet opuscule est fixée par les événements racontés dans le dernier chapitre, qui a été sensiblement modifié par le moine de Pontlevoy et séparé du reste du *Liber de compositione* par Robin et le Breton d'Amboise pour être rejeté tout à la fin de la compilation. » Ayant, par suite, dégagé, en prenant ce « thème primitif » pour guide, les passages propres au *Liber* « avant qu'il eût été remanié et soudé aux *Gesta consulum Andegavorum* », Mabille [2] se croit fondé à déclarer qu'on peut, par comparaison, « se faire une idée assez exacte » de ce qu'était originairement la préface de ces *Gesta*, et passant en revue un à un les paragraphes du *Liber* « remanié », il indique tous ceux qui sont, selon lui, des extraits de cette préface et tous ceux qui appartiennent, au contraire, en propre à l'ouvrage primitif.

Ses déductions, malheureusement, pèchent par la base : non seulement ce prétendu « thème primitif » du *Liber*, qu'il date de 1138-1140, n'a pu être écrit avant 1148, puisqu'il y est fait allusion à l'échec de la seconde croi-

---

[1]. *Introduction*, p. xliv-xlv.
[2]. *Ibid.*, p. vi.

sade[1], mais, bien loin d'être la source du *Liber*, il n'en constitue qu'un abrégé et une série d'extraits munis de rubriques nouvelles. Nous ne pouvons faire ici la comparaison détaillée des deux textes ; qu'il nous suffise de transcrire en face l'un de l'autre quelques passages pris au hasard :

Liber.	*Mélanges Colbert*.
Regnantibus simul Valente et Valentiniano et Gratiano, imperio Romano valde turbato, Maximus, a Germanis rex effectus, sedem regni sui Treveris constituens, Gratianum Ambianis coronatum fugans, Alpes transire coegit. Hic vero Avicianum, virum animo ferum, Turonis et aliis vicinis urbibus comitem constituens, Ambazium vicum ei tribuit. Qui in fine montis, super rupem ponti eminentem, aulam suam constituit (ci-dessous, p. 8).	Regnantibus vero simul Valente et Valentiano et Gratiano, imperio Romano valde turbato, Maximus, a Germanis rex effectus, Aviciano, viro animoso, Turonie comitatum dedit simul et Ambaquium (fol. 200 v°).
In diebus illis, beatus Martinus Ambaziacum, adhuc gentilitatis errori subjectum, ad fidem Christi convertit ; Marcello pres-	In diebus illis, beatus Martinus Ambaziacenses ad fidem Christi convertit, fanum Diane evertit ibique pinum ruentem super se in

---

1. Voir le passage cité ci-dessous, p. L. Mabille s'est laissé tromper par une faute de copie qu'un instant de réflexion lui eût fait corriger. Dans la transcription des *Mélanges Colbert*, vol. 46, fol 202 v°, on lit : « Anno itaque Verbi incarnati 1137, Hierosolymam pergens, innumeros ex suis amisit, etc. », ce qui est le résultat d'un maladroit amalgame de deux phrases du *Liber*, où l'an 1137 porte sur la mort de Louis VI (ci-dessous, p. 24).

bytero ibidem constituto ut Martem destrueret precepit. Iterum cum diu post diocesim visitaret idolumque integrum reperiret, etc... Refert etiam fama juxta hoc oppidum templum antiquum fuisse et pinum Diane dedicatam, quam antistes loci et multitudo rusticorum in loco qui nunc dicitur Verruia degentium, cum eam vir sanctus excidere vellet, succidi non patiebantur, etc. (p. 8).

Ludovicus juvenis, Jerusalem cum maxima multitudine pergens, in Romania innumeros ex suis amisit, qui fame et gladio perierunt; similiter exercitus Conradi imperatoris Alemannie, qui eum precedebat, periit; qui tamen multis erumpnis Jerusalem cum multis pervenerunt. Quod infortunium contigit anno incarnati Verbi MCXVLII°. Via tamen hujus peregrinationis Eugenio papa monente et Bernardo, viro religiosissimo, Clarevallensium abbate, predicante, incepta fuit. Siquidem illis diebus Raimundus, frater Guillelmi comitis Pictavorum, principatum Antiochie possidebat; qui neptam suam Alienor-

partem oppositam ruere fecit (fol. 200 v°).

Hierosolymam pergens, innumeros ex suis amisit. Similiter et Conradus, imperator Alemanniae. Hujus via peregrinationis incoepta est Eugenio papa et Bernardo abbate Clarevallis praedicantibus. Raimundus, frater Guillermi Pictaviensis, Antiochiae principatum tenens, Alienordin et virum ejus regem honorifice suscepit. De quorum itinere plura loqui pertimesco, quoniam Sarracenis fuit gaudium, christianis, proh dolor! exitium (fol. 202 v°).

dim cum viro suo rege Lodovico honorifice suscepit et servivit. De quibus plura loqui pertimesco, quoniam iter eorum gentilibus fuit letitia, christianis irrisio et pena et tamen deinceps desidibus et pigris incitamentum fuerit (p. 24).

Ces quelques rapprochements nous semblent significatifs. Et d'ailleurs, pour se convaincre que nous n'avons affaire dans les *Mélanges Colbert* qu'à un abrégé, ne suffit-il pas de remarquer que ce prétendu « thème primitif » ne se trouve pas à l'état isolé, mais que, dans le manuscrit de Du Chesne, comme du reste aussi dans le manuscrit de Weimar[1], il fait suite à la rédaction 5 des *Gesta consulum Andegavorum*[2], qui est elle-même une transcription fort incomplète du manuscrit 6006 ?

On voit dès lors ce qu'il faut penser de l'effort fait par Mabille pour isoler du texte contenu dans le manuscrit 6218 à la fois le *Liber* primitif et la préface des *Gesta consulum*. Pour cette dernière, tout ce qu'on peut supposer, c'est qu'elle se retrouve surtout dans les passages consacrés exclusivement à l'histoire et à la généalogie des rois de France ; mais on ne saurait prétendre la dégager avec précision du fatras dans lequel elle est noyée. Et quant au *Liber* même, nous jugeons la tentative de Mabille d'autant plus vaine, que nous ne croyons pas qu'il y en ait jamais eu d'autre que celui dont on lit aujourd'hui le texte en

---

1. Il occupe dans ce manuscrit les fol. 18 v°-20 v° et 37.
2. Le manuscrit vu par Du Chesne étant incomplet de la fin, ainsi qu'une note placée au fol. 202 v° des *Mélanges Colbert*, vol. 46, nous en avertit (« Hactenus vetus exemplar Lochiense, in quo vestigia sunt foliorum aliquot excisorum »), et le manuscrit de Weimar paraissant être dans le même cas, on peut supposer qu'ils contenaient l'un et l'autre : 1° les *Gesta consulum*, 2° le *Liber* abrégé, 3° les *Gesta Ambaziensium*, c'est-à-dire qu'ils représentaient un manuscrit plus ancien dont le copiste avait pris soin de replacer les divers ouvrages dans leur ordre logique.

tête du manuscrit 6218. Nous verrons, en effet, que l'auteur des *Gesta Ambaziensium*, dont le *Liber* forme la préface, a utilisé les *Gesta consulum* de Thomas de Loches : par suite, il semble naturel de supposer qu'il en a, au même titre, utilisé la préface.

Nous n'avons donc point, si nous voulons étudier le *Liber*, à nous préoccuper d'autre chose que du texte que nous ont transmis les manuscrits : nous tenterons ici d'en déterminer le caractère et les sources.

II

Ce que l'auteur s'est proposé de raconter sommairement, c'est l'histoire de la Gaule et spécialement de la région d'Amboise depuis la conquête romaine. Il s'en faut de beaucoup qu'il ait réussi : son œuvre n'est qu'un assemblage confus de fragments disparates juxtaposés au hasard.

Tout ce qui a trait à la conquête romaine, ainsi que les légendes relatives à la fondation d'Amboise et des autres villes de Touraine, est emprunté à un recueil intitulé *Gesta Romanorum*[1], recueil aujourd'hui perdu, mais qui a été utilisé au moyen âge par plusieurs auteurs, et notamment par Orderic Vital[2]. C'était une histoire fabuleuse de la conquête de la Gaule par Jules César et un ramassis de traditions populaires ou savantes sur les origines des villes de ce pays à l'époque romaine.

Les pages consacrées aux Bretons depuis l'expédition de Maxime jusqu'à la fin de la « Chronica de Arturo »[3] sont

---

1. C'est cette compilation que l'auteur du *Liber* cite lui-même sous le nom abrégé de *Gesta* (ci-dessous, p. 1, l. 5 ; p. 6, l. 11 ; p. 8, l. 30 ; p. 19, l. 35).
2. Voir Orderic Vital, *Historiae ecclesiasticae libri tredecim*, éd. Le Prévost et L. Delisle, t. V, p. xcii-xciii. Dans ce qu'ils avaient d'historique, ces *Gesta Romanorum* étaient, à en juger par le *Liber*, apparentés à l'*Historia Romana* de Paul Diacre avec les additions de *Landulphus Sagax*. Voir l'édition des *Monumenta Germaniae, Auctores antiquissimi*, t. II, surtout p. 186, l. 1-5, et p. 282 et suiv.
3. Ci-dessous, p. 9.

un résumé très rapide et assez mal fait de quelques chapitres de l'*Historia Britonum* composée par Gaufrey de Monmouth [1], auquel l'auteur renvoie pour plus de détails [2].

Tout le reste semble avoir été emprunté à des textes composés ou conservés à Saint-Martin de Tours. C'est l'ouvrage de Ratbode sur un miracle de saint Martin au temps des invasions normandes [3], la Vie de saint Martin due à Sulpice Sévère [4] et les *Dialogues* de cet auteur [5] et enfin deux ouvrages sur lesquels il est nécessaire d'insister quelque peu : une description de la Touraine qu'on retrouve dans le *De commendatione Turonicae provinciae* [6] et une histoire sommaire des rois de France ou *Historia Francorum* [7].

Le *De commendatione*, tel qu'il se présente aujourd'hui dans les manuscrits [8], comprend : 1° une description de la Touraine ; 2° une liste des archevêques de Tours jusqu'à Jean de Faye (1208-1228) ; 3° une histoire de l'église Saint-Martin de Tours jusqu'après 1175 ; 4° une histoire de Marmoutier jusqu'à Innocent III ; et enfin 5° des notices sur les abbés de Marmoutier [9] jusqu'à Hugue (mort en 1227 environ) inclusivement. Cette compilation date des environs de l'an 1230 [10]. Mais, dès qu'on l'exa-

---

1. *Galfredi Monmutensis Historia Britonum*, éd. Giles (London, 1844, in-8°), livre V, ch. ix-xiv, p. 84-91 ; livre IX, ch. xi-xiv, p. 167-174 ; livre X, p. 180-200 ; livre XI, ch. i et ii, p. 200-203.
2. « Qui de Arturo amplius scire voluerit, Historiam Britonum legat... » (ci-dessous, p. 10, l. 30).
3. Voir p. 20 et 22.
4. Voir p. 8.
5. Voir p. 8.
6. *Recueil de chroniques de Touraine* publ. par Salmon, p. 293-296.
7. « Qui de genere horum regum amplius scire voluerit, consulat Historiam Francorum... » (ci-dessous, p. 15, l. 18).
8. Bibl. nat., ms. lat. 15067, fol. 15 r°-36 r° (xiv° siècle) ; ms. lat. 13899, fol. 35 r°-47 v° (xv° siècle). Dans ce second manuscrit, le catalogue des abbés de Marmoutier a été continué après Hugue.
9. Publiées isolément par Salmon, *Recueil de chroniques de Touraine*, p. 318 et suiv.
10. Ceci peut se déduire des dates auxquelles s'arrêtent les listes des archevêques de Tours et des abbés de Marmoutier.

mine d'un peu près, on s'aperçoit qu'elle est formée de morceaux d'âges fort différents et dont une partie semble remonter aux premières années du xiie siècle ou même aux dernières années du xie [1].

Or il y a entre le *Liber de compositione castri Ambaziae* et la partie descriptive du *De commendatione* des ressemblances frappantes [2] : un des deux textes a été manifestement copié sur l'autre. Il suffit de les comparer pour s'apercevoir que c'est le *De commendatione* qui est original : là, tout se suit bien ; dans le *Liber*, au contraire, les descriptions rompent à chaque instant la suite d'un récit au milieu duquel elles sont tout à fait déplacées. Il faut donc admettre que la partie initiale du *De commendatione* existait dès la première moitié du xiie siècle et a servi de source à l'auteur du *Liber*.

Quant à l'histoire sommaire des rois de France dont ce dernier s'est inspiré (ou plutôt dont s'est servi celui qui écrivit la préface des *Gesta consulum*, utilisée par l'auteur du *Liber*), il est visible qu'elle était en étroit rapport avec la chronique composée en 1137 par Pierre Béchin, chanoine de Saint-Martin de Tours [3]. Mais il faut remarquer en même temps que, cette chronique étant universelle, un petit nombre seulement des mentions qu'elle renferme offre quelque ressemblance avec notre texte et que, sur plus

---

1. Nous ne pouvons entrer ici dans le détail de la démonstration. Qu'il nous suffise de renvoyer provisoirement à Pierre Lévêque, *Histoire de l'abbaye de Marmoutier jusqu'au XIe siècle*, dans les *Positions des thèses* de l'École des chartes, ann. 1901, p. 100-101. M. Lévêque ne date d'ailleurs du début du xiie siècle que la quatrième partie de la compilation. Certains détails peuvent même faire penser que cette partie s'arrêtait primitivement après le récit de la dédicace de Marmoutier en 1096.

2. Les parties communes aux deux textes ont été signalées dans les notes de notre édition, ci-après, p. 2-4.

3. Comparer, par exemple, le *Liber*, p. 17, l. 5-15, à la *Chronique* de Pierre Béchin, dans le *Recueil des chroniques de Touraine* publ. par Salmon, p. 33, l. 3-13 ; le *Liber*, p. 17, l. 29-p. 18, l. 3, à la *Chronique*, p. 36, l. 1-5 ; le *Liber*, p. 18, l. 13-15, à la *Chronique*, p. 35, l. 20-22 ; le *Liber*, p. 18, l. 18-22, à la *Chronique*, p. 35, l. 14-19 ; le *Liber*, p. 23, l. 2-5, à la *Chronique*, p. 46, l. 1-4 ; le *Liber*, p. 23, l. 6-8, à la *Chronique*, p. 45, l. 13-15 ; le *Liber*, p. 23, l. 30-33, à la *Chronique*, p. 55, l. 24-26 ; le *Liber*, p. 24, l. 2-3 et l. 6-12, à la *Chronique*, p. 63, l. 13-22.

d'un point, le *Liber* est plus exact ou plus complet. Pierre Béchin n'a donc pu en être lui-même directement la source. De plus, un passage du *Liber* [1] dénote l'emploi d'une chronique provenant de Saint-Denis ; plusieurs autres sont apparentés à une *Historia regum Francorum monasterii Sancti Dyonisii* [2] qui s'arrête, comme la chronique de Pierre Béchin, à l'année 1137 et présente avec celle-ci quelques analogies intéressantes ; et c'est encore l'année 1137 — ou peu s'en faut — qui marque la fin du *Liber* [3]. Or, si l'on joint à cela que l'*Historia* de Hugue de Fleury se rapproche parfois, elle aussi, des textes précédents [4] et si l'on se rappelle qu'on devine par ailleurs [5] l'existence d'un recueil de notes réunies à Saint-Denis et répandues dans quelques églises (parmi lesquelles on ne s'étonnera pas de rencontrer la collégiale royale de Saint-Martin de Tours), n'est-on pas porté à supposer que l'auteur du *Liber* ou plutôt celui des *Gesta consulum*, qu'il a ici copié, a eu, ainsi que Pierre Béchin, communication de ces notes [6] et que ce sont elles qu'il a désignées sous le nom d'*Historia Francorum* ?

Bien qu'il n'ait guère de valeur en lui-même, le *Liber de compositione castri Ambaziae* ne doit donc pas être négligé par les érudits qui s'occupent de l'historiographie française. Il permet non seulement d'éclaircir certains points qui intéressent l'histoire de la Touraine, mais même

---

1. « Quod totum Deus fieri permisit peccato Clodovei, filii Dagoberti qui beati Dionisii brachium abscidit regnumque Francorum divisit » (ci-dessous, p. 18).

2. *Monumenta Germaniae, Scriptores*, t. IX, p. 395 et suiv. Comparer notamment le *Liber*, ci-dessous, p. 18, l. 18 et suiv., à ce texte, p. 398, l. 60 et suiv. : le *Liber*, p. 24, l. 4 et suiv., au début de la p. 406.

3. Après l'année 1137, il n'y a qu'une note relative à la seconde croisade.

4. Comparer le *Liber*, p. 18, l. 35-p. 19, l. 2, à Hugue de Fleury, dans les *Mon. Germaniae, Scriptores*, t. IX, p. 360, l. 15, et p. 364, l. 30, etc.

5. Cf. A. Molinier, *Les sources de l'histoire de France*, t. V, p. cx.

6. Dans ces notes on trouvait peut-être par places l'écho de quelques légendes épiques. Du moins M. Longnon a-t-il écrit un article, qu'a publié la *Romania*, t. XXIX, 1900, p. 493 et suiv., pour établir que le *Liber* porte la trace d'un poème perdu relatif au roi Dagobert. Sa démonstration n'est cependant pas absolument convaincante.

de jeter indirectement quelque lumière sur le problème encore assez obscur de l'origine des chroniques officielles composées à Saint-Denis [1] ; c'est enfin un des textes les plus circonstanciés que nous ayons sur l'histoire légendaire de la Gaule à l'époque romaine.

---

1. Sur l'état de la question, voir A. Molinier, *Les sources de l'histoire de France*, t. III, p. 97-100, n° 2530, et t. V, p. cx et suiv.

CHAPITRE V

LES « GESTA AMBAZIENSIUM DOMINORUM »

Plus importants au point de vue historique sont les *Gesta Ambaziensium dominorum*[1], dont le *Liber de compositione castri Ambaziae* constitue la préface.

L'ouvrage, comme l'auteur le laisse entendre à plusieurs reprises, et notamment dans son prologue[2], est écrit très peu de temps après la mort de Sulpice II d'Amboise, survenue le 24 août 1153[3], quoique postérieurement à la mort d'Elisabeth d'Amboise, le 12 octobre 1154[4], et au couronnement de Henri II Plantegenêt à Westminster[5], le 19 décembre[6] de la même année. Il a donc été composé dès 1155 ou peu s'en faut.

Par qui? C'est ce qui ne nous est point dit. Mabille a supposé que c'était par un moine de Pontlevoy, « abbaye placée sous le patronage des seigneurs d'Amboise et enrichie de leurs dons : il suffirait, dit-il, pour l'attester, de remarquer le soin tout particulier que prend l'auteur de nommer les membres de cette famille qui ont reçu la sépulture dans cette abbaye. D'ailleurs, en marge du manuscrit 6006, à la suite du titre *Gesta Ambaziensium dominorum*, on a ajouté d'une écriture plus récente, mais déjà

---

1. Publiés plus loin, p. 74-132.
2. « ... sed nunc quidem maxime impellor, cum casus Supplicii et filiorum suorum me angit nec dissimulare possum quin angat... Nempe eorum maligno consilio, Supplicius, proh dolor! cecidit... » (ci-dessous, p. 74-75).
3. Voir p. 130, n. 1.
4. Voir les *Gesta Ambaziensium*, ci-après, p. 131.
5. Ce couronnement est mentionné *ibid.*, p. 131, l. 8.
6. Voir Kate Norgate, *England under the angevin kings*, t. I, p. 405.

ancienne, *et de constructione abbacie Pontileviensis et quorumdam membrorum suorum* »[1]. Mais, en réalité, la place qu'occupe l'abbaye de Pontlevoy dans les *Gesta Ambaziensium dominorum* n'a rien que de normal : les seigneurs d'Amboise y ayant presque tous été enterrés, le chroniqueur, quel qu'il fût, ne pouvait, sauf raisons spéciales, taire cette particularité ; et quant à l'addition faite au titre des *Gesta* dans le manuscrit 6006, elle ne remonte qu'au xiv⁰ siècle et n'a, par suite, aucune autorité.

Les *Gesta Ambaziensium dominorum* sont plutôt, croyons-nous, l'œuvre d'un homme d'Amboise, et même d'un chanoine de Saint-Florentin. Le soin avec lequel se trouve relevé tout ce qui peut intéresser cette église[2] nous semble, en effet, un indice assez probant.

II

Les sources auxquelles l'auteur a puisé paraissent avoir été assez peu nombreuses. En ce qui concerne l'histoire même des seigneurs d'Amboise, il n'a utilisé, pour l'époque de Hugue I⁰ʳ d'Amboise et de son fils Sulpice II, c'est-à-dire, en somme, pour les dernières années du xi⁰ siècle et pour le xii⁰ siècle, que ses souvenirs personnels et des témoignages oraux[3]. Quant au reste, il dit en avoir eu connaissance par « divers textes »[4]. Parmi ces textes, il cite des « scripta consuetudinum domini Ambaziae »[5]; et

---

1. Mabille, *Introduction*, p. xliii.
2. Voir ci-dessous, p. 85, 105, etc.
3. Voici, en effet, ce qu'il dit dans son épilogue : « Hactenus mihi videor de Hugone et filio suo Supplicio ea que oculis meis vidi et auribus audivi dixisse, de ceteris vero que diversis scriptis repperi in unum compilasse et stilo ingenioli mei non satis expolito convenienter explicasse » (ci-dessous, p. 131-132).
4. Voir le passage cité à la note précédente et y joindre cet autre du prologue : « Nunc quidem de genere ipsius que quibusdam scriptis reperi et antiquorum relatione didici tibi enucleare tentabo » (ci-dessous, p. 75).
5. « Lisoio autem illud (donavit) quod Lochas tenebat et medietatem Virnolii cum pluribus casamentis et aliis rebus que sibi propria retinuerat, ut in scriptis consuetudinum domini Ambazie continetur » (ci-dessous, p. 87).

ceci nous autorise à admettre qu'il a eu entre les mains un volume pouvant contenir des extraits et des notices relatives aux droits et aux possessions des seigneurs d'Amboise et peut-être aussi des généalogies qu'il aurait incorporées presque telles quelles dans son ouvrage [1].

Cette partie généalogique, qui tient tant de place dans les *Gesta Ambaziensium dominorum*, appelle quelques remarques. Sur beaucoup de points, elle est fabuleuse ; mais elle ne l'est que pour les origines [2], et les fables qu'elle contient à cet égard s'expliquent aisément : l'auteur vivant à une époque où la maison d'Amboise se trouvait alliée à presque toutes les grandes familles de la région [3] n'a pas su résister à la tentation de faire remonter cette union très haut et de faire d'un seul homme l'ancêtre commun de tous les grands barons que des alliances récentes avaient rapprochés. Mais si nous laissons de côté les détails qui nous reportent au xe siècle, nous voyons d'ordinaire que les *Gesta Ambaziensium dominorum* sont d'accord avec les chartes et doivent, par suite, dériver de généalogies sérieuses. En voici quelques preuves :

Suivant les *Gesta Ambaziensium dominorum* [4], Lisois Ier d'Amboise, qui vivait au temps de Foulque Nerra, aurait épousé Hersent, fille d'Archembaud de Buzançais et nièce de Sulpice, trésorier de Saint-Martin de Tours ; il en aurait eu deux fils, Sulpice et Lisois, et trois filles, Eufémie, Sibille et Élisabeth, dont la seconde aurait épousé Thibaud Ier de Rochecorbon ; de cette union serait né Robert Ier. Or les chartes permettent d'établir que la femme de Lisois Ier s'appelait Hersent et que celle-ci fut bien la mère de Sulpice Ier [5] ; elles permettent également d'établir

---

1. Voir, par exemple, p. 76 et 86-87.
2. Sur ce point, voir Angot, *Dictionnaire de la Mayenne*, v° Bazougers.
3. On trouvera quelques renseignements partiels sur cette matière dans Halphen, *Le comté d'Anjou au XIe siècle*, p. 166.
4. Ci-dessous, p. 86.
5. Voir une charte du *Livre noir de Saint-Florent de Saumur*, fol. 92, publiée par Marchegay, *Cartulaire du prieuré de Saint-Gondon-sur-Loire*, p. 58, n° 35 (1050 environ), charte par laquelle Lisois fait remise aux

que la femme de Thibaud Ier de Rochecorbon se nommait Sibille, que celle-ci fut mère de Robert Ier, et si rien ne nous dit qu'elle ait été fille de Lisois d'Amboise, du moins peut-on le présumer quand on voit qu'elle-même eut un fils appelé Lisois [1].

D'après les *Gesta Ambaziensium dominorum* [2], Geudouin de Saumur aurait épousé une certaine Aénor ; de ce mariage seraient nés Geoffroi Ier de Chaumont et une fille nommée *Chana* ; cette dernière aurait donné le jour à Denise, qui aurait, à son tour, épousé Sulpice Ier d'Amboise et en aurait eu Hugue Ier. Les chartes montrent encore que la femme de Geudouin de Saumur se nommait bien Aénor, qu'elle fut réellement la mère de Geoffroi de Chaumont [3] et enfin que la femme de Sulpice, mère de Hugue Ier, se nommait Denise [4].

De même, les chartes nous prouvent que les divers personnages que l'auteur des *Gesta Ambaziensium dominorum* met en scène pour le XIe siècle sont loin d'être imaginaires : Foucois de Thorigné [5], Maurice *Escharpellus* [6],

---

moines de Saint-Florent du tonlieu et des péages à Chaumont-sur-Loire (que Geoffroi Martel lui avait confié après l'avoir confisqué à Geoffroi de Chaumont). On y lit les souscriptions suivantes : « Signum Lisoii, qui hanc kartam fieri precepit. Signum Hersendis, uxoris ejus. Signum Sulpicii, filii ejus. »

1. Voir le *Livre des serfs de Marmoutier*, éd. Salmon, n° 95, où paraît Thibaud, seigneur de Rochecorbon, sa femme Sibille et leurs enfants Robert et le clerc Lisois ; *ibid.*, n° 117, une charte de 1088 met en scène Robert, seigneur de Rochecorbon, Sibille, sa mère, et Lisois, son frère.

2. Ci-dessous, p. 81-82 et 87.

3. Geudouin de Saumur paraît avec sa femme Aénor et son fils Geoffroi dans deux chartes de l'abbaye de Pontlevoy (voir p. 82, n. 1).

4. Sulpice paraît avec sa femme Denise, en 1080, au n° 52 du *Cartulaire blésois de Marmoutier*, éd. Métais (n° 140 du *Cartulaire de Marmoutier pour le Dunois*, éd. Mabille). Hugue Ier est dit fils de Sulpice et de Denise au n° 76 du *Cartulaire blésois de Marmoutier*.

5. Voir, par exemple, *Cartulaire blésois de Marmoutier*, n° 48 (ann. 1071) ; *Cartulaire de Cormery*, éd. Bourassé, n° 46 (1070-1100) ; copie du *Cartulaire tourangeau de Marmoutier*, fol. 100 v°, dans la Coll. dom Housseau, à la Bibl. nat., vol XII², n° 6730 ; copie d'une charte de Marmoutier, *ibid.*, vol. II², n° 663.

6. Voir ci-après, p. 96, n. 2.

Aimeri de Courron [1], Foulque de Villentrois [2], tous plus ou moins sont connus par d'autres documents.

Sans doute, l'auteur a dû commettre plus d'une erreur ; il faut néanmoins reconnaître que, sauf pour les époques trop reculées, les détails qu'il donne sur Amboise et ses seigneurs sont, en général, dignes de créance et paraissent avoir été puisés à des sources authentiques aujourd'hui perdues et qui n'ont d'analogue nulle part ailleurs.

III

Il n'en est pas de même en ce qui regarde les faits généraux de l'histoire angevine. En effet, bien qu'on l'ait méconnu jusqu'ici, les *Gesta Ambaziensium dominorum* sont en étroit rapport avec les *Gesta consulum Andegavorum* : non point seulement, bien entendu, avec les passages qui nous ont semblé [3] des additions au texte de Thomas de Loches, mais avec ceux qui, constituant la trame même du récit, faisaient certainement partie intégrante de l'œuvre primitive. La comparaison des passages suivants suffira à le montrer :

Gesta consulum.	*Gesta Ambaziensium.*
E contra Fulco in monte prope Carum fluvium, qui de propria terra Gelduini erat et de feodo archiepiscopi Turonis, villa Rabelli Nobilis, que inter ipsum montem et Carum erat, villaque Nantolii destructis, que ambe de feodo Gelduini	Erat super Carum fluvium villa que Nantollium dicitur et inter montem et Carum vicus Rabelli Nobilis. Mons proprius Gelduini erat, ville vero de proprio feodo ejusdem; que omnia Fulco Gelduino et suis abstulit. Tunc Fulco

---

1. Une donation est faite, en 1096, à l'abbaye de Pontlevoy par Hugue de Chaumont et Aimeri de Courron partant en Terre Sainte. Voir p. 101, n. 1.
2. Voir *Cartulaire blésois de Marmoutier*, n° 32 (ann. 1064), n° 40 (ann. 1065).
3. Voir ci-dessus, p. xxi et xxvi.

erant, oppidum quod Montricardum vocatur componit et Rogerio Diabolerio domino Monthesauri custodire mandavit (ci-dessous, p. 51-52).

Vir prudens et modestus Fulco ad distringendam urbem Turonicam, quam multum desiderabat esse suam, oppidum in Monte Budelli statuit (p. 53).

Fulco.... ante Kainonem transiens, inter Noastrum et Insulam Bucardi ponte facto de navibus Vigennam transit et Montem Basonis obsidet. Odo ab obsidione Montis Budelli secessit et ad Fulconis exercitum pedem direxit. Ingeniosus Fulco, obsidione dimissa, usque ad Lochas recedens, in pratis sua tentoria collocavit (p. 53-54).

Fulco iterum Montem Basonis obsedit et cepit et Guilermo Mirebelli ad servandum tradidit (p. 54).

in monte qui prius Gelduini erat oppidum constituit, quod Montricardum nuncupavit et Rogerio Diabolerio ad custodiendum tradidit (ci-dessous, p. 82).

Fulco, proverbialiter celebre esse sciens **nullam moram paratis esse infendam**, prope urbem Turonicam, quam multum esse suam cupiebat, oppidum in loco qui Mons Budelli dicitur constituit (p. 80).

Fulco... exercitum suum ante Kainonem ducens, Vigenne fluvio, ponte de navibus facto, transmeato, Montem Basonis obsedit. Quo facto, Odo comes, obsidionem Montis Budelli relinquens, Monti Basoni succurrens appropinquavit ; sed ingeniosus Fulco, ei cedens, usque Locas recessit (p. 81).

Fulco iterum Montem Basonis obsedit atque cepit et Guillelmo Mirebelli ad servandum commendavit (p. 82).

C'est au début surtout qu'on retrouve les mêmes phrases d'une manière presque continue ; les rapports vont ensuite diminuant de plus en plus, à mesure qu'on avance, parce que l'histoire propre d'Amboise se dégage peu à peu, dans les *Gesta Ambaziensium dominorum*, de l'histoire des comtes d'Anjou. Ne serait-ce pas que le chroniqueur d'Amboise a utilisé l'ouvrage de Thomas de Loches [1] ?

Non seulement, en effet, il semble que les *Gesta consulum Andegavorum* aient été écrits par Thomas dans la première moitié du xiie siècle [2], tandis que les *Gesta Ambaziensium dominorum* sont postérieurs à l'an 1154 [3], mais les *Gesta Ambaziensium* n'ont pu fournir à Thomas la matière de son récit : sur tous les événements que ces textes rapportent l'un et l'autre, les *Gesta consulum* donnent des détails abondants et circonstanciés dont on ne retrouve dans les *Gesta Ambaziensium* qu'un résumé souvent sec et incolore. Ainsi, la chronique angevine [4] raconte longuement et avec précision la bataille de Pontlevoy, en 1016 ; elle nous fait assister à toutes les fluctuations du combat. La chronique d'Amboise se contente, au contraire, de ces quelques mots : « Foulque Nerra et Herbert, comte du Maine, en vinrent aux prises avec Eude près de Pontlevoy et le forcèrent à fuir jusqu'au Cher » [5]. On trouve, de même, dans la chronique angevine [6], un tableau mouvementé de la prise de Saumur en 1026 ; la chronique d'Amboise [7] n'en donne encore qu'un rapide résumé. La bataille de Nouy, en 1044, rapportée tout au long dans la chronique angevine [8], n'est rappelée dans la chronique d'Amboise [9] que par quelques phrases où manquent plusieurs détails caractéristiques.

En outre, la chronique d'Amboise ne contenant, depuis la seconde moitié du xie siècle, que de rares mentions relatives à l'histoire générale du comté d'Anjou, et ces men-

---

1. Ou peut-être la chronique dite de l'abbé Eude qui, nous l'avons vu (p. xxv), a servi de source à Thomas.
2. Voir ci-dessus, p. xxx.
3. Voir ci-dessus, p. lvii.
4. Ci-dessous, p. 52.
5. Ci-dessous, p. 82.
6. Ci-dessous, p. 53.
7. Ci-dessous, p. 81.
8. Ci-dessous, p. 56-57.
9. Ci-dessous, p. 84.

tions isolées se retrouvant dans la chronique angevine mêlées étroitement à l'ensemble du récit, il est impossible d'admettre que ce soit cette dernière qui ait fait les emprunts [1].

Enfin il y a de telles confusions dans la première partie des *Gesta Ambaziensium*, des anachronismes si grossiers, qu'on n'en peut faire la source des *Gesta consulum* : par exemple, la bataille de Pontlevoy, qui eut lieu en 1016, est placée après la prise de Saumur, qui est de 1026 ; les attaques de Ferri, comte de Toul, contre Eude II de Blois sont indiquées avant la construction de Montboyau et la bataille de Pontlevoy ; la construction de Montrichard est placée après 1026. Le reste est à l'avenant [2].

Au contraire, si l'on admet que l'auteur des *Gesta Ambaziensium* a eu sous les yeux la chronique de Thomas de Loches, les rapports que nous avons constatés s'expliquent fort bien : au début, il en a extrait tous les faits qu'il pouvait rattacher à l'histoire de Lisois de Bazougers, en les déformant légèrement ou en y faisant quelques additions, de manière à mettre son héros au premier plan [3] ; puis, sa

---

1. Comparer, par exemple, les *Gesta consulum*, ci-dessous, p. 65, aux *Gesta Ambaziensium*, p. 103 ; les *Gesta consulum*, p. 66, l. 20, aux *Gesta Ambaziensium*, p. 104, l. 23 ; les *Gesta consulum*, p. 66, l. 28-p. 67, aux *Gesta Ambaziensium*, p. 105, l. 1-4.

2. Les *Gesta Ambaziensium* donnent 1º la matière des p. 53 (depuis « Sequenti anno ») et 54 (depuis « Arraudus Brustulii ») de notre édition des *Gesta consulum*, aux p. 80 (depuis « Quo ita peracto ») à 81 (jusqu'à « Gelduinus itaque ») et 82 (depuis « Postquam nobilis Odo » jusqu'à « Sequenti anno »), soit le récit de la construction de Montboyau (1017), de la prise de Saumur (1026) et de la reprise de Montbazon par Foulque Nerra, un peu après ; — 2º p. 82 (depuis « Sequenti anno »), la matière des p. 51 (depuis « Conqueruntur ») et 52 des *Gesta consulum*, soit le récit de la construction de Montrichard (1005 environ) et de la bataille de Pontlevoy (1016), en intervertissant même l'ordre des deux faits ; — 3º incidemment (p. 80), ils donnent des détails rapportés postérieurement par les *Gesta consulum*, p. 54. Ces interversions proviennent peut-être d'un manuscrit des *Gesta consulum* où des feuillets avaient été placés dans un ordre défectueux.

3. Ainsi, le chroniqueur angevin dit qu'après avoir pris possession de Tours, en 1044, Geoffroi Martel « donaria militibus distribui constituit » (ci-dessous, p. 58) ; le chroniqueur d'Amboise écrit : « donaria militibus distribui constituit *et quadruvium Ambazie, qui sub arce erat, totum Lisoio concessit*, etc. » (p. 85).

matière devenant plus riche, il a pu se contenter de rattacher l'histoire des seigneurs d'Amboise à celle du comté par quelques phrases seulement ; mais ce n'est que dans la dernière partie qu'il a pu faire œuvre de tous points neuve et originale.

CHAPITRE VI

LES EMPRUNTS AUX CLASSIQUES

Intimement solidaires quant au fond, les *Gesta consulum Andegavorum*, les *Gesta Ambaziensium dominorum* et le *Liber de compositione castri Ambaziae*, tels qu'on les lit dans le plus ancien manuscrit (Bibl. nat., ms. lat. 6218), ne sont pas sans présenter de grandes analogies de forme. C'est de part et d'autre la même allure sentencieuse, le même goût des citations et des discours.

Au premier abord, tout cela fait illusion : on est tenté d'admirer le style de nos auteurs[1]. Mais ce vernis est un vernis d'emprunt : si par places la langue devient plus pure, le style plus ferme et plus élégant, c'est tout simplement que nous avons affaire à des passages entiers de Salluste, de Cicéron, de Lucain, de Perse, de Sénèque, de Boèce, de Sidoine Apollinaire, etc., copiés mot pour mot ou adaptés tant bien que mal. Nos auteurs sont par eux-mêmes si dépourvus de toute aptitude littéraire, qu'au lieu de se livrer à un travail de rédaction personnelle, ils préfèrent composer laborieusement une étrange mosaïque de fragments pris de côté et d'autre et raccordés ou juxtaposés un peu à l'aventure[2]. Ainsi, le prologue des *Gesta consulum Andegavorum*[3] n'est guère qu'un centon où se côtoient des membres de phrases empruntés successivement au *Catilina* de Salluste, chap. IV, § 3, chap. I, § 3-5, chap. II, § 6, et au *Jugurtha*, chap. VIII, § 1, chap. VII, § 1, chap. LXXXV, § 10 et 29, puis de nouveau § 10, § 11, § 33. De même, dans

---

[1]. « Comme écrivain, l'auteur [des *Gesta Ambaziensium* et du *Liber*] possède un talent réel » (Mabille, *Introduction*, p. XLIII).

[2]. Le procédé est même si déconcertant qu'on a peine souvent à reconnaître les passages copiés, et il en est plus d'un que nous n'avons pas su retrouver.

[3]. Ci-dessous, p. 25.

les *Gesta Ambaziensium dominorum*[1], Sulpice d'Amboise nous est présenté avec des traits dont le discours de Caton, dans le *Catilina* (chap. LII, § 29), et le récit des campagnes de Métellus en Afrique, dans le *Jugurtha* (chap. XLV, § 1, et LVI, § 2-3), ont fourni tous les éléments. Pour le portrait de Hugue du Gué[2], trois lettres de Sidoine Apollinaire[3] ont été tour à tour mises au pillage, et c'est à Théodoric, au préfet du prétoire Arvandus et à Gaudentius, que s'appliquent en réalité les détails que l'auteur des *Gesta Ambaziensium dominorum* a pris plaisir à accumuler.

Qu'il s'agisse des *Gesta consulum Andegavorum* ou des *Gesta Ambaziensium* et du *Liber*, le procédé est le même, et ce sont les mêmes ouvrages qui ont été exploités. Il y a là de quoi surprendre. Que deux auteurs, travaillant dans deux abbayes différentes, se soient rencontrés de la sorte, cela semble impossible. D'autre part, on ne saurait songer, croyons-nous, après ce que nous avons dit dans les chapitres précédents, à attribuer à un seul auteur la rédaction des trois chroniques. — Le problème est embarrassant. Il n'est pas insoluble.

Qu'on relise, en effet, un à un tous les passages empruntés aux classiques ou aux écrivains de tradition classique, comme Sidoine ou Boèce, et l'on ne tardera pas à s'apercevoir, qu'à deux ou trois exceptions près, ils ne font pas corps avec l'ensemble. On peut les supprimer sans dommage ; parfois la clarté y gagne ; et là même où ils sont en apparence le plus nécessaires, — dans les prologues surtout, — leur suppression n'entraînerait que des remaniements presque insignifiants.

Dès lors, la solution du problème paraît s'imposer : les *Gesta consulum Andegavorum*, les *Gesta Ambaziensium* et le *Liber* n'ont pas même origine ; mais ils ont été agré-

---

1. Ci-dessous, p. 93-94.
2. Ci-dessous, p. 105.
3. Lettres II, IV et VII du livre Ier.

mentés de citations et de morceaux d'emprunt par un même interpolateur.

Et, à vrai dire, ne pouvait-on le pressentir ? — Nous avons vu [1] que le manuscrit latin 6218 de la Bibliothèque nationale ne nous présente certainement plus les *Gesta consulum Andegavorum* de Thomas de Loches sous leur forme primitive ; nous avons vu aussi qu'il y avait eu intercalation de ces mêmes *Gesta* entre le *Liber* et les *Gesta Ambaziensium* et qu'il fallait reconnaître sans doute dans la compilation du manuscrit 6218 l'œuvre, non pas de Thomas lui-même, mais de son continuateur Robin. N'est-il pas légitime de penser que Robin, non content de modifier les *Gesta consulum Andegavorum*, aura cru devoir retoucher aussi le *Liber* et les *Gesta Ambaziensium* ? Il serait, par suite, l'auteur de presque toutes les interpolations de textes classiques qu'on relève dans les trois ouvrages. — Sans être certaine, cette explication semble la plus vraisemblable.

On voit donc jusqu'à quel point ces textes sont étroitement liés : les *Gesta Ambaziensium* ont été composés en partie à l'aide des *Gesta consulum Andegavorum* ; dans le *Liber* a passé toute la substance de la préface des *Gesta consulum Andegavorum* ; les *Gesta consulum Andegavorum*, les *Gesta Ambaziensium* et le *Liber* semblent avoir été tous trois remaniés par un même interpolateur ; enfin les *Gesta Ambaziensium* et le *Liber* ont, à leur tour, été exploités par les rédacteurs successifs des *Gesta consulum Andegavorum*.

1. P. xxv.

CHAPITRE VII

MANUSCRITS, TRADUCTIONS ET ÉDITIONS DES « GESTA CONSULUM ANDEGAVORUM », DES « GESTA AMBAZIENSIUM DOMINORUM » ET DU « LIBER »

I

Comme nous l'avons dit précédemment, les *Gesta consulum Andegavorum*, les *Gesta Ambaziensium dominorum* et le *Liber de compositione castri Ambaziae* se trouvent réunis dans les manuscrits qui renferment le texte des rédactions 1 et 2 du premier de ces ouvrages. Ce sont ces manuscrits que nous décrirons tout d'abord.

Manuscrits de la rédaction 1. — Bibliothèque nationale. Manuscrit latin 6218 (ancien Colbert 4191 ; reg. 10394). C'est un volume de 119 pages de parchemin, mesurant 160 mm. sur 225, d'une écriture du xiie siècle à longues lignes, avec initiales rouges et titres en rubrique. La reliure est en maroquin rouge aux armes de Colbert. Les textes se succèdent dans l'ordre suivant : p. 1, *Liber de compositione castri Ambazie* ; p. 24, *Cronica de gestis consulum Andegavorum*, qui se termine (p. 64) par une demi-page laissée en blanc ; p. 65, *Gesta Ambaziensium dominorum*. Le manuscrit, qui ne porte point d'indication ancienne de provenance, paraît avoir été écrit de diverses mains, ou tout au moins à diverses reprises. Il porte de très nombreuses corrections et des additions, dont les unes semblent de même main ou de même encre que le texte auquel elles s'appliquent et les autres de peu postérieures. Il est inutile de revenir ici sur ces additions, étudiées en détail plus haut[1]. En outre, le manuscrit

---

1. Ci-dessus, p. xii et suiv.

a été, au xv° siècle, l'objet d'une nouvelle revision, qui a eu pour effet d'apporter au texte primitif un certain nombre de corrections, parfois difficiles à distinguer de celles des reviseurs du xii° siècle. — Nous désignons ce manuscrit par les sigles A (texte primitif) et A' (texte revisé).

Du ms. lat. 6218 dérivent directement [1] les manuscrits suivants, dont nous nous bornons à donner les cotes et les caractéristiques principales :

Bibliothèque nationale. Manuscrit latin 6219 (anc. reg. 10934[1]). Papier, 81 feuillets, 138 sur 190 mm., d'une écriture du xv° siècle. Provient de Bigot [2]. On lit au fol. 83 la note suivante, d'une main du xv° siècle : « Hunc librum scripsit Bartholomeus Cornuti, notarius de Sancto Baldomero, ad opus mei Ludovici de la Vernade, militis et presidentis Forensis ac consiliarii regis, anno Domini MCCCCLIII. »

Bibliothèque nationale. Manuscrit latin 12881 (anc. résidu Saint-Germain 112). Papier, 52 feuillets, 215 sur 295 mm., d'une écriture de la première moitié du xv° siècle.

Bibliothèque nationale. Manuscrit latin 10045 (anc. supplément latin 104). Papier, 315 feuillets, 195 sur 210 mm., d'une écriture du xv° siècle, à deux colonnes, contenant des textes divers [3]. Le *Liber*, les *Gesta consulum Andegavorum* et les *Gesta Ambaziensium* occupent les 39 premiers feuillets.

Rome. Bibliothèque du Vatican. Fonds de la reine Christine, manuscrit 679. Parchemin, 86 feuillets, 118 sur 192 mm., d'une écriture du xv° siècle à longues lignes. Il porte au premier feuillet la cote P. 55 de Petau, mais sans indication de provenance plus ancienne.

Enfin c'est la même rédaction qui est transcrite dans le manuscrit 1328 (anc. U 99, puis U 104) de la biblio-

---

1. Ils en reproduisent sans les comprendre les annotations.
2. Cf. *Bibliotheca Bigotiana manuscripta*, éd. L. Delisle (Rouen, 1877, in-8°), p. 88, n° 356.
3. On en trouvera l'indication sommaire dans L. Delisle, *Inventaire des manuscrits conservés à la bibliothèque impériale sous les numéros 8823-11503 du fonds latin* (Paris, 1863, in-8°), p. 58.

thèque de Rouen, qui est du xvi⁰ siècle et provient des collections des capucins de Mortagne[1], et dans le manuscrit 1620 de la bibliothèque de Tours. Ce dernier avait appartenu à Taschereau, qui le communiqua à Mabille, au moment où ce dernier préparait son étude sur les manuscrits des *Gesta*[2]. Il est du début du xvii⁰ siècle.

Manuscrits de la rédaction 2. — Bibliothèque nationale. Manuscrit latin 6006 (ancien Colbert 3039 ; reg. 9632 [3-3]). C'est un volume de 52 feuillets de parchemin, d'une écriture très régulière de la seconde moitié du xii⁰ siècle, à longues lignes, avec initiales ornées bleues et rouges. Il est relié en maroquin rouge aux armes de Louis XIV. Le volume contient, comme les précédents, le *Liber de compositione* (fol. 1-8 v⁰), les *Gesta consulum Andegavorum* (fol. 8 v⁰-32 v⁰), les *Gesta dominorum Ambaziensium*. Le texte des *Gesta consulum* porte de nombreuses corrections et additions marginales qui semblent de deux écritures différentes et ont été plus haut l'objet d'une étude spéciale[3]. — Nous désignons ce manuscrit par les sigles *B* (texte primitif) et *B'* (texte revisé).

De ce manuscrit paraissent dériver les deux suivants, qui en reproduisent sans les comprendre les additions fragmentaires, en les introduisant maladroitement dans le texte même :

Bibliothèque nationale. Manuscrit latin 6004 (anc. reg. 9867). Parchemin ; 20 feuillets de 183 mm. sur 265, d'une écriture de la première moitié du xiii⁰ siècle, ne contenant que les *Gesta consulum Andegavorum*, et provenant, à ce qu'il semble, de l'abbaye de Saint-Aubin d'Angers[4].

---

1. C'est un manuscrit sur papier de 141 feuillets décrit dans le *Catalogue général des manuscrits des départements*, t. I, p. 327.
2. Mabille, *Introduction*, p. xi.
3. Cf. ci-dessus, p. ix et suiv.
4. C'est du moins ce qu'on peut inférer de la note suivante, transcrite au xv⁰ siècle sur le dernier feuillet de garde, parmi divers essais de plume : « Qui cest livre enblera, par un licoul a maugibet pendu sera, car il est de Saint-Aubin d'Angiers. »

Bibliothèque nationale. Manuscrit latin 13897 (anc. Saint-Germain lat. 1090). Papier, 190 feuillets de 160 mm. sur 215, d'une écriture du xviie siècle. Aux textes des chroniques d'Anjou et d'Amboise sont jointes des notes dues à Jean Oudin, prêtre du diocèse de Verdun, qui a d'ailleurs utilisé pour son travail d'autres manuscrits que le latin 6004, car il indique, dans son commentaire, des extraits de la préface de Jean de Marmoutier.

Voici maintenant l'indication des manuscrits qui contiennent le texte des rédactions 3, 4 et 5 des *Gesta consulum Andegavorum*.

Manuscrit de la rédaction 3. — Bibliothèque du Vatican. Fonds de la reine Christine. Manuscrit 599. C'est un volume de 126 feuillets de papier, mesurant 132 mm. sur 183, d'une écriture du xve siècle à longues lignes. Il porte au premier feuillet la cote 0.55 de Petau, mais sans indication de provenance plus ancienne. Reliure moderne aux armes de Pie IX. Le texte ne comporte ni rubriques ni titres de chapitres ; seuls, quelques mots transcrits en gros caractères marquent les débuts des paragraphes.

Le texte des *Gesta* s'interrompt brusquement à la fin du fol. 66 v°, avec les mots *cum Theobaldo pacificatus est*, pour reprendre en haut du fol. 101, au passage *Quid Glaber Rodulfus*[1]. Les feuillets intermédiaires sont occupés par une description de la Terre Sainte, commençant par les mots : *Hebron metropolis olim Philistinorum*, et par une courte généalogie des rois de France, depuis Mérovée jusqu'à Louis VII. Ces deux documents sont, semble-t-il, transcrits de la même main que les *Gesta consulum*.

Manuscrits de la rédaction 4. — Manuscrit de Saint-Laud d'Angers. Ce manuscrit, conservé dans la bibliothèque particulière de la famille de Villoutreys[2], a été

---

1. Cf. ci-après, p. 58 et n. *a*.
2. M. le marquis de Villoutreys, décédé en 1906, nous avait très obligeamment communiqué son manuscrit à la Bibliothèque nationale ; depuis lors M. le chanoine Urseau a bien voulu faire pour nous sur ce manuscrit diverses vérifications dont nous tenons à le remercier ici.

l'objet de deux notices étendues, dues l'une à M. L. Delisle [1], et l'autre à M. A. Planchenault [2]. Il est donc inutile de le décrire en détail. Il comprend 99 feuillets de parchemin, de 184 mm. sur 275, fort endommagés par l'humidité et la dent des rongeurs, et contient des textes de diverse nature : 1° un poème français sur l'invention de la sainte Croix ; 2° les *Gesta consulum Andegavorum* ; 3° un petit cartulaire de Saint-Laud d'Angers. Le texte des *Gesta*, transcrits sur deux colonnes, d'une main du xiie siècle, occupe les feuillets 15 à 72 du manuscrit. — Nous désignons celui-ci par le sigle C^1.

Bibliothèque nationale. Manuscrit latin 6005 (ancien reg. 9868). C'est un volume de 107 feuillets papier de 175 mm. sur 253, à reliure de velours grenat, d'une écriture de la fin du xvie ou du début du xviie siècle. Un certain nombre de passages étendus semblent avoir été laissés primitivement en blanc, puis rétablis d'une écriture plus courante et peut-être plus récente que celle de la majeure partie du manuscrit, où cependant le texte se suit sans solution de continuité. Les *Gesta consulum* s'arrêtent brusquement, au début du chapitre intitulé « de Goffrido Martello secundo », après les mots : « videns terram turbatam » [3]. Ils sont suivis (fol. 52-101 v°) de l'*Histoire de Geoffroi le Bel*, de la même écriture que la partie principale du texte des *Gesta*, et terminée par cet explicit, d'une autre main :

> *Hic liber est scriptus.*
> *Qui scripsit sit benedictus.*
> *Explicit, expliceat,*
> *Ludere scriptor eat.*
> *Joannes Furic*
> *Brito scripsit hic,*

1. *Notice sur un manuscrit de Saint-Laud d'Angers*, dans la *Bibliothèque de l'École des chartes*, t. LIX, 1898, p. 533-549.
2. *Cartulaire du chapitre de Saint-Laud d'Angers suivi de la vie de saint Silvestre et l'invention de la sainte Croix*, publ. par A. Planchenault. Angers, Germain et Grassin, 1903, in-8° xxiv-201 p. et 1 fac-similé (*Documents historiques sur l'Anjou* publiés par la Société d'agriculture, sciences et arts d'Angers, t. IV). Voir spécialement les pages xiv-xx.
3. P. 65, l. 15.

*Et quod scripsit
Minime intellexit.* — *Non vere.*

Puis vient une courte chronique des rois de France, attribuée à Ive de Chartres [1], d'une autre main, suivie de cette note, également d'une main des XVIe-XVIIe siècles : « Extraict d'un livre en parchemin qui est enchéné dans le chœur de l'église de l'abbaye de Toussainct d'Angers », mais rien ne prouve que cette mention s'applique à l'ensemble du manuscrit, et non pas seulement au dernier des textes qui s'y trouvent transcrits. — Nous désignons ce manuscrit par le sigle C^2.

Bibliothèque de Berne. Manuscrit 309. Ce volume, qui a appartenu successivement à Cl. Fauchet, puis à Bongars [2], compte 91 feuillets de papier, mesurant 185 mm. sur 265, avec une reliure en cuir estampé du XVIe siècle. L'écriture est du XVe siècle, à longues lignes, avec initiales ornées, bleues et rouges, et les débuts de paragraphes sont marqués par l'emploi, pour quelques mots, de caractères plus gros que le reste du texte. Il se termine par cet explicit :

*Finis.
Andegavus honos trifidum dispersus in orbem
Precellit cunctos, marte furente, duces.*

Nous le désignons par le sigle C^3.

Bibliothèque nationale. Manuscrit latin 12872 (anc. Saint-Germain latin 2089). C'est un volume de 88 feuillets de papier, de 185 mm. sur 160, où sont transcrits, d'une écriture de scribe du début du XVIIe siècle, les *Gesta con-*

---

1. Cf. Molinier, *Sources de l'histoire de France*, n° 2191.
2. Et peut-être ensuite à Petau, car c'est d'après lui qu'André Duchesne semble avoir effectué « ex cod. Al. Pet. » la transcription du début des *Gesta consulum* qui se trouve au vol. XLVI (fol. 492-499) des Mélanges Colbert à la Bibliothèque nationale. A. Duchesne confronta en outre sa copie avec un texte appartenant à M. de La Grillière, lieutenant général à Orléans, auquel il emprunta peut-être le nom du moine Jean, ajouté après coup dans le prologue. Il existe également à la Bibliothèque nationale une copie partielle des *Gesta consulum*, d'après ce ms., dans la Collection de Touraine, ou Collection dom Housseau, t. XXI [1], p. 13-17.

sulum, suivis d'une courte note (fol. 87 v°) relative à l'histoire du roi René. En marge, diverses notes et des indications de variantes ont été ajoutées, de la main de Besly. Ces variantes sont empruntées à deux copies désignées simplement sous le nom d'*exscripta*[1] et à un manuscrit désigné par le sigle P. M., c'est-à-dire appartenant à Papire Masson[2], comme le prouve une note plus développée ajoutée au fol. 61 v°. Besly a, en outre, proposé, en marge du même manuscrit, un certain nombre de corrections conjecturales au texte des *Gesta*. — Nous désignons ce manuscrit par le sigle C^1.

Il est assez difficile, en raison surtout de l'époque tardive à laquelle ont été transcrits le manuscrit de Berne et ceux de la Bibliothèque nationale, de déterminer les rapports qui peuvent exister entre les divers exemplaires de la rédaction définitive de Jean de Marmoutier, ou manuscrits de la classe C. Il semble bien cependant que C et C^1 ne puissent être considérés comme dérivant l'un de l'autre ou comme dérivant l'un ou l'autre du plus ancien des manuscrits de cette famille, celui de Saint-Laud d'Angers. En revanche, quelques-unes des plus grossières et plus évidentes erreurs de ce dernier, dont le texte est très défectueux, se retrouvent dans le lat. 6005, qui en ajoute d'ailleurs quelques-unes qui lui sont propres. Néanmoins C^2 donne par rapport à C^1 quelques variantes, et en particulier, dans la préface, l'initiale J. du nom de l'auteur des *Gesta consulum*. Il semble donc qu'il y ait lieu de considérer ces deux manuscrits comme simplement apparentés. En conséquence, nous proposerons le schéma suivant, en ne tenant pas compte des très nombreux intermédiaires qui ont pu exister entre le

---

1. Au fol. 2, à propos de « Rabinus », on lit une note commençant par ces mots : « locus mendo non caret ; in duobus exscriptis Brito legitur » ; et ailleurs Besly distingue nettement l'une de l'autre les deux copies avec lesquelles il collationna le ms. lat. 12872.
2. Ce manuscrit de Papire Masson, d'après les notes du ms. lat. 12872, était incomplet de la fin, car il s'arrêtait dans le chapitre consacré à Geoffroi Martel aux mots : « dimisit tamen Lisoium Ambaziaco » (p. 55).

manuscrit original et ses dérivés, et surtout ses dérivés de basse époque, le manuscrit de Berne et ceux de Paris :

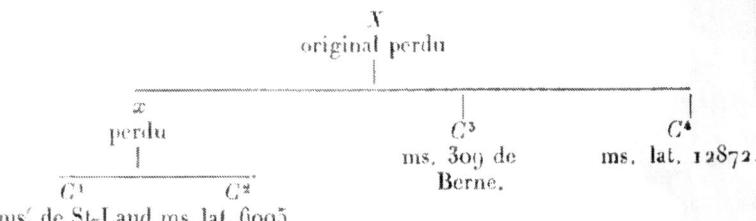

MANUSCRITS DE LA RÉDACTION 5. — Bibliothèque de Weimar. Manuscrit non coté [1]. Ce manuscrit compte 87 feuillets de parchemin, de 180 mm. sur 240, d'une écriture du xve siècle à longues lignes, avec initiales ornées rouges et bleues, et quelques dessins rehaussés de rouge. Par suite d'une erreur de reliure, les feuillets ont été intervertis et devraient être placés dans l'ordre suivant : 1° fol. 1-16 ; 2° fol 21-36 ; 3° fol. 17-20 ; 4° fol 37. Les *Gesta consulum* occupent les feuillets 1-18 et 21-36 ; le *Liber de compositione castri Ambaziae* remplit le reste. Le volume est incomplet du début et cette mutilation a eu pour résultat la disparition des chapitres des *Gesta consulum* relatifs aux prédécesseurs de Geoffroi Grisegonelle. Le texte commence donc avec les mots : « Iste Fulco pius tres filios habuit... » (ci-dessous, p. 37). La présence, au fol. 5 v°, d'un dessin représentant un chevalier en prière tenant une banderole avec cette inscription : « Quomodo zona beate Marie donata fuit ecclesie Luchensi », et, au fol. 20 v°, d'un autre dessin représentant un personnage à la fenêtre d'une tourelle, tenant également une banderole sur laquelle est écrit le titre du chapitre « De castello Lochas », tendrait à faire supposer que ce manuscrit provient de Notre-Dame de Loches.

Bibliothèque Nationale. Mélanges Colbert, vol. XLVI.

---

1. Ce manuscrit a été l'objet d'une courte notice dans l'*Archiv* de Pertz t. VIII, p. 686.

Le tome XLVI de la collection dite des Mélanges Colbert est un recueil de copies faites par ou pour André Duchesne. Au fol. 165-200 se trouve transcrit le texte des *Gesta* « ex codice in carta D. Filesaci », et dans les notes placées en tête ou dans les marges est mentionné un « codex Lochiensis »[1]. Mais il est impossible d'identifier ce manuscrit sur papier de Notre-Dame de Loches, communiqué par Dom Filesac au copiste de Duchesne, avec le manuscrit sur parchemin actuellement conservé à Weimar. La comparaison des leçons s'y opposerait d'ailleurs, comme elle s'oppose à l'identification avec un autre manuscrit perdu de Notre-Dame de Loches, manuscrit sur parchemin, également, dont les chanoines de cette église produisirent en 1504 un fragment sous forme de copie authentique. Une transcription du xviie siècle de ce fragment est conservée à la Bibliothèque nationale, Collection dom Housseau, t. XXI[1], fol. 1-13.

Ces manuscrits de Notre-Dame de Loches ne sont d'ailleurs pas les seuls dont on puisse constater la disparition. Le numéro 10.039 du fonds latin de la Bibliothèque nationale est réservé à un manuscrit depuis longtemps en déficit, provenant d'Ant. Faure, et qui reçut le numéro 9190,3 du catalogue de N. Clément, sous le titre : *Pactius Lochensis de consulibus Andegavorum*. Il a été question plus haut[2] du manuscrit de Papire Masson et des deux « copies » utilisées par Besly. De Thou possédait également des *Gesta* un manuscrit que cite L. d'Achery[3], peut-être identique à celui dont il y a des extraits de la main d'Oihénart au t. CII de la Collection Duchesne à la Bibliothèque nationale (fol. 245). De même encore Goussainville paraît avoir vu, au milieu du xviie siècle, un manuscrit de la rédaction 3 ou de la rédaction 4 des *Gesta*

---

1. Mabille, *Introduction*, p. xxiii, dit même avoir lu cette note, que nous avons en vain cherché à retrouver : « Cette copie a été collationnée avec un manuscrit appartenant à N.-D. de Loches et il s'est trouvé conforme. »
2. P. lxxv.
3. *Spicilegium*, éd. in-fol., t. III, p. 252.

consulum distinct de tous les manuscrits connus [1]. Enfin les chanoines de Chartres conservaient au xviie siècle un manuscrit de Jean de Marmoutier, que nous ne connaissons que par une simple mention [2].

II

Le succès des *Gesta consulum* et des *Gesta Ambaziensium dominorum* fut assez considérable pour qu'on se préoccupât dès le moyen âge de les traduire en français. La plus ancienne traduction que nous connaissions date du xive siècle et est due à un moine jacobin de Paris, frère Hervé de la Queue. Son ouvrage paraît avoir été l'objet de divers remaniements [3] et nous est parvenu en plusieurs exemplaires dans les manuscrits français 1119 [4], 5405 [5], 5978 [6], 24107 [7] de la Bibliothèque nationale, et dans le manuscrit 1319 de la Bibliothèque de Tours [8]. Hervé dédia sa traduction à « Jehanne d'Amboise, dame

---

1. Cf., ci-dessus, p. viii. Ce manuscrit est sans doute celui d'après lequel l'abbé de Marolles, qui l'avait communiqué à Goussainville, traduisit lui-même la préface de Jean de Marmoutier. Voir ci-après, p. lxxx.

2. Bibl. nat., Coll. dom Housseau, t. XXIV{2}, fol. 78. Une note en tête de la copie des Mélanges Colbert (t. XLVI, fol. 165) signalée plus haut est ainsi conçue : « Exemplaria alia quatuor, duo in membranis antiquis, duo in carta, obvia habuit Andeg. Belleforestius. Quae omnia prolixiorem praefationem hoc exemplari Lochiensi habent. »

3. Mais c'est par erreur que le P. Lelong, *Biblioth. histor. de la France*, n° 35667, indique une rédaction en vers comme se trouvant dans un manuscrit de Foucault. Ce manuscrit, qui est aujourd'hui le ms. fr. 1119 de la Bibliothèque nationale, contient une rédaction en prose, de même que l'exemplaire du président Bouhier, aujourd'hui ms. fr. 24107 de la même Bibliothèque.

4. Cf. *Catalogue général des manuscrits français de la Bibliothèque nationale*, série in-4°, t. I, p. 189. Cette notice et les suivantes sont assez complètes pour qu'il suffise d'y renvoyer le lecteur.

5. *Ibid.*, t. IV, p. 729. Voir ci-après, p. lxxix, n. 1.

6. *Ibid.*, t. V, p. 191. Le texte est incomplet de la fin.

7. *Ibid.*, série in-8°, anciens petits fonds français, t. II, p. 263. Le ms. 24109 contient aussi une copie du xviie siècle, rajeunie, de l'ouvrage d'Hervé de la Queue.

8. Cf. *Catalogue général des manuscrits des bibliothèques des départements*, t. XXXVII{2}, p. 906-907. — Il y a des extraits modernes de ce ms. 1319 dans le ms. 1385 de la même bibliothèque (*ibid.*, p. 939).

de Revel et de Thiffauges »[1], qui ne peut être que Jeanne, fille de Pierre d'Amboise et de Jeanne de Chevreuse, laquelle épousa successivement Geoffroi de Mortagne, vicomte d'Aunay, Gaucher de Thouars, seigneur de Thiffauges, et enfin, vers 1350, Guillaume Flote, seigneur de Revel[2]. Jeanne d'Amboise était donc bien une contemporaine d'Hervé, dont nous savons par ailleurs qu'il prit ses grades de théologie en 1369 et composa également une table des œuvres de saint Thomas[3]. Hervé semble avoir fait sa traduction des *Gesta consulum* d'après un texte de la seconde rédaction, en abrégeant quelques passages et en multipliant dans le récit les divisions et les subdivisions.

A la fin du xvie siècle ou au début du xviie un cordelier d'Amboise, resté anonyme, composa du *Liber*, des *Gesta consulum* et des *Gesta Ambaziensium* une nouvelle tra-

---

1. La préface est ainsi conçue : « Très noble et très puissante dame Jehanne de Amboyse, dame de Revel et de Thiffauges, frère Hervé de la Queue, de l'ordre et convent des frères Prescheurs de Paris, sa recommandation humble devant mise, souhaicte grace en ce monde et gloire en l'autre. La noblesse de votre lignaige et la devocion que vous avez a la religion sainct Dominicque [deservent] que si par aucun desdicts freres povoit estre faicte aucune chose qui vous pleust, que celuy frere y obeist devotement. Et pour ce que j'ay entendu dire que desirez à avoir en françoys la lignée des seigneurs d'Amboyse, et depuis quel temps et par quels seigneurs et par quels merites ils furent receuz en celle terre, j'ay entreprins à cecy faire, et ce present livre ay devisé en xvi parties principales, desquelles la premiere est principallement de la composicion du chasteau d'Amboyse et contient unze parties » (ms. fr. 5978, fol. 2). En tête de l'ouvrage le ms. fr. 5978 donne une pièce de vers qui commence ainsi :

    Puissans seigneurs qui noblement vivez
    Gens très exquis qui les armes suyvez....

— Malgré son titre moderne, l'« Histoire Lochoise des antiquitez des villes d'Amboise, Loches, Beaulieu, Blois, Montrichard, et incidemment des premiers comtes d'Anjou, par Fr. Hervé de la Queue, Jacobin Angevin, extraite pour la plus part du latin de M. Thomas de Paccio, prieur de l'église royal et collegial de Loches, dédiée à messeigneurs les RR. PP. Nicolas Fumée, evesque comte de Beauvais, abbé de Beaulieu, M. Antoine Isore, prieur de S. Pierre de Prueilly... » d'un ms. de Cl. Fauchet (aujourd'hui fr. 5405 de la Bibl. nat.) n'est qu'une copie de la traduction du xive siècle.

2. Le P. Anselme, *Histoire généalogique de la maison de France*, t. VI, p. 276.

3. Quetif et Echard, *Scriptores ordinis Praedicatorum*, t. I, p. 663.

duction, à la demande de Raimond de Dezest, trésorier de France en Touraine[1]. Le texte en est conservé dans le manuscrit fr. 5106 de la Bibliothèque nationale[2].

Enfin, en 1681, l'abbé de Marolles retraduisit les mêmes textes, en utilisant, à ce qu'il semble, non pas l'édition qui venait d'en être donnée par L. d'Achery, mais un manuscrit de même type que le 599 de la reine Christine, et en accompagnant son travail de notes copieuses, de généalogies et de tables, le tout formant un volume in-4°, qui parut à Paris chez Jacques Langlois[3].

III

Dix ans avant l'apparition du volume de l'abbé de Marolles, dom Luc d'Achery avait donné des *Gesta consulum Andegavorum* la première édition intégrale[4] au tome X de son *Spicilegium*[5]. Cette édition était faite

---

1. Une notice sur les *Gesta consulum* qui se trouve dans le vol. XXIV[2], fol. 77 v°, de la Collection D. Housseau à la Bibliothèque nationale, fait mourir ce personnage en 1615, mais nous n'avons pas trouvé la source de ce renseignement.

2. Ce manuscrit se termine par une courte pièce de vers, dont voici les derniers :

>   Raymond de Dezest, tresorier
>   De France, honnorable personne
>   L'a faicte faire, ainsi qu'il sonne,
>   Par ung d'Amboise, cordelier.

En tête du volume se trouve la pièce de vers « Nobles seigneurs... » déjà signalée dans certains manuscrits d'Hervé de la Queue. Il est donc possible que ce cordelier d'Amboise se soit borné à remanier et à démarquer le travail de son prédécesseur du xive siècle. Il y a un fragment du même ouvrage dans le ms. fr. 24109 de la Bibliothèque nationale, où d'ailleurs il paraît avoir été confondu avec celui d'Hervé de la Queue.

3. *Les histoires des anciens comtes d'Anjou et de la construction d'Amboise, avec des remarques sur chaque ouvrage*. Paris, 1681, in-4° de 204 pages et 184 pages de notes. L'abbé de Marolles y traduit successivement « les actions des consuls d'Anjou, par un autheur qui ne se nomme point », la préface de Jean de Marmoutier, puis les deux textes relatifs à Amboise.

4. Les *Gesta consulum* avaient déjà, au début du xvie siècle, été utilisées et paraphrasées par Jean de Bourdigné. *L'hystoire agregative des annalles et cronicques d'Anjou*. Angers et Paris, 1529, in-fol. Quelques fragments en avaient été publiés dans les preuves de l'*Histoire des comtes de Poictou et ducs de Gayenne* de Jean Besly (Paris, 1647, in-fol.), p. 307-311.

5. *Veterum aliquot scriptorum... Spicilegium*, t. X (1671), p. 399-511. Le texte est reproduit dans l'édition in-fol., t. III, p. 234-266.

d'après le manuscrit de Saint-Laud (rédaction 4), dont une copie avait été communiquée à l'érudit bénédictin par Vyon d'Herouval. En outre, d'Achery avait profité pour son travail des corrections apportées au texte par Adrien de Valois, et libéralement fournies par ce dernier [1]. Les *Gesta consulum* sont suivis, dans le *Spicilège*, du *Liber de compositione castri Ambaziae* [2], puis des *Gesta dominorum Ambaziensium* [3], publiés d'après une copie moderne provenant de M. de Launay.

C'est d'après d'Achery que quelques fragments de ces chroniques furent reproduits dans le *Recueil des historiens de la France* [4] et que Langebeck en donna des extraits relatifs à l'histoire des invasions scandinaves en France [5].

En 1856, Marchegay et Salmon les publièrent à nouveau pour la Société de l'histoire de France, dans leur recueil des *Chroniques des comtes d'Anjou*. Ce travail, d'une manifeste insuffisance, et qui ne reposait que sur une étude tout à fait superficielle des manuscrits, devait être accompagné d'une introduction, qui ne vit jamais le jour [6] et à laquelle, nous l'avons dit [7], la Société de l'histoire de France substitua quinze ans plus tard un savant mémoire dû à Émile Mabille.

Enfin rappelons que des fragments des *Gesta consulum* ont été reproduits dans les *Monumenta Germaniae* par M. Holder-Egger [8].

---

1. *Spicilegium*, t. X, introduction, p. 19-21.
2. *Ibid.*, p. 511-536 ; éd in-fol., t. III, p. 266-272.
3. *Ibid.*, p. 536 ; éd. in-fol., t. III, p. 273-286.
4. *Hist. de France*, t. VII, p. 256-257 ; t. IX, p. 25-31 ; t. X, p. 238-242, 248-258 ; t. XI, p. 256-259, 265-274 ; t. XII, p. 495-517.
5. *Scriptores rerum Danicarum medii aevi*, t. II (Copenhague, 1773, in-fol.), p. 49-52 (récit du siège de Tours), et p. 199-203 (exploits de Geoffroi Grisegonelle).
6. Salmon avait exposé une partie de ses conclusions dans la préface de son *Recueil de chroniques de Touraine* (Tours, 1854, in-8º), p. xc-xcii.
7. Plus haut, p. vi, n. 1.
8. *Scriptores*, t. XXVI, p. 87-89.

IV

On s'est proposé, dans la présente édition, de donner le texte primitif des *Gesta consulum*, ou du moins le texte le plus ancien que nous en pouvons connaître (rédaction (1)[1], tout en indiquant les passages successivement ajoutés à ce premier fonds par les auteurs des rédactions suivantes. On trouvera donc reproduit ci-après le texte du manuscrit latin 6218 de la Bibliothèque nationale (*A*), accompagné des additions contenues dans le manuscrit 6006 de la même bibliothèque (*B*) et dans les manuscrits de la rédaction la plus complète due à Jean de Marmoutier (mss. *C*).

On ne pouvait néanmoins songer à reproduire telles quelles les leçons primitives du manuscrit 6218. Œuvre d'un scribe négligent, cette copie est remplie d'incorrections et d'étourderies[2] qu'un ou plusieurs reviseurs ont en grande partie corrigées. Il était inutile d'encombrer les notes de toutes ces fautes de transcription ; nous ne les avons relevées que dans les cas où les corrections des reviseurs pouvaient sembler ne pas s'imposer avec une absolue certitude. *A* désigne alors le texte primitif du manuscrit 6218, le sigle *A'* s'appliquant au même texte revisé. Parfois le reviseur a laissé subsister des erreurs

---

1. Rédaction que nous avons attribuée à Thomas de Loches.
2. Nous indiquons ici un certain nombre de ces fautes évidentes de *A* corrigées par les reviseurs dans le texte des *Gesta consulum* : p. 25 : *igmaginum* pour *imaginum* ; — p. 27 : *silicet* pour *scilicet*, *inviti* pour *invitati* ; — p. 28 : *pocionem* pour *pociorem* ; — p. 29 : *acmentatum* pour *augmentatum* ; — p. 30 : *congium* pour *conjugium* ; — p. 31 : *parte* pour *patre* ; — p. 32 : *consanguineite* pour *consanguineitate* ; — p. 34 : *pacifi* pour *pacifici* ; — p. 35 : *pauctis paucionibus* pour *pactis pactionibus*, *Pictavensis* pour *Pictavenses* ; — p. 36 : *sollitite* pour *sollicite*, *dissesu* pour *discessu*, *propincans* pour *propinquans* ; — p. 40 : *Silvaneto* pour *Silvanecto* ; — p. 46 : *Bisenchaiaci* pour *Busenchaiaci*, *hros* pour *heros* ; — p. 48 : *Kainem* pour *Kainonem* ; — p. 49 : *iter* pour *interim* ; — p. 52 : *Heberto* pour *Herberto* ; — p. 53 : *satisficiunt* pour *satisfaciunt*, *inpuie* pour *inpune* ; — p. 55 : *preparet* pour *prepararet* ; — p 57 : *axilium* pour *auxilium* ; — p. 58 : *Fulaii* pour *Fulchoii*, *Pictaventium* pour *Pictavensium* ; — p. 62 : *auxiator* pour *auxiliator* ; — p. 64 : *Phipo* pour *Philipo*.

évidentes : dans ce cas, nous rétablissons le texte tel qu'il devait être, en rejetant en note la leçon de A et en accompagnant cette leçon de la mention *corr.*, qui indique que la correction a été faite par les éditeurs[1].

D'autre part, des nécessités matérielles empêchaient d'introduire effectivement dans l'appareil critique certains passages un peu longs ajoutés au texte primitif par les remanieurs. Nous les avons publiés isolément[2], à la suite de la compilation[3], nous contentant d'indiquer dans l'appareil critique[4] la place qu'ils occupent dans l'ensemble.

Quant au texte des *Gesta Ambaziensium dominorum* et du *Liber de compositione castri Ambaziae*, il a naturellement été donné d'après le manuscrit latin 6218 de la Bibliothèque nationale[5].

---

1. Le copiste du manuscrit 6218 confond perpétuellement les lettres *c* et *t* dans les mots comme *etiam*, *Francia*, *patientia*, *ratio*, etc. Nous avons sur ce point rectifié son orthographe sans juger utile d'en avertir chaque fois le lecteur.

2. Dans l'établissement du texte de ces additions, comme dans les indications de variantes, le sigle *B* désigne le manuscrit latin 6006, texte primitif, et *B'* les leçons du même texte revisé et corrigé.

3. Quand ce n'étaient pas de simples extraits d'œuvres maintes fois publiées.

4. En désignant alors par le sigle *C* l'ensemble des manuscrits de la rédaction 4 (Jean de Marmoutier).

5. Voici, pour plus de commodité, une liste complète des sigles employés dans l'édition :

   A. Bibl. nat., ms. lat. 6218, texte primitif.
   A'. Bibl. nat., ms. lat. 6218, texte revisé.
   B. Bibl. nat., ms. lat. 6006, texte primitif.
   B'. Bibl. nat., ms. lat. 6006, texte revisé.
   C1. Bibl. de M. de Villoutreys, ms. de Saint Laud.
   C2. Bibl. nat., ms. lat. 6005.
   C3. Bibl. de Berne, ms. 309.
   C4. Bibl. nat, ms. lat. 12872.

CHAPITRE VIII

L'HISTOIRE DE GEOFFROI LE BEL PAR JEAN DE MARMOUTIER

I

Jean de Marmoutier n'est pas seulement un des compilateurs des *Gesta consulum Andegavorum* ; on lui doit aussi une biographie en deux livres du comte Geoffroi le Bel († 1151), père du roi d'Angleterre Henri II. Cette biographie, — il le laisse entendre lui-même dans son prologue, — n'a été écrite qu'après les *Gesta* (terminés entre 1164 et 1173) ; sans quoi, il n'eût pas manqué, fidèle à ses procédés habituels, d'y faire de larges emprunts pour compléter la brève notice consacrée à Geoffroi le Bel dans cette dernière chronique.

L'*Histoire de Geoffroi le Bel* est dédiée à Guillaume de Passavant, évêque du Mans de 1145 à 1187, et dans le prologue[1] l'auteur se réfère au témoignage de plusieurs contemporains, parmi lesquels il cite Mathieu, doyen de l'église d'Angers de 1162 à 1177, et Jourdain Tesson, mort en 1178. Mais il parle de Mathieu et de Jourdain en des termes tels qu'on ne saurait décider[2] si l'ouvrage est antérieur ou postérieur à leur mort et s'il date, par suite, des environs de 1170 ou seulement des environs de 1180.

Pas plus qu'en ses précédents travaux, Jean de Marmoutier n'a fait preuve ici de beaucoup d'originalité : pour le fond, comme pour le détail de l'expression, il a puisé, aussi souvent qu'il le pouvait et avec une gaucherie

---

1. Ci-dessous, p. 174, et cf. *ibid.*, notes.
2. Nous ne voyons pas les raisons qui portent Mabille à écrire : « C'est vers cette époque (vers 1180), où la plupart des personnages que le moine Jean avait consultés n'existaient plus ou allaient disparaître, que nous fixons la date de la rédaction du premier livre de l'histoire de Geoffroi le Bel... » (*Introduction aux Chroniques des comtes d'Anjou*, p. xl).

naïve, dans les *Gesta consulum* et les *Gesta Ambaziensium* ; il a exploité aussi des récits qu'on ne connaît plus que par lui et qui étaient dus sans doute pour une bonne part aux compagnons de Geoffroi le Bel dont il cite les noms dans son prologue ; enfin, quelque heureux hasard ayant fait tomber entre ses mains le huitième livre de l'*Historia Anglorum* que le chroniqueur anglais Henri de Huntingdon avait terminée en 1154, il en a transcrit plus de la moitié, sans, bien entendu, prendre le soin d'en avertir le lecteur.

Une fois défalqués les passages empruntés aux textes que nous possédons encore, ce qui reste de l'*Histoire de Geoffroi le Bel* est fort peu de chose : ce sont quelques anecdotes peu sûres ou même tout à fait légendaires (comme celle du charbonnier de la forêt de Loches[1]) et quelques renseignements, d'une précision parfois insuffisante, sur les luttes du comte d'Anjou contre ses barons et sur ses campagnes en Normandie.

Jean de Marmoutier a réparti sa matière en deux livres, dont le second, incomplet dans les copies que nous en connaissons, n'a peut-être jamais été terminé. Ce deuxième livre, en tout cas, ne semble point avoir été prévu d'abord par l'auteur : car il reprend le récit de la conquête de la Normandie et des guerres contre Etienne de Blois, déjà indiquées à leur place logique au cours du livre précédent. Au contraire, le livre I forme un tout assez bien lié : quelques pages sur l'enfance de Geoffroi le Bel, son mariage, son avènement ; puis un long éloge de ses qualités, avec indication de faits à l'appui ; enfin une histoire de ses rapports avec Etienne de Blois et de la conquête de la Normandie et, pour terminer, un récit du siège de Montreuil-Bellay et de la mort du comte (1151).

Ce livre I porte d'ailleurs lui-même des traces de remaniement : dans l'épilogue (p. 224), qui marque bien la fin de l'œuvre primitive, une phrase où se trouve mentionné l'évêque Guillaume de Passavant a été retouchée après la

---

1. Ci-dessous, p. 183-191.

mort du prélat (1187) ; et l'on pourrait être porté à considérer comme des additions les quelques passages du livre qui ont été empruntés à Henri de Huntingdon[1], que Jean de Marmoutier devait si largement exploiter dans la deuxième partie de son *Histoire*[2].

II

La copie la plus complète que nous ayons de l'ouvrage est contenue dans le manuscrit latin 6005 de la Bibliothèque nationale (de la fin du xvie ou du début du xviie siècle) dont nous avons déjà eu l'occasion de donner plus haut la description[3]. L'*Histoire de Geoffroi le Bel* y occupe les folios 52 à 101 v°. Cette copie (que nous désignons par la lettre *D*) est criblée de fautes : le scribe n'a visiblement pas su résoudre un grand nombre des abréviations du manuscrit qu'il avait sous les yeux et a même souvent laissé en blanc de longs passages, qu'un reviseur a rétabli ensuite dans le texte.

Le manuscrit latin 15067 de la même bibliothèque ne contient qu'un fragment de l'*Histoire de Geoffroi le Bel*, commençant aux mots *Rex vero genero suo* (ci-dessous, p. 181) et se terminant aux mots *verum audire nequiret* (p. 209). Ce manuscrit est du xve siècle et compte 99 feuillets à deux colonnes. Il a appartenu à l'abbaye de Saint-Victor, dont les armes ornent la reliure, et y a porté successivement les cotes 732 et 1004 ; mais il a fait auparavant partie de la bibliothèque des moines de Marmoutier, comme l'indique une note placée au verso du dernier feuillet[4]. Le texte fragmentaire de l'*Histoire de Geoffroi le Bel* remplit les folios 40 r° à 55 v°. Ce texte (que nous désignons dans notre édition par la lettre *E*) offre des rap-

---

1. Ci-dessous, p. 214, notes c et d.
2. Ci-dessous, p. 231, note a.
3. P. LXXIII.
4. « Liber iste est de libraria communi insignis monasterii beatissimi Martini Majoris Monasterii Turonensis. — Verum est. »

ports évidents avec celui du manuscrit 6005, et la comparaison des leçons prouve même que ce dernier n'en est qu'une transcription incorrecte faite à une époque où le manuscrit 15067 ne présentait pas les lacunes actuelles.

De ces deux manuscrits il faut rapprocher l'édition donnée en 1610 par Laurent Bouchel, à la suite de l'*Historia Francorum* de Grégoire de Tours[1], mais avec une pagination spéciale et sous ce titre particulier : *Johannis monachi Majoris monasterii, qui rege Ludovico juniore vixit, Historiae Gauffredi ducis Normannorum et comitis Andegavorum, Turonorum et Cenomannorum libri duo hactenus non editi. Ex Bibliotheca Laurentii Bochelli et ejusdem notis aliquot illustrati.* Paris, N. du Fossé, 1610, in-8°, 130 p. et 11 feuillets non chiffrés. Le texte, très corrompu, est cependant en plus d'un endroit moins incorrect que celui des deux précédentes copies. Il s'arrête d'ailleurs au même point que le manuscrit 6005 et est très étroitement apparenté au manuscrit 15067[2]. On le trouvera désigné dans notre édition par la lettre *a*.

On peut donc, croyons-nous, représenter de la manière suivante la filiation des trois copies dont nous disposons :

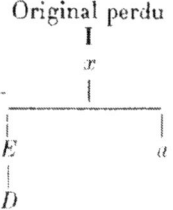

Depuis 1610, l'*Histoire de Geoffroi le Bel* n'a été réimprimée qu'une seule fois dans son entier, aux p. 229-310 des *Chroniques des comtes d'Anjou* de Marchegay et Salmon,

---

1. Sur cette édition, cf. Grégoire de Tours, *Histoire des Francs*, l. I-VI, texte du manuscrit de Corbie, publié par H. Omont, Paris, 1886, in-8° (*Collection de textes pour l'étude et l'enseignement de l'histoire*), p. XXIV.

2. Notons, en particulier, que ce manuscrit et l'édition de Bouchel présentent (p. 209 de notre édition) la même faute : *turus*, remplaçant un participe futur tel que *iturus* ou *profecturus*.

d'après Laurent Bouchel et les deux manuscrits. Quelques passages en avaient été reproduits auparavant au tome XII du *Recueil des historiens de la France*, p. 519-534, d'après Laurent Bouchel et le manuscrit 6005.

Notre édition a été, à son tour, établie à l'aide des mêmes éléments que celle de Marchegay et Salmon. Toutefois ce que nous avons dit des rapports de D et de E nous a amenés à ne tenir compte de la première de ces deux copies que pour les parties du texte qui manquent aujourd'hui dans E.

CHAPITRE IX

LA CHRONIQUE DE FOULQUE LE RÉCHIN. — LE « DE SENES-CALCIA FRANCIAE ». — GÉNÉALOGIES ANGEVINES.

I

Le manuscrit latin 173 du fonds de la reine Christine, à la Bibliothèque du Vatican, est un recueil factice composé d'opuscules de genres très divers. Le premier d'entre eux, qui occupe huit folios et a été transcrit au xiie siècle, est une brève chronique des comtes d'Anjou, à laquelle un copiste a maladroitement soudé un fragment historique relatif à la première croisade [1].

L'auteur de cette chronique se nomme lui-même : c'est Foulque le Réchin, comte d'Anjou de 1067 à 1109. Il écrit au cours de l'année 1096. Après avoir résumé l'histoire de ses ancêtres, telle qu'il la tient de son oncle, le comte Geoffroi Martel († 1060), il se propose de narrer les événements de son propre règne. Mais cette seconde partie, qui eût été la plus curieuse, sinon la plus impartiale, a été presque entièrement omise par le copiste. Ce qui reste suffit néanmoins à faire de l'œuvre de Foulque une des plus importantes que nous ayons sur les débuts de la maison d'Anjou ; elle nous permet de préciser plus d'un détail et nous révèle même des faits qu'aucune autre chronique ne signale.

Certains ont vu là une raison de mettre en doute la véracité de l'auteur, et l'on a même été jusqu'à dénier à Foulque le Réchin la paternité de l'œuvre tout entière [2].

---

1. Sur ce point, voir L. Halphen, *Étude sur l'authenticité du fragment de chronique attribué à Foulque le Réchin*, dans la *Bibliothèque de la Faculté des lettres* de Paris, fasc. XIII (1901), p. 7-48, et spécialement, p. 10-15.
2. Mabille, *Introduction* aux *Chroniques des comtes d'Anjou*, p. XLVI-XLIX.

Nous ne croyons pas ce scepticisme fondé [1]. Sur quelques points [2], le chroniqueur, qui écrivait de mémoire, a pu se tromper ; mais il nous donne en même temps quantité de renseignements, dont nous pouvons presque toujours vérifier l'exactitude, et qu'un homme particulièrement bien informé était seul à même de produire. Nous n'avons donc aucun motif de supposer que cet homme n'ait pas été le comte Foulque lui-même.

La chronique, avec le passage additionnel relatif à la première croisade, a été publiée d'après le manuscrit du Vatican par Luc d'Achery (*Spicilegium*, 1re éd., t. X, p. 392-398 ; 2e éd., t. III, p. 232-234), dont le texte, sauf ce qui a trait à la croisade, a été reproduit dans le *Recueil des historiens de la France* (t. X, p. 203-204 ; t. XI, p. 137-138 ; t. XII, p. 491-492). Une nouvelle édition de l'opuscule avec son supplément a été donnée par Marchegay et Salmon, dans les *Chroniques des comtes d'Anjou*, p. 375-383. Ajoutons enfin qu'un fragment en a été inséré dans les *Monumenta Germaniae, Scriptores* (t. XXVI, p. 461), et que le passage relatif à la croisade figure dans le recueil des *Historiens des croisades* (t. V des *Historiens occidentaux*, p. 315-317).

II

Le petit traité qu'on a pris l'habitude de désigner sous le titre de *De majoratu et senescalcia Franciae* comprend deux parties : dans la première Hugue de Clefs (*de Cleeriis*), sénéchal de la Flèche au temps du comte Geoffroi le Bel et du roi d'Angleterre Henri II, — ou l'auteur, quel qu'il soit, qui se couvre de ce nom — prétend copier un « écrit » du comte Foulque Nerra (987-1040), rapportant les circonstances dans lesquelles Geoffroi Grisegonelle (970 env.-987) aurait reçu du roi Robert la charge de

---

1. Voir l'*Etude* indiquée plus haut, p. LXXXIX, n 1.
2. On les trouvera signalés en note.

sénéchal de France et la suzeraineté du Maine pour prix de ses services ; dans la deuxième partie, Hugue de Clefs raconte les négociations auxquelles il aurait été mêlé et à la suite desquelles son maître Foulque V le Jeune (comte de 1109 à 1129) aurait obtenu du roi Louis VI la reconnaissance de ses droits à la sénéchaussée.

Que la première partie de ce traité, celle qui est censée émaner de Foulque Nerra, soit entièrement supposée, c'est ce qui n'est plus discuté aujourd'hui par personne, tant les erreurs et les anachronismes y sont nombreux, et il est superflu de s'y arrêter. Mais il n'est pas inutile sans doute d'observer que le seul passage de cette première partie où il soit fait allusion à la « sénéchaussée » des comtes d'Anjou ne semble pas faire corps avec le reste et qu'il a peut-être été intercalé après coup dans un écrit plus ancien dont le seul objet aurait été d'établir les droits de ces mêmes comtes sur le Maine et sur l'évêché du Mans [1].

Quant à la seconde partie, M. Luchaire [2] nous semble avoir démontré que c'est un « mélange de menus faits exactement rapportés, d'invraisemblances énormes et d'évidentes faussetés » et qu'aucun témoignage ne vient établir la réalité des droits revendiqués par les comtes d'Anjou sur la sénéchaussée de France. Il a expliqué, en outre, que l'opuscule, dans son ensemble, dut être mis en circulation durant l'année 1158 pour le compte de Henri II d'Angleterre, probablement à l'instigation de Thomas Becket, et ceci dans le but d'obtenir du simple et crédule roi Louis VII le titre de sénéchal de France, à la veille d'une expédition que le souverain anglais s'apprêtait à

---

1. Voir ci-dessous, p. 240, n. 2, et p. 241, n. 2.
2. Cf. Achille Luchaire, *Hugue de Clers et le « De senescalcia Franciæ »*, p. 1 à 38 des *Mélanges d'histoire du moyen âge* publiés sous la direction de M. Luchaire, fasc. 3 de la *Bibliothèque de la Faculté des lettres de Paris* (Paris, 1897, in-8°). — Mabille avait déjà soutenu une thèse analogue dans son *Introduction* aux *Chroniques des comtes d'Anjou*, p. xlix-li, et M. Ch. Bémont, qui s'était attaché à réfuter les arguments de ce dernier dans un mémoire intitulé *Hugues de Clers et le « De senescalcia Franciæ »* (p. 253-260 des *Études d'histoire du moyen âge dédiées à Gabriel Monod*, Paris, 1896, in-8°), s'est depuis lors rallié au même point de vue dans une note de la *Revue historique*, t. LXIV (1897, p. 217-218.

conduire en Bretagne. Nous ne pouvons que renvoyer les historiens à la démonstration de M. Luchaire.

Le texte du traité nous a été conservé par un manuscrit unique. C'est un double feuillet de parchemin, qui constitue aujourd'hui les folios 143 et 144 du manuscrit latin 3839 A de la Bibliothèque nationale [1]. Le manuscrit lui-même est du xe siècle et contient des canons de conciles et divers textes canoniques, au milieu desquels ont été intercalés quelques feuillets d'écriture plus récente, entre autres ceux qui contiennent le *De senescalcia*. Ceux-ci mesurent 290 millimètres sur 265. Le texte s'y présente à l'état isolé, transcrit sur deux colonnes, d'une main du xiie siècle : il occupe le folio 143 r° et v° et la première moitié de la colonne 1 du folio 144 r° ; le reste de ce folio 144 est resté blanc.

Il semble que toutes les éditions du traité dérivent de ce manuscrit, par rapport auquel elles ne présentent point d'autres variantes que celles qui s'expliquent par des erreurs de lecture ou des corrections conjecturales [2]. La première de ces éditions est celle que Sirmond donna en 1610, à la suite des lettres de Geoffroi de Vendôme [3]. Le manuscrit qu'il utilisa se trouvait alors à Saint-Aubin d'Angers. L'édition de Sirmond a été reproduite au tome III

---

1. Ce manuscrit, qui provient de Baluze, est décrit dans le *Catalogus codicum manuscriptorum Bibliothecae regiae*, t. III (1744), p. 517.

2. Les deux éditeurs, Baluze et Sirmond, donnent, comme le manuscrit, la mauvaise graphie *Mons Mortiaci* pour *Mons Morentiaci*, la forme *Meledunum* pour *Meledunum* ; la mauvaise lecture de Sirmond *Salmacium de Permina* pour *Salmacium tunc pincernam* (p. 242) s'explique assez bien si l'on examine le passage correspondant du ms. lat. 3839 A ; Baluze donne, comme le manuscrit, dans la phrase *mandavit comiti .. emendaturum* (p. 242) un *quod* tout à fait parasite. Les deux éditeurs ont lu (p. 243) *Guenoricum* au lieu de *Guenort ubi*. L'omission de quelques mots isolés (par exemple *Arquolosium tunc senescallum*, p. 242), par Sirmond ou par Baluze, l'adjonction, dans le texte de Baluze, du mot *Roberti* avant *regis* dans la phrase *Nequitia... congregavit* (p. 240), du mot *prorumpunt* avant *per medium exercitum* (p. 240) ne paraissent pas des éléments suffisants pour autoriser l'hypothèse d'une tradition manuscrite distincte du ms. lat. 3839 A, dont le manuscrit de Saint-Aubin, utilisé par les deux éditeurs du xviie siècle, devait être une copie, si ce n'était ce manuscrit même.

3. *Goffridi abbatis Vindocinensis... epistolae, opuscula, sermones.* Paris, 1610, in-8°, Notae, p. 98-103.

de ses *Œuvres* [1], dans la *Bibliotheca maxima patrum* (t. XXI, p. 116), dans les *Historiae Francorum scriptores* d'A. Duchesne (t. IV, p. 328-330) et dans Migne (*Patrologia latina*, t. CLXIII, col. 1033-1038). Baluze, entre temps, avait réimprimé le traité de Hugue de Clefs, en 1680, dans ses *Miscellanea* (t. IV, p. 479; éd. Mansi, t. I, p. 148), après avoir collationné à nouveau le manuscrit de Saint-Aubin. Les deux textes de Sirmond et de Baluze ont été combinés dans le *Recueil des historiens de la France* (t. XII, p. 492-495), qui reproduit l'édition de Sirmond en indiquant à la marge les leçons adoptées par Baluze. Marchegay et Salmon ont joint le *De senescalcia* aux *Chroniques des comtes d'Anjou* (p. 387-391). Leur édition a été établie, comme les précédentes, d'après le manuscrit latin 3839 A, qui a également servi de base à celle que l'on trouvera plus loin [2].

III

Parmi les témoignages que le compilateur des *Gesta consulum Andegavorum* invoque pour l'histoire des premiers comtes d'Anjou figure celui des *antiquos genealogiae illorum relatores* [3]. Nous avons dit précédemment (p. XXXII) que ces généalogies auxquelles le chroniqueur avait puisé semblaient perdues. En revanche, nous en avons conservé plusieurs autres dans deux manuscrits copiés à l'abbaye de Saint-Aubin d'Angers.

---

1. *Sirmondi opera*, t. III, p. 579.
2. Ajoutons que le début du *De senescalcia* a été inséré dans les *Monumenta Germaniae, Scriptores*, t. XXVI, p. 90, d'après l'édition Marchegay et Salmon, et que la seconde partie a été réimprimée, d'après cette même édition, dans le récent travail de M. Buchner, *Die Entstehung der Erzämter und ihre Beziehung zum Werden des Kurkollegs mit Beiträgen zur Entstehungsgeschichte des Pairkollegs in Frankreich* (Paderborn, 1911, in-8°), p. 275-277. Nous jugeons d'ailleurs inutile de discuter ici les nombreuses conjectures fantaisistes dont M. Buchner s'est plu à entourer le texte. Cf. *Revue historique*, t. CXII (1913), p. 335-337.
3. Ci-dessous, p. 27.

Cinq d'entre elles [1] ont été transcrites, à la fin du xi⁰ siècle ou au début du xii⁰, au folio 65 du manuscrit latin 1283 du fonds de la reine Christine, à la Bibliothèque du Vatican. Ce manuscrit est formé de la réunion de fragments très divers par leur date et leur provenance ; mais au bas du folio 65 v⁰, on lit les mots à demi effacés ... *bini confessoris dñi*, qui constituent évidemment la fin d'une mention relative à Saint-Aubin. Les noms des derniers personnages relevés dans ces généalogies et ce fait que Foulque le Réchin et une fille de Guillaume le Conquérant y sont qualifiés de *presentes* suffisent à indiquer la date approximative à laquelle elles ont été achevées : elles sont antérieures à 1109.

Deux autres généalogies se trouvent jointes dans plusieurs manuscrits aux Annales de Saint-Aubin d'Angers [2]. L'une d'elles s'arrête à Geoffroi Martel, comte de 1040 à 1060 ; le manuscrit le plus ancien qui la renferme n'a pas été copié avant le milieu du xii⁰ siècle [3]. La seconde généalogie a été transcrite dans le dernier quart du xii⁰ siècle [4] en marge du manuscrit latin 711 B du fonds de la reine Christine, à la Bibliothèque du Vatican, folio 4 v⁰. Elle a dû être composée aux environs de 1160, car elle mentionne les trois fils aînés de Henri II Plantegenêt (nés en 1155, 1157 et 1158) mais ne nomme pas le quatrième, Jean Sans-Terre (né en 1166).

Étant donné l'époque à laquelle ils ont achevé leur travail, on ne s'étonnera pas que les généalogistes angevins

---

1. Elles ont été étudiées et publiées avec une généalogie des comtes bretons, par R. Poupardin, *Généalogies angevines du XI⁰ siècle* (*Mélanges d'archéologie et d'histoire* de l'Ecole française de Rome, t. XX, 1900, p. 199-208). La cinquième avait déjà été éditée par Ménage, *Histoire de Sablé* (Paris, 1683, in-fol.), p. 340, d'après une copie de Peiresc.

2. Elles ont déjà été publiées dans L. Halphen, *Recueil d'annales angevines et vendômoises*, p. 49.

3. Bibl. du Vatican, ms. lat. 609 du fonds de la reine Christine, folio 22 r⁰ (Cf. L. Halphen, *Recueil* cité, p. xii). D'après ce manuscrit elle a été reproduite dans le ms. lat. 711ᴮ du fonds de la reine Christine, à la Bibl. du Vatican, folio 4 v⁰, et dans le ms. 827 (ancien 743) de la Bibl. d'Angers, p. 18 (cf. *Recueil* cité, p. vii et x).

4. Cf. L. Halphen, *Recueil*, cité, p. x.

aient laissé échapper quelques erreurs dans les parties de leurs tableaux qui sont relatives au xe siècle et qui concernent des maisons féodales étrangères à l'Anjou. C'est ainsi que, d'après les historiens les plus récents[1] et contrairement aux généalogies n°s II et VI, Adèle ou Adélaïde de Vermandois, qui épousa Geoffroi Grisegonelle et fut la mère de Foulque Nerra, était la sœur et non la fille du comte de Troyes Robert et qu'ils avaient tous deux, ainsi que Liégeard, Herbert II de Troyes comme frère et non comme père[2]. C'est ainsi encore qu'au n° V il faut intervertir les titres attribués à Liétaud et à son frère Humbert, Liétaud ayant certainement été comte de Mâcon[3]. Il est possible aussi que la mention d'un Dreu ou Drogon parmi les enfants de Foulque le Bon, soit le résultat d'une confusion[4]. Mais, dans l'ensemble, ces généalogies sont dignes de confiance et constituent par leur exactitude des documents de premier ordre.

1. Voir F. Lot, *Etudes sur le règne de Hugues Capet et la fin du Xe siècle*, p. 397-413.
2. S'il en est bien ainsi, il faut rectifier comme suit la filiation donnée par les généalogistes angevins :

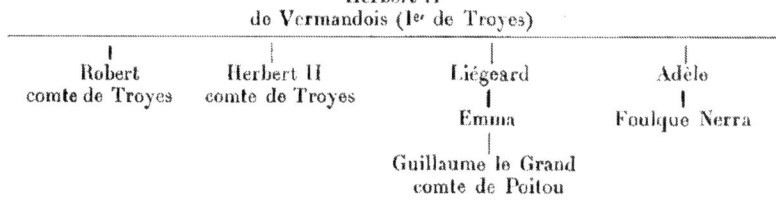

3. Voir R. Poupardin, *Le royaume de Bourgogne (888-1038)*, p. 216.
4. Voir L. Halphen, *Le comté d'Anjou au XIe siècle*, p. 5, n. 1.

PREMIÈRE PARTIE

CHRONIQUES DES COMTES D'ANJOU
ET DES SEIGNEURS D'AMBOISE

Texte du manuscrit latin 6218 de la Bibliothèque nationale

LIBER

DE COMPOSITIONE CASTRI AMBAZIAE

ET IPSIUS DOMINORUM GESTA

Sepenumero[1] *postulavisti ut* Ambaziensium dominorum progenies *litteris tibi significaretur,* quo tempore, a quibus consulibus in hac terra virtute meritorum suscepti sunt. *Pareo libens.* Sed, antequam istud adgrediar, de compositione Ambaziaci oppidi ea que quibusdam scriptis reperi et que Gesta testantur breviter aperiam.

Julius Cesar ad Gallias subjugandas festinans, Alpibus transgressis. Allobroges eum pacifice susceperunt. Que vero nunc Moriana et [a] regio omnis ab Alpibus usque ad Ararim fluvium antiquitus Allobrogia vocabatur; que etiam jam Romanis tributaria erat. Veniens itaque Cesar ad urbem Lugdunensem, sitam ubi Arar a Rodano rapitur, Sceva Viennensi principe fideli amicitia sibi federato, cujus consilio et prudentia Rodanusa gens ei subjecta fuit, inde usque ad ripas Ligeris velociter descendit. Eo siquidem tempore, nulla aut pernimium pauca oppida inveniebantur : sole enim urbes

a) et *om. A.*

---

1. Les mots imprimés en italique sont empruntés à Sidoine Apollinaire, *Epist.*, I, 2.

turribus et muris munite erant. Qui se de genere Romanorum esse jactant Arverni, teste Lucano, qui ait [1] :

Arverni Latiis ausi se fingere fratres [a],

urbem suam seque ipsos Cesari tradiderunt. Nivernensi urbe capta, Cesar secus ripas Ligeris equitans in quodam monte oppidum firmavit ibique simulacra omnium idolorum suorum, que secum gerebat, posuit; quod oppidum Romani Sacrum Cesaris [2] vocaverunt. Post hec, relicta urbe Biturica, quam maximo labore acquisierat, Turonicas partes aggreditur. Audiens autem Turonicam urbem turribus, muris et aliis machinis clausam frequentiaque occidentalium gentium valde munitam, xii^{mo} milliario a civitate illa, in fine cujusdam montis, castra posuit. Cum vero hiems proximus adesset, considerans locum ad muniendum aptissimum, ubi et exercitus secure hyemare posset, fossatum a fluvio Ligeris usque ad fluviolum, qui ab indigenis illorum locorum Amatissa nuncupatur, fecit.

Liger a septentrionali parte montis preterluit; Amatissa vero, a meridie *montem* [3] *perpetuo lambens*, duplici parte oppidum interluit; *ab occiduo Ligerim intrans, nomen suum amittit. Cujus ripe nemoribus vestiebantur; et in concavis arundinibus concentus* [b] *avium dulce resonans, et in scirpis enodibus nidorum strues tunc fructificaverat. Sane licet a principio sui pa-*

a) Les mots teste Lucano..... fingere fratres, *omis par A, ont été ajoutés en interligne par A'.* — b) conventus *A ; corrigez* concentus.

1. Lucain, *Pharsalia*, I, 427 :

   Arvernique ausi Latio se fingere fratres.

2. Ce nom désigne Sancerre. Dès le milieu du xiie siècle, les comtes de Sancerre firent frapper des monnaies avec la légende JULIUS CESAR, SACRUM CESARIS, et représentant la tête de César derrière laquelle on remarque la comète qui annonça la mort du dictateur. Voir Poey d'Avant, *Monnaies féodales*, t. I, p. 284, et Daniel Mater, *Etudes sur la numismatique du Berry: Sancerre*, dans les *Mémoires de la Société des Antiquaires du centre*, t. XV, 1888, p. 225.

3. Les mots imprimés en italique sont empruntés à la *Narratio de commendatione Turonicae provinciae*, éd. Salmon, *Recueil de chroniques de Touraine*, p. 294. Cette *Narratio* est inspirée elle-même d'une page de Sidoine Apollinaire, *Epist.*, II, 2.

lustri solo et pinguedine bibuli limi algosisque littoribus coalescat, tamen, quia *algidis fontibus eum utraque ripa ambientibus stipatur, ab incolis sepe inter frutices philomenam diluculo sibilantem audientibus et cicadas meridie concrepantes, quod volupe est auribus insonare, ranasque crepusculo incumbente blaterantes diligenter habitatur.* Is quidem ab amenitate et amore locorum nomen accepit.

In eminentiori parte montis, loco qui Mons Rotundus usque hodie vocatur, Cesar domum ligneam magno artificio construxit; juxta quam aulam lapideam conditor admovit; extra quam *conclave*[1] solidum, *in cono cacuminato crypticis arcubus calcabili silice crustatum, usui* hominum *fabrefactum; sepe ignis,* subtus in *arcuatili*[a] *camino animatus et succensus, nudos intus sudare compellit.* Molem vero ibi, in modum turris, lapidibus politissimis edificavit; desuper vero Martis simulachrum mire magnitudinis posuit; super illud idolum thronum *levigati*[2] *cementi* conditor admovit. In *facie parietum depingitur quomodo* Friges a Grecis, Numide a Romanis, Sparciate ab Alexandro devicti sint; *que*[3] *historia sicut artem ornat, sic artificem venustat. Balneum a meridie ultra* predictum *fluviolum quadrat, in quo aqua, a fontibus* Amatisse *sumpta, per parietem foraminatum flexilis plumbi meatibus implicita singultat. Ibi cedua silva per jugum truncatur et in ora fornacis lapsu velut spontaneo impingitur.* Pontem[4] etiam ligneum *magne latitudinis et firmitatis ad transeundum* Ligeris *alveum fabricavit. Ibique amena planities* erat, *que rupta innumeros quoque cumulos, congestis fructibus, sepe in horrea dabat. Ubi et pinguis pastor densum pecus, gravibus uberibus in mulctra, per olida antra caularum includebat. Fluvius a septentrione abluit*

a) arcuali *A* ; *corr.* arcuatili.

1. Les mots imprimés en italique sont empruntés à Sidoine Apollinaire, *Epist.*, I, 5, § 3, et II, 2, § 4, 5, 11.
2. *Ibid.*, II, 2, § 5.
3. *Ibid.*, II, 2, § 6.
4. *Narr. de commendatione Turonicae provinciae*, éd. Salmon, *Recueil de chroniques de Touraine*, p. 294.

*ipsamque planitiem insulam facit; qui amenitate pratorum et pascuis uberrimis jocund*us, *armentalem copiam taurosque reboantes*[a] *nutrit.* Is sane circa principia sui in ripis voraginosus et limosus, in medio vero arenosus, *limique*[b] *bibuli pinguedo*[1] potantium labra desiccat; et quamvis vada habeat commoda, tamen ariditate sui vadantium decoquit crura, et cum tarde fluat, invectus alteri fluvio, non longe ab urbe Turonica Ligeris alveum intrat. Qui licet *pictus*[2] *in pratis, pecorosus in pascuis, in pastoribus peculios*us sit, tamen est humane nature prorsus contrarius; et cum ejus unda glareosa plus sitim at[t]rahat quam depellat, incole locorum ab effectu Sicciam nuncupaverunt. Super hunc Cesar, cum non esset navigabilis, pontem pervium extendit, ut ad copiam nemorum, que ultra ipsum erat, populus libere pergeret. *Hujus*[3] *arundinosus frutex frequenter lemborum superlabentium ponderibus inflexus perfunditur, cum piscatores rapacissimi plumbata retia raro herbosis littoribus extendunt, ipsique hamati nocturnis excursibus piscibus insidias conficiunt; in hoc piscis pisce decipitur. Cujus paludosa amaritudo, ulvarum salicumque glaucarum viriditate fota, sepe piscibus pauperatur.*

Nempe in latere montis qui fluvio adjacet, lapidea fenilia ad equos regios nutriendos Cesar construxit. Quoniam vero ibi nemorum permaxima copia erat, naves Ligeris alveo habiles ibidem fabricare precepit, quibus militum sarcina et necessaria suo exercitu in Andegaviam et Armoricam regionem deferret, que nunc Britannia, olim Armorica Gallia vocabatur. Villam etiam ad manendum fabricatores navium et equorum aptatores composuit, quam Romani Navicellas, quasi cellam et habitaculum navium, nominaverunt. Lucum etiam maximum, qui ab aquilone villam claudit, Aquilonarium dixerunt; et tam villa quam lucus usque hodie nomen suum retinent. *Cum*[4] *autem Liger crescens prata planitiemque tegit, concentum septi-*

---

a) roboentes A, roboantes A'; corr. reboantes. — b) que om. A.

---

1. Sidoine Apollinaire, *Epist.*, II, 2, § 16.
2. *Narr. de commend. Turonicae provinciae*, éd. cit., p. 294.
3. *Ibid.*, p. 295.
4. *Ibid.*, p. 295.

foris fistule armentalemque camenam, quam sepe Tityri illorum montium nocturnis carminum certaminibus insonnes exercent, inter greges tintinnabulatos, per depasta buxeta reboantes, audire in Aquilonario *nemore placebit.*

Igitur navibus alveo Ligeris impositis, exercitus Cesaris, estate inchoante, ab Ambaquis recedens, Andegaviam Armoricamque adgressus est regionem, urbe Turonica et Cenomannica, partim federe, partim metu, adquisita. Singulis annis Julius Cesar estate equitabat, hieme vero Ambaquis hiemabat : unde scripta pluribus locis hiemalia Cesaris Ambaquis esse testantur.

Dum Cesar in inferioribus Aquitanie partibus circa Occeanum mare moraretur, Dunicius[1], unus e ducibus Germanie, qui Sequane genti preerat, vir magnus, Romanis infestus, cum copioso exercitu in finibus Germanie manens, Cenomannicam, Turonicam, Neustriam, que nunc Normannia dicitur, sepe impugnabat ; qui oppidum, a suo nomine Castrum Duni nominatum, construxit. Omnis terra a fluvio Ligeris usque Coloniam olim Germania vocabatur, que nunc in Franciam, Flandriam, Burgundiam, Lotoringiam dividitur. In diebus illis Cocta[2], vir tribunicie potestatis, relictus a Cesare ut gentes subactas tueretur, qui Biturie, Nivernie Alvernieque genti sub Cesare principabatur, inter Sicciam et nemora, prope planitiem que vulgo Belsia dicitur, castra fixit. Germani, ut erant edocti, insidiis [a] clandestinis competenter in nemore locatis, qualiter Coctinianis nocere potuissent machinati sunt. Primo diluculo ordinatis agminibus suis, in hostes audacter procedunt et animosi, occlamantes, certamen ineunt, validissimos incursus faciunt girantesque eos circumvallare nituntur, gladiis ipsos conantur sternere ; tandem multis pereuntibus, alios in fugam vertunt. Si qui potuerunt in silvis latitare sive effugere, viventes evasere ; alii lethali sorte occubuere. Plurimi cum suo Cocta evaserunt, et Ambaquis redierunt ; et hii, quia Martem iratum

a) insidiis *om. A.*

---

1. Le *Dumnorix* des Commentaires de César.
2. Le *Cotta* des Commentaires de César.

sustinuerunt, a bile et Marte, nemus Blimartium nominaverunt.

Occurrunt sui *a* Cesari cum victoria revertenti, de ipsius sospitate et prosperitate congratulantur et que Cocte successerunt referunt. Cesar, ut erat dissimulator maximus, se iratum dissimulat iramque in tempus reservat plurimaque minatur ; nam quamvis fortuna Cesari nimis faveret, tamen in partes ejus sepe *b* aliquid ausa est. Subjugata enim Germania, Frisones ipsum super Rhenum fluvium fugaverunt, teste Lucano [1], qui ait :

Dant animos Rheni gelidis quos fugit ab undis.

Narrant etiam Gesta quod Cesar, preparata pulcherrima classe, in Britanniam, que nunc Anglia vocatur, applicuit. Volens ergo urbem Trinovantum, que nunc Londonia dicitur, obsidere, naves honerarias in portu maris relinquens, triremes et rostratas per Thamisin fluvium ducens, super palos plu[m]batos a Britonibus fixos navigium ejus submergitur. Ipse vero cum reliquis navigando Neustriam fugit, unde Lucanus [2] :

Oceanumque vocans incerti stagna profundi,
Territa quesitis ostendit terga Britannis.

Plurime Gallorum urbes, et maxime Edua et Nivernis, tunc in Cesarem insurgunt predictumque Coctam occidunt. Unde idem auctor [3] :

... Nimiumque rebellis
Nervius, et cesi pollutus sanguine Cocte.

Oppidum Ambaquis a Julio Cesare, qui quinque annis post obitum Pompeii regnavit, Romani usque ad Diocletianum tenuerunt. Legimus Vespasianum *c* in Gallias usque Ambaquis descendisse habitoque concilio principes Gallorum inter

---

a) sui *om*. A. — b) sepe *om*. A. — c) Vaspasianum A ; *corr*. Vespasianum.

---

1. Lucain, *Pharsalia*, II, 570 :
   ... Dant animos ? Rheni gelidis quod fugit ab undis...
2. *Ibid.*, II, 571-572.
3. *Ibid.*, I, 428-429.

se discordantes concordasse et secundo anno Romam rediisse.

Tempore illo quo Diocletianus in christianos seviit, Baugaredi, cum ducibus suis Heliano et Amando, Romanum imperium a Gallia cupientes expellere, Ambaquis cum magno exercitu veniunt. Qui, civibus Turonicis sibi adjuvando consentientibus, Romanis qui ibi erant partim occisis, partim fugatis, illud castellum totum, excepto idolo Martis et ponte Ligeris, funditus deleverunt; rusticos tamen in valle circa Ligerim et Amatissam habitare permiserunt. Hi vero, cum desuper manere non auderent, perforato monte, cavatis rupibus habitantes, vicum magnum constituerunt. Baugaredi lingua sua, nomine prevaricato, non amplius Ambaquis, sed Ambaziam sive Ambazium vocari deinceps jusserunt. Sic Ambazium vicus usque ad tempus Valentis fuit.

Eo tempore vir quidam, Constantinus nomine, filius Constantii senatoris, ortus ex concubina, adjunctus est Baugaredis et rex citerioris Hispanie effectus, sedem regni sui Massiliam et Barcinocam constituit. Iste tenuit terram a monte Jani usque ad montes qui dividunt Hyspaniam ab Aquitania, Vasconiam totam usque Garonam; reliquam a Garona usque Lugdunum Baugaredi tenuerunt. Diocletianus contra istos Maximianum Herculum misit, qui Tebeam legionem in itinere peremit. Qui quidem, usu militie bellis aptus, tamen specialis ydolorum cultor, ferus animo, avaritia crudelis, libi[di]ni deditus, imperium polluerat. Is, dispositis insidiis, [a] genero suo Constantino apud Massiliam captus et strangulatus[a], impiam vitam digna morte finivit. Hujus dolum filia sua Fausta Constantino marito suo detexit; cujus etiam mortem beata Lucia, jam a Vespasiano gladio percussa, in Sicilia predixit his verbis: « Annuntio vobis pacem ecclesie datam, Diocletiano de regno suo ejecto et Maximiano mortuo. » Iste vero post Valerium, qui duobus annis regnavit, imperator effectus, cum Gallias circuiret, Turonensibus jussit ut omnes lapides Ambazii edificii ad muros suos reficiendos per Ligerim deferrent. Volebat namque Baugaredis placere, quos secum Romam duxit; qui Maxentium [b], filium Maximiani Herculi, bello victum occiderunt.

a) transgulatus *A; corr.* strangulatus. — *b)* Mauxentium *A; corr.* Maxentium.

Baugaredis pacificatis, iterum Gallia diu Romanis subjecta fuit. Regnantibus simul Valente et Valentiniano et Gratiano, imperio Romano valde turbato, Maximus, a Germanis rex effectus, sedem regni sui Treveris constituens, Gratianum, Ambianis coronatum, fugans Alpes transire coegit. Hic vero Avicianum, virum animo ferum, Turonis et aliis vicinis urbibus comitem constituens, Ambazium vicum ei tribuit. Qui in fine montis super rupem ponti eminentem aulam suam constituit. Restringens igitur oppidum, duas motas, unam a meridie, alteram ab aquilone, erexit et maximum fos[s]atum ab una usque ad aliam fecit : sciebat enim magnum oppidum Cesaris sua plebe impleri non posse.

In diebus illis beatus Martinus Ambaziacum, adhuc gentilitatis errori subjectum, ad fidem Christi convertit ; Marcello presbytero ibidem constituto ut Martem destrueret precepit. Iterum cum diu post diocesim visitaret idolumque integrum reperiret, in ecclesia ante palatium Aviciani orans, concusso monte, orta tempestate, ydolum cum edificio in pulverem redegit, quod in libro miraculorum ejus legitur ita : *In Ambaziensi vico, in veteri castello* [1]... Vetus Castellum dicitur a loco qui Porta Lupe modo vocatur usque ad motas Aviciani, quod Novum Castellum nuncupatur.

Refert etiam fama juxta hoc oppidum templum antiquum fuisse et pinum Diane dedicatam, quam antistes loci et multitudo rusticorum in loco qui nunc dicitur Verruia degentium, cum eam vir sanctus excidere vellet, succidi non patiebantur. Quod miraculum cum in eodem libro [2] legatur scriptorque nomen loci non referat, tamen antiquitas hoc ibidem fuisse affirmat.

Maxime tempore illo Romanum imperium turbatum Gesta referunt ; nec mirum, namque hoc exigebant delicta illorum qui occidendo martyres sevierunt. Imperatores etiam eorum ariani et ab Eudoxio, arianorum episcopo, baptizati erant maximeque Auxentio, principi illius secte, favebant, cum Damasus papa catholicus, Martinus atque Ambrosius eos sepe

---

1. Sulpice Sévère, *Dialog.*, III, 8.
2. Sulpice Sévère, *Vita S. Martini*, XIII.

corrigerent. Ideo Athanaricus *a* rex Gothorum Valentem in Traciam devicit et fugavit, Traciam, Illiricum, Dalmatiam Venetiamque, Romanis ablatam, obtinuit. Scriptum est et verum est : *Non enim qui operantur iniquitatem in viis Dei ambulaverunt* [1]. Permisit Deus multis modis flagellari Romanum imperium, quia in iniquitatibus patrum suorum ipsi impii diu manserunt.

Quidam juvenis de Britannia [2], Mauricius nomine, Treveris ad Maximum venit; cujus monitu et consilio Maximus in Britanniam navigavit unicamque filiam Caredocti regis Britannie cum regno uxorem duxit. Caredoctus nimis senuerat, regnumque ejus Conanus nepos ipsius, filius ducis Cornubie, gubernabat. Quem Maximus, timens ne regnum sibi turbaret, cum multis Britonibus secum adduxit Armoricamque Galliam ipsi donavit. Hic post se infinitas copias Britonum nobilium ignobilium[que] cum parvulis et mulieribus venire fecit. Itaque Armoricam totam usque Redonis *b* et Nannetis, expulsis indigenis locorum, suis Britonibus replevit. Sic illam provinciam Romani amiserunt *c*.

CRONICA DE ARTURO. — Anno XLVII[mo] post hec Arturus Magnus rex Britannie cum magno exercitu Neustrie appulit, adjunctisque sibi Armoricis Britonibus, Parisius obsedit, Fullonem Romanum ducem singulari duello devictum *d* occidit. Quo peracto, indigene locorum, jugum Romanorum odientes, sponte Arturo regi liberalissimo et piissimo subjecti effecti sunt. Superiores partes Germanie usque Cameracum et Turnacum Clodius rex Francorum tempore illo tenebat, qui et Arturi amicissimus sponte factus est. Reges insularum sibi subjectarum, Ibernie, Illandie *e*, Gotlandie, Dacie, et totius Britannie duces et proceres Flandrie, Burgundie, Aquitanie principes

---

a) Arthanarus A ; *corr.* Athanaricus. — *b)* Rodonis A. — *c) Les derniers mots du chapitre depuis* locorum *ont été récrits par A' sur un grattage.* — *d)* devictum om. A. — *e) Lisez* Irlandie.

---

1. *Psalm.* CXVIII, 3.
2. A partir d'ici et jusqu'aux mots : « a Britonibus adhuc vivere putatur » (p. 11), l'auteur résume l'*Historia Britonum* de Gaufrey de Monmouth, l. V, ch. IX-XIV, éd. Giles (London, 1844, in-8º), p. 84-91 ; l. IX, ch. XI-XIV, p. 167-174 ; l. X, p. 180-200 ; l. XI, ch. I-II, p. 200-203.

congregati Parisius ad curiam ejus venerunt eumque ibi coronaverunt. Qui larga munera dedit ecclesiisque munificus fuit. Comitia etiam hoc modo divisit : Oldino signifero suo Flandriam dedit, Beduero pincerne Neustriam, Cheudoni dapifero Andegaviam et Turoniam, Golfario ensifero Pictaviam et Bituricam provinciam concessit. Cheudon, comes Andegavis, oppidum, quod ex suo nomine Cheudonem dixit, in Turonia construxit, quod nomen diu post lingua Francorum prevaricatum Kainon nunc dicitur. Iste cuidam consobrino suo nomine Billeio Ambaziacum tribuit, qui Faustam, Aviciani neptam, ex filia sua Placida nomine [a] ortam, uxorem duxit. Hic vicum qui Bliriacus dicitur fecit uxorique sue dotem esse constituit. Golfarius [b] et Cheudo, qui se nimis diligebant, nemoribus causa venandi in confinio Bituricum et Turonorum vico Claudiomacho convenerunt; qui lucum, qui a nomine Cheudonis usque hodie Cheudon vocatur, Billeio, Ambazie domino, terramque usque ad rivum qui Andresius dicitur tribuerunt.

Theodosius, nepos Honorii [c], qui Orientalibus preerat, fere omnes ultramarinos reges congregans, ad Honorium cum magno exercitu terra et mari tertio anno rediit, qui infirmus Bizantio remansit. Honorius vero Lucium consulem, virum magni nominis, maximo exercitu illo sibi tradito, contra Arcturum misit. Qui, Alpibus transgressis, cum Arcturo prope Augustodunum circa nemorosa loca dimicans, multis regibus a Britonibus perem[p]tis, ipse victus interiit. Arcturus tamen impetu et stultitia Galgani nepotis sui multos ex suis amisit ; nam Galganus ipse, Oldinus, Beduerus, Cheudo multique alii interiere. Billeius corpus Cheudonis advexit et in loco religiosorum qui Regula dicitur juxta Kainonem sepelivit.

Qui [d] de Arcturo amplius scire voluerit, Historiam Britonum[1] legat, invenietque quod, cum Romam vellet ire, Arcturum

---

a) Placida nomine om. A. — b) Golferius A. — c) Onorii A. — d) *Comme les précédents éditeurs nous publions ici cet alinéa placé dans le manuscrit à la suite des mots* a deceptione Blesim vocavit (*ci-dessous, p. 11, note c.*)

---

1. Ces mots désignent l'ouvrage de Gaufrey de Monmouth ou un résumé de cet ouvrage qui, nous l'avons déjà dit (voir p. 9, n. 2), a été sous les yeux du chroniqueur.

audisse Morvandum nepotem suum, regem Britannie factum, uxorem suam nupsisse. Arcturus vero, relicto magno apparatu causa eundi Romam facto, in Britanniam navigavit, Morvandum in Cornubia pugnando superatum occidit, ipse vero graviter vulneratus in insula Avallonis quodam nemore obiit ; et quia sepulcro digno*a* tanti regis caruit, a Britonibus adhuc vivere putatur.

DE BLESI CRONICA. — Ivomadus quidam juvenis de Britannia, secum habens mille viros, a prelio cum Bosone Carnotensi consule rediens, locum in comitatu suo ubi remaneret petiit. Qui blandis blesisque sermonibus eum decipiens, locum super ripas Ligeris ad libitum impetravit, ubi non villam sed oppidum firmissimum, ne a Bosone vel alio eriperetur, erexit. Quod cum diu post Boso aspiceret, iratus ait : « Hoc tibi non concessissem si verbum sapientis patris filio dictum memoriter retinuissem*b* :

> *Sermones blandos blesosque vitare memento :*
> *Simplicitas veri fama est, fraus ficta loquendi* [1].

Ivomadus, iram ejus mitigans, supplicando obtestandoque castrum optulit ; sed Boso, ut erat benignus, hominium cum jurejurando ab eo suscipiens, castellum illud concessit et a deceptione Blesim vocavit*c*.

Sub eodem fere tempore Alaricus rex Gothorum Romam obtinuit ; Honorium ab Italia expellens, Constantinopolim fugere coegit. Ex hinc Cesares fere omnes Constantinopolim transiere. Regnante Marciano, Theodoricus, Rome a Gothis post Alaricum imperator factus, qui Boetium Papie incarceravit, Alpes transiens, Burgundiam, Aquitaniam, Hispaniam possedit. Qui duobus filiis Tursomodo Lotchio et Alarico regnum divisit : Alaricus Hispaniam habuit, Tursomodus Lotchius cetera omnia Romamque solus obtinuit. Tursomodus

---

a) indigno *A* ; corr. digno. — b) tenuissem *A*. — c) *C'est en cet endroit que A donne le passage* Qui de Arturo (*supra*, p. 10-11).

---

1. Caton, *Disticha*, III, 4, éd. Baehrens, *Poetae latini minores* (coll. Teubner), t. III, p. 227.

Lotchius oppidum Lotchas a suo cognomine dictum super Endriam fluvium statuit.

Per idem tempus duo Lupe filii, Ambazie domini, Tursomodo servire nolebant, confisi in auxilio Merovechi regis Francorum, qui Tursomodum in Burgundia a Disbarcho oppido sepe impugnabat. Supradictus Billcius ex uxore sua Fausta Lupam genuit; que mulier prudentissima fuit, quam Eudoxius viceconsul Turonensis uxorem duxit, que ipsi duos filios peperit. Lupa, viro suo mortuo, filiis Ambazium reliquit; ipsa sibi in Veteri Castello domum fecit super rupem, que a nomine suo adhuc Porta Lupe dicitur. Ista mulier sapiens, solitariam vitam cupiens, in proprio luco, juxta Andresii rivum, villam que Villa Lupe dicitur fecit virosque religiosos ibidem posuit, qui ecclesiam in honore Salvatoris edificaverunt; que ad portam in[a] introitu ecclesie duos filios suos ante se mortuos sepelivit.

Eo autem tempore Huni atrocissimi, Rhenum transnavigantes, usque[b] Treveris omnia vastant, Mettis urbem succendunt. Timore tamen[c] Francorum velociter transeuntes, Burgundiam totam vastantes, Aurelianis descendunt, quibus Egidius, patricius Romanorum, dux Parisiorum, et Tursomodus rex Gothorum obviaverunt. Ibi, orante sancto Aniano, orta tempestate lapidum, Huni cum Athalano rege suo omnino demoliti sunt. Merovechus Tursomodum Gothum in Burgundia devictum fugere usque Viennam coegit ibique obiit. Alaricus frater ejus, ab Hispania rediens, regnum ipsius arripuit. Veniens itaque ad Lochas, castrum a fratre suo olim compositum, prope monasterium situm in secessu montis super Angerem fluvium, ubi multi religiosi, Urso abbate, degebant, illud oppidum cuidam proximo et amico suo nomine Silario tribuit. Silarius, Lupe et Ambaziensibus multa mala ingerens per se et per Alaricum, oppidum tamen Ambaz[i]um[d] nullo modo habere potuit. Iste vir crudelissimus cenobium Angeris, cui preerat Urso[e] abbas, pene delevit. Qui legitur abbati molinum suum vi abstulisse, sed divino nutu molinum Silarii scimus[f] maxima

---

a) in *om.* A. — b) usque *om.* A. — c) tamen *om.* A. — d) Ambazium *om.* A. — e) Urso A, Ursus A'. — f) scimus *om.* A.

voragine submersum fuisse. Fluvius iste ab antiquis Anger, a modernis Endria vocatur.

De Clodoveo. — Merovechus genuit Childericum, virum pulcrum et probum, sed luxuriosum nimiaque libidine preoccupatum, qui filias Francorum vi opprimens et deludens, expulsus a regno, ad Bissinum ducem fugit. Bissinus iste terram suam super Sunnam fluvium, qui alio nomine Arar dicitur, a Tullo usque Lugdunum possidebat. Basina vero, uxor Bissini, Childericum ardenter sed tamen *a* latenter amavit. Franci Egidium ducem Romanum regem eligunt, quem Franci, quia more Romanorum cupidus et avarus erat, non diu sustinuerunt, sed consilio Guidomari ipsum a regno privaverunt. Guidomarus, Childerici consiliarius, misso sibi nuntio, redire fecit. Recepto igitur regno, cum Egidio inter Laudunum Clavatum et Remis pugnans, multis copiis Romanorum cesis, Egidius fugiens Suessionis evasit, Childericus vero tunc Laudunum Remisque recepit. Post hec Basina, uxor Bissini ducis, viro suo relicto, ad Childericum *b* venit, qui eam consilio Francorum uxorem duxit; nempe Franci illam sapientissimam comperientes, monente Guidomaro, quamvis christiana esset, tamen regi suo consenserunt. Bissino non diu post mortuo, Childericus terram suam, que uxori sue hereditario jure contingebat, suscepit. Ex ea Childericus Clodoveum magnum regem Francorum genuit.

Mortuo Egidio, Siagrius filius ejus a Romanis et Gothis Suessionis in regem elevatur. Childericus eum in valle Suessionis pugnando devicit, urbeque sibi reddita, Siagrius ad Alaricum fugit. Rex vero Parisiacum terramque totam usque Aurelianis recepit. Dum Aurelianis moraretur, a fugitivis sibi relatum est quod Adovagrius, filius ducis Saxonie, cum multis navibus, relicto mari, Ligerim intrans et ascendendo terram fluvio adjacentem vastans, usque Andegavis venit eamque obsedit. Igitur rex, congregato magno exercitu, ad succursum urbis illius monitu fugitivorum descendit. Cui Lupa Ambazie domina obviam venit; qui etiam illi, quia Gothis inimicis suis infesta erat, multa bona promisit. Urbem Turonicam, con-

---

a) tamen *om. A.* — *b)* Chilpericum *A; corr.* Childericum.

silio Basine uxoris sue et propter miracula que ad sepulcrum beati Martini fieri frequenter audiebat, licet esset ethnicus[a], pacifice et sine damno civium suscepit. Basina prudentem Lupam secum retinens, flens oransque assidue in ecclesia beati Martini remansit. Saxones, adventum regis comperientes, velociter cum duce suo fugiunt. Ipse vero Andegavis venit, urbem cepit, Paulum Romanum consulem, ibi inventum, suspendit, domum Romanorum que ibi erat destruit, civitatem, pretore ad libitum imposito, munit. Dum rediret Childericus[b], obviam venit ei rex Gothorum Alaricus, et in insula Ambaziensi colloquio adjuncti, federati pacificatique sunt. In planitie vero inter Bliriacum et Andresium uterque populus Gothorum et Francorum jussu[c] regum duos[d] globos terre elevaverunt, quos utriusque regni fines constituerunt. Omnis plana terra a Francis Campania dicitur et in hac duo globi in testimonium federis eminent.

Post hunc surrexit Clodoveus rex magnus, cui Crochildis, filia regis Burgundie, mulier christianissima, de genere Anastasii imperatoris, matrimonio conjuncta est. Huic, dum fleret quia viro gentili conjuncta erat, beatus Remigius ait : « Lacrimas reprime ; credo, secundum apostolum, quod *vir infidelis per mulierem fidelem sanctificatus erit*[1]. » Quodam tempore Frixones, Alemanni, Saxones subito coadunati regnum ejus invadunt. Videns igitur Crochildis eum anxium et pavidum, christianitatem quam assidue ei[e] predicabat opponit ; ille, si victor Christo adjuvante redierit, se fieri christianum promittit. Regina Aurelianum regis consiliarium vocat, monet ut crucem Christi secum deferat, et si viderit adversarios prevalere, signo crucis elevato, regem esse victorem statim affirmet[f]. Ille libens paruit, et cum hostes prevalerent, jussu regine cruce elevata, cum acie sibi tradita occurrit : Alemanni statim perterriti fugiunt. Quo facto, rex victor, cesis hostibus, Christo gratias referens rediit. Regina, accito sancto Remigio, a rege pro-

---

a) etnichus A ; corr. ethnicus. — b) Chilpericus A ; corr. Childericus. — c) visu A. — d) duos om. A. — e) ei om. A. — f) affirmat A ; corr. affirmet.

1. Paul, *I Cor.*, vii, 14.

missa exigit. Remigius et Solemnis, Carnotensis episcopus, regem duasque sorores ejus et cum eis plus quam tria millia virorum baptizaverunt. Rex, ef[f]ectus catholicus, ad Alaricum regem Gothorum nuntios misit, ut sibi Siagrium fugitivum, Egidii Romani filium [a], redderet ; quem sibi timore redditum statim suspendit. Gothi arriani illis diebus fidem catholicam maculaverant, ecclesias Dei polluebant ; quos rex pejores Saracenis autumans, monitu religiosorum, regnum eorum tertio anno post hec invadit, Alaricum prope Pictavim pugnando occidit. Filius ejus Amalricus in Hispaniam fugit. Rex Aquitaniam totam, expulsis hereticis, catholicis clericis in ecclesiis positis, possedit. Lupa, anus ens, absque herede nimis senuerat ; que regem in suo reditu convenit, heredem sue rei facit Ambaziumque tradit. Quod oppidum deinde usque ad Karolum Calvum regum Francorum fuit. Lupa vero in predicta villa sua ad portam ecclesie Salvatoris juxta filios suos in obitu suo sepulta fuit [b].

Qui de genere horum regum amplius scire voluerit, consulat Historiam Francorum, que affirmat Priamum quemdam ducem Trojanum, urbe capta, cum .XII.^{mo} millibus evasisse, qui in solitudinibus Grecie profugi incertis sedibus vagabantur. Annis .XX.[ti] post expulsi a Grecis, vasta loca inter Pannoniam et Meotidas Paludes duce Simonide intraverunt urbemque nomine Sicambriam edificaverunt, a qua dicti Sicambri longo tempore fuerunt ; qui etiam ibi in gentem magnam creverunt. Alani, gens atrocissima, diu postea, devictis Romanis, Greciam Illiricumque vastaverunt. Edictum est a Romanis, si quis ducum aut regum eos ab imperio Romano expelleret, gens illa absque tributo merito suo semper maneret. Sicambri, hec audientes, cesos Alanos omnino deleverunt. Romani attica lingua tunc eos Francos, id est feroces, appellaverunt ; diuque a tributo liberi vixerunt. Valentinianus, tempore suo cum cetere gentes omnes tributa solverent, misit primarium et exactores tributorum, ut a Francis consueta tributa peterent. Franci, qui multis diebus liberi a

---

a) filium om. A. — b) *La phrase* Lupa vero... sepulta fuit, *omise par A, a été ajoutée dans la marge inférieure, avec un signe de renvoi, par* A'.

tributo vixerant, nuntios ejus peremerunt. Valentinianus, ira nimia succensus, Francos delere cupiens, infinitas copias coadunavit. Quod cum audissent Franci, consilio Marchomiris ducis jam senis, Faramundum ipsius filium regem elevaverunt. Itaque Sicambriam relinquentes, loca vasta et nemorosa Theutonice *a* regionis ingredientes lucosque post se succidentes, cum parvulis et mulieribus Romanorum gladios evaserunt. Romani Sicambriam vacuam reperientes, eam funditus deleverunt. Franci per predicta nemora pedetentim descendentes, secundo anno Agripinam urbem, sitam in fine *b* Reni fluminis, ceperant ipsamque captam, Romanis inde expulsis, amplificantes, Coloniam vocaverunt, quam etiam sedem regni sui constituerunt.

Legimus Francos, antequam sibi regem constituissent, hos duces habuisse : Priamum, qui usque in loco ubi Sicambria constructa fuit ipsos adduxit ; Eneam Crinitum ; Antenor tertius fuit ; post hunc Sumonides ; dehinc Symonem ducem habuerunt *c*. Post vero Romano more rem suam per senatores tractantes, absque duce diu fuerunt. Ad ultimum Marchomiris dux eorum fuit, cujus consilio, cum senex jam esset, Faramundum regem primum constitu[er]unt. Secundus fuit Clodio, qui Cameracum, Turnacum, Burgundiam totam usque Viennam subjugavit. Tertius Merovechus, quartus Childericus *d*, quintus Clodoveus, rex magnus catholicusque. Qui anno .x.^{mo} regni sui Britones ab oppido Blesis, qui ripas Ligeris inter Turonim et Aurelianim impugnabant nemoribusque occultantes viatores interimebant, cum sibi a Saxonia revertenti ostensum esset, festinus descendit, Britonibus fugatis et peremptis *e*, Blesim delevit. Paulo tamen altius, in competentiori loco, castrum illud restauravit [1] suosque ibidem posuit eodemque nomine vo-

---

a) Theutronice *A*; *corr.* Theutonice. — *b*) fine *om. A.* — *c*) ducem habuerunt *om. A.* — *d*) Chilpericus *A* ; *corr.* Childericus. — *e*) perentis *A* ; *corr.* peremptis.

---

1. Sur cette légende de la reconstruction de Blois par Clovis, voir J. Soyer, *Les Bretons à Blois à la fin du V*^{e} *siècle; la prise de la ville par les Francs*, dans les *Mémoires de la Société des sciences et lettres de Loir-et-Cher*, t. XVI, 1902, p. 268-271.

cavit ; illud nempe diligens, utpote quod multum pulcrum fecerat, nimis exaltavit. Qui .xx.ti annis post regnavit. Sextus Clotarius, septimus Chilpericus, octavus Clotharius, Chilperici filius, qui ducem Saxonie nimis rebellem omnesque illius regionis juvenes sua spatha longiores occidit ; nonus*a* Dagobertus, qui habuit duos filios, Sigisbertum et Clodoveum. Sigisbertus rex Alemannie, Clodoveus Francie fuit. Sigisberto mortuo, Grimodus dux, in cujus custodia filium suum, quem ex uxore legali genuerat, et regnum posuerat, filium domini sui Dagobertum nomine totondit et in ecclesia sancti Galli Fudensis[1] cenobii monachum fecit. Quo facto, statim Grimodus filium suum Eduardum regem Alemannie constituit. Sed Clodoveus, Sigisberti frater, casum nepotis sui moleste ferens, coadunatis Francis, Grimaudum preliando captum Parisius in carcere posuit, qui et ibi obiit. Eduardus vero, filius ejus, Constantinopolim fugit. Cum autem Dagobertus monachum exuere nollet ordinemque suum diligeret, Clodoveus amore nepotis sui cenobium illud valde ditavit. Monachi vero Dagobertum abbatem constituunt. Dagobertus abbas patrueli suo Clodoveo eunti in expeditione contra Justinianum imperatorem Constantinopolitanum quinquaginta millia militum adduxit. Siquidem imperator ille putabat Eduardum in regno Alemannorum restituere, sed victus et confusus rediit ; Eduardus vero a Francis captus occiditur. Sic itaque Clodoveus rex undecimus utrumque obtinuit regnum. Post hunc non amplius Pharamundi progenies regnavit ; duos tamen filios habuit, Theodoricum et Childericum*b*. Childericus*c* nimis severus a Bodilone Franco, quem ad stipitem ligatum nimis deturpaverat, ob sevitia[m] sua[m] occiditur. Ebroinus dux, major regie domus, Theodoricum regem statuit ; cujus sevitiam Franci non ferentes, a regno ejiciunt ; qui fugiens Rotho-

a) decimus *A* ; *corr.* nonus. — *b)* Chilpericum *A* ; *corr.* Childericum. — *c)* Chilpericus *A* ; *corr.* Childericus.

1. Nous n'avons pu identifier ce monastère, dont le nom a peut être été forgé par l'auteur du *Liber* pour désigner le monastère irlandais inconnu où fut exilé Dagobert II.

mago obiit. Ebroinus, consilio Leodegarii Augustudunensis episcopi et Gerini fratris sui a Francis captus, Luxovio monasterio monachus efficitur. Franci Pipino, filio Angisili, ducatum totius Francie prebent. Pipinus in Alemanniam pergens, fratrem suum consobrinum Martinum Francis reliquit. Ebroinus, monasterium egressus, monachum exuit; monitu sancti Audoeni ducatum arripuit; Martinum, Lauduno Clavato inclusum, super vacuas capsas jurans ne sibi malum faceret, proditione occidit; sanctum Leodegarium et Gerinum fratrem ejus dira pena dampnavit. Ebroinus, multa mala Francis ingerens, ab Ermenfredo occiditur, qui Pipino festinus nuntiavit. Sic Pipinus ducatum totius Francie in pace rexit; sed putans aliquem de genere regali adhuc vivere, rex esse noluit. Quod totum Deus fieri permisit peccato Clodovei filii Dagoberti, qui beati Dionisii brachium abscidit regnumque Francorum divisit.

Sed quoniam plures optimi reges ex genere hujus boni Pipini orti sunt, restat ut series progeniei hujus cognoscatur.

DE KAROLO. — Ansbertus *a* senator ex Blitilde*b*, filia regis Clotharii, patris Dagoberti, genuit Arnaudum*c*; Arnaudus *d* Arnulfum; Arnulfus genuit tres: Frodulfum, qui genuit Martinum, quem Ebroinus occidit, et Galchisum, qui genuit Gandregesillum abbatem, et Angisilum, qui genuit Pipinum. Pipinus iste .xx^{ti}.vii. annis ducatum tenens regnum optime rexit. Post hunc Karolus Martellus regnum obtinuit, qui per omnia bonus fuit, excepto quod decimas ecclesiis primus abstulit. Iste duobus filiis regnum divisit: Karolomagno Alemanniam dedit, Pipino Franciam. Sed Karolomagnus, anno ducatus sui quinto, Pipino cuncta relinquens, Romam venit. Serapte*e* monte in honore sancti Silvestri ecclesiam statuit; ipse apud Montem Cassinum monachus efficitur. Pipinus vero, jussu Zacarie pape, in regem a Bonifacio archiepiscopo inungitur. Qui Haistulfum regem Longobardorum tenere justitias sancti Petri coegit. Iste Hunaldum [et] Wfarium duces Aquitanorum cum omni sua progenie ab Aquitania expulit, in qua multos proceres Francorum hereditavit. Biturix suos misit, Argentomachum cas-

---

a) Ausbertus *A*; *corr.* Ansbertus. — *b*) Pluide *A*; *corr.* Blitilde. — *c*) Alnaudum *A*; *corr.* Arnaudum. — *d*) Alnaudus *A*; *corr.* Arnaudus. — *e*) Pserapte *A*; *corr.* Serapte.

trum fecit, Vuandalos a vastatione Affrice revertentes in Alniensi pago cum rege suo annihilavit. Cui Gregorius secundus, ut defensori ecclesie, claves de sacrario sancti Petri tradidit.

Hic genuit illum admirabilem regem ex Bertade regina Karolomagnum, imperatorem Romanum, qui reges Longobardos ab Italia delevit et omnia sua jura Romane ecclesie restituit. Saxones, Danos, Vascones, Barros, Navarros, Hispanos subjugavit ; Grecos, Affros, Persas, Egiptios tributarios metu sui effecit. Cui Isaac monachus elefantem ab Affrica missum Aquisgranis adduxit. Rex vero ex Faustade regina duos filios, Pipinum et Carolum, genuit. Desiderio rege Longobardorum cum sobole destructo mortuoque, Pipinus rex Italie efficitur, Karolus vero Saxonie, Pannonie, Sclavonie. Quorum pater cum ipsis Rome a papa et a senatu cum vexillis honorifice susceptus, acclamatum est : « Karolo magno regi salus [a] et victoria ! » ibique celebravit Pascha. Irena [b] imperatrix Constantinopolitana inter Francos et Grecos per internuntios, missis largis donis, pacem fecit, Karolo mediante. Et rex Galatie papilionem mire pulcritudinis ei misit. Faustade in Baioria apud sanctum Albinum sepulta, rex Ildegardam duxit et ex ea Lodovicum genuit, qui rex Francorum fuit.

Lodovicus Pius, filius Karoli Magni, ex Ermengarde tres filios genuit : Lotharium, a quo Lothoringia nominata est, et Pipinum et Lodovicum ; ex Judith autem genuit Karolum Calvum. Stephanus tertius papa veniens in Franciam a Lodovico honorifice susceptus est. Paschalis papa anno .VII.[mo] Lotharium, filium Lodovici, Rome duxit. Tempore Lodovici Pii, Saraceni, a partibus Hispanie emersi, Provinciam, Aquitaniam et maximam partem Burgundie usque Videliacum vastaverunt. Gerardus comes, de genere Lodovici, ecclesiam sancti Petri in monte transtulit et corpus beate Marie Magdalene, in Provincia ab Aquis urbe raptum, in ecclesia Videliaco monte sita recepit. Ob hoc rex frequentes munitiones in Arvernia fieri precepit. Namque Romanis, ut Gesta testantur, ab hoc regno partim Gothorum, partim Francorum virtute expulsis, ab his

---

a) salus *om.* A. — b) Serena A ; *corr.* Irena.

et postremo a Dacis et Suevis, qui Normanniam et maximam partem terre inter Secanam et Ligerim, Francis repulsis, tenuerunt, omnes nobiles hujus regni exordium habuerunt. Regibus vero Gothorum a Francis pessundatis ac destructis, Franci multos proceres Gothorum, concordia et pace cum ipsis constituta, sub jugo et dominio suo in Aquitaniam dominari permiserunt, et per conubia mixti sunt ; quod benigni Ludovici tempore maxime factum constat.

Mortuo Lodovico, quatuor fratres Lotharius, Pipinus, Lodovicus et Karolus Calvus *Fontanidos* [1] *campos multo sanguine christianorum fedarunt*; sed Karolus Calvus, duobus mortuis, cum Lothario reconciliatus, a Johanne papa imperator factus est.

Anno xvii. imperii Karoli Calvi, Astulfus rex Westsaxonum toti Anglie imperavit. Hic, Romam orationis gratia profectus, in presentia Leonis .iiii.ⁱ. qui tunc in episcopatu residebat, totam Angliam sancto Petro et domino pape in perpetuum tributariam constituit, ita ut unaqueque domus Anglie in tertio anno unum denarium argenteum pro tributo daret, quod usque hodie manet. Qui in reditu suo Judith, filiam Karoli Calvi, uxorem accepit, de qua nullum heredem habuit. Post hec, Perse aliique Saraceni multi Constantinopolim obsederunt, Greciam vastaverunt ; ad cujus succursum Karolus Calvus cum magno exercitu pergens Persas devicit, Saracenos fugavit, urbem regiam cum regno Grecie deliberavit.

Eo tempore, *Dani* [2] *Suevi, quos Theotici ling[u]a sua Normant, id est aquilonares homines*, vocant, emerserunt ; *nunc in ripas Ligeris, nunc Sequane urbes vastantes invehebantur*. Karolus a Constantinopoli cum multis reliquiis rediens, quas diversis ecclesiis sui regni posuit, Normannos apud Andegavim obsedit, Salomone Britonum rege cum exercitu sibi adjuvante. Sed pecunia sibi a Normannis data, egressum prebuit eis, tali siquidem pacto ut non amplius Gallias infestarent ; quod nequaquam tenuerunt. Rex prudens Karolus, timens infestationes Normannorum, frequentes munitiones in Cenomanensi pago

---

1. Les mots en italique sont empruntés à Ratbode, *Libellus de quodam S. Martini miraculo*, éd. Salmon, *Supplément aux chroniques de Touraine*, p. 9.
2. Les mots en italique sont empruntés à Ratbode, *op. cit.*, p. 8.

fecit, vicos quosdam in oppida munitissima convertit et diversis optimatibus diversa castella distribuit; diversos etiam consules in ea regione constituit. Similiter Aquitanorum seditiones providens et heredum debilitatem animo suo vaticinando revolvens, cuidam nobili viro de Aurelianensi pago nomine Adelaudo Lochas castrum et duas partes Ambaziaci oppidi tribuit; Buzenchaicum vero et motam Castalionis cum domo que ibi erat et tertiam partem Ambazii Haimoni cuidam de curia sua donavit. Ea tempestate Elfredus et Johannes Scotus maximam partem Danorum ad fidem Christi convertunt, qui in Angliam et Daciam redierunt.

Mortuo autem Karolo Calvo, Dani, qui in infidelitatem remanserant, cum Huasten duce suo Gallias tribus annis infestantes, beati Martini corpus Autisiodoro canonicos transferre compulerunt. *Post* [1], *quantas Gallorum strages fecerint, quantas urbes regionesque concremaverint, enarrare* nolo, sed tamen *hec divino nutu* peccatis Gallorum *accidisse* puto; *verum diras mortalium calamitates, quas Galliarum incole pertulerunt, tragicis et lugubribus carminibus satis alii scripsere.* Isti vero terram usque Parisius et Aurelianis *depopulati sunt*, adeo *ut ubi quondam agri opulentissimi urbesque speciosissime fuerant, nunc bestiarum aviumque vasta habitacula sint, et ubi seges voluptuosa pollebat, e contrario*

Carduus et spinis surgit paliurus acutis.

Sic super ripas Ligeris omnia vastantes, Ambaziaco pervenerunt. Quod oppidum, cum paucis defensoribus repertum, cito capientes, totum succenderunt pontemque Ligeris diruerunt; ecclesias, unam que erat ultra Ligerim in introitu ponti[s], et aliam in loco qui Luat dicitur sitam, omnino destruxerunt; qui in planitie prope Ambazium hospitati, locum qui Nigron dicitur multo sanguine innocentium captivorum fedaverunt; quod etate Lodovici Balbi, cognomento Nihil Fecit, actum est. Quod stultitia Ambaziensium contigit, qui cum vicinis populis

---

1. Les mots en italique, y compris le vers de Virgile (*Bucoliques*, V, 39) qui suit, sont empruntés à l'ouvrage de Ratbode, éd. cit., p. 8-9.

obviam Normannis processerant, putantes eis nocere; qui[a], a Normannis alia via incedentibus decepti, castrum proprium amiserunt. *Vastatis*[1] *itaque agris inter* Carum et Ligerim, destructo etiam lapideo ponte Blirei, cum *ultra non repperirent quod diripere possent, collectis armatorum copiis,* ad urbem Turonicam *iter dirigunt. Omnia vero que in suburbio civitatis invenire potuerunt, facta prius miserabili hominum cede, demoliti sunt.* Porro *Turonici trepidare, concurrere, portas obserare, turribus se inserere, propugnacula armorum apparatu munire non cessant.* Hostes, portas urbis multo turbine quassantes, *toto nisu ingressum urbis sibi pollicebantur. Tunc clerici qui ibi aderant, juncto sibi totius*[b] *debilitatis agmine, rapido cursu ad ecclesiam convolantes clamabant: « Sancte Dei Martine, cur tam graviter obdormisti? Ostende, quesumus, pietatem; succurre, fer opem miseris, alioquin et nos peribimus et civitas nostra redigetur in solitudinem. »* Qui, *ex sepulcro beati viri rapta cistella, in qua sacratissime Martini reliquie servabantur,* et ciniculus ille quem clerici ob pericula submovenda reliquerant, *porte urbis, jam multo hostium turbine quassate, intulerunt. Tunc vero oppidani, qui paulo ante metu propinque mortis exterriti fuerant, mox presentia tante opitulationis animati, corporis et animi vires resumpserunt; Danis e contrario stupor vehemens* incussus est, *post stuporem formido et mentis alienatio obrepsit*[c]; *deinde fugam conati, videres, cum alter impediretur ab altero, ac si per glaciem currerent precipites labi. Igitur oppidani, Christum sibi per Martini preces propitium sentientes, eruptione facta, persecuti sunt inimicos,* ex quibus *fere* mille *interfecerunt;* sicque *glorificantes Dei misericordiam, qui eis inopinatam victorie palmam dederat,* reliquias *beati Martini in locum suum restituerunt.*

Regnante Karolo Stulto, filio Lodovici Qui Nichil Fecit, Franci Odonem, filium Hugonis ducis, regem elevaverunt, qui regnavit .x.^{cem} annis. Post cujus obitum, Rotbertus abbas,

---

a) nocere, decepti sunt, qui A'. — b) totius *om.* A. — c) obressit A; *corr.* obrepsit.

---

1. Tous les passages imprimés en italique sont empruntés au même ouvrage de Ratbode, *loc. cit.*, p. 9-11.

ejus frater, elevatur in regem, qui regnavit anno uno et occisus est a Karolo Stulto in prelio. Mortuo Odone rege, qui .x.^{cem} annis regnavit, in .vii.^{mo} anno post ejus obitum, ab Erich et Barhet [a] Normannis civitas Turonis succensa est ecclesiaque beati Martini cum toto castro atque cum .xx^{ti}.viii.^{to} ecclesiis. Quo tempore Rollo Normannorum dux [b] Carnotum obsedit ; qui, cum gentilis adhuc esset, visa camisia beate Marie, quam Karolus Calvus a Bizancio attulerat, a Carnoto fugatus est. Rolloni effecto christiano, Karolus Stultus dedit ei Normanniam cum filia sua Gilla ; qui pedem Karoli Stulti noluit osculari nisi ad os suum levaret. Karolo Stulto vivente, Rodulfus, filius Ricardi ducis Burgundie, a Francis rex constitutus est consilio Hugonis Magni, filii Rotberti regis ; qui .xv. annis [c] regnavit. Karolus Stultus genuit Lodovicum Ultramarinum. Iste Lodovicus regnum Lothoringense Othoni et Henrico, filiis Hugonis Magni, dedit. Otho, Alpes transiens, rex Ithalie efficitur, post vero Alemannie. Lodovicus Ultramarinus genuit Lotharium. Quo tempore, progenies Pipini et Karolomagni finem habuit : nam Franci elegerunt Hugonem Capet, qui tamen [de] eorumdem cognatione fuit.

Robertus rex, frater Odonis regis, genuit Hugonem Magnum. Hugo Magnus tres filios genuit, Othonem, Henricum, Hugonem Chapeth ; Otho rex Alemannie et Ithalie fuit, Henricus dux Lothoringie, Hugo Chapeth rex Francie, cujus pater Hugo postea abbas sancti Martini effectus est. Hugo Ch[a]peth genuit Robertum, virum magne sanctitatis, qui annis .xxx. regnavit et in Aureliana urbe ecclesiam beati Aniani construxit.

Rotbertus genuit Henricum, qui .xx. novem annis regnavit. Henricus genuit Philipum, qui, Henrico rege Francorum patre suo mortuo, parvulus remansit, cujus Balduinus comes Flandrie tutor fuit; nam ejus [d] amitam, sororem Henrici regis, uxorem duxerat. Philipus rex annis .xlvii. regnavit, qui obiit anno incarnati Verbi .m.c.vii. ; cujus regnum Lodovicus Pinguis, filius ejus, suscepit, qui uxorem duxit filiam comitis de

---

a) Bathet A ; corr. Barhet. — b) dux om. A. — c) annis om. A. — d) ejus om. A.

Moriana, ex qua genuit duos filios, Philippum et Lodovicum*a*.
Quo tempore fuit Johannes de Temporibus, armiger Karoli
Magni, qui vixerat .CCCLXI. annis.

Lodovicus, vir fortissimus, regnum in pace tenuit. Ipso vivente, Innocentius papa Philippum filium ejus Remis regem
inunxit, qui puer Parisius de equo cadens obiit; quo mortuo,
alterum filium regem Francorum fecit, scilicet Lodovicum.
Mortuo apud Sanctum Jacobum Guillelmo Pictavensi comite,
ejus filiam Ludovicus juvenis uxorem duxit et dux Aquitanie
fuit. Cumque in celebrandis nuptiis in Aquitania moraretur,
pater ejus mortuus est et apud Sanctum Dionisium sepultus,
anno regni sui .xxx°., incarnati Verbi .MCXXXVII°.

Ludovicus juvenis Jerusalem cum maxima multitudine pergens, in Romania innumeros ex suis amisit, qui fame et gladio
perierunt; similiter exercitus Conradi imperatoris Alemannie,
qui eum precedebat, periit; qui tamen multis erumpnis Jerusalem cum multis pervenerunt. Quod infortunium contigit anno
incarnati Verbi .MCXLVII°. Via tamen hujus peregrinationis Eugenio papa monente et Bernardo, viro religiosissimo, Clarevallensium abbate, predicante incepta fuit. Siquidem illis diebus
Raimundus, frater Guillelmi comitis Pictavorum, principatum
Antiochie possidebat; qui neptam suam Alienordim cum viro
rege Ludovico honorifice suscepit et servivit.

De quibus plura loqui pertimesco, quoniam iter eorum
gentilibus fuit letitia, christianis irrisio et pena, et tamen
deinceps desidibus et pigris incitamentum fuerit. Denique
illorum superbientem ignaviam imperitamque jactantiam obmitto, posteris exemplum, seriesque retro longa et prolixa
fastidium generaret. Quod infortunium ob consuetam arrogantiam Francorum reor evenisse. Quamobrem, quia ad alia festino et de regibus Francorum multi ante me sufficienter
scripserunt, ne a gemino ovo deridendo dicar incepisse[1], de
his predicta tibi sufficiant.

a) et Robertum *ajouté en interligne d'une main plus récente.*

---

1. Horace, *Ad Pisones*, 147:
   Nec gemino bellum Trojanum orditur ab ovo.

CHRONICA

DE GESTIS CONSULUM ANDEGAVORUM

PROLOGUS

Quoniam in ante expositis de regibus Francorum que huic operi precedenti maximeque sequenti necessaria esse puto explanavi, nunc de consulibus Andegavorum que scripta nimis confuse rudique sermone repperi *quam* [1] *verissime potero paucis* verbis breviter et commode enucleabo. Nam, cum *vita* [2] nostra *brevis sit, memoriam eorum quam maxime longam efficere* debemus *quorum virtus clara et eterna habetur.* Cum vero *res militaris* ad summum apicem *virtute animi et corporis procedat,* antiquorum prudentia urbium regimina *a* [3] *minus bono ad quemque optimum trans*ferre consuevit. Igitur *tempore* Karoli Calvi, *complures* [4] *novi atque ignobiles, bono et honesto* nobilibus *potiores,* clari et magni effecti sunt. Quos enim, *appetentes* [5] *glorie militaris* conspiciebat, *periculis objectare et per eos fortunam temptare* non dubitabat. Erant enim illis diebus *homines* [6] *veteris prosapie multarumque imaginum* qui acta *majorum* [7] suorum, non sua, *ostenta*bant. Qui cum ad

---

1. Les mots imprimés en italique sont empruntés à Salluste, *Catilina*, IV, 3.
2. *Ibid.*, I, 3-5.
3. *Ibid.*, II, 6.
4. Salluste, *Jugurtha*, VIII, 1
5. *Ibid.*, VII, 1.
6. *Ibid.*, LXXXV, 10.
7. *Ibid.*, LXXXV, 29.

aliquod grave officium mittebantur, *aliquem* [1] *e populo monitorem sui officii sumebant, quibus cum rex aliis imperare jussisset, ipsi sibi alium imperatorem* poscebant. Ideo *ex illo globo nobilitatis* paucos secum rex Karolus habebat; novis militaria dona et hereditates pluribus laboribus et periculis adquisitas benigne prebebat. Ex quo genere fuit Tertullus, a quo Andegavorum consulum progenies sumpsit exordium, vir *doctus* [2] *hostem ferire, humi requiescere, inopiam tolerare, hiemem et estatem juxta pati, nichil preter turpem famam metuere*. Hec ergo et similia faciendo nobilitatem sibi et suo generi peperisse refertur. De cujus patre quod sufficiat loquamur. Obsecro autem eos qui lecturi sunt ut fidem dictis adhibeant neque me scripxisse falsa arbitrentur.

DE TERTULLO [a]

Fuit vir quidam de Armorica Gallia, nomine Torquatius, genus [b] cujus olim ab Armorica jussu Maximi imperatoris a Britonibus expulsum [c] est [3]. Iste a Britonibus, proprietatem vetusti ac romani nominis ignorantibus, corrupto vocabulo Tortulfus dictus fuit. Quem Karolus Calvus, eo anno quo ab Andegavis et a toto suo regno Normannos expulit, illius forestis que Nidus Meruli nuncupatur [4] forestarium constituit. Sicut enim complures referunt, genus suum nolentibus Britonibus diu in nemoribus vixerat. Is vero in pago Redonico oriundus habitator rusticanus [d] fuit, ex copia silvestri et venatico exer-

a) De Torcatio sive Tertullo *B'*. — b) gens *A*. — c) expulsus *A*. — d) rustic *A*.

1. Salluste, *Jugurtha*, LXXXV, 10-11.
2. *Ibid.*, LXXXV, 33.
3. L'auteur du *Liber de compositione castri Ambaziae* (ci-dessus, p. 9) résume d'après Gaufrey de Monmouth l'histoire de cette expulsion.
4. Il s'agit très vraisemblablement de la forêt de Bellepoule, au milieu de laquelle était situé Limelle (*Nithmerla*), aujourd'hui le Grand Limelle, canton sud-est d'Angers, commune de Brain-sur-l'Authion (Maine-et-Loire). Une charte de l'an 964 mentionne les bois possédés par le comte d'Anjou auprès de la « villa » nommée « Nithmerla » (*Cartulaire de Saint-Aubin d'Angers*, éd. Bertrand de Broussillon, n° 285).

citio victitans ; cujusmodi homines, **ut aliqui dicunt, Britones bigrios vocant, nos autem Franci byrsarios sive pedicarios dicimus** [1]. Sunt alii qui hunc magis volunt in vulgaribus locis cum Redonicis rusticis habitasse. Utralibet ancipitis opinionis pars verior existat non multum refert, quia nec ipsi relatores inter se differunt valde ; nec mirum : sepe enim legimus quondam in agris extitisse senatores et ab aratro raptos esse imperatores [2]. In isto cum plane grandis esset natu, *arma* [3] *senectutis*, scilicet *artes exercitationesque virtutum, mirificos fructus effecerunt* et *conscientia bene acte vite multorumque beneficiorum recordatio* ei *jocundissima* fuit.

Ipse autem genuit Tertullum, qui primus ex progenie Andegavensium comitum per antiquos genealogie illorum relatores [4] computatus est. Hoc profecto constat quod Tertullus quidam, acer ingenio, fortunam suam et rerum tenuitatem animi amplitudine supervadens, majora se cupere et adgredi ausus sit [a]. Etenim circa id temporis quo Karolus Calvus, Ludovici filius, Karoli magni imperatoris nepos, ex triarcho monarchus factus. non longo regnavit spatio, predictus Tertullus, paterne possessionis relinquens angustias et per confidentiam strenuitatis volens et sperans se exaltari, ab occidentalibus finibus progressus in Franciam abiit et clientelam regis militaturus adiit. Id ipsum tunc alii quamplurimi militaris fortitudinis sibi conscii faciebant, qui et fama et honoribus avidi, per suam virtutem cupientes excrescere, ex diversis partibus terrarum eodem confluebant, **presertim regis munifici bonitate invitati et temporis oportunitate incitati.**

Siquidem predictus rex Karolus post diutinas dissensiones, post gravia bella contra fratres suos gesta, tandem omnium illorum et victor et superstes, avite quoque probitatis ac glorie

---

a) B' *ajoute en marge* : Tempore Caroli Calvi, *et* C *répète ici un passage* (tempore Caroli Calvi..... peperisse refertur) *qui figure dans le prologue.* Cf. *supra*, p. 25-26.

---

1. Cf. Du Cange, *Glossarium*, éd Henschel. aux mots *bigrius* et *bersa*.
2. Allusion à ce que raconte Cicéron, *De senectute*, XV.
3. Les mots en italique sont empruntés à Cicéron, *De senectute*, III, 9.
4. Ces généalogies ne nous sont pas connues.

emulator aut etiam supergressor totis nixibus disponebat existere; nec multum abforet quin vota compleret, nisi vite brevitas occurrisset : nam universa regni reique publice *a* detrimenta, que per preteritas cum fratribus suis discordias incurrerant, mirabili sapientia ac bonitate emendare festinabat. Nomenoii vero pseudoregis Britonum tyrannidem, ipso per Dei et per sanctorum ejus voluntatem, precipue per beati Florentii auxilium, potenter oppresso, destruxerat, aliorum quoque multorum perfidias hostium domuerat. Nam semper Dominus, in sanctis gloriosus et mirabilis, gloriosior mirabiliorque ostenditur cum per ipsos mirabilia operatur.

Normannorum hostilitatem, qua limbum illum nostre Gallie qui Occeano contiguus est devastaverant, insuper et violenter possidere, sicut postmodum factum videmus, affectabant, illorum vero violentiam ulcisci et eam ad nichilum reprimere Karolus apparabat. Ea de causa, undecunque viri militares ad eum veniebant; quos ille sibi asciscens et caros habens, ita quemque magis diligens honorabat sicuti potiorem in fidelitate et fortitudine comprobabat.

Inter quos Tertullum, de quo agimus, ob merita sua carum habens, uxorem ei cum aliquanto beneficio in Landonensi castro tribuit necnon etiam et aliquibus terris tam in pago Gastinensi quam in locis aliis per Franciam casatum fecit. Sed ipse rex interim, maxima dispositionum suarum parte interrupta subito *b* neque regni sicut cogitaverat destructione ad perfectum restituta vel pacis quiete ordinata, heu dolor ! ad calamitatem postmodum in Francia tanto tempore permansuram, secundum Dei permissum, in cujus manu sunt potestates et regna, rebus mundanis morte prepropera preveniente subtractus est.

Filium quidem in regno heredem reliquit, appellatum Lodovicum, qui ab avo suo supradicto tantummodo vocabulum retinuit. Is nempe, et ab avita et a paterna *c* et omnino a tota regum antecessorum probitate degenerans, adeo inutilis vixit, ut cognomen pro meritis inertie assumeret Nichil Fecit. Hujus miserrimi principatus tempore Normanni aliique quilibet homines male et tyrannice voluntatis in malitiam resumptis viribus im-

---

a) plublice *A; corr.* publice. — *b)* subito *om. A.* — *c)* patria *A.*

pune exarserunt *a* et per multa tempora, sicut in terra rectore destituta, debacchati sunt. Normanni, anterioris pervasionis et devastationis sue limites crudelius latiusque pretergressi, Neustriam atque Aquitanie magnam partem rapinis, incendiis, cedibus depopulati sunt *b*.

[DE INGELGERIO] *c*

Circa id tempestatis, mortuo Tertullo in Francia, filius ejus nomine Ingelgerius hereditatis ipsius possidens remansit, sub Karolo Calvo tamen generatus. Namque Tertullus nobilem duxerat uxorem, ducis Burgundie consanguineam *d*, nomine Petronillam, que hunc puerum peperit. Hic itaque predicto Lodovico presente miles efficitur. Qui juvenis alacer, miles optimus, patris virtutem non solum equiparans sed etiam superans, beneficia ampliora adquisivit, facta fortiora et audaciora manu sua gessit. Namque ipse admodum juvenis quandam nobilem matronam sibique matrem spiritualem ex baptismo, Guastinensis pagi incolam *e*, adulterio falso impetitam, cui hujus criminis causa ejus inimici sua omnia auferre volebant, iste, monomacho *f* certamine contra accusatorem dimicans, illam dominam defendit ac liberavit. Quo facto, a tota illius progenie et fere ab omnibus nobilibus [de] crimine tam nobilis domine dolentibus nimis dilectus, apud Landonense castrum patris casamentum ei valde a[u]gmentatum est *g*.

Postea vero ipsi *h* rex predictus vicecomitatum Aurelianen-

---

a) exarserunt *sur un grattage* A'. — *b*) B' *amorce, par les mots* isti vero terram *écrits sur un grattage, une addition de* C, *qui intercale ici un passage* (isti vero terram...., locum suum restituerunt) *emprunté au* Liber de compositione castri Ambaziae (*cf. p. 21-22*) *et le fait suivre de cette phrase :* Eapropter igitur synodo celebrata, auctoritate archiepiscopi et episcoporum qui convenerant statutum est ut singulis deinceps annis per universam diocesim subvectionis hujus festum III.to idus maii solemniter celebretur, que nullo alio nomine rectius quam Subventio censetur. — *c*) *Ce titre n'est donné que par* B'C. — *d*) consanguineam *barré, et* filiam *ajouté en interligne* B'. — *e*) *Le mot* incolam *a été barré et remplacé en marge par les mots* dominam multatione viri sui *et par* B'. — *f*) monomarcho A ; *corr.* monomacho. — *g*) B' *ajoute en marge à la suite de ce mot :* ut sermo subsequens declarabit. Erat quidam Landonensis castri sive pagi Gastinensis, *ce qui est l'amorce d'une longue interpolation de* C, *que l'on trouvera publiée plus loin*, ADDITIONS, n° I. — *h*) ipse A ; *corr.* ipsi.

sis civitatis in casamento donavit. Deinde vero aput Turonos regiam prefecturam assequutus, terram illam a Normannis viriliter defendit. Ibique ipsi sapienter ac juste officium commissum procuranti Turonensium nobiles atque pontifices Adalaudus et Raino [a], ambo germani fratres et ex Aurelianensi urbe nobiliter nati cives, neptim suam Aelendim nomine ei in conjugium copularunt, tradentes ei cum puella per auctoritatem regis et optimatum patrimonia sua, que eis in Aurelianensi pago et Turonico hereditate legitima perveniebant [1]. Nam alodium agnationis eorum erat Ambazium, villa tunc tantummodo et in colle habens ruinas castelli antiqui olim a versutis Normannis deleti [b]; quod sane, predictorum presulum rogatu, huic Ingelgerio rex Lodovicus refecit ac munivit. Datus est etiam ei, eisdem intervenientibus, et dimidius comitatus Andegavis civitatis, quia ultra Meduanam in Andegavo alter comes habebatur [2]. Sed utraque pars territorii illius, infestantibus assidue modo Normannis, modo Britonibus, pene in vastam solitudinem cum ipsa civitate sua redacta erat. Atque ita jam diu rege [c] et predictis duobus episcopis et aliis primatibus Francie, qui ibi stationes suas nimium tediosas facere a rege cogebantur, in custodiis civitatis hujus defessis, libenter Ingelgerius, cujus strenuitati omnes confidebant, ad defendendam regionem et urbem sevis predonibus oppositus est et comes ibi factus. Nec ille minora ibi quam sperabantur operatus est; gravia vero bella insignesque victorias contra hostes factitavit [d].

a) Raimo A ; corr. Raino. — b) B ajoute, sur une rubrique grattée, Buzensiacum etiam et Castelionem. — c) regi A, corr. rege. — d) B' note ici en marge : Tempore hujus Ingelgerii, et C ajoute : Hic itaque Ingelgerius, consilio profundissimus, fide catholicus, litteris apprime eruditus, armis strenuus, magno consilio et fortitudine, corpus beati Martini, quod a Turonensibus,

---

1. M. A. Vidier a publié dans Le Moyen Age, 2ᵉ série, t. XI (1907), p. 289-317, des Notices sur des actes d'affranchissement et de précaire concernant Saint-Aignan d'Orléans, où il a montré (p. 294-298) ce que les assertions de notre chroniqueur avaient de vraisemblable et comment des documents diplomatiques venaient confirmer ses dires.

2. Sur la division du comté d'Anjou en deux, cf. L. Halphen, Le comté d'Anjou au XIᵉ siècle, p. 2, n. 2.

Aliquantisper hic, quandiu vixit, grassantium rabiem retorsit, quietem pacis in Andegavo preter Transmeduanenses pagos reddidit. Roberto, Haimonis filio, viro forti sibique fideli, Ambazium commendavit; qui tamen partem oppidi jure hereditario possidebat et Ingelgerio homo ligius erat. Talia actitans Ingelgerius morte obiit [a]. Cui filius ejus Fulco, ille qui cognominatus est Rufus, successit. Iste quoque consimilia patris actibus aut etiam majora adversus impugnatores exercuit.

DE FULCONE RUFO

Mortuo itaque patre suo, tempore Lodovici regis Nil Facientis [b], ad tutelam sui filii Karoli, parvi pupilli remanentis, atque ad defensionem regni jam labefacti, quod ille satis debile per invalitudinem suam fecerat, communi Francorum tractatu electus et accitus [c] est Hugo dux Burgundie, qui orphani illius ex parte matris consanguineus erat, sicut loquuntur historie. Hic idem Hugo, vir et fidei spectabilis et virtutis, tutele sue officium validius quam transactus princeps qui regnaverat amministrare pro liberatione patrie voluit et speravit, fecissetque si vite prolixitas annuisset. Nam recepta cum christiana devotione et fidelitate potestate illa, que suo tempore cum reverentia et pia humilitate abacomitatus dicta est, a successoribus vero ejus in arrogantius vocabulum, quod est ducamen, mutata, adeptus

---

timore Hastingi et Rollonis, Autissiodorum transvectus fuerat, contra voluntatem orientalium Francorum et Burgundionum, multo stipatus milite, nobiliter et honorifice revexit; quam revectionem non solum miracula decoram reddiderunt, sed et liberalitas magnorum procerum, episcoporum etiam atque abbatum non minima multitudo festivam comitatusque promiscui sexus et etatis illustrissimam fecerunt. Quam revectionem, quia ad honorem spectabat dominorum nostrorum, Andegavorum videlicet consulum, nostro operi inserendam putavimus; quam separatim et ex ordine, ut beatus abbas Odo disseruit, transcribemus. *Vient ensuite un très long extrait du De reversione beati Martini a Burgundia attribué à Eude de Cluny* (Igitur quoniam Danorum tellus..... gaudia nobis vite interminabilis obtine, prestante Domino. cf. Salmon, Supplément aux Chroniques de Touraine, p. 18-34, *ou* Migne, Patr. lat., t. CXXXIII, col. 819-838,, *puis un passage* (Absida siquidem quam deferebant..... Majoris Monasterii abbatem et ministrum, cf. Migne, Patr. lat., t. CXXIX, col. 1035-1036) *emprunté au pseudo-Herberne*. — a) B' et C ajoutent : Sepultusque est in ecclesia beati Martini Castri Novi. — b) Lodovico rege Nil Faciente A. — c) accietus A; corr. accitus.

est princeps ille idem in premium et honorificentiam pro labore suo partem terrarum in regno. Quod factum est per episcopos et nobiles totius regni, qui ei, volente et concedente Karolo rege puero, dederunt Neustriam. Quo nomine continetur quicquid a Parisius et Aurelianis interjacet inter Ligerim et Sequanam inferius usque in Oceanum. Iste itaque tractus cum ei datus esset ad integrum cum civitatibus et comitatibus et ab[b]atiis castellisque, preter episcopatus solos, qui in regia dominicatura retenti sunt, voluit comites et reliquos proceres suos animosiores et fortiores ad propugnandam regionem efficere. Ideoque omnes aut muneribus aut honoribus ampliavit.

Iste Fulconi Rufo, sibi per aviam suam consanguineitate, sicut predictum et nobis traditum, conjuncto, integrum comitatum Andegavensium, qui prius bipertitus erat, donavit. Similiter ei et ab[b]atias sancti Albini et sancti Licini contulit [1], que ambe antea regis dominice fuerant. Que omnia Karolus Stultus, filius Lodovici Balbi qui Nichil Fecit, sibi concessit. *Vastus* [2] *animus* istius *immoderata, incredibilia, nimis alta* spe faciebat. Nam ipse *audax, patiens* erat *inedie, algoris* et *vigilie*, sed tamen *ardens in cupiditatibus*, parum *subdolus, varius, cujuslibet rei simulator ac dissimulator* extitit. Contra etiam istum *pleraque* [3] *nobilitas invidia estuabat et quasi pollui consulatum credebat si eum novus homo, quamvis* esset *egregius, adeptus* totum *foret. Sed* licet diu disturbarent, *ubi periculum* Normannorum atque Britonum omnia turbantium *advenit, invidia atque superbia post fuere. Nam* [4] semper complures *bonis invident, malos* et inertes *extollunt, nova optant, odio mutari* plura *turba atque seditionibus* nituntur. Is vero, adepto toto consulatu, *quoscunque* [5] *moribus idoneos credebat et bello usui fore* notos noverat, hos omnes sibi alliciebat.

---

1. Foulque le Roux paraît comme abbé de Saint-Aubin et Saint-Lézin dans une charte des années 929-930 (*Cartulaire de Saint-Aubin d'Angers*, éd. Bertrand de Broussillon, n° 177).
2. Les mots imprimés en italique sont empruntés à Salluste, *Catilina*, V, 3-5.
3. Salluste, *Catilina*, XXIII, 6.
4. *Ibid.*, XXXVII, 3.
5. *Ibid.*, XXXIX, 6.

Igitur iste Fulco uxorem nobilem de pago Turonico duxit, nomine Roscillam, Warnerii filiam [1], cujus erant tunc tria castella in Turonico, illud quod dicimus Lochas atque Villentrasti et Haia, quorum duo postea Fulco non bona ratione adquisivit. Warnerius iste, cujus filiam Fulco duxit, filius Adelaudi fuit, illius scilicet cui Karolus Calvus Lochas dedit. Qui Ambazium, sibi similiter a rege datum, Adalaudo episcopo, filio suo ex baptismo, et fratri suo, cum adhuc villa esset, reddiderat. Nam jure hereditario eis contingebat eisque pernimium parvulis predictus rex abstulerat.

Iste Fulco longevo tempore vixit filiosque suos adultos vidit, quorum unus, nomine Guido, per Hugonem abacomitem Suessionis episcopus factus [2], quedam improbabiliter fecit, sed illud laudabile et clarum fuit quod Karolum Stultum, quem paulo ante dixi remansisse de Lodovico Nichil Fecit, quem supra memoravimus orphanum, ipsum a Normannis captum, negligentibus aliis Francis, ipse Guido, obses spontanee factus pro eo, laudabiliter a vinculis abstraxit [3]. Habuit et Fulco Rufus alium filium, nomine Ingelgerium, adolescentem militarem et validum. *Qui* [4] *ubi primum adolevit, pollens viribus et ingenio decoraque facie, non se luxui neque inertie corrumpendum dedit, sed equit*ando *plurima* preclara *faciebat et minimum ipse de se loquebatur. Quibus actibus suis omnibus* [5] *vehementissime carus*, hostibus vero *terrori* habebatur. Sed iste Normannis resistendo multas preclaras pugnas perfecit ; a

---

1. Une donation est faite en 929-930 par le comte Foulque, d'accord avec sa femme « Roscilla » et ses fils Gui et Foulque, pour le repos de l'âme de son père « Ingelgerius », de son fils « Ingelgerius », de son beau-père Garnier et de « Tescenda », femme de ce dernier (*Cartulaire de Saint-Aubin*, éd. Bertrand de Broussillon, n° 177). Cf. ci-dessous, la généalogie n° II.

2. Cf. Flodoard, *Annales*, ann 937, éd. Ph. Lauer, p. 68 : « Abbo Suessorum praesul defungitur et Wido, filius Fulconis Andegavensis, Sancti Martini Turonensis canonicus, ejus episcopatu potitur. »

3. Sauf une confusion entre Charles le Simple et Louis IV d'Outre-Mer, en échange duquel Gui s'offrit comme otage (945), les faits sont exacts. Cf. Flodoard, *Annales*, ann 945, éd. Ph. Lauer, p. 99 : « ut rex dimittatur, Wido Suessorum episcopus sese obsidem tradit. » Pour le détail des événements, voir Lauer, *Le règne de Louis IV d'Outre-Mer*, p. 136.

4 Les mots imprimés en italique sont empruntés à Salluste, *Jugurtha*, VI, 1.

5. *Ibid.*, VII, 4.

quibus ad ultimum captus et occisus, lucem juvenis amisit [1]. Necnon Fulco Rufus habuit et tertium, juniorem predi[c]torum, de quo post loquemur. Rufus itaque Fulco, ad senilem etatem perductus, jam infestatione Normannorum aliquatenus sedata, cum lumine visus imminuto sibi propinquare sentiret mortem, de excessibus in quibus offenderat conpunctus et penitens (nam in libidinum petulantiam vitiosus fuisse narratur), per domnum Herveum Andegavensem episcopum, virum religiosum et timentem Deum, emendationem suarum culparum Deo optulit; qui pro redemptione earum thesaurum suum totum pauperibus erogavit, insuper et monasteriis sancti Albini sanctique Lizini, in quibus utrisque tunc temporis clerici degebant, optimam curtem Chiriacum, super alveum Ligeris positam, in elemosinam eis in perpetuum tradidit [2]. Clerici vero sancti Martini, post donationem factam et scriptam, a duabus aliis congregationibus in partem sextam acciti sunt [a] [3].

DE FULCONE COGNOMENTO BONO [b]

Post hec mortuo Fulcone Rufo [4], alter Fulco, filius ejus junior, qui cognominatus est Bonus, successit. Nam tres filios habuisse legitur : Guidonem episcopum, Ingelgerium istumque Fulconem. Iste fuit pacifici et tranquilli et mitis ingenii. *Optimus*

---

a) B' et C ajoutent : Fulco senes plenus dierum mortuus est in senectute bona sepultusque in ecclesia beati Martini juxta patrem suum Ingelgerium. — *b) Ce titre, omis par A, est ajouté en marge par A'* ; de Fulcone Bono *B*.

---

1. Cet « Ingelgerius » mourut avant l'année 930. Voir la charte citée ci-dessus, p. 33, n. 1. La généalogie n° II que nous publions en appendice admet également que cet Enjuger était le second fils de Foulque le Roux.
2. La charte de donation, datée de l'an VII du roi Raoul (929-930), est transcrite au *Cartulaire de Saint-Aubin d'Angers*, éd. Bertrand de Broussillon, n° 177.
3. Il s'agit des clercs de Saint-Martin d'Angers. Leur participation pour un sixième aux revenus du domaine de *Chirriacus* (appelé dans la suite Saint-Remy-la-Varenne) suscita des procès au XI° et au XII° siècle. Voir *Cartulaire de Saint-Aubin d'Angers*, éd. Bertrand de Broussillon, n°° 180 et 196.
4. Foulque le Roux mourut en 941 ou 942. Voir L. Halphen, *Le comté d'Anjou au XI° siècle*, p. 4.

iste *sua*[1] *benefacta laudari quam aliorum ipse narrare malebat ; boni ipsius mores domi et militie colebantur ; jus bonum, concordia maxima, minima avaritia* in ipso erat[a]. Nulla bella gessit, quia jam sua etate pax facta cum Normannis erat. Namque baptizato eorum duce Rollone cum omnibus suis, concessa erat eis a rege Francie et duce Hugone, pactis pactionibus[b] de servitio Francis reddendo et pace tenenda, terra illa quam ex illo tempore usque modo tenent. Nam Rollo, christianus catholicus effectus, Gillam filiam Karoli Stulti duxit uxorem et deinceps terram sibi datam Normanniam vocari precepit. Britanni quoque eisdem Normannis jussu regis et ducis tributarii facti sunt[2]. Qui pro perfidiis in eos antea commissis ita ab eis comprimebantur ut non possent in vicinos suos, Andegavenses dico vel Pictavenses vel Cenomannenses, ullas infestationes predarum sicut antea facere. Sed et etiam per totam Franciam pacis tranquillitas erat maxima.

Illis temporibus, totius bonitatis amator Fulco secundus in pace degebat. Qui ecclesiastici decoris et religionis studiis delectabatur. Ecclesie[c] Dei cultum et honorificum decorem diligens, ex suo proprio plures augmentabat. Enimvero erga

---

a) B' *ajoute ici en marge* : Iste nutrivit sanctum Odonem et ei cellam juxta beati Martini tribuit ecclesiam et cotidianum victum ex eadem canonia adquisivit eique concessit. Qui enim postmodum magister scole et precentor ejusdem ecclesie, eodem consule adminiculante constitutus est. Factum est autem postmodum. *C reproduit ce passage et le fait suivre d'un extrait* (Factum est autem postmodum ut prefatus comes Fulco..... Christi factus est agonista) *de la Vie d'Eude de Cluny par le moine Jean* (Migne, Patr. lat., t. CXXXIII, col. 53). *Puis C continue ainsi* : Ad hunc Odonem misit Fulco Bonus, de quo agimus, epistolam ubi obnixe deprecatur ut narrationem evectionis et revectionis corporis beati Martini Turonensis, que ab avo ejus Ingelgerio et per eum facta est, ex ordine et seriatim transcriberet ; quod et fecit, ut in gestis ejusdem Ingelgerii consulis invenire poteris. — b) pauctis pauctionibus *A ; corr.* pactis pactionibus. — c) *Les deux phrases* ecclesie Dei... plures augmentabat *et* enimvero erga... reverentiam gerebat, *sont omises par B, qui reprend* : Unde in monasterio beati Martini..., *avec les mots* beati Martini *en surcharge*.

---

1. Les mots en italique sont empruntés à Salluste, *Catilina*, VIII, 5, et IX, 1.
2. Ce passage prouve que Dudon de Saint-Quentin n'est pas le seul qui ait accepté la version suivant laquelle la suzeraineté de la Bretagne aurait été cédée à Rollon lors du traité de Saint-Clair-sur-Epte.

ecclesiam beati Martini specialem amorem et reverentiam gerebat. Unde, in monasterio ejus aput Turonos collegio fratrum asscriptus, canonicus ibidem esse et dici gaudebat ; in festis etiam ejusdem sancti in choro inter psallentes clericos cum veste clericali et sub disciplina ipsorum astabat. Illuc cum pergere ad certas per annum sollempnitates celebrandas disponeret, copiosum et divitem apparatum expensarum sollicite premittebat ; hospitabatur aput mediocrem aliquem ex clericis et domum illam ubi mansurus esset magno ornamentorum cultu venustare secundum consuetum morem semper faciebat : hoc autem eo consilio ut in discessu suo hospes ille, quamvis antea tenuis, ex rerum reliquiis sibi prorsus dimissis ditatus remaneret, quod ita de non paucis eum actitisse compertum est [a]. Qualicunque vero ex parte Turono propinquans illud monasterium prospicere potuisset, mox equo desiliens et ibidem humili prostratus cum devotione orabat, veniam delictorum suorum sibi per intercessionem sancti confessoris expostulans[1].

Ejus autem tempore, pago Andegavensi, sicut supradictum est, pacis quiete divinitus concessa, idem comes urbem et territorium illud, ecclesias quoque reparare satagens, agriculture et animalium nutriture operam dabat, ipse etiam cupiens et alios suo exemplo incitans inopiam preteritorum temporum, quam hostilitates diutine invexerant, habundanti opulentia bonorum terre recompensare. Tunc vero multi ex extraneis diversisque regionibus circumpositis incole in pagum istum commigrarunt, tam clementi bonitate principis quam ubertate glebe huc evocati. Namque terra ista, per diutinam solitudinem sui et cessationem culture pinguefacta, mirabili tunc fertilitate fructuum et bonorum omnium resplendebat et respondebat ; silvarum incrementis pleraque sui parte vestita,

---

a) *A' met ici un signe de renvoi ; la phrase* Qualicunque vero... confessoris expostulans *est omise par B, qui la remplace par un passage* (contigit quodam tempore... humilior redditus est), *que l'on trouvera publié plus loin* p. **140**.

---

1. Foulque le Bon mourut vers l'an 960. Voir L. Halphen, *Le comté d'Anjou au XIe siècle*, p. 6.

eas incidentibus et concid[ent]ibus colonis ipsis locis utentibus facili labore satisfaciebat *a*.

CRONICA DE GOFFREDO GRISA TUNICA

Iste Fulco Pius tres filios habuit, quorum primogenitus Gosfridus consulatum rexit ; alter, Guido nomine, episcopus Podii fuit [1] ; tertius, junior, Drogo dictus, a Fulcone nimis dilectus, qui eum in senectute genuerat, peritia literarum et artium liberalium edoctus, benignitate Hugonis regis in episcopatu Podii fratri suo successit [2]. Gosfridus consul more gallico militie peritus, pectore *b* et brachio vir jure militario efficacissimus, in multis expeditionibus singularis aprobatus fuit. Serenitas in eo specialiter prefulgebat, clementia in eo florebat, dapsilitatem unice diligebat, hostibus hostiliter inimicabatur, suis viriliter patrocinabatur, que omnia precipue optimos principes decent. Qui ob insignia summi et singularis meriti a rege in preliis signifer et in coronatione regum dapifer tam ipse quam ejus heredes constituuntur [3] et agnomen Grisa Tunica referens premia maxime probitatis sibi adquisivit *c*.

a) B' et C ajoutent : Contigit quodam tempore in festo beati Martini hiemalis, cum de manu episcopi mis[s]am canentis corpus et sanguinem Christi susciperet, rediensque in c[h]oro, levi tactus incommodo, inter manus clericorum sociorum suorum expiravit sepultusque est in ecclesia juxta patrem suum. — *b)* pecetore *A* ; *corr.* pectore. — *c) C insère ici, avec de légères retouches, un extrait du* De senescalcia *publié plus loin* (Cum autem voluisset Deus sublimare Robertum, filium ducis... cunctis applaudentibus et laudantibus, exinde donavit ; *puis :* Etiam hujusmodi obsequium prestitit comes Gosfridus... tribuit jure hereditario possidendam in perpetuum).

---

1. La nomination de Gui à l'évêché du Puy est de l'an 975, suivant F. Lot, *Les derniers Carolingiens*, p. 81.

2. Il semble que la mention d'un Dreu ou Drogon, fils de Foulque le Bon, soit le résultat d'une confusion (voir L. Halphen, *Le comté d'Anjou au XIe siècle*, p. 5, n. 4). En tout cas, le successeur immédiat de Gui à l'évêché du Puy fut, non pas son frère, mais son neveu Etienne, que le pape Grégoire V déposa en 998 (voir le 5e canon du concile de Rome, dans Labbe, *Concilia*, t. IX, col. 772, ou dans le *Recueil des historiens de la France*, t. X, p. 535).

3. C'est là le premier noyau de la légende développée dans le *De majoratu et senescalcia Franciae* attribué à Hugue de Clefs et que nous publions à la fin de ce volume.

In diebus illis[1] Huasten Danus, tribus annis Gallias circa loca maritima maxime infestans, ad ultimum ad consobrinos suos Eduardum et Hilduinum, qui consules Flandrie erant, cum xv[cim] milibus Danorum et Saxonum pervenit, secum habens Hethelulfum, mire magnitudinis et fortitudinis virum, quem francisca ling[u]a Haustuinum vocant. At vero Dani cum Suevis per regiones Francorum discurrebant, rapinis et incendiis queque poterant oppida vel villas pessumdantes. Peragrata itaque armis atque incendiis auxilio Flandrensium tota fere illa depopulata regione quam prope Flandriam Franci habitant, consultum est Parisius transire terroremque suum ubique spargere. Ventum est itaque in vallem amenam et pulcherrimam, inter locum qui Mons Morentius dicitur et Parisius, castellumque Montis Morentii captum munientes, diutius ibi inmorari existimaverunt. Cujus presumptionis timore, rex in solennitate Pentecostes proceres suos undequaque Parisius congregare disposuit, videns sibi nullam fieri tunc copiam pugnandi, cum Franci, inter menia urbis refugere compulsi, foras erumpere non erant ausi. Singulis igitur diebus Hethelulphus Danus, veluti alter Goliaht agminibus Francorum exprobrans, ante urbem Parisiacam, singulare duellum **ab aliquo** Francorum exigens, veniebat. A quo cum conplures milites ex fortioribus et nobilioribus Francorum duello devicti et perempti

---

1. Le récit qui suit a été étudié en détail par M. Ferdinand Lot dans un article sur *Geoffroi Grisegonelle dans l'épopée* (*Romania*, t. XIX, 1890, p. 377-393. Cf. notre introduction, chap. III, § 1). M. Lot a mis en lumière le caractère épique de tout le récit et conjecturé qu'il avait pour source principale un ou plusieurs poèmes perdus dont Geoffroi Grisegonelle aurait été le héros. Les passages relatifs, notamment, au combat singulier livré sous les murs de Paris par le comte d'Anjou semblent empruntés à quelque chanson de geste et offrent avec certains épisodes du *Moniage Guillaume* des analogies remarquables. Peut-être un événement réel du siège de Paris par Otton II en 978 a-t-il donné lieu à un poème, altéré ensuite d'une double manière par la substitution au héros primitif, d'un côté, de Geoffroi Grisegonelle, de l'autre, de Guillaume d'Orange. Mais indépendamment de ce siège de 978, il semble qu'on trouve dans les récits poétiques qui ont servi de sources aux *Gesta* des réminiscences d'autres événements historiques, comme la participation de Geoffroi à la guerre du roi Lothaire contre Richard Ier de Normandie (sur cette guerre, voir Lot, *Les derniers Carolingiens*, p. 346-357).

fuissent, rex dolore commotus ne quis amplius contra eum exiret prohibuit.

Gosfridus comes Andegavis, audito regis nuntio qui eum veniendi ad curiam in predicto festo submonuit, Landonense castro, quod suum erat, ante inpositum sibi diem ire disponens, paucis diebus ante dominicam Ascensionem Aurelianis venit. Ubi cum certissime virtutem et crudelitatem predicti Dani didicisset, fingens se *a* vir magnanimus ad colloquium cujusdam amici abscondite ire, suis ut preirent et Landonense castro eum expectarent precepit; ipse vero, uno solo milite cum duobus armigeris secum retento, clam a suis discedens, sero Stampis *b* hospitatus, sociis ne cuiquam se detegant monuit.

In crastino consul furtivus viator egreditur ; non longe a Parisiaca urbe burgum sancti Germani devitans, a molendinario qui molendinos Sequane custodiebat, dato de suo, habile navigium sibi parari impetravit. Volens adhuc consul se occultare, ea nocte in domo molendinarii dormit. Mane cum uno solo equo, milite suo sibi sociato, cum duobus molinariis navigio Sequanam transit. Viso Dano ejusque clamore audito, comes infremuit et armatus cito equum ascendit ; relictis in nave sociis, amena planitie solus ei obviavit ; uterque autem cornipedem calcaribus urgens appropinquavit. Comes perforato hostis pectore, ferro etiam inter armos foras emisso, Danum prostravit ; qui et illesus recessit, licet Danus, gravissimo ictu dato, fracto clipeo scissaque lorica, juxta sini[s]trum latus consulis ferrum deducens, fracta hasta equum illius in postremo femore vulneravit. Respiciens comes Danum gemebundum, torvis oculis adhuc minacem nitentemque exurgere, festinus descendit ; abstracto ipsius proprio gladio, velut alter David, caput abscidit. Iterum equo suo statim scandit et cum hostili equo et capite ad navem properat. Fluvio enavigato, domino navis caput ut in civitatem deferat tradit. Ipse clandestinus *c* viator Landonense castro ad suos rediit. Sociis in via ne se detegant obnixe precepit.

---

a) fingens se *om. A.* — *b)* Stanpos *A* ; *corr.* Stampis. — *c)* clamdestinus *A* ; *corr.* clandestinus.

Multi a murorum et propugnaculorum[a] spectaculis et ab ecclesiarum apicibus prospectabant et quamvis quis esset ignorarent, tamen prosperitati ejus invidebant. Letabantur autem in Domino Jesu, et gratias agentes securius cives extra urbem cursitabant. Denique bajulus capitis venit in urbem et, rege presente, nomen et militis personam se affirmat ignorare, uti eum quem nunquam viderat ; tamen si videret, cognoscere eum non dubitat. Rex aliud animo deliberans ad presens siluit. Dani dolentes, magis in iram efferati, Francos ardentius impetebant et ab incursionibus in eos nullatenus absistebant; et licet Monmorentium spoliatum et conbustum reliquerant, tamen loca omnia Silvanecto et Suessioni adjacentia usque etiam Lauduno Clavato perturbabant[b]. Venerunt statuto die Parisius convocati principes, duces videlicet et consules et totius Francie magnates, omnesque majores natu quorum peritia preminebat simul in aula regis convenerunt. Gosfridus comes Andegavis, indutus tunica illius panni quem Franci grisetum vocant, nos Andegavi buretum, inter principes sedebat. Molendinarius, ad hoc a rege evocatus, affixis oculis ipsum agnovit et, licentia a rege postulata, vultu jocundus ad consulem accessit. Qui genu flexo, arrepta comitis tunica, regi et ceteris ait : « Hic cum hac grisa tunica sternendo Danum Francorum obprobrium abstulit et exercitui eorum terrorem incussit. » Rex ut deinceps Gosfridus Grisa Tunica vocaretur edixit, cui omnis multitudo assensum prebuit.

Dum hec agerentur, ecce ex improviso legati affuerunt, qui Danos in valle Suessionis castra posuisse retulerunt ; quibus adjuncti sunt innumeri milites Flandrensium in ducatu suo habentes populum quamplurimum. His auditis, loquutus rex ad optimates sic demum ora resolvit : « Videtis, optimates, quod sine profundis singultibus enucleare non possum quantis calamitatibus et incommoditatibus populus Francorum percellitur. Quid plebeios homines commemorem, cum plures ex vobis, ex illustri sanguinis stemmate orti, inedia palleatis et gravis lues Danorum vestros labores contaminet ? Jam dudum agri vestri, in solitudinem redacti, vel nullo vel raro vomere

---

a) propugnatorum *A* ; *corr.* propugnaculorum. — *b*) perturbant *A*.

excoluntur. Ne, queso, deturpetur propter nostram negligentiam laus Francorum. O genus infractum! o gens invictissima! ne terreamini. Res in arcto est, bellum ex adverso est, hostis multus in proximo est. Expergiscimini, fortissimi milites! ecce, dimicandi tempus est ; bellicosas manus exerite viresque avitas, dum tempus est, ostendite. Quid opus est verbis ? Jam nunc sibi quisque loquatur [1]. » Nobilitas igitur quid regi consuleret anxiabatur. Quorum quidam responderunt : « Nullam ad presens pugnandi dare possumus sententiam, sed volumus et conlaudamus quatinus, ista re indutiata, pugnam procrastinemus, donec majores vires habeamus. » Gosfridus tamen Grisa Tunica, suam expromens sententiam, consilium adjecit : « Vos, domini consulares et illustres viri, lux et flos victoriose Francie, decus et speculum pugnatricis militie, pro vobis ipsis decertate et pro fratribus vestris animas ponite. Nam quoad populum, qui se regi et nobis commisit, inultum mori conspicabimur ? Video vos, Deo gratias, omnes unanimes, ne[c] aliquis in hac re debet ab alio dissidere. Quid differt[a] dominus a servo, nobilis a plebeio, dives a paupere, miles a pedite, nisi nostrum, qui presidemus eis, prosit consilium et patrocinetur auxilium ? Si Dani mihi dominabuntur impune, nolo amplius vivere. Tantumdem est si moriamur inglorii ac si comparemur jumentis insipientibus, brutis assimiles animalibus. Omnes quidem anhelare[b] debetis ad pugnam, quia omnes id ad communem creditis profuturum salutem. Ego vero idipsum collaudo, vehementer efflagito, rogo ne sicut segnes moriamur vel imbecilles, ne[c] simus improperium vel omnium infamia gentium ».

His dictis, non sine gravibus illorum quos relinquebant lamentis processerunt. Nec isti nec illi sperabant se de cetero posse frui aspectu mutuo ; hii et illi proruebant in carorum oscula et omnes in lacrimas ciebantur. Venerunt autem circa Suessionis regionem et intraverunt vallem unam, formosa planitie venustam ; illic unusquisque suas acies gregatim orna-

a) refert A ; corr. differt. — b) hannelare A ; corr. anhelare. — c) non A ; corr. ne.

1. Il y a évidemment dans tout ce passage des réminiscences de vers classiques. Nous n'avons pu déterminer lesquels.

verunt et ordinaverunt. Loquuti sunt optimates de bello ordinando et negotium illud commiserunt Andegavensi Gosfrido : « Eia, inquit Gosfridus, singuli vestros convocate et, signo dato, unusquisque cum vestra acie militate. Ubi autem opus fuerit, lanceis et gladiis rem peragite et actuum et ictuum paternorum ne obliviscamini. » Ordinate sunt itaque sex acies ; quinque ex illis processerunt que belli pondus sustinerent et inimicum agmen efficaciter feriendo repellerent. Rex postremus cum acie sua gradiebatur omnibus provisurus et subventurus et, si Dani prioribus prevalerent, totam belli ingruentiam excepturus.

Litui clangebant [1], bucine reboabant [a], utriusque multitudinis clamor audiebatur, et jam clipeo clipeus, jam umbone umbo repellebatur ; hastis confractis enses [b] mutilabantur et cominus utreque Danorum et Flandrensium instabant legiones, et ipsorum supervenere suscenturie et graviter primos ceperunt repellere. Nequibant enim impetum tot nationum sustinere, sed titubantes cogebantur cedere. Tantus enim erat clamor et strepitus telorum et imber ut ipsum etiam aerem obnubilarent. Ingemuit rex, qui undique prospiciebat eis tanquam oculatus et ait : « Christe, tuos sustenta Francos ! » et Gosfrido, qui suum detulerat vexillum, per nuntium adjecit : « Gosfride, rapidum calcaribus urge cornipedem et Francis titillantibus esto juvamen. Memor esto, obsecro, parentum nostrorum, ne lividaveris in aliquo titulum Francorum. » Gosfridus, sancte crucis signo munitus et auxiliaribus constipatus, manipulis properus affuit Danisque miles audacissimus obstitit. Interdum enim perfidos aggressus est illos, ut vexilli regis lingulas in ora Danorum volitare faceret altoque clamore suo eos aliquantulum deterreret. Ad illius primipilaris impetum Franci, animo resumpto, in Danos inruunt unanimes et pugionibus vibratis instabant efferatius et instantes. Fragor armorum multus erat, et ab ereis cassidibus ignis elucubratus multus scintillabat. Vulnera vulneribus illidebantur et campi nimio

a) roboabant A ; *corr.* reboabant. — *b)* ensses A ; *corr.* enses.

1. Ici encore vient un passage évidemment inspiré d'un texte classique.

sanguine purpurabantur. Intestina videres dependentia et cesa capita et trunca corpora passim oppetentia. Exterriti sunt autem Dani pre timore nimio et repente, cuneis eorum labantibus, fuge se commiserunt. Persecuti sunt eos Franci sternendo, proterendo, mactando, et cesi sunt ibi multi milites et pedites, adeo ut duces ipsorum inventi sint postmodum mortui in medio quinque milium mortuorum. Magno autem tropheo Franci potiti, leti reversi sunt ad suos, secum adducentes equos multos spoliaque multa, que sibi ipsi manu sua in prelio pepererant. Factum est igitur gaudium magnum in Francia Deoque dignas omnes edidere gratias.

Rursus a partibus Alemannie bellum novum exortum est. Quidam Theutonicus de Suevia, Edelthedus nomine, qui de genere Pharamundi et Clodovei descenderat, regnum Francorum jure hereditario exigebat. Qui auxilio Othonis regis Italie Lothoringiam et superiores partes Francie impugnabat. Conquerebatur in propatulo de federatis pactionibus quas Hugo rex in presentia Henrici ducis Lothoringie et Ricardi comitis Normannie et Gosfridi Andegavis in quodam colloquio fecerat, scilicet quod regnum Francorum Hugo sibi dimitteret, ita dumtaxat ut sibi ducatum totius Francie daret, sicut dux Hugo olim possederat. Quód predicti principes, ut aiebat, et multi alii magnates fide sua pepigerant. Gosfridus Grisa Tunica, aliis dubitantibus, surrexit et ait : « Perjurii nusquam volo redargui nec patiar ut nobis domineris. Regem meque et socios de fide mentita defendo. » Bertoldus, frater ducis Saxonie, vir factus ad unguem, pro Theutonico duellum arrip[u]it et adjecit : « Pares et coequales nostri quod justum est dijudicent ; altercatio enim hec insopibilis est. » Congregati sunt utriusque partis majores ; audite sunt utriusque litigantis questiones ; itum est in partem et responderunt expectantibus judicium : « Communi consilio a nobis concordatum est quod qui victor extiterit regnum in pace teneat ; alter consilii nostri auctoritate, regno dimisso, viam suam pacificus acceleret. » Id totum ita concessum est et sic se simpliciter persecuturos manu in manum episcoporum firmatum est.

Regina, Gosfridi Andegavis consanguinea, partem zone beate Marie virginis, que in capella sua erat, quam Karolus Calvus a

Bisantio attulerat, ei misit et ut nuda colli ex ea ligaret precepit, affirmans quod in hoc vinceret. Ad bellum igitur Gosfridus animatus jam majori fiducia procedebat. Bertholdus siquidem tante[a] animositatis et stoliditatis erat ut nullum sibi audere venire obviam ad pugnam arbitraretur aiebatque : « Sinite eum, exeat, veniat ; ego illum contemptibilem caniculum, qui de bello ausus est presumere, statim prevalens suffocabo. » Ventum est ad prelium, pugnatur viriliter. Primo impetu neuter cecidit, sed Bertoldus, dum equum giraret, a comite lancea graviter inter scapulas vulneratur ; sanguis illius funditur. Utrinque inremeabiliter pugnabatur, cassides enee resonabant, nulla eis requies prestabatur, cum Bertoldus equo cadit citoque in pedes surgit ; consul animosus descendit. Tunc eorum corpora sudore et cruore liquentia[b] conspiceres, cum manus manibus, pedes pedibus, corpora corporibus inpingebant. Ad ultimum vero, rupta lorica Bertoldi, extis ejus fusis, ille preliator fortissimus, Gosfridus Grisa Tunica, victor extitit. Franci Christo gratias egerunt diemque illum sollempnem duxerunt Deoque dignam immolaverunt laudem. Theutonici cum duce suo Edelthedo confusi ad propria redierunt. Gosfridus licentiam redeundi a rege et regina poposcit zonamque sibi dari promeruit, quam in ecclesia beate Virginis Marie Luchis posuit, ubi et canonicos ad simul vivendum constituit et ex propriis rebus multa eis dedit. Post hec Gosfridus, Deo favente repulsis et repres[s]is hostibus, plures annos vixit terramque suam in pace rexit[1]. Nullus enim contra eum mutire audebat. Genuit autem plures filios, quorum junior, Mauricius nomine, ceteris patre superstite mortuis supervixit[c].

a) tante om. A. — b) linquentia A ; corr. liquentia. — c) B' ajoute ici en marge : Ipse vero mortuus sepultus est in ecclesia beati Albini Andegavis ; et C porte : Ipse vero mortuus sepultus est in ecclesia beati Martini Castri Novi.

1. Geoffroi Grisegonelle mourut le 21 juillet 987. Pour ce qui est de ses enfants, il y a ici erreur : Geoffroi laissait deux fils, Foulque Nerra et Maurice. Il avait eu Foulque de sa première femme, Adèle de Vermandois, et Maurice d'un second mariage, conclu vers 978 avec Adélaïde de Chalon. Son successeur fut Foulque et non point Maurice. Voir L. Halphen, Le comté d'Anjou au XIe siècle, p. 8 et 9.

CRONICA DE MAURICIO CONSULE

Mauricius, Gosfridi Grise Tunice filius, vir prudens et honestus, bonorum et pacis amator, plus sapientia quam bellis consulatum pacifice tenuit. Qui quod fructus ingenii et virtutis omnisque prestantie tunc maximus capitur cum in proximum quenque confertur haut ignorabat. Igitur suis certis parentibus et vera amicitia sibi conjunctis multa beneficia contulit, que, teste Tullio, *meminisse* [1] *debet is in quem collata sunt, non commemorare qui contulit.* Superiores exequare se cum inferioribus amicis aliquando debere, inferiores vero non dolere se a suis aut ingenio aut fortuna aut dignitate superari Mauricius affirmabat. Qui hac opinione multos ex suis elevans, ad amplissimos honores perduxit. Ipse peritus in causis, oratoriis ornamentis sibi adhibitis, audacius ceteris in curiis eloquens vir loquebatur et que esset erudita, que popularis oratio edocebat [2]. Duxit autem uxorem de Alniensi pago, filiam Haimerici consulis Santonici, neptam Raimundi Pictavensis comitis, ex qua Fulconem Nerram genuit [3].

Surrexit in eum vir quidam iniquus, dolo et omni malitia repletus, Landricus Dunensis, qui in Andegavensi consulatu multa nefaria perpetravit, Ambaziaco vero et Luchis fideles consulis pluribus laboribus injuste vexavit. Hunc Landricum pater Mauricii, Gosfridus consul, Ambazio hereditaverat et domum munitissimam a meridiana parte Novi Castri sitam cum pluribus casamentis ei donaverat. Iste Mauricio filio ejus retributionem quam Deus nescit, scilicet mala pro bonis, sepe reddidit. Existimabat enim Ambaziacum consuli auferre, confidens in auxilio Odonis Campaniensis, qui Turonum, Blesim, Car-

---

1. Les mots imprimés en italique sont empruntés à Cicéron, *De amicitia*, XX, 71. La phrase suivante est inspirée du *De amicitia*, XX, 72 : « Quam ob rem ut ii qui superiores sunt summittere se debent in amicitia, sic quodam modo inferiores extollere ».
2. Cet éloge est évidemment inspiré d'un texte classique.
3. Ce mariage et cette généalogie fantaisiste ont dû être imaginés pour justifier les prétentions des comtes d'Anjou sur la Saintonge.

notum, Briam, Campaniam etiam*a* cum urbe Treiciarum usque Lothoringiam possidebat. Itaque per Turonum et Lengiacum descendens, Valeiam inpugnabat, fav[en]te sibi Salmurensi Gelduino, qui Salmurium Ucceumque et alia multa in Turonia *b* et Blesensi territorio de feodo predicti Odonis tenebat. Resistebant tamen Landrico duo germani fratres Archenbaudus Busenchaiaci et Supplicius Beati Martini thesaurarius, ambo pernimium consuli fideles, qui partem Ambaziaci oppidi jure hereditario possidebant. Isti domum defensibilem Ambazio habebant, in loco ubi post obitum fratris sui thesaurarius arcem lapideam composuit; qui a propria domo et a domicilio comitis sepe Landricum et suos infestabant [1].

Mauricius gravi morbo preoccupatus, Fulconem filium suum jam adultum militemque fortissimum sic alloquitur : « Fili, nulla domus est pusilla que amicos capit plurimos. Moneo igitur ut eos caros habeas qui mihi et tibi fideles amici fuerunt, malis hominibus quibus utilissimum esset malitiam effugere ne parcas. Semper mali bonis invident; teste vero Seneca [2], *facilius est pauperi contemptum effugere quam diviti invidiam : bonis enim nocet qui malis parcit.* Video te, Deo gratias, ab avita probitate non degenerare; propter quod nunc gaudeo et ut thesaurarium fratremque suum manu teneas precipio. » His dictis, vir inclitus nature concessit *c*.

a) B' modifie comme suit en marge : qui possidebat Campaniam usque Lotoringiam, Briam etiam et Carnotum, Turonim et Blesim. De nomine hujus castelli et construccione sive constructore ejus breviter lectori intimare curabimus. Ivomadus enim quidam juvenis. *Le texte ainsi modifié est adopté par C qui interpole en cet endroit un alinéa (*Ivomadus quidam juvenis de Britannia.... et a deceptione Blesim vocavit*) emprunté au* Liber de compositione castri Ambaziae, *cf. p. 11. — b)* Turoniam *A ; corr.* Turonia. *— c) B' ajoute en marge :* Sepultusque jacet in ecclesia sancti Albini juxta patrem suum *et cette addition est reproduite par C.*

---

1. Mlle Kate Norgate (*England under the Angevin kings*, t. I, p. 103) a supposé que ce récit devait être interprété comme se rapportant à des événements dont la Touraine aurait été le théâtre pendant une absence de Foulque Nerra, parti en pèlerinage à la fin de l'an 1002 ou dans le courant de l'an 1003. Maurice serait intervenu alors en qualité de régent. Cf. L. Halphen, *Le comté d'Anjou au XIe siècle*, p. 31, n. 2.

2. Sénèque, *De moribus*, 114 et 133.

DE FULCONE NERRA

Fulco Nerra, cui consuetudo fuit animas Dei jurare, juvenis haud modici pectoris, consulatum a multis hostibus viriliter aggressus est defendere. Semper enim contra novum principem nova confestim bella emergunt. Monitu nempe pessimi Landrici, Odo Campaniensis et Gelduinus Salmurensis Fulconem a Turonia expellere temptaverunt, putantes Ambaziacum et Lochas comiti auferre. Suggerebat eis presentis temporis oportunitas : nam Supplicius thesaurarius, fratre suo noviter mortuo, solus sub consule tamen Ambazium regebat. Nec differt heros cordatissimus ad vindictam hostium properare seque periculo exponere. Collecto igitur quantum potuit exercitu, terram inimicorum audacter introivit, et ultra Blesim profectus ad Castrum Dunum devenit. Habitatores illius castri, cingulis militaribus acci[n]cti armisque protecti, ad pugnam se more militum castrensium paraverunt et mox conglobati consulem et suos invaserunt. Sustinuerunt igitur Andegavi frequentes inpetus eorum usque ad vesperam; et cum recedere attemptarent, concursus *a* instantium devitare nequibant, cum Dunenses a tergo cedentibus insisterent. Postquam consulares nec laborem poterant amplius sustinere nec eos compescere, conglobati gradatim conati sunt redire et cum eis pugnare. Itaque premissis Ambaziensibus, Andegavi undique eos aggredientes coangustaverunt et prevaluerunt. Dunenses, correpti timore, disgregati fugere ceperunt. Comes preliando in castrum suum ipsos fugavit. Multi itaque de gente plebeia capti, alii gladio necati sunt. Requieverunt ergo ea nocte in loco illo, tenentes milites viginti, et cum *b* ceteris captis ligatos custodierunt. In crastino terram illam depredati sunt et colonos illos humotenus pessumde[de]runt. Potiti ergo gaudio victorum, Ambaziaco die tertio reversi sunt.

Consul Ambazio domum Landrici obsedit, et tam ardenter ad expugnationem illius domus sui convenerunt ut ipsos de domo ad resistendi desperationem compulerint. Scientes itaque se nec resistere posse nec, si caperentur, meritas penas et mortes

---

a) cum cursus A ; *corr.* concursus. — *b)* cum *om.* A.

evadere, ex dedendo comiti domo, si sibi vita concederetur, ceperunt per legatos tractare. Librato itaque consilio, visum est bonum omnibus ut, sine discrimine obsidentium tam grande removeretur periculum. Itaque vita eis indulgetur et domus recepta funditus deletur. Landricus et sui a castro illo expelluntur[a]. Inde comes, Ligerim transiens, in domum suam quam ipse firmaverat, que antiquitus Caramantum vocabatur, nunc vero Villa Moranni, hospitabatur. Deinde [per] Semblanchiacum, quam etiam firmaverat sibi, et[b] per terram hominis et amici sui Ugonis de Aluia, qui dominus castri quod Castellum dicitur et Sancti Christophori erat, indeque Valeiam intrans[c], Andegavis, nolentibus civibus Turonicis, ad libitum descendebat. Mirebellum vero et Losdunum Fulco possidens, Kainonem, qui Odonis proprius erat, Salmurium et Monsorellum illosque de Insula Bucardi ab hinc sepe expugnabat et per terram Guennonis, qui dominus Noastri erat, Luchis redibat[d]. Denique Fulco comes, negotia sua pertractans, quendam virum bellicosum, militaribus armis efficacissimum, Lisoium de Basogerio, nepotem vicecomitis de Sancta Susanna, Luchis et Ambaziaco prefecit et militibus tam majoribus quam minoribus ut ei obedirent precepit. Ipse fratres habebat, cognatos, notos et affines multos, qui omnes cum Lisoio spontanei remanserunt.

Quicquid, teste Boetio[1],

Certum deserit ordinem
Letos non habet exitus.

Comes Britannie Conanus, ordinem sui consulatus cupiens excedere, spreto Fulcone, virtute quatuor filiorum suorum confisus, fines Andegavorum vastare non destitit. Meduana est fluvius, *inter*[2] *occidentales amnes*[e] *non ultimus, qui placidis*

---

a) expellitur A ; corr. expelluntur. — b) Les mots Ligerim transiens... firmaverat sibi et, omis d'abord par A, ont été ajoutés en marge. — c) indeque Valeiam intrans ajouté en marge par A'. — d) B et C ajoutent ici un passage (At Fulco alter Cesar...., et comes Fulco ei sepe auxiliabatur) emprunté aux Gesta Ambaziensium (cf. p. 78-79). — e) annes A ; corr. amnes.

---

1. Boèce, *De consol. philos.*, I, vi, vers 21-22.
2. Les mots imprimés en italique sont empruntés à Lucain, *Pharsalia*, IV, 13-16.

undis Andegavim *prelabitur, quem pons saxeus, hibernas passurus aquas, amplectitur.* Usque ad hunc Conanus et filii consulatum habere volebant. Interea Conanus, Fulconem sciens ab Andegavis abcessisse, ad curiam regis Aurelianis ire disposuit ; filiis suis ut Andegavim discurrerent et interim languidiora terre explorarent precepit. Audientes autem filii Fulconem abesse, gavisi sunt, sperantes se Andegavensibus prevalituros, utpote quos paucos et inmunitos opinabantur. Dum consules Aurelianis regem expectarent, Fulco in quadam domo ut ventrem purgaret secessit. In thalamo ejusdem domus a Fulcone solo pariete diviso Conanus venit, suis ibi aperit quod filii sui quarto die usque ad portas Andegavis omnia demoliendo [a] discurrerent. Quo audito, comes ad suc[c]ursum suorum festinat, fingensque se Landonense castro suo ire, nocte et die equis sepe mutatis equitat ; suis in via ut se sequentur inperat. Secundo die sero Andegavis abscondite intrat, multos milites et pedites extra urbem congregat. Britones statuto die usque ad portas urbis securi inpetuose currunt. Fulco et sui latitantes, in eos securos celerrime irruunt, alios prosternunt, alios in fugam conversos insequuntur. Nam regressu consulis cognito, resistendi nec ad momentum constantiam habuerunt inimici. Ita dispersi quo quisque potuit citissime diffugerunt. Mortui sunt in illo conflictu duo filii Conani innumerique pedites perempti ; alii duo cum multis baronibus et militibus et peditibus capti. Fulco autem statim ad curiam regis citissime redit, et ipso die quo rex venerat ipse et quidam suus miles, equitans varium equum Alani, primogeniti filii Conani, ante aulam regiam descenderunt. Quesitum est a Britonibus quomodo equus ab illis habeatur verumque auditur et Conano nuntiatur. Deflet Conanus casum suorum, coram rege lamentatur, ab episcopis pax queritur et mediante Roberto rege et Ricardo Normannorum duce, qui Juditham filiam Conani habebat uxorem, concordia efficitur ; Alanus, primogenitus Conani, cum fratre suo redimitur ; omnes capti dato competenti pretio liberantur, et a Fulcone consulatus ultra Meduane quiete et pacifice possidetur [b].

a) moliendo A. — *b)* A' et B ajoutent ici : Nunc de moribus Britonum quid Glaber Rodulphus historiographus in historia sua scripserit et de Conano pseudorege facto et de bello cum eodem Fulcone habito nostro

Fulco ex uxore sua Gosfridum Martellum et filiam Adelam nomine genuit[1]. Vir Deum timens Fulco Romam gratia peregrinationis venit et, acceptis cum benedictione a Romano papa litteris, iter eundi Jerusalem, quam tunc gentiles tenebant, arripuit[a]. Qui Constantinopolim veniens, Robertum ducem Normannie, illud itidem iter agressum, ibidem reperit[2]. Ricardus namque dux Normannorum ex Juditha, filia Conani comitis Britannie, duos filios, Ricardum et Robertum, habuit. Ricardus primogenitus a fratre suo Roberto veneno necatus est. Qui de perpetrato facinore Deo satisfaciens, anno ducatus sui vii^{mo}, nudipes hoc iter suscepit. Iste Robertus Wile[l]mum virum probum, qui Angliam adquisivit, ex concubina ante hoc factum genuerat. Quo invento Fulco et sibi sociato, literas pape inperatori tradidit. Isti ambo, viris Antiochenis qui forte ibi aderant adjuncti, jussu imperatoris per terram Saracenorum deducuntur. Robertus in itinere Bithinie obiit[b]. Fulco sub conductu Jerusalem ducitur. Portam tamen urbis intrare non valuit, ad quam peregrini ut intrarent violenter suas pecunias dare urgebantur. Dato autem pretio tam pro se quam pro aliis christianis ad portam sibi prohibitam[c] morantibus, urbem celeriter cum omnibus intravit; sed sepulcri claustra eis prohibuerunt. Nempe cognito quod vir alti sanguinis esset,

operi breviter inseramus. *Après quoi B copie les chapitres III et IV du livre II des* Histoires *de Raoul Glaber* (Narrant siquidem plerique disputantes... in alterius procaciter patrare episcopi diocesi, *éd. Prou, p. 30-34*). *L'interpolation est reproduite par C, qui la continue en y ajoutant une note sur les débuts de l'abbaye de Beaulieu* (Edificatis igitur religioni... videlicet concordia fratrum et amor proximorum), *qu'on trouvera publiée ci-après, p. 143.* — a) *A la suite de ce mot,* B' *note en marge* : Tunc temporis papa Sergius IIII^{us}, *et* C *ajoute un alinéa* (Tunc temporis papa Sergius quartus presulatum..... sicut decet filium patri obedire) *qui forme le début du récit légendaire de la mort de Crescentius, récit dont la majeure partie est intercalée un peu plus loin, et qu'on trouvera publié ci-après, p. 144-145.* — b) A' *ajoute en marge* : ibidemque sepultus quievit, *et cette addition est reproduite par B.* — c) prohibitam *sur un grattage* A'.

1. Adèle était fille de Foulque Nerra et d'Elisabeth de Vendôme ; Geoffroi Martel naquit d'un second mariage de Foulque avec la Lorraine Hildegarde ou Audegarde. Voir L. Halphen, *Le comté d'Anjou au XIe siècle*, p. 11, n. 1.
2. Cette rencontre de Foulque Nerra avec Robert le Magnifique semble légendaire. Voir L. Halphen, *op. cit.*, p. 215-216.

deludendo dixerunt nullo alio modo ad sepulcrum optatum pervenire posse, nisi super eum et crucem dominicam mingeret. Quod vir prudens, licet invitus, annuit. Quesita igitur arietis vesica, purgata atque mundata et optimo albo vino repleta, quin etiam *a* apte inter ejus femora posita est, et comes discalciatus ad sepulcrum Domini accessit, vinum super sepulcrum fudit, et sic ad libitum cum omnibus sociis intravit et fusis multis lacrimis peroravit. Mox duritia lapidis in mollitiem versa divinum sensit inperium, comesque deosculando sepulcrum dentibus maximum evellit et abscondit frustum, quod delusis et ignorantibus gentilibus attulit secum. Qui et larga donaria pauperibus largiens, a Surianis sepulcrum domini custodientibus de cruce dominica sibi dari promeruit. Qui regressus Luchis, ultra Angerem fluvium, Bello Loco scilicet, ecclesiam in honore Sancti Sepulcri [1], monachos cum abbate ibi inponens, construxit *b*. Ambaziaco vero in ecclesia sancte Virginis Marie de cruce Salvatoris posuit et parum corrigie ex qua manus Christi ligate fuerunt; in qua ecclesia suo tempore corpus beati Florentini, a pago Pictavensi translatum, positum fuerat; ubi et canonicos ipse et Supplicius, beati Martini thesaurarius, constituerunt.

Conqueruntur homines de Odone Campaniensi et Gelduino Salmurensi et de Gosfrido juvene, Sancti Aniani domino, qui omnes anno et dimidio quo Fulco moratus fuerat terram et homines suos multis inportunitatibus afflixerant. Quippe Gelduinus curiam sancti Petri Pontilevis utpote proprium fiscum muniverat : non enim ibi adhuc monachi erant [2]. E contra Fulco in monte prope Carum fluvium, qui de propria terra Gelduini erat et de feodo archiepiscopi Turonis, villa *c* Rabelli

---

a) quinon A ; corr. quin etiam. — *b)* A la suite de ce mot, B' note en marge : Cum autem regressus fuisset, et C ajoute la fin du récit (cum autem regressus... et multis aliis pecuniis ditavit) de la mort de Crescentius, que l'on trouvera publiée p. 145-147. — *c)* villam A ; corr. villa.

---

1. La dédicace eut lieu, selon toute probabilité, en mai 1007. Voir Halphen, op. cit., p. 85, n. 3.
2. La fondation du monastère de Pontlevoy remonte à l'an 1035. Les chartes de fondation, confirmées par Philippe Ier en 1075, sont publiées dans Prou, Recueil des actes de Philippe Ier, n°s 74 et 75.

Nobilis, que inter ipsum montem et Carum erat, villaque *a* Nantolii *b* destructis, que ambe de feodo Gelduini erant, oppidum quod Montricardum vocatur conponit et Rogerio Diabolerio domino Monthesauri custodire mandavit. Interea Odo ad delendum Montricardum multos milites et pedites Blesis congregat. Quo audito comes Fulco electissimos milites et pedites *c* secum adducens, Herberto Cenomannensi consule sibi federato et adjuncto, ei occurrit *d*. Odo more suo nimia multitudine confisus fluvium Beuronis transit. Fulco, Ambaziaco discedens, prope Pontilevim venit. Herbertus, juxta ripas Cari equitans, Benregio castra fixit. Quid plura ? acies ordinantur ; Odo *attonitus*[1] *gelato corde stat*, non estimans Andegavos secum ausos preliari, suisque breviter inquit : « *Totas effundite vires ; quisquis patriam carosque parentes, qui sobolem ac thalamos desertaque pignora querit* videre, *ense petat. Causa jubet melior* Deum *sperare secundum.* » Pugnatur ; Fulco et sui pernimium gravantur ; ipse Fulco, equo cadens, graviter verberatur. Pene Blesenses victoriam adepti sunt, nisi nuncius festinus ad Herbertum venisset, qui Fulconem victum captumque nunciat. Postquam rumor iste per totum percrebuit ejus exercitum, comes Herbertus, ut erat miles acerrimus, advolat cum suis comilitonibus. Adsunt repentini quos advocaverat socii et a sinistro cornu inimicos preoccupant. Diu Andegavi ictus pugnantium sustinuerant ; complacuit Christo virtutem illis conferre et inimicis confusionem inferre. Nam milites Odonis ferocissimos ictus Cenomannorum Andegavorumque inpetus sustinere non ferentes, protinus in fugam versi, pedites suos in campo trucidandos dimiserunt. Quibus ad libitum detruncatis, Andegavi quantum possunt vel audent insequuntur fugientes, prosternentes omnes equites quos consequi prevalent. Ita fere sex

---

a) villamque *A ; corr.* villaque. — b) Nantalii *A.* — c) *Les mots* Blesis congregat... milites et pedites, *omis par A, ont été ajoutés en interligne par A'.* — d) *B et C ajoutent après* occurrit : Viri isti probi et militie actibus erant periti, avos quorum rex Francorum ad repellendam versutiam Normannorum et Britonum in istis regionibus hereditaverat. *C'est un emprunt aux* Gesta Ambaziensium, *ci-dessous, p. 77.*

---

[1] Les mots en italique sont empruntés à Lucain, *Pharsalia*, VII, 339 et 344-349.

milibus tam captis quam peremptis, reliqui quo quisque potuit evaserunt[1]. Fuga et strage hostium peracta, victores ad castra diripienda veniunt collectisque opimis spoliis, pretio et numero captorum ditati, Ambaziaco redeunt.

Sequenti anno, cum Odo Campaniensis a duce Lothoringie inpugnaretur, vir prudens [a] et modestus Fulco ad distringendam urbem Turonicam, quam multum desiderabat esse suam, oppidum in Monte Budelli statuit. Odo e contra, diversarum gentium multitudine secum adducta, accito cum omnibus suis Salmurensi Gelduino, munitionem illam obsedit. Similiter Fulco quos potuit in Valeiam adunat, et sapienti usus consilio, cum non posset nec auderet pugnare, Ligerim transmeat, et festinus, tota nocte equitans, summo diluculo Salmurium defensoribus vacuum intrat totumque confestim oppidum [b] usque ad arcem cepit. Illis de arce nulla spes erat salutis, nullus locus effugii, preter dedecus deditionis. Noverant gentem Andegavorum ferocem et bellicosam nec eos ab incepto desistere donec eis omnia ex voto contingerent; sciebant eos penitus inmisericordes. Ideo sub lege deditionis consuli satisfaciunt. « Inpune, inquiunt, jubeas recedamus arcemque istam tibi trademus; tuere nos ab istis carnificibus et liceat nos vivos tibi servire. » His auditis, comes illos honorificentia libertatis suscepit, magnis dapsilitatibus honoravit; quod idcirco fecisse dicitur quatenus et liberatos sibi affectaret aliosque ad deditionem invitaret. Reddita arce, satellitibus suis ibi dimissis inperavit ut de servando castro curiosi procurarent[2].

Fulco, pro voto Salmurio potitus, alias ire disposuit, et ante Kainonem transiens, inter Noastrum et Insulam Bucardi ponte [c] facto de navibus Vigennam transit et Montem Basonis obsidet. Odo ab obsidione Montis Budelli secessit et ad Fulconis exercitum pedem direxit[d]. Ingeniosus Fulco, obsidione dimissa, usque

a) prudens *om.* A. — b) oppidum *om.* A. — c) ponto A; *corr.* ponte. — d) dirigit A; *corr.* direxit.

---

1. Cette bataille eut lieu le 6 juillet 1016. Voir L. Halphen, *Le comté d'Anjou au XIe siècle*, p. 33-35.

2. La prise de Saumur eut lieu en 1026, pendant l'été. Voir L. Halphen, *op. cit.*, p. 41.

ad Lochas recedens in pratis ᵃ sua tentoria collocavit. Sic uterque remisso exercitu quievit ᵇ. Cum esset Odo Blesis, nuntius ei innotuit Alemannos cum duce Lothoringie Barum super Albam obsedisse. Rediens igitur festinus, Alemannos qui jam dicesserant usque in Lothoringiam persequitur; cum eis pugnans graviter vulneratus victor rediit; qui tamen plaga illa paulo post obiit[1], terramque illius Teobaudus filius suus possedit. Interim Fulco iterum Montem Basonis obsedit et cepit, et Guilermo Mirebelli ad servandum tradidit. Arraudus Brustulii aliique proditores Gosfridum dominum suum, Sancti Aniani principem, Fulconi tradunt; qui postea, Fulcone absente, Luchis in carcere ab ipsis proditoribus strangulatus ᶜ est. Comes senescallo suo Lisoio neptam Supplicii thesaurarii uxorem dedit, cui arcem Ambaziaci cum omnibus appendiciis ejus, Virnullium Maureacumque et vigiferiam ᵈ Canpanie donavit; ipsum ita retinens, filio suo Martello commendavit. Itaque terra usque ad obitum[2] Fulconis in pace siluit. Qui tamen non diu post vixit ᵉ.

a) pratibus A; corr. pratis. — b) B et C ajoutent ici deux passages (Igitur disponente Francorum regnum Roberto rege..... tamen ut decebat concors regine fuit, et Suscepit igitur prefatus rex... cujus finem teterrimum supradiximus) empruntés à Raoul Glaber, Hist., l. III, c. 11, et l. III, c. IX, éd Prou, p. 56-58 et 81-88, le second avec quelques suppressions que l'on trouvera indiquées dans l'édition citée de Raoul Glaber. — c) transgulatus A; corr. strangulatus. — d) Sic: lisez peut-être vigeriam. Cf. p. 84 et 89. — e) B ajoute ici le passage suivant: Cujus finem hujusmodi extitit. Bis jam therosolimis perrexerat. Tercio autem itinere in eundo peracto, adorata cruce Domini et sepulchro ejus et multis etiam lacrimis effusis, dispertita jam multa pecunia ibi et hospitali et in aliis (in aliis et dans le ms.) sanctis locis Deoservientibus et multis egenis, veniensque Metensem urbem, levi tactus incommodo, diem clausit extremum. Corpusque illius a medicis apertum et intestina illius sublata in (sublata et in dans le ms.) cimiterio ecclesie condita sunt, lapis etiam superpositus. Unde usque hodie sepulchrum Fulconis Andegavorum comitis ab incolis vocatur. Corpus autem illius, conditum aromatibus et honorifice usque Lucacense castrum translatum, ad monasterium quod ipse construxerat (at exponclué) delatum est atque in eodem honorifice sepultum[3]. Ce passage est reproduit par C.

1. La bataille dans laquelle Eude II de Blois trouva la mort fut livrée devant Bar-le-Duc le 15 novembre 1037. Voir L. Lex, *Eudes, comte de Blois*, p. 53.
2. Foulque Nerra mourut le 21 juin 1040. Voir L. Halphen, *Le comté d'Anjou au XIᵉ siècle*, p. 10.
3. Sur le tombeau de Foulque Nerra à Beaulieu, voir *ibid.*, p. 234-236.

DE GOSFRIDO MARTELLO

Gosfridus Martellus post mortem patris sui honorem consulatus adeptus est. Martellus, pre omnibus generis sui animosior, negotia sua omnia cum inpetu peragebat. Plebs Andegavorum maxime dominum suum Martellum contra Teobaudum et contra Guilermum Pictavensem consulem incitabat. Ut autem illud Lucani[1] referam,

> *Non erat is populus quem pax tranquilla juvaret,*
> *Quem sua libertas inmotis pasceret armis.*

Erat etiam eis

> *...magnum... decus ferroque petendum*
> *Plus patria potuisse sua, mensuraque juris*
> *Vis erat...*

Martellus sepe multis vim faciebat. Cui cum diceretur : « *Male*[2] *de te loquuntur* homines », aiebat : « *Faciunt quod solent, non quod mereor ; bene enim loqui nesciunt.* »

Itaque Ambaziaco milites multos cum Lisoio posuit, qui Turonim Blesimque vastarent. Similiter illi de Monte Basonis quicquid erat usque Kainonem demoliti sunt. Luchenses cum Rogerio Diabolerio terram Sancti Aniani, Pontilevim et Calvimontem et omnia usque ad Chussonem fluvium sepe depredabantur. Martellus ad ultimum, omnibus suis copiis congregatis, Turonicam urbem obsedit. Dimisit tamen Lisoium Ambaziaco cum cc^{tis} militibus et mille p^{tis} peditibus, qui vias custodirent, ne Blesenses ad ejus exercitum libere descenderent. Audivit Lisoius et certum erat quod comes Theobaudus contra Martellum dominum suum bellum ingens prepararet. Quibus auditis et ad unguem singula diligenter rimatis, que gens cum eo esset, quid pararet et quo in loco se preliaturos disponerent, domino suo Gosfrido Martello presens in ipso exercitu ita locutus est : « Bellum vobis imminet non incertum et

---

1. Lucain, *Pharsalia*, I, 171-176.
2. Les mots imprimés en italique sont empruntés à Sénèque, *De remediis fortuitorum*, VII, 2 (reproduit dans le *De moribus*, 41).

super conveniunt agmina Francorum et Burgundionum. Civitatem ergo quam obsedistis dimittite, hominibusque vestris ab omnibus munitionibus vocatis, de vobis tutandis expeditiores adestote, et ego vobis die prelii quo volueritis occurram. Melius est nos convenire et pugnare quam nos a vobis separari et superari. In bellis mora modica est, sed vincentibus lucrum quam maximum est ; obsidiones multa consumunt tempora et vix obsessa subjunguntur municipia. Bella nobis subdent nationes et oppida. Bello subacti evanescent tanquam fumus inimici. Bello peracto et hoste devicto, vastum[a] imperium in Turonia vobis patebit. Bonum est ergo accelerare, ne nos inveniant inimici nostri et emuli nostri, dum venerint, inparatos, quoniam si Deum poterimus promereri ducem et preambulum, non dubitanter statim de inimicis nostris triumphabimus. » His dictis, Lisoius Ambazio redit.

Comes Theobaudus cum infinita gente per Pontilevim transiens, juxta Montricardum ad flumen Cari descendit, et copiosis boum et ovium armentis inventis, opima preda sui ditati, in pratis Sancti Quintini[b] ante Blireium tentoria figentes, nocte ac die recreati sunt. Martellus, relicta obsidione, Laudiaco Monte prima die eis obvius venit. In crastino Blesenses catervatim ex castris prorumt ; Andegavenses a Laudiaco eis e contra procedunt. Cumque jam se invicem contuerentur, ornatum per sex acies exercitum suum Martellus his affatur alloquiis : « Heia, milites ! videtis et invenistis ad quod venistis. Vos vero pugnaturi confortamini in Domino et in potentia virtutis ejus ; potens est enim vos salvare Omnipotens. De fuga[c] nullus cogitet unquam, quoniam longe nimis a nobis Andegavis abest[d]. »

His et talibus a consule dictis accensi omnes ad pugnam procedunt, congressum ultra non[e] differentes. Nec mora ; ante burgum Sancti Martini Belli ad pugnam conveniunt in loco qui publice Noit vocatur. Reboant[f] tubis et simul « heia ! »

---

a) ustum *A*. — *b)* Quintiti *A*. — *c)* fuga *om. A*. — *d) B' ajoute en marge :* Metum omnem, qui etiam viros effeminat, abicite et de vobis ipsis defensandis viriliter procurate ; ictus impugnantium indefessi sustinete ; confisi Dei adjutorio manus bellicosas exerite viresque dum tempus est ostentate. Nunc armis et animis opus est, non est tempus socordie neque impericie, *et cette addition est reproduite par C.* — *e) Un mot gratté entre* non *et* differentes ; *B donne* non ferre differentes. — *f)* roboant *A* ; *corr.* reboant.

clamant; inmergunt se latissimis confestissimisque hostium turmis, obvios quosque sternunt, nec inbecilles inveniunt hostes, immo vero totis viribus sibi obsistentes. Nam duas acies *a* que precesserant multitudine nimia pene funditus consumunt. Corruunt multi, vulnerantur plures. Andegavi impetus sustinent inproborum vicissimque eos inpetentes viriliter retro cedere compellunt. Martellus, qui in postrema parte cum acie sua su[b]stiterat, ubi densiores vidit hostium suorum acervos accurrit totumque de comite transferens se in militem alios lancea deturbat de caballis, alios ense dimidiat in sellis ; convocat suos, instantes confortat et, eis animatis, in adversarios excurrit. Lisoius domino suo auxilium prebiturus cum suis militibus et peditibus centum vexilla gerentibus ab *b* Ambaziaco advolat citissimus. Qui, viso prelio, in dextro cornu habenas laxant et calcaribus cornipedes urgent et, scutis pectoribus oppositis, turbas contis depellunt et oppositos dissiciunt et unusquisque suum sternit humi. Andegavi siquidem denuo eos invaserunt. Quorum virtutem Theobaudini satellites diutius non sustinentes, pavore subito sibi immisso, in fugam versi scapulas dederunt ; plures cuspidibus insequentium infossi sunt. Insequuti sunt eos et retinuerunt equites et pedites et *c* equos multos vivos eisque parcendo paucos occid[er]unt. Qui cum Martello erant omnes in ferrum ruunt, ipso pre omnibus fortissime et fugante fugientes et prosternente. Insequentes Ambasienses fugientibus *d* insistunt, et quos consequi prevalent omnes prosternunt et in nemore quod Braium dicitur *e* juxta aulam Hastuini comitem Theobaudum consequuntur et capiunt cum quingentis et octoginta militibus *f*. Non enim in Braio equi currere potuerunt. Consulem ab Braio abstractum (sic nempe nemus vocatur) Martello reddunt. Hostibus Deo favente ita repulsis et repressis et diversis partibus turpiter fugatis, cum letitia maxima redierunt et a *g* turbinibus bellorum inmunes eo anno quieverunt.

Iste Theobaudus cum esset in vinculis et pro eo nullam argenti et auri Gosfridus Martellus redemptionem vellet acci-

---

a) acies *om.* A. — b) ab *om.* A. — c) et *om.* A. — d) fugientibus *om.* A. — e) quod Braium dicitur *om.* A. — f) cum quingentis et octoginta militibus *om.* A. — g) a *om.* A.

pere, captivus mori metuens et semetipsum plus quam sua diligens, anno incarnati Verbi .MXLII. pro sua deliberatione Turonim Gosfrido Martello in perpetuum habendam concessit [1]. Martellus comes, Turonia quiete suscepta (nam sibi Theobaudus Kainonem et Lengiacum, que adhuc possidebat, cum omnibus que eis jure appendebant reddidit), rege Francorum mediante cum Theobaudo pacificatus est [a]. Gelduino Salmurensi et filio ejus Gosfrido Calvimontis Martellus omnes feodos quos [b] habuerant citra Vigenne fluvium et decimam Sancti Cirici reddidit. Qui Salmurium tunc comiti concesserunt ; insuper etiam Gosfridus Calvimontis pro predictis Martello hominium fecit. Itaque Martellus, facto hominagio pro suscepta terra, Theobaudo ipso deliberato, donaria militibus distribui constituit [c]. Siquidem eo tempore virum Cenomannicum qui multum sibi servierat, Fulcoium de Torinneio, in curia sua Martellus secum habebat. Verum cum quid Fulcoio pro servicio recompensare vellet, quod sibi gratum fore debuisset, diu premeditaret, domum munitissimam que erat in loco qui usque hodie Mota Fulchoii a vulgo vocatur terramque magnam ex suo proprio cum multis feodis Ambaziaco donavit.

Seneca [2] affirmante, *quietissimam vitam agerent homines in terris si duo hec verba a natura rerum tollerentur: meum et tuum*. Hinc est [3] quod Guilermus Pictavensium comes

a) A', B et C ajoutent ici : Quid Glaber Rodulphus historiographus de bello hoc in historia sua scripserit nostro operi inseramus ; à la suite de quoi B et C reproduisent un passage (Fuerat orta grandis... absque sanguinis effusione in prelio capti sint) emprunté à Raoul Glaber, Hist., l. V, c. II, éd. Prou, p. 129-130. C le fait suivre, en outre, de quelques lignes que nous publions p. 148. — b) que A ; corr. quos. — c) B et C ajoutent ici le récit de la fondation de Château-Renault (Hac preterea tempestate... terre supradicto castello adjacenti) que l'on trouvera publié plus loin, p. 148-150.

1. Ces faits se placent en 1044, et non en 1042. Voir L. Halphen, *Le comté d'Anjou au XIe siècle*, p. 48.
2. Sénèque, *De moribus*, 98.
3. Il y a toute une série de confusions et d'affirmations tendancieuses dans le récit qui suit. La bataille de Chef-Boutonne eut lieu non pas du vivant de Geoffroi Martel, mais au temps de son successeur, Geoffroi le Barbu, en 1061. Le chroniqueur l'a probablement confondue avec la bataille de Saint-Jouin-de-Marnes, livrée par Geoffroi Martel en 1033. Quant aux assertions relatives aux droits héréditaires des comtes d'Anjou sur la Saintonge, elles sont de pure fantaisie. Sur tous ces points, voir Halphen, *op. cit.*, p. 136.

consulatum Santonicum suum esse volebat et vi preoccupatum tenebat, quia patrui sui fuerat ; Martellus eundem consulatum reclamabat, quia avi sui fuerat, cujus heredes absque liberis mortui erant, et ideo ad heredes sororis avi sui honorem debere reverti affirmabat. Denique hujus litigii causa diu ventilata multa mala in Andegavensi et Pictavensi pago perpetravit et per quatuor annos terra tota circa *a* Losdunum et Mirebellum, a Salmurio etiam usque Pictavis, vastata et fere deleta fuit. Similiter Martellus quicquid erat circa Pictavis citra Clinonem fluvium et ultra necnon suburbia ipsius civitatis succendit ac delevit *b*. Santonici etiam *c* et multi ejusdem consulatus proceres sepe cum Martello fedus pepigerunt fieri, et sui ipsius et ejus cui presidebant urbis deditionem illi pacti *d* sunt, si usque ad eos quoquo modo posset pervenire. Firmatis itaque amicitiis et federatus cum Radulfo viceconsule Thoarci, Martellus cum omni sua gente et amicorum et vicinorum copiis ad urbem Santonicam suscipiendam tam ipse quam predictus viceconsul tetenderunt. Econtra Vilermus Pictavorum dux, vir equidem bellicosus, nulli audacia secundus, prudentia preditus, diviitis copiosus, militaribus auxiliis constipatus, cupidus laudis, inflatus supercilio jactantie, magni nominis homo, gentes maximas congregat, videlicet Pictavenses, Lemovicenses, Angoli[s]menses, Petragorenses, Arvernos, Vascones, Barros *e*, Tholosenses ; necnon alios innumeros coagulaverat et exercitum inmensum conflaverat. Isti omnes adventum Martelli expectantes ad oppidum quod Caput Vultone dicitur adunati subsistunt. Quod oppidum, alta rupe situm, a capite Vultone fluvii sive à cavitate rupium nomen accepit : nam quidam Caput Vultone, alii Cavitonium nuncupant. Multi autem qui ibi su[b]stiterant aput se deliberabant an discederent, an propius ad bellum accederent *f*. Discedere suadebat fama que felices Andegavorum successus prenuntiabat, et ex felicibus de victoria Teobaudi et Francorum feliciores fore auspicabantur, et idcirco metus quam-

---

a) circa *om. A.* — *b) B et C ajoutent ici un passage* (Gosfridus igitur cum Willelmo pugnare disponens Lisoium grandem natu huic negotio advocavit... sed augeri senectus solet) *emprunté aux Gesta Ambaziensium (ci-dessous, p. 86).* — *c)* etiam *om. A.* — *d)* paucti *A ; corr.* pacti. — *e) Sic ; corr. peut-être* Bascos. *Cf. p. 19.* — *f)* accenderent *A ; corr.* accederent.

maximus pectoribus singulorum inserebatur. Accedere vero ad prelium eos exhortabatur ira pudorque, peregrinorum nullatenus adhuc repressa temeritate. Confidebant etiam in coagulatorum diffusa multitudine et in sua, sicut jactabant, animositate. Preterea inglorios se esse dicebant nisi multi paucorum stoliditatem [a] compescerent, nisi alienigenos a suis finibus dissicerent.

Quoniam autem principes Aquitanie bellum pertrahi conquerebantur, dux eorum Willelmus, festinus in planitie Caput-Vultone descendens, Martello et suis occurrit. Veniebant igitur Pictavi catervatim congaudentes et victoriam in manibus autumantes et de spoliis inimicorum diripiendis jam letantes. Afferebant itaque suos unusquisque funiculos, quibus vinctos ad sua captivatum ducerent Andegavos. Qui cum se conspicerent, acurate [quisque] suam aciem instruxit. Martellus et sui sagitarios et pedites suos ordinaverunt et, ipsis premissis, pedetentim, ut mos [b] est, pergebant. Edocebantur autem qualiter occlamarent, qualiter obstarent, qualiter inpenetrabiles inimicos feriendo penetrarent et ut ad signa sua, nichil reverentes, frequenter respicerent et se ipsos ad ictus hostiles [c] sufferendos obdurarent, licet hec omnia in aliis bellis bene gestis didicissent. Nec minus e regione Pictavenses cunctatim stellis innumerabiliores densabantur et per agmina innumere legiones a latere in latus extentabantur, gerentes vincula quibus hostes ligare putabant; porro manipuli eorum militares prout erant instructi loca condicta tenebant. Existimabant enim Andegavos statim fugam arripere; de fuga quippe sua nulla mentio fuerat, quoniam jam se vicisse putabant. Confidebant siquidem et in multitudinibus suis innumeris et in pectoribus gentium animosis et in ducalibus ne unquam fugerent edictis. Ergo bello utrimque parato, ut ventum est ad locum unde aliquantulum jam propiores se inspicerent, pari concurrunt agmina motu. Pictavenses ira metusque, Andegavenses spes adquirendi Santonicum consulatum incitabant. Vociferantur omnes et confusis clamoribus ipsum pulsatur celum. Fragor nimius vel de collisionibus armorum vel de illisionibus cassidum resonat et gladiorum. Plan-

---

a) stodilitatem *A*; *corr.* stoliditatem. — b) mox *A*; *corr.* mos. — c) hastiles *A*.

gores et ululatus undique vel morientium vel *a* vulneratorum audiuntur. Martellus et Andegavi illos viriliter agressi sunt occlamantes et audacter per medias acies irruunt. Globus etiam Turonorum militum subsequentium dominum suum multos stravit et vexillum ipsius ducis prosternit, quod pedites viriliter equites sequentes rapuerunt et retinuerunt, quod non mediocrem eis incussit timorem. Vascones omnes et Lemovicenses confestim fugam inierunt, quos cetere gentes insequntur. Pictavenses stupefacti aliquantulum demorati su[b]stiterunt. Martellus et sui simul illic conversi eos tamquam segetem in tra[n]sverso gladiis secabant et eorum corpora detruncantes dimidiabant; irrorabantur sed potius inundabantur sanguine campi. Pictavenses tremefacti, duce suo graviter vulnerato, respirandi locum non habebant nec aliquatenus respirabant. Insequuti sunt eos fugientes; illi dumtaxat evaserunt qui efugere quoquo modo potuerunt. Multos capiunt Turonenses, sed Andegavi quos poterant cursu prevenire, illis nulle dabantur inducie: alios lanceis transfodiebant, alios gladiis jugulabant, in commune nulli parcebant; et quoniam predictum oppidum aliquatenus ab ipsis distabat, qui fatigati remanebant aut capiebantur aut in mortem ruebant. Dies itaque illa Pictavensibus nimium fuit adversa; fuit enim dies tribulationis et dispersionis, dies mortis et confusionis. Cum vinculis quos ad hostes suos ligandos advexerant ligati sunt *b*. Martellus et sui, cede peracta, reversi sunt in campum et ibi intra tentoria nocte illa quieverunt et contra Boream, qui acriter sufflabat, corpora mortuorum congregaverunt.

Martellus post hec quamcitius potuit Santonas devenit. Obviam ei venientes qui in urbe erant, apertis portis urbem ipsi tradiderunt. Itaque cum gaudio ibi requieverunt et Santonicum consulatum receperunt, quem Martellus, facta pace cum Pictavensi duce, quoad vixit tenuit. Nam dux a plaga prelio facta sanus effectus *c*, episcoporum et religiosorum consilio hominio a Martello suscepto, predictum consulatum quietum

---

a) vel om. A. — *b)* A' ajoute en marge : Willelmus etiam consul vulneratur et capitur, et cette addition est reproduite par B. — *c)* sanus effectus ajouté en interligne A'.

concessit *a*. Factum est igitur inenarrabile gaudium in Andegavia et Turonia et cum gaudio in pace diu requieverunt et ubique terrarum Deo gratias multotiens triumphatores exaltati sunt.

In diebus illis Wilermus dux Normannorum Herbertum Cenomannicum consulem nimis impugnabat. Cui Martellus auxiliator et tutor fuit et idcirco Wilermus dux, qui postea Anglia aquisita rex Anglorum exstitit, multa a Martello mala perpessus est.

Gosfridus Martellus, filius Fulconis, cum filios non haberet, comitatum suum, scilicet Andegaviam et Turoniam, quam jam, sicut supradictum *b* est, conquisierat, nepotibus suis Gosfrido Barbato et Fulconi Richin reliquit. Andegaviam et Santonas Barbato, Turoniam cum Landonensi castro Fulconi donavit[1]. Martellus, morbo repentino occupatus, inremediabiliter langore per dies ingravescente, ad mortem usque perurgetur[2] et inter suos non sine grandi dolore defungitur *c*.

DE GOSFRIDO BARBATO ET DE FULCONE RICHIN

Cum Gosfridus Barbatus et frater suus Fulco Richin honorem Martelli possiderent, que et quanta mala consulatum invol-

a) A' *ajoute en marge :* Et multis pecuniis liber a captione qua illum Martellus in prelio capiens spacio trium annorum tenuerat, ad propria remeans, ipso in anno finem vite habuit ; *cette addition est reproduite par* B. — *b)* supradidictum A ; *corr.* supradictum. — *c)* B *ajoute ici le passage suivant :* Edificavit autem cenobium sancte Trinitatis apud Vindocinum castrum monachosque posuit et abbatem constituit. Uxor vero ejus edificavit in supercilio montis ecclesiam sancti Georgii canonicosque posuit et Capellam Consulis vocari precepit. Gaufredus autem comes perfecit ecclesiam sancti Nicholai in suburbio Andegavie civitatis, quam pater ejus Fulco inceperat nec perfecerat, monachos et abbatem posuit multisque possessionibus ditavit, ibidemque sepultus quievit. C *intercale au même endroit une page racontant plus en détail la fondation de la Trinité de Vendôme* (Edificavit autem... in eadem ecclesia). *On la trouvera publiée,* p. 150.

1. Assertion inexacte. Foulque le Réchin ne reçut qu'un petit apanage composé de la châtellenie de Vihiers et de la Saintonge, qu'il devait tenir en fief de son frère aîné Geoffroi le Barbu. Voir L. Halphen, *Le comté d'Anjou au XIe siècle*, p. 133-134.
2. Geoffroi Martel mourut le 14 novembre 1060. Voir L. Halphen, *op. cit.*, p. 12.

verint et veritas historie jubet evolvere et horror magnitudoque cladis prohibet referre. Sed nescio quid ipsis malis prestet eorum malorum verba subtrahere quorum illi facta pertulerunt, quin potius noceret etiam malis exempla eorum perditionis subprimere, quando quidem ipsis forsitan sit perversis utile ipsorum exitio alios ab eorum deterreri imitatione. Quod si forte ipsis malis nichil boni conferat, et quare eis adversa evenerint aut etiam quomodo et cur perierint nosse sequentibus tamen saluberrimum esse potest, cognitis aliorum ruinis, a viis ruinosis cavere. Proinde non ignoretur *fortunam*[1] *suam invidiam*, quam sepe potentibus *commodat*, his fratribus acommodasse, quos communitas consulatus *in turbam misit* et *male concordes* effecit [a]. Nam, Lucano teste[2],

> *Nulla fides regni sociis, omnisque potestas*
> *Inpatiens consortis erit, nec gentibus ullis*
> *Credite.....*

Gosfridus Barbatus, armis strenuus, cum Cenomannensibus est federatus. Cujus auxilio Helias de Fisca Cenomannum recuperavit, quod W[illerm]us rex Anglorum sibi auferebat [b]. Guilermus Cenomannum, concedente sibi Herberto, acceperat et Helie, cui hereditario jure eveniebat, violenter auferebat.

Fulco subdolus fratrem suum nimium cepit inpugnare et consulatum totum turbare ; et tunc totius comitatus barones unus in alium ceperunt insurgere, nunc Barbato, nunc Fulconi favere ; et tunc proditiones multe inter eos exorte sunt. Quo tempore fit proditio aput Andegavem, anno Verbi incarnati .M.^{mo}.LX.^{mo} VI.^{to} ; proditores perimuntur[3]. Tunc Gosfridus de

---

a) fecit A. — b) A' *place ici un signe de renvoi qui ne correspond à rien dans le ms., mais au même endroit B introduit un long passage* (Quante cupiditatis... tirannide seviebat) *dont on trouvera le texte publié ci-après, p.* 151.

---

1. Les mots imprimés en italique sont empruntés à Lucain, *Pharsalia*, I, 82 et suiv.
2. Lucain, *Pharsalia*, I, 92-94.
3. C'est en 1067, le 4 avril, que Foulque le Réchin, grâce à la complicité de Geoffroi de Preuilly, de Renaud de Château-Gontier, de Giraud de Montreuil-Bellay et du prévôt Robert, se rendit maître d'Angers. Voir L. Halphen, *Le comté d'Anjou au XI*^{e} *siècle*, p. 146.

Pruliaco occisus est, pater illius Gosfridi qui comes Vindocini fuit. Deleta pene Audegavia et Turonia, Fulco Richin fratrem Barbatum suum subdole captum in vinculis posuit et utrumque comitatum veluti suum suscepit.

Comes Pictavensium Wilermus, uti pater suus vocatus, miles acerrimus, juvenis astutus et laboriosus, predictis fratribus sic discordantibus, Santonicum consulatum aggressus cepit et possedit. Helias consul Cenomannicus et complures sui consulatus proceres Fulconem pro Barbato graviter expugnabant et ut Barbatum deliberaret petebant et auxilio Philipi regis Francorum et Stephani comitis Blesis ipsum vi abstrahere a carcere nitebantur. Sed Fulco, cum Stephano, hominagio sibi facto, concordatus, regem Francorum adiit et cum eo federatus Philipo regi Landonense castrum concessit. Rediens Fulco a Francia, Ambaziaco cum Arnulfo, qui custodiam Domicilii ab ipso in feodo habebat, hospitatus, feodum ei abstulit et Domicilium, posita propria ad libitum custodia, sibi proprium retinuit. Sic Arnulfus de Magduno et filius ejus Leonius ab Ambazio expulsi sunt.

Sepe Fulco talia actitans progeniem suam doli ream, licet injuste, accusare fecit. Est[1] autem *hec quedam vis malis moribus ut innocentiam multitudinis devenustent scelera paucorum, cum tamen e diverso bonorum raritas flagitia multorum nequeat excusare virtutibus communicatis. Sed quis non* a *exacerbescat* b, *cum videat sordidari virtutum sinceritatem criminatione paucorum vitiorum?* Erant enim tunc multi *in bono amministrando segnes, in* malo *obloquendo celeres, seditionibus occupati, caritate infirmi, factione robusti, in emulationum conservatione stabiles,* de quibus mentionem faciens quod suum est historic facio c.

a) non *om*. A. — b) exacerbascat A ; *corr*. exacerbescat. — c) B' *note ici en marge* : erant autem tunc Ambazie, — non longe post hec, — quod sibi utile videtur quisque agit namque velle suum. C *fait en effet suivre les mots* historie facio *d'un morceau formé de quatre passages* (erant autem tunc Ambazie... necessaria ponenda concessit ; — non longe post hec... ad regendum suscepit ; — interim Lisoius dum Fulco... quod comes exigebat ab eo sus-

---

1. Les mots imprimés en italique sont empruntés à Sidoine Apollinaire, *Epist.* VII, 9, § 8, 9 et 12.

Fulco plures duxit uxores : filiam Lancelini de Baugentiaco, ex qua orta est comitissa Britannie illa que post obitum viri sui Jerusalem in ecclesia sancte Anne vitam monialem exercuit; post mortem filie Lancelini, duxit Ermengardin, filiam Archenbaudi Fortis de Borbonio, ex qua genuit Gosfridum Martellum, admirabilem virum, justitie insignem, totius boni cultorem, qui terror omnium inimicorum suorum fuit; libidinosus Fulco sororem Amalrici de Monteforti adamavit, *cujus preter formam nichil unquam bonus laudavit* [1], pro qua [a] matrem Martelli dimisit, affirmans eam de genere suo fuisse, quam dimissam Guilermus Jalinniacensis, vir ex nobilioribus Arvernorum, uxorem duxit. Ex sorore Amalrici Fulco filium genuit, qui similiter ut pater Fulco vocatus fuit [b].

Gosfridus Martellus [c], jam adultus, juvenis prudens et animosus, videns terram turbatam et proceres totius consulatus contra patrem cornua erigi, eis viriliter resistebat et quomodo patrem suum et suos ulcisceretur inrequietus cogitabat. Qui omnibus prevaluit et ab intentione eos revocavit. Prudenter vero negotia agebat nec nimis remisse nec insipienter militabat. Barbatus nepotis sui Martelli probitates audiens complacuit, eoque advocato, ait illi : « Gaudeo te ab avorum probitate non degenerare. Ideo terram meam, mihi a patre tuo injuste ablatam, tibi do ; ut deinceps possideas volo. » Martellus ipsum vinculis solutum per urbes et oppida sua, tamen sub custodia, libere ire permisit. Ipse vero, in carcere turbato cerebro, sensu aliquantulum minutus erat, nec diu post hec vixit.

In illo tempore, anno siquidem ab incarnatione Domini M[mo] nonagesimo VI[to], sinodus Arvernis habita est et via eundi Jerusalem inchoata est. Quippe anno subsequente Fulco et Martellus, filius ejus, Rupes Corbonis obsederunt et fumo cepe-

cepit ; — quod sibi utile videtur quisque... Ambaziensibus pacificatis recessit) *empruntés aux* Gesta Ambaziensium dominorum, *ci-dessous, p. 89-94 et 96-100.* — a) quam A ; *corr.* qua. — b) B' *ajoute en marge après* vocatus fuit *les mots de* quo in subsequentibus loq[uemur]. — c) B' *marque avant les mots* Gosfridus Martellus *le début d'un chapitre, qu'il intitule en marge de* Gaufredo Martello II, *titre qui a été accepté par les précédents éditeurs.*

---

1. Salluste, *Catilina*, XV, 2.

runt, quod municipium nemo putabat *a* capi posse, et Robertus Rupium dominus super ipsas Rupes in monte, nolentibus consulibus, castellum conponebat.

Iste Martellus Elisabeth sororem suam, ex matre sua et Guilermo Jalinniaci *b* ortam, Hugoni de Calvomonte uxorem dedit. Cum ea Ambaziacum totum ei concessit. Huic Martello Helias comes unicam filiam suam non adhuc matrimonio aptam desponsavit et Cenomannum cum omnibus apendiciis ejus tribuit. Sepe Martellus cum rege Rufo conflixit multaque municipia in Normanniam vastavit et succendit *c* dum rex in Angliam moraretur et Robertus comes, frater regis, in Jerosolimitano exercitu cum multis peregrinis maneret. Nam Normanniam rex Rufus in vadimonio habebat.

Anno incarnati Verbi. M^{mo}. C^{mo}. VI^{to}., XL^{ta}. diebus *d* et eo amplius cometa, vespertinis semper horis apparens, stupore simul et terrore totum tunc replevit mundum. Nam splendoris alburni radium versus brumalem solis occasum perducens, primis quidem diebus flammantior, postremis vero subobscurior visebatur, donec paulatim attenuatus post dies, ut dictum est, .XL.^{ta} videri omnino desisteret [1]. Sequente anno [2] Martellus insidiis suorum et noverce, patre ut ferunt consentiente, Cande *e* castro occisus est *f*. Incredibile mihi videtur patrem in nece tanti filii consensisse, cum et nimium senex esset et filius, si longinquitas vite sibi concederetur, quicquid amiserat recuperasset. Nam et Landonense castrum Philipo regi calumpniabat et Guilermo Pictavensi Santonicum consulatum. Qui timore ejus duas turres novas Pictavis constituit, unam in urbis ingressu et aliam prope aulam. Rex libidinosus Philipus Turo-

a) Il y a ici un changement de main dans A. — *b)* Jalinniaci om. A. — *c)* suscendit A ; corr. succendit. — *d)* diebus om. A. — *e)* Cande om. A. — *f)* B' et C ajoutent : Sepultu[s]que est in ecclesia beati Nicholai Andegavis.

---

1. Ce phénomène astronomique est attesté par toutes les annales de la région (L. Halphen, *Recueil d'annales angevines et vendômoises*, p. 44, 68, 89, 120) et par une infinité d'autres textes. Voir ceux qui sont relevés au t. XII du *Recueil des historiens de la France*, p. 889, au mot « cometes ».

2. La comète étant de février-mars 1106 et la mort de Geoffroi Martel du 19 mai de la même année (L. Halphen, *Le comté d'Anjou au XIe siècle*, p. 174), le chroniqueur suit ici le style de Pâques.

nis venit et cum uxore Fulconis loqutuus, eam fieri reginam constituit. Pessima illa, consule dimisso, nocte sequenti regem subsequitur, qui Mindraio prope pontem Beuronis milites dimiserat, qui eam Aurelianis duxerunt[1]. Sicque rex luxuriosus domum suam sceleratis nuptiis sub anathemate factis replevit et duos ex ea filios, Philipum et Florum, genuit.

Hec ego dum in voluminibus abditis invenissem scripta, non sum perpessus infructuoso silentio tegi. Ad honorem igitur dominorum nostrorum Andegavorum consulum sicut gesta eorum agnovi couscripsi et ad edificationem successorum credidi destinanda, obsecrans ut labor noster in optimorum antecessorum imitatione a modernis valeat fructum invenire [a].

DE FULCONE REGE JERUSALEM

Verum est : *pater non portabit iniquitatem filii nec filius iniquitatem patris* [2]. Hinc est quod, mortuo Fulcone Richin [3], filius ejus Fulco, vias patris et matris sue deserens, honestam vitam deducens, prudenter terram suam rexit. Qui ab Helia Cenomannensi comite unicam filiam suam, quam Martellus frater suus, licet sibi promissam, non nupserat, dari sibi cum Cenomannico consulatu inpetravit [4] ; sicque Cenomannicus et Andegavensis consulatus conjunctus esse dinoscitur.

Vir honestus Fulco, armis strenuus, fide catholicus, erga Dei cultores benivolus, adepto utroque consulatu, amicos exaltans, malignos et sibi adversarios op[p]rimens, gloria et optima fama inpar nulli in brevi effectus est. Qui Hugoni de Calvomonte Ambazium totum, a fratre ejus Martello ei datum, accepto

---

a) *Le copiste de B, après avoir commencé à transcrire ce paragraphe final* Hec ego... fructum invenire, *a barré ou gratté ce qu'il avait écrit. Voir plus bas, p. 73.*

---

1. La fuite de Bertrade se place le 15 mai 1092. Voir L. Halphen, *Le comté d'Anjou au XI⁰ siècle*, p. 170.
2. *Deuter.*, xxiv, 16.
3. Foulque mourut le 14 avril 1109. Voir L. Halphen, *op. cit.*, p. 202.
4. Ce mariage fut conclu du vivant du Réchin. Voir L. Halphen, *op. cit.*, p. 190.

hominio concessit et ipsi Montricardum, antecessoribus suis olim injuste ablatum, reddidit. Is idem Pruliacum obsedit, sed non cepit, et tamen Eschivardum, ejusdem castri dominum, subjugavit et pacificum sibi effecit. Ipse Montem Basonis a Jehanne, ipsius oppidi domino, emit. Cum autem Jehannes, accepta jam parte pecunie, peniteret, fortissimus Fulco oppidum illud obsedit et ad reddendum sibi coegit, redditaque promissa pecunia, castellum obtinuit. Musteriolum obsedit et cepit[1], sed misericordia motus, propriis custodibus arce inpositis, cetera omnia domino ipsius castri reddidit. Rex Anglorum Henricus Fulconem sibi exosum multotiens inpugnavit. Sepe etiam[a] data multa peccunia Andegavensis et Cenomannici pagi baronibus, in propria ipsius terra multas inoportunitates per eos et maxima dampna Fulconi faciebat[b].

Rex Wilermus, qui Angliam adquisivit, terram suam tribus filiis ita divisit : Wilermo Rufo Angliam, Roberto Normanniam, Henrico maternas possessiones donavit. Rege Rufo mortuo, Henricus regnum arripuit, Roberto fratre suo Jerusalem morante. Robertus, rediens a Jerusalem, ex uxore sua filium nomine Guielmum genuit. Robertus die sancti Michaelis a fratre suo Henrico capitur ; cujus filius Guielmus filiam Fulconis comitis Andegavis duxit, sed ab illa propter cognationem separatus, sororem regine Francie uxoris Ludovici regis duxit, data sibi Flandria post obitum Karoli consulis. Sed Wilermus, lancea manu percussus, non diu post vixit. Henricus rex Anglie filium habuit, Wilermum nomine, qui filiam Fulconis comitis duxit, accepto cum ea comitatu Cenomannico, et Normanniam a Lodovico rege Francorum, facto sibi hominio, suscepit. Qui $.x^{mo}.vii.^{mo}$ etatis sue anno in Angliam rediens in mare sub-

a) etiam om. A. — b) A la suite de ce mot, B (fol. 29 r°) note : Dum esset idem consul, puis, en rubrique : Verte folium et invenies. Au fol. 29 v° on trouve, en effet, le début d'une longue addition, contenant un récit de la bataille d'Alençon, et commençant dans les mêmes termes : Dum esset isdem consul..., pour se terminer au fol. 31 v° .. Gaufrido pulcherrimo juveni et strenuissimo militi. On trouvera ce récit aux ADDITIONS, p. 155.

1. La prise de Montreuil-Bellay se place en 1124. Voir les Annales de Saint-Serge d'Angers, dans L. Halphen, Recueil d'annales angevines et vendômoises, p. 95.

mersus periit [1] multique nobiles cum eo, quorum corpora inventa non sunt.

Anno incarnati Verbi. M.°C.°X°. Fulco ex filia comitis Helie uxore sua genuit Gosfridum [2], qui adultus miles, armis prepotens effectus, Meltidem filiam Henrici regis Anglie, que uxor fuerat inperatoris Alemannie, uxorem duxit [3]. Ex eadem uxore Fulco *a* alium filium Heliam nomine genuit.

Dum Fulco Andegavensem, Turonicum Cenomannicumque consulatum in prosperitate regeret, rex Jerusalem Bauduinus secundus nuntios in Franciam misit, qui, prudentium consilio, virum idoneum qui filiam cum Jerosolimitano regno duceret uxorem secum adducerent. Elegerunt itaque, consilio Ludovici regis et episcoporum et multorum peritorum, Fulconem Andegavensem, qui uxore carebat *b*. Ipse vero cum maximis copiis mare transiens, filie regis matrimonio copulatus, rex Jerusalem effectus est [4]. Olim quippe magnates Francorum monitu Urbani pape Siriam, Mesopotamiam Palestinamque subjugaverunt et

---

a) Fulco om. *A*. — *b*) *C ajoute ici le récit d'une vision de Foulque le Jeune à son départ pour la Terre Sainte* (idem autem Fulco comes... cum digna reverentia deinceps habuit), *récit qu'on trouvera publié plus loin, p. 161-163,* ADDITIONS*, n° X.*

---

1. Naufrage de la Blanche-Nef en novembre 1120.
2. C'est le 24 août 1113 que naquit Geoffroi le Bel. Voir *Annales de Saint-Aubin d'Angers*, dans L. Halphen, *Recueil d'annales angevines et vendômoises*, p. 7.
3. Il semble que le mariage de Geoffroi le Bel ait eu lieu en juin 1128. Voir, plus loin, l'*Histoire de Geoffroi le Bel*, notes.
4. D'après les *Annales de Saint-Aubin d'Angers* (dans L. Halphen, *Recueil d'annales angevines et vendômoises*, p. 8), les envoyés de Baudouin seraient venus trouver Foulque en 1128 et le comte d'Anjou aurait pris l'année suivante le chemin de Jérusalem. D'autre part, une charte-notice de l'abbaye de Marmoutier relatant qu'en 1128 Hugue d'Amboise, sur le point de partir pour Jérusalem, a renoncé à des revendications injustes, rappelle que Hugue avait été convoqué déjà quelques jours plus tôt quand, lors de l'Ascension, au Mans, « comes Andegavensis, Jerusalem profecturus, crucem ibidem accipere debebat » (copies des XVIIe et XVIIIe siècles, Bibl. nat., ms. lat. 5441[4], p. 141 ; ms. lat. 12879, fol. 73 ; Collection d'Anjou et de Touraine, vol. IV, n° 1500), ce qui semble bien reporter au 31 mai 1128 les préparatifs de départ du comte d'Anjou. Si l'on date de 1128 le mariage de Geoffroi le Bel (voir note précédente), on obtient une chronologie qui semble satisfaisante et qui diffère sensiblement de celle qu'a adoptée M. Luchaire (*Louis VI le Gros*, p. 207).

ducem Godofredum in regem elegerunt. Qui anno uno in regno Jerosolimorum expleto, xv. kal. augusti obiit. Decretum est ab omni Jerosolimorum populo Balduinum fratrem ejus, comitem Rages, regni successorem esse. Itaque communicato cum amicis suis consilio, Rages cum omni terra sua cuidam propinquo suo comiti Balduino de Monte Henno regendam et custodiendam committit ; ipse vero rex efficitur. Igitur annis in regno Jerosolimorum. x. et octo peractis [a], eo die quo Pascha floridum celebrans populus Jerosolimorum solempnem processionem ageret, eum in villa que Laris Jerusalem dicitur defunctum et lectica die predicto Jerusalem allatum, regia ambitione in Golgota juxta germanum suum, regem videlicet Godofredum, sepelierunt [b]. Deinde Jerosolimite, inito salubri consilio, alium Balduinum consulem Rages, divina providentia Jerosolimis gratia colloquendi cum rege cognato suo tunc positum, ilico regem sibi creaverunt. Ita cui colloqui, morte prevento, non potuit, communi electione, eo sepulto, in regnum successit, ipso quidem die electus ab omnibus, sequenti vero dominico [c] Pa[s]che die regali unctione consecratus, videlicet precaventes ne dilatione vel aliquid ab hostibus contra se presumeretur audacius, vel ab ipsis christianis ambitione instigante malignius novaretur. Iste Balduinus, carens filiis, ex uxore sua filias genuit: quarum primogenitam Andegavensis Fulco, aliam Buamundus juvenis princeps Antiochenus habuit uxorem, ex qua genuit filiam quam optimus [d] Raimundus, frater comitis Pictavorum, cum Antiocheno principatu uxorem duxit. Boamundus, filius Roberti Guiscardi ex Constancia Philipi regis Francorum filia, istum genuit Buamundum, qui a Damacenis occisus est.

Mortuo Balduino rege, Fulco rex Jerusalem regnum [e] viriliter rexit. Damacenos Ascalonitasque sibi tributarios effecit diuque antequam Raimundus filiam Buamundi duceret, Antio-

---

a) En interligne : vel ex[actis] A. — b) C'est ici que B (fol. 29 v°) intercale le récit de la bataille d'Alençon (Dum esset isdem consul... Gaufrido pulcherrimo juveni et strenuissimo militi), qu'il n'avait pu insérer plus haut, faute de place (voir p. 68, n. b). Le récit, interrompu aux mots Deinde Jerosolimite, reprend au fol. 31 v°, ainsi qu'en avertit une rubrique ainsi libellée : Verte duo folia et invenies. — c) dominici A ; corr. dominico. — d) obtimus A ; corr. optimus. — e) regnum om. A.

chenum principatum maximo labore contra Turcos absque ullo dampno manutenuit. Qui ex uxore sua duos filios Balduinum et Amalricum genuit. Ipse vero cum ad senilem pervenisset etatem, vir bellicosus obiit, cujus filium Balduinum Jerosolimite regem sibi constituunt *a*.

DE GOSFRIDO COMITE ANDEGAVORUM ET DUCE NORMANNORUM *b*

Et factum est dum Gosfridus, filius Fulconis regis *c* Jerusalem, terram suam in pace regeret, monitu inpiorum, Helias frater ejus, Cenomannicum exigens consulatum, ipsum fratrem sepe inpugnabat. Quem captum Gosfridus multis diebus Turonis incarceratum tenuit, sed postea deliberatus gravi morbo a carcere contracto juvenis obiit[1]. Semper enim potentes fratres, male concordes nimiaque cupidine ceci, res suas in medio tenere nolentes, inter se dissident et, cum suas vires miscere juvat, pereunt. Fuit autem Gosfridus probitate admirabilis, justitie insignis, militie actibus deditus, optime litteratus, inter clericos et laicos facundissimus, fere omnibus bonis moribus repletus, et quamvis multas tribulationes a suis sit perpessus, tamen ab omnibus est dilectus, quod in adquisitum ducatus Normannie comprobatum est.

Anno incarnati Verbi .M.^{mo}C.^{mo}.XXX.^{mo}.VII.^{mo}, regni vero sui .XXX.^{mo}V.^{to}, Henricus rex Anglie obiit juxta Rothomagum, in loco qui Leons vocatur *d*, ante Natale Domini[2]; cuius corpus delatum et sepultum est in Anglia. Quo mortuo, Stephanus comes, frater comitis Teobaudi, nepos regis defuncti, die Natalis Domini[3] coronatus est in Anglia, Normanniam in suo

a) B' ajoute en marge : sepultusque est cum aliis regibus in Golgota. — b) Ce titre est omis par BC. — c) regis om. A. — d) Les mots juxta *et* in loco qui Leons vocatur *ont été ajoutés en marge par A'.*

---

1. Hélie fut fait prisonnier en 1145 et mourut le 15 janvier 1151. Voir L. Halphen, *Recueil d'annales angevines et vendômoises*, p. 11, n. 2, et les *Annales de Vendôme, ibid.*, p. 71, ann. 1151.
2. Ce n'est pas en 1137, mais le 1er décembre 1135, que mourut Henri Ier d'Angleterre. Voir Kate Norgate, *England under the Angevin kings*, t. I, p. 271.
3. Cette date de jour n'est pas sûre. Voir Kate Norgate, *op. cit.*, t. I, p. 279, n. 4.

dominio retinens. Secundo anno siccitas permaxima fuit a martio usque septembris. Quo tempore Gosfridus comes, coadunatis maximis copiis militum et peditum, adjuvantibus sibi baronibus suis cunctis, Normanniam intravit eamque totam adquisitam tenuit, excepto oppido quod dicitur Gisort, quod regi Francorum Lodovico ne sibi noceret concessit. Sic vero dux Normannorum effectus est.

Quo autem labore quantaque cura Musteriolum Berlai hieme et estate obsessum vixque etiam anno peracto captum deleverit [1] quantamque misericordiam in Giraudo Berlai et filio suo exercuerit omnibus notum est. Ut ait Boetius [2], *quid dignum stolidis mentibus inprecer*, nisi ut *opes, honores anbiant*, ita tamen ut, *cum falsa bona paraverint*, illis omissis, ad cognitionem veri boni festinanter perveniant?

Gosfridus, dum quodam tempore a colloquio regis Francorum in confinio Normannie et Francie facto rediret, nimio calore ipso urgente, balneo cujusdam fluvii usus, febri peracuta occupatus, aput Castrum Lidii pervenit ibique non sine dolore et luctu suorum interiit [3] corpusque ipsius Cenomannum delatum est [a]. Cujus mausoleum tanti viri dignum cum epitaphio [b] compositum honorifice exstat [4]. Quid mirum si mors quidem, adversante et repugnante natura, Gosfrido adhuc adolescenti contigit, cum, teste Tullio [5], *adolescentes sepe sic*

---

a) Les mots corpus... delatum est *omis par A*. — b) epithafio A ; *corr.* epitaphio.

---

1. La place venait d'être prise le 10 juin 1151, ainsi qu'il ressort d'une charte délivrée à cette date par Geoffroi le Bel (*Cartul. de Saint-Aubin d'Angers*, éd. Bertrand de Broussillon, n° 864).

2. Boèce, *De consol. philos.*, III, 8, vers 19-22 :

    Quid dignum stolidis mentibus imprecer?
    Opes, honores ambiant
    Et cum falsa gravi mole paraverint
    Tum vera cognoscant bona.

3. Il mourut le 7 septembre 1151. Voir Kate Norgate, *England under the Angevin kings*, t. I, p. 390.

4. Sur ce tombeau, cf. Cél. Port, *Dictionnaire de Maine-et-Loire*, t. II, p. 255.

5. Cicéron, *De senectute*, XIX, 71.

mori videntur ut, cum aque multitudine vis flam[m]e opprimitur et quasi poma ex arboribus, cruda si sunt, vi avelluntur, si matura et cocta, decidunt, sic vitam adolescentibus vis aufert, senibus maturitas. Iste ex Meltide uxore sua tres filios genuerat, Henricum, Gosfridum et Guielmum, pueros speciosos et ab patris et avorum probitate non degenerantes, quod nunc eorum operibus comprobatur.

Hactenus mihi videtur sufficienter dictum esse de gestis et actibus Andegavorum consulum. Si qua preterea sunt (credo autem multa esse), ab his, si vobis videtur, qui ista melius sciunt queritote [a].

[a] *B ajoute ici le passage* hec ego dum in voluminibus..... a modernis valent fructum invenire, *qui se trouve dans A à la fin du chapitre relatif à Geoffroi le Barbu et Foulque le Réchin (supra, p. 67).*

GESTA

AMBAZIENSIUM DOMINORUM

Olim [1] *tibi*, dilecte mi, quod queris *scribere concupiscebam, sed nunc* quidem *maxime impellor, cum casus* [2] Supplicii et filiorum suorum *me angit, nec dissimulare* possum *quin angat. Namque hic quoque cumulus* nostris malis accedit, *quod* protervia comitis Teobaudi Blesis ipsos, ad colloquium vocatos, pessima et insidiosa proditione cepit et incarceratos inhoneste tractavit. Scribendi etiam ista permaxima causa est quia Supplicius, *fidelium* [3] *consilia despiciens* extraneisque servis pernimium credens, *fortune ludibrium per omnia fuit*. Nam [4] diabolicis suggestionibus pessimorum credens, facillime dilapsus est. Qui si ita divinis eloquiis prudentum adquiesceret, ad summa, ut ceperat, facile totus erigeretur : nec mirum, quia bone arboris est bonos et suaves fructus afferre ; in male vero arboris fructibus nulla bonitas, nulla prorsus suavitas reperitur. Discordie enim et superbie vitio congregata disgregantur et disgregata destituuntur : sic e converso concordie et humilitatis virtute disgregata congregantur et congregata honestissime constituuntur. Injusta enim et inhonesta petentibus

---

1. Les mots imprimés en italique sont empruntés à Sidoine Apollinaire, *Epist.*, I, 6, § 1.
2. A partir d'ici le chroniqueur transcrit Sidoine Apollinaire, *Epist.*, I, 7, § 1.
3. Sidoine Apollinaire, *ibid.*
4. Le passage qui suit est très probablement emprunté à un Père de l'Eglise ; on y trouve des réminiscences de la Bible (*Matth.*, vii, 17) ; mais nous n'avons pu l'identifier.

nullus tribuendus est assensus, sed justa et idonea postulantibus nulla petitio deneganda est. Unde quidam sapiens [1] ait :

> *Est velut insolitum que sunt mala recta referre,*
> *Sic ea que bona sunt non mala ferre solent.*
> *Vix erit aut nunquam referat quod recta malignus,*
> *Difficileque bonus que mala sunt faciet.*

Quapropter omnes nobiles probique malignorum consortia vitare debent ; nempe eorum maligno consilio Supplicius, proh dolor ! cecidit. Sed hec hactenus. *Nunc* [2] quidem *de* genere ipsius, que quibusdam *scriptis reperi* et antiquorum relatione didici, tibi *enucleare* tentabo, qui Ambaziensium dominorum progeniem scire desideras.

DE HUGONE. — Igitur regnante Lothario filio Lodovici Ultramarini, in curia Hugonis Capet ducis Francorum fuit vir illustris, dignus agnosci, nomine Hugo, filiolus predicti ducis ex baptismo, cui Deus, arbiter et ratio nature, ita personam suam cumulaverat ut ad capessenda militie munia suo tempore fere cunctos excelleret. Quibus predictis additur, quod Dei munere sibi congruit, evi, corporis, animi vigor integer et quod armis strenuus, veste et sumptu honesto instructus erat. Electo autem a Francis communi consilio, post obitum Lotharii, Hugone Capet in regem, regie potestatis dignitas quantum dilectionis et solicitudinis circa filiolum suum Hugonem haberet patenter ostendit. Namque cum regnum suum circuiret Turonisque descendens Cenomannensibusque consulem imponeret, dedit predicto [a] Hugoni Lavardinum cum apendiciis ipsius oppidi multosque feodos in pago illo insuper ei addidit. Qui duxit uxorem nomine Helpes, cui oppidum illud hereditario jure contingebat, ex qua filiam nomine Avelinam genuit. Multa preclara acta et laudanda in eo viro fuere ; nec vero in oculos solummodo extraneorum magnus, sed intus inter suos domique ceteris prestantior. Sermo illius jocundus, precepta admirabilia, in causis agendis maximus, notitia anti-

a) predicto *om*. A.

---

1. Nous ne savons d'où ces vers sont tirés.
2. Réminiscence du prologue des *Gesta consulum Andegav.*, ci-dessus, p. 25.

quitatis nimia ; et quasi litteratus non solum domestica, sed etiam extranea bella et facta omnia in memoria tenebat ; nec vero in armis bellicis utilior quam in pace auctoritate sermonis erat. Iste post obitum Halpes uxoris sue duxit Odelinam, filiam Radulfi vicecomitis de Sancta Susanna *a*, qui ei in conjugium Basogerium oppidum et terram Sancte Christine donavit. Ex hac vero Odelina genuit Lisoium Algeriumque et Albericum [1].

Qui multos annos complevit nec unquam a bono studio et opere eleganti cessavit ; nec, ut quidam *insipientes* [2], *qui sua vitia et suam culpam in senectutem transferunt*, etatem illam accusavit *b*. Sepe etenim filios suos ammonens ut probitati insisterent, illud poeticum [3] replicabat : *Viribus utendum est* ; nam *arma tenenti*, si strenuus erit, *omnia dat qui justa negat*.

Cum vero senesceret, Avelinam filiam suam cuidam nobili viro, Sehebrando de Meduana, cum Lavardino in matrimonio copulavit ; Lisoio autem Bassogerium et terram Sancte Christine, que matris sue fuerat, jure hereditario possidendam tribuit. Ex predicta Avelina Salomon ortus est ; ex Salomone, Guenmardus, qui, cum jam senex esset, duxit uxorem Mariam, sororem Engolbaudi archiepiscopi et Bartholomei de Vindocino ; que filiam peperit, quam Nevolus de Fracta Valle duxit uxorem, ex qua heredes Lavardini qui modo sunt exstant [4]. De his ista sufficiant, nunc vero ad Lisoium revertor.

a) Sussanna A ; *corr.* Susanna. — *b)* accussavit A ; *corr.* accusavit.

---

1. Ces renseignements sur les origines de Lisois d'Amboise paraissent en majeure partie légendaires. Cf. Angot, *Dictionnaire de la Mayenne*, t. I, p. 186, article : Bazougers.
2. Les mots en italique sont empruntés à Cicéron, *De senectute*, V, 14.
3. Lucain, *Pharsalia*, I, 348-349 :

   Viribus utendum est, quas fecimus. Arma tenenti
   Omnia dat qui justa negat ; neque numina desunt.

4. Le chroniqueur saute ici sans transition du xe au xiie siècle, au temps de l'archevêque de Tours Engebaud (1147-1156). Les chartes permettent de rétablir les intermédiaires. SALOMON Ier, seigneur de Lavardin, cité dans les textes au milieu du xie siècle (*Cartulaire de Marmoutier pour le Vendômois*, éd. A. de Trémault, n°s 65, 114, et Append., n° 11 ; *Cartulaire de la Trinité de Vendôme*, éd. Métais, n°s 63, 100, 101), fut le père d'Eve ou Aveline (*Cartulaire de Marmoutier pour le Vendômois*, n° 53, et Append., n° 11 ;

CRONICA DE LISOIO BASOGERII. — Post obitum Hugonis, Lisoius, decus militie Cenomannorum, cum fratribus suis Basogerio manebat. Erat enim vir illustrissimus, genere clarissimus, moribus conspicuus, armis strenuus; cujus corporis vigor animique ferocitas et virtutis prestantia *a* etiam in remotis regionibus, fama predicante, insignis habebatur. Illis temporibus Fulco probus comes[1], *cujus consuetudo erat animas Dei jurare*, Andegaviam possidebat. Quidam vero comes pernimium juvenis, Herbertus cognomento Evigilans Canem, Cenomannicum consulatum regebat. Viri isti probi et militie periti erant, avos quorum rex Francorum ad repellendam versutiam Normannorum in istis regionibus hereditaverat. Eo siquidem tempore vir nobilissimus et animosus, Odo Campaniensis, Turonicam urbem, castrum Cainonis, Lengiacum Montemque Basonis, totam etiam terram usque Salmurium quiete ut suam propriam tenebat. Erat nempe Odo consul pernimium possessione dives, possidens cum predictis Blesensem et Carnotensem comitatum, Briam totam urbemque Treiciarum, totamque Cam-

a) prestantia *sur un grattage.*

Cartulaire de la Trinité de Vendôme, n° 63), qui épousa en premières noces Aimeri d'Alluyes (*Cartulaire de la Trinité de Vendôme*, n°s 21, 62, 63) et en secondes noces Hervé (*Cartulaire de Marmoutier pour le Vendômois*, n°s 91 et 128). Cet HERVÉ, frère de Lancelin II, seigneur de Beaugency (*Cartulaire de la Trinité de Vendôme*, n°s 182 et 279), est cité comme seigneur de Lavardin pendant les années 1060-1080 environ (*Cartulaire de Marmoutier pour le Vendômois*, n°s 57, 89, 91, 128, et Append., n° 24 ; *Cartulaire de la Trinité de Vendôme*, n°s 182, 262, 279). Il eut pour successeur SALOMON II, — sans doute son fils, — que nous trouvons cité comme seigneur de Lavardin en 1080 (*Cartulaire de Marmoutier pour le Dunois*, éd. Mabille, n° 129) et, le 7 mai 1085, dans une charte du comte Foulque le Réchin (L. Halphen, *Le comté d'Anjou au XIe siècle*, catalogue d'actes, n° 247). C'est ce Salomon qui fut le père du *Guenmardus* dont parle le chroniqueur, et qui paraît lui-même comme seigneur de Lavardin à la fin du XIe siècle et au début du XIIe sous le nom d'AIMERI GAIMARD (« cognomine Gaimardus »), fils de Salomon (*Cartulaire de Marmoutier pour le Vendômois*, Append., n°s 26, 27, 31, 32 ; *Cartulaire de la Trinité de Vendôme*, n° 383). Sa femme se nommait bien Marie, comme il est dit ici (*Cartulaire de Marmoutier pour le Vendômois*, Append., n° 31 ; *Cartulaire de la Trinité de Vendôme*, n° 539).

1. Presque tous ces renseignements sur Foulque Nerra, Herbert Eveille-Chien et Eude de Blois sont tirés des *Gesta consul. Andegav.* (ci-dessus, p. 46 et suiv.). Il y a même un emprunt textuel : nous l'imprimons en italique.

paniam simul usque Lotoringiam regebat. Nempe Odo de genere Hugonis ducis Burgundie, qui in tutelam Karoli parvi pupilli, filii Lodovici qui Nil Fecit, electus est, exstitit ; fuit enim nepos ejus, ex illa filia quam Hugo [1] Campaniensis duxit uxorem. De quorum moribus pauca aperiam.

Odo [2], per omnia similis Catoni *integritate vite*, pauca nisi bonis *largiendo* gloriam adeptus est. Ipse *pernicies malorum, constantiaque ipsius* valde *laudabatur ;* in eo *studium modestie, decoris et maxime severitatis erat ; non divitiis cum divite neque factione cum factioso, sed cum strenuo virtute, cum modesto pudore, cum innocente abstinentia certabat ; esse* autem *quam videri bonus malebat*. At Fulco, alter Cesar, *beneficiis, munificentia, mansuetudine, misericordia, dando, sublevando* egenis, oppressis *ignoscendo magnus habebatur. In eo miseris refugium ; negotiis amicorum intentus,* sepe *sua negligebat ;* qui etiam *in animum induxerat laborare, vigilare,* nichil *denegare quod dono dignum esset. Magnum imperium, bellum novum, ubi virtus enitescere posset, exoptabat.*

Quibus temporibus Gelduinus, vir nobilis ex genere Danorum, castro Salmurensi in fidelitatem Blesensis comitis et omnibus appendiciis ejusdem castri dominabatur. Fulco predictus comes Herberto Cenomannensi, sibi fideli amicitie copula adjuncto, litigiosum certamen pugnandi cum Odone et Gelduino arripuit, cupiens eis Turoniam auferre. Ad hoc igitur peragendum, Fulco comes, ut erat hujusce rei sagacissimus et bellator fortissimus, quoscumque probos potuit sue fidelitati adjungere non distulit. Itaque predictum Lisoium adscivit, inveniensque eum in his que deliberaverat consiliosissimum, suis familiaribus consiliis impertivit. Quid mirum ? Veteri enim proverbio dicitur : « Similis similem querit », de talibusque Tullius [3] ait : Amicitia proborum, *nisi detestabili scelere, di-*

---

1. *Sic*, pour « Odo ». Cf. ci-dessous, p. 79, n. 4.
2. Ce parallèle entre Eude et Foulque est fait à l'aide du parallèle entre Caton et César, dans Salluste, *Catilina*, LIV ; mais tandis que Salluste a opposé ses personnages trait pour trait, le chroniqueur d'Amboise a préféré tracer des siens deux images qui s'opposent dans l'ensemble. Aussi, tout en copiant textuellement Salluste (les mots empruntés sont imprimés en italique), a-t-il dû bouleverser les phrases de son modèle.
3. Cicéron, *De amicitia*, VIII, 27-28.

rimu non potest. Consimilis enim sensus exstitit amoris, si aliquem nacti sumus, cujus moribus et natura congruamus, ita quod in eo quasi lumen probitatis aliquid *virtutis perspicere vide*amus. *Nihil est enim virtute amabilius, nihil quod magis alliciat ad diligendum ; quippe cum propter virtutem et probitatem, etiam eos quos nunquam vidimus quodam modo diligamus.*

Denique predictus Fulco castrum Lochas et Ambaziacum oppidum Lisoio ad custodiendum tradens, ut omnes tam nobiles quam ignobiles jussibus suis obtemperarent et per omnia ei parerent precepit [1]. Lisoius, ubi naturam domini sui et mores subditorum hostiumque cognovit, *ut* [2] *erat impigro et acri ingenio, multo labore* ^a *multaque cura, preterea modestissime* consuli *parendo et sepe eundo obviam periculis, in tantam claritudinem brevi pervenit, ut* suis *carus vehementissime* hostibusque *maximo terrori esset. Quod* autem *difficillimum est, et prelio strenuus et bonus consilio erat : quorum alterum ex providentia timorem afferre solet, alterum ex audacia* aliquid magnum sine consilio aggredi. Suscepto igitur regimine duorum castrorum, Lisoius impiger et inrequietus Blesenses, Calvimontenses necnon terram Sancti Aniani habitantes quotidiana depredatione et incensione vastabat et comes Fulco ei sepe auxiliabatur.

Namque Fulco dominum illius oppidi quod vulgariter Castellis dicitur sibi fideli amicitia sociaverat et per ejus terram Ambazio veniebat. Odo vero comes in Lothoringia cum Alemannis, qui sibi infesti erant, et cum Frerico Tullensi consule [3], qui eos in terram predicti consulis adducebat, sepe pugnans, diu, his impeditus, a Turonia et Blesis aberat. Hugo [4] autem,

a) labore *om.* A.

---

1. Cette phrase se lit déjà presque telle quelle dans les *Gesta consul. Andegav.* (ci-dessus, p. 48), où elle a peut-être été ajoutée par un interpolateur (voir Introduction, chap. II, § 2).
2. Les mots en italique sont empruntés à Salluste, *Jugurtha*, VII, 4.
3. C'est par erreur que l'auteur qualifie ici Ferri « comte de Toul ». Il s'agit, en réalité, de Ferri ou Frédéric II, fils aîné et successeur de Thierri, duc de Haute-Lorraine. Voir R. Parisot, *Les origines de la Haute-Lorraine et sa première maison ducale* (Paris, 1909, in-8°), p. 404-405.
4. *Sic*, pour « Odo ». Cf. ci-dessus, p. 78, n. 1.

pater Odonis, prope locum antiquitus Vaccaria Comitisse dictum, ubi erat ecclesia ab antiquis in honore beati Martini constructa, in colle, Calvimontem composuit. In hoc castello Odo comes Nevolum, quemdam militem suum, Blesis vero Burellum ad resistendum Lisoio posuit. Aliud etiam oppidum idem pater Odonis super Carum fluvium, ubi erat sancti Aniani ecclesia ab heremitis olim habitata, composuit ; quod oppidum cuidam viro probissimo sibique familiarissimo, Gaufredo juveni, Odo donavit.

Gaufridus, Sancti Aniani dominus constitutus, omnes Odoni resistentes viriliter impugnabat. Enimvero Crachaicum, Vilentrastum, Busenchaicum ceteraque loca munita, juxta Endriam sita, Fulconi favebant. Sed istum Goffridum, Sancti Aniani dominum, quidam proditor, Arraudus Brustulii, homo tamen suus, Fulconi consuli tradidit; qui Lochas incarceratus obiit ; cujus corpus homines sui Sancto Aniano deferentes, in latere ecclesie sancti Johannis ab orientali parte sepelierunt.

Quo ita peracto, comes Fulco per predictum Lisoium *omnes* [1] *fere feroces et asperas res agebat ; nam eum in amicis habebat, quippe cujus consilium neque inceptum frustra erat : nempe in eo animi magnificentia et ingenii sollertia erat, quibus rebus multos ex* Andegavensibus *familiari amicitia sibi conjuncxerat*. Fulco [2], proverbialiter celebre esse sciens nullam moram paratis esse inferendam, prope *urbem Turonicam, quam multum esse suam* cupiebat, *oppidum in* loco qui *Mons Budelli* dicitur con*stituit* et custodibus ad urbem distringendam munivit. Odo vero comes, coadunato maximo exercitu, adjuncto sibi *cum omnibus suis* copiis *Gelduino Salmurensi*, Montem Budelli *obsedit*, ponens super Ligerim tentoria [a] sua et super fluviolum qui Chosilium nuncupatur. Illi de munitione viriliter se defendebant et auxilium a domino suo Fulcone per internuntios sepe petebant ; Fulco comes et Herbertus,

a) temptoria A; *corr.* tentoria.

---

1. Les mots en italique sont empruntés à Salluste, *Jugurtha*, VII, 6-7.
2. Tout ce qui suit jusqu'à «... per urbem Turonicam et Rupes Corbonis Blesis rediit » (p. 81) est une paraphrase des *Gesta consul. Andegav.* (ci-dessus, p. 53-54). Quelques expressions en sont textuellement reproduites : nous les imprimons en italique.

congregato exercitu Andegavorum et Cenomannorum, ad auxilium suorum festinabant. Fulco autem, comperto quod castrum Salmurense omni defensore vacuum reperire poterat, mutato consilio, cum omni exercitu suo ex improviso ad Salmurium venit, castrum intravit, turrim et omnes munitiones, nullo defendente, cepit et eas ut suas optime munivit ; quo munito, exercitum suum *ante Kainonem* ducens, Vigenne fluvio *ponte de navibus facto* transmeato, *Montem Basonis obsedit*. Quo facto, Odo comes, obsidionem Montis Budelli relinquens, Monti Basoni succurrens appropinquavit ; sed *ingeniosus Fulco*, ei cedens, *usque Loccas recessit*, simulans fugam [a], per Ambazium partem sui exercitus Andegaviam redire jussit [b] maximam partem per Noastrium Losdunum misit. Odo, audito nuntio Alemannos in Lothoringia esse terramque suam invasisse, per urbem Turonicam et Rupes Corbonis [c] Blesis rediit.

Gelduinus itaque, sicut predictum est, Salmurio [d] expulsus, cum Odone Blesensium comite, pro cujus fidelitate terram suam perdiderat, Blesim venit et Pontilevi, qui ejus fiscus proprius erat, mansionem accepit. Denique, dum Blesi moraretur, cum multa in Briam et in Campaniam pro terra sua perdita Gelduino offerret, ut animosus armisque strenuus, omnia illa que sibi offerebantur pro nihilo reputans, — nolebat enim ab inimicorum suorum, qui sibi terram abstulerant, vicinitate longe fieri, — petivit Calvimontem, inter Blesim et Ambazie castrum situm [e], sibi dari ; quod, quia quodam modo nihil et indignum tanti viri videbatur, diu repugnans, Odo [f] tamen acquievit. Gelduinus, accepto Calvimonte, castrum edificavit et munivit. Insuper consuetudinem quamdam Blesis que brennagium dicitur quarteriumque Blesis feodum Britonum ac villam Barolli Odo illi donando accrevit.

Genuit autem Gelduinus filium, Gosfridum nomine, mire strenuitatis virum, sapientissimum, qui, quia pulcritudine etiam puellas pulcherrimas excellebat, Goffridus Puella vocatus refertur. Qui etiam ex eadem uxore Goffrido unam sororem, Chanam nomine, addidit, que nuptui data Frangalo, Fil-

---

a) fugam om. A. — b) jussit om. A. — c) *Deux lignes ont été grattées entre* Corbonis *et* Blesis. — d) Salmurio om. A. — e) situm om. A. — f) Odo om. A.

geriarum domino, plures filios et filias peperit. Denique Gelduinus post multos labores in extremis annis positus, omnia que sibi dederat Odo comes Blesensium Goffrido filio suo relinquens, Pontilevi, qui alodius ejus erat, abbatiam in honore sancte Dei genetricis Marie construxit[1] et omnia que Pontilevi habebat monachis dedit, exceptis paucis feodis de curia sancti Petri, quos filio suo retinuit, ibique Gelduinus defunctus ipse et uxor ejus Aanordis sepulti sunt.

Postquam nobilis Odo[2] a Carnotensi et Blesensi territorio recessit, *Fulco iterum Montem Basonis obsedit atque cepit et Guillelmo Mirebelli ad servandum* commendavit. Sequenti anno Fulco et Herbertus Cenomannorum comes Turonim obsedere. Urbi obsesse cupiens Odo succurrere, permaximas copias congregans, usque ad fluvium Beuronis venit illumque transivit. Predicti consules urbem obsessam relinquentes ac *juxta Carum fluvium equitantes*, prope villam que Benregium vocatur tentoria[a] sua posuerunt. Festinantes autem, cum Odone prope Pontilevim pugnantes, ipsum turpiter victum usque ad predictum fluvium fugaverunt. Postea Odo in Campaniam, quam inimici sui pernimium impugnabant, cito rediit.

Erat super Carum fluvium villa que Nantollium dicitur, et *inter montem et Carum* vicus Rabelli Nobilis. Mons proprius[b] Gelduini erat, ville vero de proprio feodo ejusdem; que omnia Fulco Gelduino et suis abstulit. Tunc *Fulco in monte qui prius Gelduini erat oppidum* constituit, *quod Montricardum* nuncupavit, *et Rogerio Diabolerio ad custodiendum* tradidit, ne inimici sui Ambazio vel Lochas libere descenderent. Rogerius iste oppidum, quod Mons Thesauri dicitur, quia de thesauro beati Mauricii erat, ut suum proprium possidebat. Itaque

a) temptoria A ; *corr.* tentoria. — b) prius A.

1. C'est en juillet 1035 (ou 1034?) que Geudouin, d'accord avec sa femme Aénor et son fils Geoffroi, déclare fonder le monastère de Pontlevoy. Les chartes de fondation, confirmées en 1075 par le roi Philippe Ier, sont publiées dans Prou, *Recueil des actes de Philippe Ier, roi de France*, n°s 74 et 75.

2. Le passage qui suit, jusqu'aux mots «... Kainone sibi tradito, quievit » (p. 83) est une paraphrase des *Gesta consul. Andegav.* (ci-dessus, p. 51-54). Les emprunts textuels sont imprimés en italique.

Blesenses et illos de Sancto Aniano a terra Fulconis sepe repellebat.

Succedente paucorum annorum curriculo, Odo, cum Alemannis in Lotoringia pugnans, *graviter vulneratus* obiit. Cujus honorem et *terram* totam *Teobaudus filius* ipsius obtinuit. Quod Fulco comes irrequietus comperiens, adunato exercitu suo, Lengiacum obsidione vallavit et cepit. Quo peracto, locutus cum Kainonensibus, et ab illis etiam Kainone sibi tradito, quievit.

Ipse [1], *morbo atque etate confectus, cum sibi finem vite adesse intelligeret, coram amicis et cognatis* filium suum Goffridum Martellum jam adultum vocavit; qui Martellus, non degenerans a paternis moribus, virtute animi et corporis pollebat ; cum quo pater suus *hujusmodi* [2] *verba dicitur habuisse* : « *Quoniam naturam et laborem finem vite mihi intelligo facere, moneo ne malis alienos* tibi *adjungere quam beneficio meo conjunctos retinere. Non exercitus neque thesauri* solummodo *presidia* tibi erunt, verum *amici, quos non armis cogere neque auro* sic *parare queas* quantum beneficio et amicitia, quibus rebus maxime *pariuntur*. Volo igitur consilio procerum meorum et tuo considerare quid pro multo servitio a Lisoio suscepto sibi possim dare : nam eum uti fidelem et mihi et tibi necessarium retinere cupio. »

Erat tunc apud Lochas pretor quidam, custos arcis, nomine Arardius, Lisoii amicus, qui consulendo consuli monuit ut filiam Archembaudi de Busencaiacho Lisoio daret et Vernolium Maureacumque et ea que jure hereditario Ambaziaco possidebat. Supplicius, beati Martini thesaurarius [3], de nobilioribus tam Turonorum quam Bituricensium ortus, ex predicto Archembaudo fratre suo defuncto unum nepotem et duas neptas habebat et totam terram que fratris sui fuerat manu tenebat. Quo intervallo Supplicius Ambaziaco, in loco ubi domus predicti fratris lignea erat, arcem lapideam ad opus

---

1. Les mots imprimés en italique sont empruntés à Salluste, *Jugurtha*, IX, 4.
2. Salluste, *Jugurtha*, IX, 4, et X, 3-4.
3. Sulpice, trésorier de Saint-Martin de Tours de 1023 à 1031. Voir E. Mabille, *La pancarte noire de Saint-Martin de Tours*, p. 32.

nepotis sui construxit [1]. Verum cum predictus Fulco quid Lisoio pro tanto servitio recompensare, quid sibi gratum fore debuisset diu premeditaret, adquiescens Arardio, convenit Supplicium thesaurarium, virum sibi amicum et genere et nobilitate nobilissimum, qui predictas duas neptas habebat, facie satis decoras, genere exspectabiles, moribus ingenuas, quarum major natu Hersendis vocabatur. Inpetravit autem comes a Supplicio thesaurario Hersendim Lisoio dari et matrimonio copulari cum turre Ambazie lapidea, quam prefatus Suplicius suis propriis sumptibus exstruxerat, et cum omnibus que jure turri appendebant ; similiter Virnollium cum omnibus feodis ipsi pertinentibus, domum etiam quam thesaurarius Lochas jure hereditario possidebat Maureacumque Lisoio in conjugio donando addiderunt ; comes vero vigiferam [a] Campanie et segreheriam que ultra Carum fluvium est ex sua parte Lisoio pro servitio sui tribuit.

Post hec Fulco consul nature concessit, cujus honorem Gauffridus Martellus filius ejus suscepit. Qui, vir probus a virtute patris non degenerans, irrequietus enim homo erat, adunato exercitu suo, adjunctis etiam Britonibus, Turonicam urbem obsidione vallavit. Quod comperiens Teobaudus, Odonis filius [2], qui, sicut pater, Andegavenses semper exosos habebat, permaximas copias Francorum Burgundionumque adducens, urbi obsesse succurrere disposuit. Qui cum, Ligeris litus propter timorem Lisoii et Ambaziensium relinquens, juxta fluvium Cari festinaret, Gosfridus Martellus comes furibundus cum suis ei occurrit pugnando juxta villam que Sanctum Martinum Bellum vocatur, ipsum devincit, devictum fugavit. Lisoius autem, cum Ambaziensibus comitem fugientem prosequens, ipsum prope aulam Hatuini cepit et domino suo comiti reddidit, qui eum Lochas deduxit. Quo peracto, Turonen-

a) *Sic ; lisez peut-être* vigeriam. *Cf. p.* 54 *et* 89.

---

1. On voit, en effet, en 1027, Sulpice défendre l' « oppidum » d'Amboise, en qualité de « castellanus », contre les attaques d'Eude II de Blois (*Annales de Vendôme*, dans Halphen, *Recueil d'annales angevines*, p. 61).

2. Le passage qui suit est inspiré des *Gesta consul. Andegav.* (ci-dessus, p. 57-58). Les emprunts textuels sont imprimés en italique.

ses expavefacti Gofrido Martello pene *a* urbem reddiderunt.

Iste Teobaudus, cum esset in vinculis et pro eo nullam redemptionem auri et argenti Gosfridus Martellus vellet accipere, captivus mori metuens et semetipsum plus quam sua diligens, anno incarnati Verbi .MXLII°. pro sua deliberatione Turonim Gosfrido Martello in perpetuum habendam concessit. Martellus itaque comes, Turonia quiete suscepta, rege Francorum Henrico mediante factoque hominagio pro suscepta terra Teobaudo ipsoque deliberato, res ad concordiam redacta est et *donaria multa militibus distribui constituit* et quadruvium Ambazie, qui sub arce erat, totum Lisoio concessit, quod proprium usque ad molinum Amatisse tunc comitis erat : illa que erant a molino usque ad ecclesiam sancti Dionisii ipsamque ecclesiam cum totius parrochie decima, ut ea que uxori sue hereditario jure erant, Lisoius propria possidebat.

In eodem oppido erat basilica in honore virginis Marie antiquitus fabricata, in qua supradictus Fulco comes et Suplicius thesaurarius sex prebendas, impositis totidem canonicis, olim constituerant, septimum capicerium eis preponentes. Illo nempe tempore duo clerici, ut fama refert et antiquorum auctoritas, in pago Pictavensi, in villa que Sacrum Martis nuncupatur, que in confinio Turonorum est sita, ossa beati Florentini presbiteri et confessoris rapientes, divino nutu usque Ambaziacum pervenerunt. Quod quatuor capellani qui in ecclesia beate Marie erant comperientes, consilio virorum castelli, corpus sancti in ecclesia beate Marie in capsa lapidea posuerunt. Erat tunc in eodem oppido vir quidam, nomine Marchoardus de Salmurio, qui dedit canonicis ecclesiam Silviniaci, quam possidebat, et cimeterium ; comes vero, terram et homines et illa omnia que circa villam habebat ; thesaurarius autem, decimam parochie, quam ut propriam tenebat. Comes etiam terram quamdam prope Ambaziam illis donando accrevit : hec terra circa Ulmum Casserii erat, quam quidam capicerius ecclesie abstulit et post obitum Fulconis cuidam joculatori tribuit. Martellus consul, Fulconis filius, censum, quem in veteri castello et aliis locis pluribus habebat, canoni-

a) pene *om. A.*

cis donavit ; Lisoius vero ex omnibus illis terris sive vineis decimam, que sua erat, eis in perpetuum donavit sicque duos canonicos addiderunt et novem fuerunt.

Post hec Supplicius thesaurarius neptam suam minorem Fulconi cuidam, nobili viro Bituricorum et probissimo, cum oppido Vilentrastri, in matrimonio conjunxit. Busenchaicus vero et illud de Castalione nepoti suo Roberto proprium remansit. Non longe post hoc thesaurarius obiit.

Goffridus Martellus cum Willelmo comite Pictavensium graves inimicitias habens pugnare disposuit et Lisoium grandem natu huic negotio advocavit, in cujus consilio, auctoritate et sententia, uti illi qui in vario genere bellorum versatus fuerat, totius prelii ordinem commisit. Nam, teste Tullio [1], prudentes senes *in re gerenda similes sunt* navigatoribus, *qui, quamvis in navigando nichil agere dicantur, cum alii malos scandant, alii per foros cursent, alii sentinam exhauriant, ille clavum tenens sedeat in pupi quietus, non faciat ea que juvenes,* tamen *multo majora et meliora facit*, ut Lisoius in hoc prelio in quo dominus suus Pictavenses cum duce suo turpiter devicit. *Non viribus* solummodo *aut velocitati*bus aut *celeritate corporum res magne geruntur sed consilio* et prudentia, *quibus non orbari sed augeri senectus solet.*

Lisoius de Ambaziaco, vir animosus, Algerio fratri suo et Hugoni filio ipsius, nepoti suo [a] scilicet, Basogerium concessit; terram vero Sancte Christine, quam diu possederat, Alberico fratri suo quiete donavit. Lisoius genuit ex Hersendi duos [filios], Supplicium et Lisoium, et tres filias, Eufemiam, Sibillam et Elisabeth. Eufemiam Bucardus de Montesaurio, filius Rogerii Diabolerii, uxorem duxit et ex ea genuit Albericum. Sibillam autem habuit Teobaudus, filius Corbonis, de qua genuit Robertum de Rupibus. Elisabeth Fulcoius Juvenis, filius Fulcoii de Torinneio, uxorem duxit, ex qua filiam nomine Corbam genuit, quam Gosfridus Burellus uxorem duxit [b] ; sed eam

a) suo om. A. — b) ex qua filiam... uxorem duxit om. A. Ces mots sont ajoutés en marge par A'.

---

1. Cicéron, *De senectute*, VI, 17. Tous les mots imprimés en italique sont empruntés à ce passage.

absque herede manentem cum Jerusalem duceret, raptam a paganis amisit ; Elisabeth vero, mater ejus, post hec Orricum Pejorem Lupo duxit, ex quo nullum heredem habuit, immo deinceps sterilis permansit. Ut autem genus Hersendis breviter aperiatur, Haimo dominus Busenchaiaci genuit Supplicium cognomento Mille Clipeos ; Supplicius genuit Robertum ; Robertus Archembaudum et Supplicium thesaurarium ; Archembaudus Robertum, Hersendim et Hermensendim, uxorem Fulconis Villentrastri [1].

Lisoius de Ambazio, jam in extremis annis positus, terram suam duobus filiis dividens, Supplicio primogenito suo illud de Ambaziaco et omnia que habebat inter Carum et Endriam et etiam Maureacum ultra Andresium situm, quem de feodo archiepiscopi habebat, donavit ; Lisoio autem illud quod Lochas tenebat et medietatem Virnolii cum pluribus casamentis et aliis rebus que sibi propria retinuerat, ut in scriptis consuetudinum domini Ambazie continetur. Vixit autem Lisoius multis diebus, et quamvis in decrepita etate vires ejus consenuerint atque defecerint, tamen illa *defectio* [2] *virium* non ex *adolescentie vitiis* [a] fuit : nam, teste Tullio, *libidinosa et intemperans adolescentia effetum* [b] *corpus senectuti tradit*; nempe Lisoii adolescentia valde modesta et honesta exstitit. Qui cum nature concessit, Villalupe prope ecclesiam sancti Salvatoris sepultus fuit [3].

Supplicio, Lisoii filio, Gosfridus de Calvo Monte, filius Gelduini, quamdam neptam suam, sororis sue Chane filiam, nomine Dionisiam [4], quam parvulam nutrierat, quoniam summe

a) vitiis *om.* A. — b) effectum A ; *corr.* effetum.

---

1. Les indications contenues dans ce passage peuvent se vérifier au moins partiellement. Voir Introduction, chap. v, § 2.
2. Cicéron, *De senectute*, IX, 29.
3. La dernière mention que nous connaissons de Lisois est de 1061. A cette date, il souscrit une charte du comte Geoffroi le Barbu (*Livre des serfs de Marmoutier*, éd. Salmon et Grandmaison, n° 16, et Append., n° 19 ; Halphen, *Le comté d'Anjou au XIe siècle*, catal. d'actes, n°160). Il dut mourir peu après, si la chronologie des *Gesta Ambaziensium* est correcte, puisqu'il est question, dans le chapitre consacré à Sulpice Ier, d'événements survenus en 1066 et 1068.
4. Les chartes permettent d'établir que la femme de Sulpice Ier se nommait bien Denise. Voir Introduction, chap. v, § 2.

prudentie vir et armis strenuus habebatur, in matrimonio copulavit eique medietatem Calvi Montis et omnium que possidebat in vita sua donavit atque post obitum suum omnia ex integro habenda concessit[1] ; quod factum est assensu et voluntate comitis Teobaudi et Stephani filii sui, qui ambo hominagium a Supplicio pro honore Calvi Montis quiete et pacifice susceperunt. Sic dominatus Calvi Montis et Ambazie conjunctus agnoscitur.

Fulco comes, sicut jam supradictum est, terram suam Martello filio suo reliquit, qui, cum[2] *heredem non haberet*, duobus *nepotibus suis Gosfrido Barbato et Fulconi Richin Turoniam et Andegaviam donavit* et dimisit. Temporibus eisdem Willelmus, filius Roberti ex concubina, dux Normannorum, omnem militie valetudinem quam invenire potuit in arma commovens, regnum Anglorum, quod jure hereditario reclamabat, Haroldo tunc Anglie imperante, invadere parabat ; ad quem cum ex diversis regionibus optimi milites et bellicosi gregatim convenirent[a], inter eos etiam Gosfridus de Calvo Monte, filius Gelduini, qui neptam suam Dionisiam Suplicio, Lisoii filio, matrimonio copulaverat, venit. Is siquidem vir mirande pulcritudinis, stature congruentis, summe prudentie, mire facundie, ingentis eloquentie, armis strenuus, providus in consilio, in omnibus morigeratus, statim ut a Willermo duce fuit agni-

a) convenientes A ; *corr.* convenirent.

---

1. Cette cession ne fut peut-être pas absolument volontaire. Une charte, où il est question d'un voyage fait par l'abbé de Marmoutier Albert à Baugé, pour y venir trouver « Gaufridum de Calmonte, filium Gelduini de Salmuro, qui erat ibi in captione comitis Gauzfridi », semble indiquer que Geoffroi de Chaumont fut fait prisonnier par Geoffroi Martel, probablement à la suite de la bataille de Nouy, en 1044 (copie de l'orig. par Martène, Bibl. nat., ms. lat. 12878, fol. 125 v° ; pour Gaignières, Bibl. nat., ms. lat. 5441[1], p. 384c ; pour dom Housseau, Bibl. nat., Coll. d'Anjou et de Touraine, vol. II², n° 671 ; publ. par Marchegay dans la *Bibliothèque de l'Ecole des chartes*, t. XXXVI, 1875, p. 388, n° 4). Vers la même époque, on voit Lisois d'Amboise s'intituler : « Ego Lisoius, castri qui vocatur Calvus Mons oppidanus » (*Cartulaire du prieuré de Saint-Gondon-sur-Loire*, éd. Marchegay, p. 58, n° 35), ce qui semble indiquer que Chaumont avait été confisqué par le comte d'Anjou au profit du seigneur d'Amboise.

2. Les mots imprimés en italique sont empruntés aux *Gesta consul. Andegav.* (ci-dessus, p. 62).

tus, super omnes ei familiarior est habitus. O virum felicem, cui Dominus tot et tantarum virtutum gratiam conferre dignatus est! Qui, ducem adire deliberans, quicquid sibi retinuerat in pago Blesensi et apud Calvimontem, illud similiter quod Turonis habebat in vigifera *a* Castri Novi censumque et ecclesiam sancti Cirici et burgum cum decima totius parrochie totum Supplicio et nepti sue Dionisie quiete et in dominio possidendum reliquit.

Paratis igitur navibus suis, Willelmus dux vela prebet ventis, et cursu prospero Anglie appulerunt; qui egressi de navibus terram vastare ceperunt. Haroldo ex adverso resistere parante, pugna constituitur, pugnatur, Haroldus vincitur et vulneratur graviter, non multum post mortuus est; sicque Willelmus de hoste triumphans ab Anglis suscipitur, in regem inungitur, coronatur totamque regionem quietam tenuit et in pace rexit. De militibus autem suis multos optime remuneratos remisit; nonnullos secum retinens, eis multa et amplissima donaria contulit; Gosfrido vero de Calvimonte auri et argenti copias multas terreque possessiones amplissimas, quoniam illum in majori reverentia habebat, dedit [1].

Dum igitur sic in Anglia ageretur et Gosfridus de Calvimonte in his que sibi dederat Willelmus rex Anglorum moraretur, duo fratres Fulco Richin et Barbatus inter se graviter discordaverunt.

Erant autem tunc Ambazie tres optimates *b*, quorum nullus alii credebat fore secundus nec erat et quorum nullum servitium alter alteri debebat, habentes singuli domos defensibiles: Supplicius, dominus turris lapidee, et Fulcoius de Torinneio, quem comes Martellus primus ibi hereditaverat, qui dominus domus que Mota Fulcoii dicebatur erat; tertius erat Ernulfus, filius Leonii de Magduno, custos domus consulis que vocabatur Domicilium, ad cujus jus pars major Ambaziensis castri

a) Sic; lisez peut-être vigeria. *Cf. p. 54 et 84. — b)* obtimates *A; corr.* optimates.

---

1. Le nom de Geoffroi de Chaumont ne semble cependant pas figurer au *Domesday Book*, si nous nous en rapportons au dépouillement qu'en a fait Léopold Delisle. *Liste des compagnons de Guillaume le Conquérant en 1066*, dans le *Bulletin monumental*, t. XXVIII, 1862, p. 474-480.

pertinebat. Fulco comes, pater Martelli, Leonio de Magduno in feodo custodiam Domicilii et commendaticias Silve Longe, que sue erant usque Remorentino, olim donaverat. Nam Fulco, cum Landonensem viceconsulatum possideret, sepe per Magdunum, inter Aurelianum et Baugentiacum situm, transibat et Leonium inter principales amicos habebat.

Supplicius vir prudens armisque strenuus fuit, cujus frater Lisoius[1] non inferior virtute exstitit. Qui ita naturali amicitia erant conjuncti ut eorum *vita*[2] ab omnibus *laudaretur*. Nam, teste Tullio, *si exemeris ex natura rerum benevolentie junctionem, nec domus ulla nec urbs ulla stare poterit, nec agricultus etiam permanebit. Id si minus intelligitur, quanta vis amicitie sit concordieque ex dissensionibus atque discordiis percipi potest*, ut ex discordia Fulconis Richin et Barbati, que pene terram eis subditam totam delevit. *Que enim domus tam stabilis, que tam firma civitas, que non odiis atque discidiis funditus possit everti? Ex* Supplicio atque Lisoio *quantum boni sit in amicitia judicari potest*, qui, licet causa invidie a multis potentibus aggressi, viriliter se defendentes, nihil ex suo amiserunt, quamvis ipse Fulco [eos ab] Ambaziaco sepe expellere tentasset.

Fulco[3] *Richin Barbatum fratrem suum captum tenuit et in vinculis* Cainoni castro *posuit et utrumque comitatum* in proprietatem sibi *suscepit*. Barbato Ernulfus, Fulconi Richin Fulcoius favebat, Supplicius neutri[4]. Itaque Fulco Richin a rege Francorum utrumque comitatum suscepit ipsique *Landonense castrum* in perpetuum *concessit*. Dum a curia regis Fulco rediret, hospitatus cum Ernulfo in Domicilio, consilio Fulcoii, Domicilium abstulit et cuidam homini suo Rainardo

---

1. Ce Lisois, frère de Sulpice Ier, est cité en cette qualité à plusieurs reprises dans les chartes (*Cartulaire blésois de Marmoutier*, éd. Métais, n° 99; charte de Pontlevoy des années 1068-1084 dans la *Revue de Loir-et-Cher*, t. XV, 1902, col 145 : pour la date, cf. L. Halphen, *Le comté d'Anjou au XIe siècle*, Catalogue d'actes, n° 246).
2. Les mots en italique sont empruntés à Cicéron, *De amicitia*, VII, 23.
3. Passage emprunté aux *Gesta consul. Andegav.* (ci-dessus, p. 63-64).
4. Il semble même que Sulpice ait cherché, à la faveur de cette guerre intestine, à se rendre indépendant du comte d'Anjou. Voir L. Halphen, *Le comté d'Anjou au XIe siècle*, p. 147.

Porcello ad custodiendum tradidit [1] ipsumque Arnulfum ratione satis debili, quia Barbatum dilexerat, Ambazio expulit. Post hec malitiosus Fulcoius nutu consulis Supplicium et suos impugnabat, existimans quod comes honorem Supplicii filio suo Fulcoio daret, qui Elisabeth sororem ejus [a] uxorem duxerat, si eum ab Ambaziaco expellere posset.

Jam [2] *pridem* consul Richin a probitate antecessorum deviaverat *veraque vocabula rerum amiserat*. Nam *aliena bona largiri liberalitas, malarum rerum audacia fortitudo* ab eo *vocabatur*; sed tamen misericors mansuetusque erat nimiumque ad credendum malis facilis. Quem Fulcoius adgrediens multis adulationibus, ut arma contra Supplicium sumeret impetravit. Similiter Bucardum de Montesauro, qui Eufemiam, Supplicii et Lisoii sororem, habebat, contra ipsos ad omnia mala agenda incitavit. Sed Supplicius Lisoiusque a Calvo Monte comitem, Bucardum atque Fulcoium infestabant, illisque nolentibus, totam terram usque Lochas et Turonim vastantes depredantesque omnia incendebant. Munierant etiam Ambaziaco arcem suam et sic sepe in ipso oppido inter utriusque partis homines vulneratioque et occisio nimia erat. Erat autem Supplicio auxiliator sororius ejus Teobaudus, Rupium dominus, per cujus portum Supplicius et sui transmeantes maxima damna inimicis suis faciebant. Diu post hoc comes consilio Ambaziensium cum Supplicio dolo inducias cepit ; pace facta, terra siluit.

Supplicius in custodia cujusdam Ambaziensis militis nomine Ebardi arcem suam posuit ; ipse cum uxore Calvo Monti mansit. Quadam vero die, dum Supplicius Ambaziaco esset et in domo Cesarii in pace securusque quiesceret,

a) sororem ejus *om. A.*

---

1. Dans une de ses chartes, délivrée le 7 mai 1085 (L. Halphen, *Le comté d'Anjou au XIe siècle*, Catalogue d'actes, n° 247), Foulque le Réchin rappelle une donation qui a été faite en son nom à l'abbaye de Marmoutier le 14 mars précédent, par son chapelain Robert, en présence de son prévôt Renaud Pourceau. C'est sans doute le même Renaud ou Renard qui est mentionné ici.

2. Les mots imprimés en italique sont empruntés à Salluste, *Catilina*, LII, 11.

Fulcoius comiti, qui Turonis erat, mandavit : comes statim milites suos nocte misit eumque in eadem domo turpiter captum Andegavis incarceravit.

Fulco Richin, exercitu suo congregato, arcem Ambazii expugnare adorsus est. Intravit autem comes juxta Domicilium suum in oppido. Inde balistarii et sagitarii spicula illis de arce dirigebant ; ab arce vero pila et sagittas immensosque lapides jactabant. Illi de Domicilio, quod turre porrectius erat, nimis eis nocebant, utpote super quos lapides a mangonellis jaculati desursum ruebant. Major pars exercitus, que in foro juxta ecclesiam sancti Dionisii relicta erat, impetuose in burgum ruebant, quorum phalanges armate menia circumvallabant et classica lituorum tubarumque clangebant ignemque copiosum jacientes omnia incendebant. Illi de turre omnimodis eos impugnabant, percutientes in clypeis, in galeis, in capitibus, nichil otiosum omittere, ignem non cessant jacere, donec ab utrisque totum oppidum succensum ipsaque ecclesia sancte Marie cremata est. Post ignem, arietibus et petorritis comes eos agressus, per quinque epdomadas parum eis nocuit ; nihil proficiens, exercitum redire ad propria permisit [1].

Interea Lisoius, frater Supplicii, a Calvo Monte et ab ipsa arce repentinos concursus faciens, phalanges Turonorum sepe palantes inveniens impugnabat. Multi, dum impetum ejus evitare nesciunt, in repentinum mortis discrimen ceciderunt, quod ad luctum et magnum detrimentum hominibus comitis accidisse nemo sani capitis dubitat. Orta est igitur inter eos non modica tristitia, quoniam comes eis nullum auxilium conferre poterat. Dum enim unusquisque quod suum est querit, a communi providentia tepescit ; populi quoque usque ad communem perniciem desolantur, ubi principes se ipsos non consolantur. Vicini proceres de concordandis fratribus cum comite locuti sunt. Comes, compunctus corde, animo suo liberaliter dominatus est ; sic res ad effectum processit. Ebardus, qui turrim custodiebat, audiens Supplicium deliberatum,

---

1. Toute cette description de siège semble inspirée d'un auteur classique. Nous ne sommes pas parvenus à l'identifier.

ipsam arcem, nesciente Lisoio, sine aliquo pacto, ut stultus, hominibus consulis tradidit ; quod Supplicio et suis nimis displicuit. Supplicius et sui famuli Ambaziaco, in loco qui Vetus Roma dicitur mansionem, amissa turre, accepit. Oppidani potita quoquo modo pace, ut mos est, letati sunt.

Stephanus Blesensis comes, adjunctis sibi Cenomannensibus, de *a* deliberatione Barbati cum Fulcone locutus [est]. Postquam res ad nullum effectum processit, principes Cenomannorum contristati et comites discordantes ad sua irati redierunt [1]. Fulco proceres suos Turonis confabulandi gratia convocat; maxime Supplicium heri et nudiustertius ut sibi contra Stephanum auxiliaretur aggressus est ; sed res illa ad nullum effectum processit, quoniam Supplicius absque causa cum domino suo Stephano disceptare nolebat et sacramentum Stephano factum palam Fulconi coram omnibus pretendebat, quod prevaricari nullatenus volebat; sed tamen utrisque pacem debitam tenere cupiens, servitium decens utrisque facere non denegabat. Quamobrem comes dolo, ibidem habito consilio, Supplicium capere disposuit. At ille, que parabantur ab amicis edoctus, ecclesiam beati Martini intravit ; ex qua Salomon, Lavardini dominus, consobrinus ejus, extraxit et cum multis usque ad Rupes Corbonis deduxit. Sic auxilio Dei et beati Martini et amicorum suorum Supplicius evasit, Ambazio comitem antevenit et suos, ne a comite caperentur, fugere hortatur. Ipse statim discedit, Salgionem munit et fugitivos ab Ambazio ibi posuit. Quibus prefectum suum, virum animosum et viribus corporis pervalidum, nomine Gosfridum Manemunitum, prefecit. Quos Supplicius sic allocutus est : « Fideles amici, *non votis* [2] *neque suppliciis muliebribus auxilia parantur; vigilando, agendo, bene consulendo prospera omnia cedunt. Ubi socordie et ignavie vos tradideritis, nequidquam*

a) de *om.* A.

---

1. Cette tentative du comte de Blois en faveur de Geoffroi le Barbu se place en 1068 (voir L. Halphen, *Le comté d'Anjou au XIe siècle*, p. 150). Le chroniqueur n'a d'ailleurs ici pour source, semble-t-il, que les *Gesta consul. Andegav.* (ci-dessus, p. 64).

2. Emprunt à Salluste, *Catilina*, LII, 29.

*Deum implorabi*tis, nam ipse et sancti ejus *irati* vobis [a] *infestique sunt.* » Sed[1] *in ea difficultate* Supplicium *non minus quam in rebus hostilibus magnum et sapientem virum fuisse comperior. Namque edicto* precepit *ne quisquam* suorum ibi degentium *panem aut alium cibum* alteri *venderet,* sed omnia eis essent communia, *ne lixe nec gregarii* servi agmen eorum *sequerentur, vigilias crebras ponere ac si hostes juxta adessent. Preterea*[2] *pollicetur semet cum* suis copiis sepe *affore. Ita omnibus compositis, discedit.* Illi de hac munitione quidquid erat inter Carum et Ligerim et etiam usque ad Angerem fluvium a Montricardo usque [b] Turonis depredantes, omnia, excepta propria terra beati Martini, deleverunt. Similiter domini eorum Supplicius et Lisoius, per portum Rupium sepe transmeantes, cuncta usque ad Sanctum Anianum demoliti sunt. Omnibus ita deletis mortuoque Barbato, comes cum Supplicio concordatus, omnia sua sibi reddidit. Arcem tamen in custodia Roberti de Avessiaco posuerunt ; qui vir illustris, haut modici pectoris, de familiaribus comitis et amicus Supplicii erat. Suscepit igitur turris custodiam tali pacto quod, si consul pactum frangeret, omnibus viribus ei nocumento esset ; quod si Supplicius idem non teneret, Robertus eum ab Ambaziaco expelleret arcemque in fidelitatem consulis custodiret. Omnes milites oppidi pactum illud tenendum sacramento firmaverunt. Insuper Supplicius filium suum [c] Hugonem obsidem pacis tenende in manu comitis posuit et comes cellarium, quod sub thalamo turris erat, Supplicio ad annonam et cetera necessaria ponenda concessit. Bucardus tamen de Monthesauro et Fulcoius extra pacem fuerunt, quos Supplicius ab Ambaziaco et Calvimonte viriliter impugnabat.

Quadam die Calvimontenses venatorem Fulchoii cum equis et canibus et venatione ab ipso capta ceperunt ; pannis quorum induti homines Supplicii equosque eorum equitantes cum canibus et venatione summo diluculo Ambazio ad do-

---

a) vobis *om.* A. — b) usque *om.* A. — c) suum *om.* A.

---

1. Salluste, *Jugurtha*, XLV, 1-2.
2. *Ibid.*, LVI, 2-3.

mum Fulchoii pervenerunt. Qui cornibus clangentes ut eis aperirent, clamaverunt mentientes Fulchoium prope adesse. Supplicius cum multis Mala Valle absconsus erat et Gosfridus, pretor Ambazie, in fossato non longe a domo cum xx^{ti} famulis insidiabatur. Existimantes homines Fulcoii dominum suum adesse, cum canes et equos cognoscerent, decepti portas aperuerunt. Intrant ^{a} occlamantes Calvimontenses ; Gosfridus Manemunitus, predictus pretor, eos subsecutus, portitore occiso, ad superiora domus ascendit eamque captam sonitu buccine domino nuntiavit. Supplicius festinans accurrit et, impleto terra et lapidibus fossato et puteo, domum illam omnino delevit. Quo peracto, Fulcoius senex et filius ejus terram Supplicii, auxilio Bucardi, multis malis afflixerunt ; nam Berengarius de Orcario domum cum rupe, quam apud Orcarium munierant, Fulcoio juveni tradidit. Supplicius et sui domum illam variis assultibus aggressi sunt et sepe obstantibus defensoribus repulsi sunt ^{b}; ad ultimum eam ceperunt et succenderunt. Berengario ibi ^{c} occiso, filius ejus Lescelinus de Orcario evadens cum Fulcoio sene Montricardo aufugit. Cum vero milites Fulcoium juvenem captum adducerent, rustici pedites inter manus militum eum frustatim detruncaverunt.

Placuit autem Deo tantis malis finem imponere : nam Bucardus de Monthesauro, morbo coactus, monachus efficitur. Qui, convalescens, monachum exuit et Rome, ante papam, quod ignorans effectus esset monachus nec se ordini acquievisse jurejurando affirmavit. Qui, cum rediret in Longobardia, quamdam marchisiam uxorem duxit et filio suo Alberico terram Turonie dimisit. Bucardus vero plures annos inibi vixit et a quodam Longobardo proditione peremptus fuit. Albericus, cum avunculis suis Supplicio et Lisoio concordatus, hominium debitum Supplicio pro Montricardo et aliis feodis fecit ; senex Fulcoius cum Alberico Montricardo usque ad obitum suum mansit. Sic Suplicius Calvimontem et arcem Ambazie et omnia sua diu in pace possedit.

Supplicius de Calvimonte ex uxore sua Diouisia genuit

---

a) intrant om. A. — b) repulsi sunt om. A. — c) ibi om. A.

Hugonem et duas filias Aanordim et Emensendim. Senescente Supplicio, omnes homines sui, Calvimonti quasi ad consilium congregati, filio suo Hugoni honorem et terram suam *a* juraverunt; similiter Lisoius frater ejus quod nec honorem Hugonis nepotis sui minueret neque terram auferret neque damnum corporis membrorumque aut vite quereret jurejurando affirmavit. Supplicii animus totis et cito sed infructuosius, Lisoii paucis et sero sed commodius aperiebatur; neuter aditu difficili, neuter sumptuoso; sed si utrumque coluisses, facilius a Supplicio familiaritatem, a Lisoio beneficium consequebare.

Non longe post hec Supplicius, a curia comitis Andegavorum rediens, gravi morbo preoccupatus, Rupibus Corbonis, in thalamo sororis sue Sibille, viam universe carnis arripuit; qui extremum diem kalendis junii clausisse dignoscitur maximoque merore militum vir probus et honestus Pontilevi sepultus, Deo annuente, quievit [1]. Lisoius frater ejus terram et homines, ut Supplicius jusserat, ad regendum suscepit.

Erat tamen Calvimonti vir superbus, Mauricius Escarpellus [2], inter magnates ejusdem oppidi primus, dolo et astutia

a) suam *om. A.*

---

1. Sulpice paraît encore dans des chartes des années 1080 et 1081 (*Cartulaire blésois de Marmoutier*, éd. Métais, n°ˢ 52 et 53; *Cartulaire de Marmoutier pour le Dunois*, éd. Mabille, n° 140; Archives de Maine-et-Loire, *Livre blanc de Saint-Florent de Saumur*, fol. 3); après cette dernière date, nous n'avons plus trouvé trace de son existence.

2. Ce Maurice paraît à plusieurs reprises, ainsi que son père Geudouin, et Maurice, son fils, dans les chartes du xi° siècle. Une charte-notice relate un partage de serfs fait avec l'abbaye de Marmoutier par « Gilduinus Escherpellus », du consentement de son fils Maurice, lequel, après la mort dudit Geudouin, se fait payer ainsi qu'à sa femme « Hubelina » une somme de dix sous en échange d'une nouvelle approbation (*Livre des serfs de Marmoutier*, éd. Salmon et de Grandmaison, n° 53). Le même Maurice et sa femme « Hubelina » donnent trois colliberts et deux collibertes à Marmoutier entre les années 1032 et 1064 (*Ibid.*, n° 88). En 1081, on voit « Mauricius Eschirpellus » céder à la même abbaye une terre qu'il tient de Sulpice de Chaumont; cette cession est confirmée par son fils Maurice au temps de l'abbé Guillaume, soit entre 1104 et 1124 (*Cartulaire de Marmoutier pour le Dunois*, éd. Mabille, n° 142, et *Cartulaire blésois de Marmoutier*, éd. Métais, n° 53). Enfin Maurice est encore cité dans une charte de Pontlevoy délivrée au temps de l'abbé Pierre, c'est-à-dire entre 1089 et 1102 (copie de l'orig.,

maximus, versutus, dominis suis semper infestus, cujus maligno consilio plures Calvimontensium Lisoio repugnabant. Istius versuta dolositas, nisi a prudentibus impediretur, Hugoni puero valde noceret. *Duo* [1] *pariter mala* Calvimontenses *sustinebant*, mortem Supplicii *et absentiam* Gosfridi. Gosbertus, pretor Calvi Montis, vir prudens, ad Gosfridum de Calvo Monte in Angliam misit et rem omnem ei enucleavit. Quod comperiens Mauricius Escarpellus *exarsit* [2] in iram et, quasi alter Catilina [a], *itur in furias inque convitia absentis et nescientis* Gosfridi. Qui Gosbertum pretorem quasi novum hominem provocans, *quod genus, unde domo si quis requisisset, municipaliter natum, claritatis initia* non ab avo et patre, sed a se ipso habuisse fatebatur et quod Gosbertus *per fas et nefas crescere affectaretur*. Sed quia familiaris Supplicio Gosbertus pernimium fuerat, Hugonem filium suum utpote dominum suum valde diligebat, quasi *popularis persona levis turbe facilitatem qua voluit contraxit* et *tribunitiis flatibus* in Mauricium *crebro seditionem populi impell*ebat eique resistebat.

Gosfridus de Calvo Monte, cum rege Willelmo loquens, ut filiam suam Stephano Blesensi comiti daret uxorem impetravit. Itaque Gosfridus veniens a Calvimontensibus gaudenter recipitur [b] : namque maligni, considerantes eum a consule Stephano amicabiliter susceptum et nimis familiarem esse, siluerunt. Gosfridus munitionem castelli Gosberto pretori tradidit neptamque suam Dionisiam, cum filiabus suis in aula dimissam, ipsi servire et custodire precepit, vocatoque ad se Lisoio, hominibus suis ut ei obedirent et ut suum dominum servarent imperavit. Ipse vero in Angliam rediit.

Interim Lisoius, dum Fulco Richin a consule Pictavensi et a Gosfrido Pruliaci et aliis pluribus impugnaretur, nepotem

a) Catelina *A* ; *corr.* Catilina. — *b)* accipitur *A*.

Bibl. nat., coll. d'Anjou et de Touraine, vol. III, n° 908 ; publ. dans la *Revue de Loir-et-Cher*, t. XV, ann. 1902, col. 165, et en 1104 dans l'entourage du comte de Blois (*Cartulaire blésois de Marmoutier*, éd. Métais, n° 118).

1. Les mots en italique sont empruntés à Sidoine Apollinaire, *Epist.*, II, 1, § 1.

2. Les mots en italique sont empruntés à Sidoine Apollinaire, *Epist.*, I, 11, § 4-5.

suum Hugonem, quem adhuc captum tenebat, petiit et hominagium quem comes exigebat*a* facere renuit. Videns consul Lisoium sibi fore necessarium, nepotem suum reddidit et hominium comes ab eo suscepit. Gosfridus de Pruliaco, cum comite pacificatus, terram Lisoii inquietabat, Guicherium Castri Raginaudi dominum auxiliatorem habens. Gosfridus Pruliaci, consul Vindocinensis effectus [1], consuetudines que vulgariter commendatitie vocantur, ab Ambaziensibus et Calvimontensibus olim captas, auferre eis cupiebat et pro decima Sancti Cirici hominium exigebat. Sed Lisoius, adjuncto sibi nepote suo Roberto Rupium et amico suo Ugone *b* de Aluia, eis viriliter resistens, nec hominium fecit neque commendatitias amisit ; nam Ugo de Aluia Guicherium in suo oppido Castro Raginaudo cepit et vinctum Castellis diu, donec res pacificata fuit, tenuit.

Interea Gosfridus Calvi Montis, cum rege Normanniam veniens, filiam regis, Alam nomine, cum Stephano Carnotensi consule in matrimonium copulavit [2] et Calvimonti veniens Hugonem nepotem suum gaudenter suscepit et nutrivit. Mortuo autem rege [3] et regina, Gosfridus quod in Anglia possidebat, concedente rege Willelmi filio, Savarico nepoti suo prebuit ; et Calvimonti cum maximo thesauro rediens, Stephano et Ale comitisse familiaris, in ipsorum curiam principaliter morabatur. Dionisia, pia filia, morigera conjux, domina clemens, utilis mater, .iiii°. kalendas maii obiit ; que Pontilevi, juxta parentes suos sepulta, in pace quiescit.

DE HUGONE DE CALVOMONTE. — Quod sibi utile videtur quisquis agit [4] ; namque

Velle suum cuique est nec voto vivitur uno [5].

a) exibebat A ; *corr.* exigebat. — *b)* amicum suum Ugonem A ; *corr.* amico suo Ugone.

---

1. C'est au début de l'année 1086 que Geoffroi de Preuilly devint comte de Vendôme. Voir J. de Pétigny, *Histoire archéologique du Vendômois*, 2ᵉ éd., p. 390.
2. Ce mariage fut conclu avant 1085. Voir H. d'Arbois de Jubainville, *Histoire des ducs et des comtes de Champagne*, t. I, p. 397-398.
3. En 1087.
4. Ceci semble être une citation ; mais nous n'avons pu l'identifier.
5. Perse, *Satir.*, V, 53.

Fulco comes Corbam Fulcoii filiam, consentiente Lisoio, cuidam viro de curia sua, Haimerico de Currone, in matrimonio copulavit ; quod multi ad detrimentum Hugonis, qui tunc miles erat noviter, factum esse existimaverunt, cum comes custodiam domicilii sui Haimerico de Currone prebuisset. Dum ceteri murmurarent, tres famuli Hugonis, Gosfridus Manumunitus, Robertus telonearius et Rainelmus carpentarius, rem difficilem aggressi sunt, qui quanto cordis mentisque desiderio quantisque sollicitudinibus, quantis curis ac laboribus pro fidelitate domini sui sepe anxii exstiterint, rerum est testis effectus. Isti siquidem, adjunctis sibi aliis duobus, in cellario sub thalamo turris nocte absconsi, sesnerio *a* perforato, summo diluculo, cavilis impositis, ad summa ascenderunt, domine clamorem cum duabus ancillis ibi jacentis minando gladiis oppresserunt ; vigil somno oppressus capitur ; ex his tribus ad portam scale, que vulgo strapa vocatur, remanentibus duo ad summa arcis ascenderunt, qui, super fastigium in summitate turris quoddam vexillum exaltantes, arcem domini sui esse exclamant. Multi ex hominibus Hugonis cito accurrentes, ab illis suscepti, turrim intraverunt et uxorem Roberti de Avessiaco, que intus parturierat, nec tempus purificationis ejus instabat, in lecto suo usque ad domum viri sui, que non longe a porta arcis erat, detulerunt. Robertus de Avessiaco et Haimericus de Currone, se delusos dolentes, cum castrensibus conveniunt, undique finitimos homines consulis et intus inclusos observant sollicite ne quis eorum posset exire. Robertus et Haimericus, ipsis abscentibus, Lisoio etiam nolente, arcem ab hominibus Hugonis captam consuli nuntiant. Hugo, sicut erat vir cordatissimus, adunatis hominibus et amicis suis, Ambazio veniens arcem et partem suam oppidi munit.

Interea, dum comes aliis negotiis impeditus moraretur, homines sui qui aderant in castello ab infestatione hominum Hugonis nullatenus absistebant, sed tota sedulitate eos incursabant. Illi de turre viriliter tota die se defendebant ; homines consulis graviter vulnerati sepe recedebant ; quos cum sui duces vocarent, non conveniebant ; cum litui clangerent, in domibus latitabant, immo inermes et exanimi bellum detesta-

---

a) Sire ; peut-être faut-il lire solerio.

bantur et velut exanimes, imbelles et inglorii recedebant. Deinde ubi consul eo pervenit, licet invidie animo ardebat, cognitis hominibus Hugonis acres ad pugnam ex copia rerum, statuit sibi nihil agendum, sed cum eo in colloquio verba facit : « Juvenem te [1], amisso patre, sine opibus video ; idcirco amicitia mea opportunior tibi certamine est. Ego, humanarum rerum memor, scio quod *in omni certamine qui opulentior est, etiam si accipit injuriam, tamen, quia plus potest*, injuriam [a] *facere videtur*. » Itaque comes, hominio accepto a Hugone eoque cum Haimerico de Currone et Roberto de Avessiaco concordato, omnibus Ambaziensibus pacificatis, recessit. Lisoius vero, Virnolium et ea que ultra Andresium erant habens, cetera omnia nepoti suo Hugoni quiete in pace dimisit. Qui ad senilem etatem perveniens, Pontilevi monachus effectus est, qui usque ad decrepitam etatem ibi vixit ac juxta fratrem sepultus fuit.

DE MORTE HAIMERICI DE CURRONE. — Anno ab incarnatione Domini M° nonagesimo VI° Urbanus papa Romanus in Gallias venit, Arvernis cum multis Galliarum episcopis et abbatibus generalem sinodum celebravit ; et ut erat dissertus seminiverbius, verbum Domini sepe seminabat, ostendens multis potentibus et honoratis viris quantis calamitatibus, quantis incommoditatibus, quam diris constrictionibus in Jerusalem, in Antiochia et in ceteris orientalis plage civitatibus christiani, nostri fratres, nostri membra Christi flagellabantur, opprimebantur, injuriabantur. Quibus verbis multi [b] incitati ora lacrymis suffundebant et genu flexo licentiam et benedictionem eundi poposcebant. Summus ille pontifex predicabat Dominum dixisse sequacibus suis : *Si quis non bajulat crucem suam et venit post me, non potest meus esse discipulus* [2]. « Idcirco, inquit, debetis crucem vestris coaptare vestibus, quatenus et tutiores incedatis et his qui viderint exemplum et incitamentum suggeratis. » Is rumor palatinos consules, regios tirannos, viros consulares excivit ; inter quos Hugonem

a) injuriam *om.* A. — b) multi *om.* A.

---

1. Les mots en italique sont empruntés à Salluste, *Jugurtha*, X, 1 et 7.
2. Luc, XIV, 27.

de Calvo Monte et Haimericum de Currone commovit[1], qui in ecclesia beati Martini Majoris Monasterii, in presentia pape, multis sibi adjunctis, vestibus super amictis sancte crucis vexillum consuerunt. Gosfridus de Calvo Monte Hugonem de Calvo Monte nepotem suum multo auro obrizo et argento ditavit; qui Hugo [a] Roberto de Rupibus consobrino suo honorem Ambazii vad[i]avit arcemque suam in ejus custodia posuit. Haimericus de Currone in Nicea obsidione gravi morbo preoccupatus fuit, in qua per septem epdomadas tresque dies christiani demorati, illam [b] captam Alexio imperatori reddiderunt. Qui cum pedem alias direxerant, Haimericum socii sui in feretro usque ad quemdam pontem, ubi christianus exercitus duobus diebus tentoria collocavit, vivum detulerunt, illum vero ibidem mortuum in introitu pontis honorifice sepelierunt.

Stephanus comes Blesensis, cum multis terrore non modico perterritus, sociis dimissis, ab obsidione Antiochie clandestinus discessit et festinanter fugam inivit. Sic Ambazienses per eum et per socios ejus de morte Haimerici de Currone certificati sunt. Quo audito, comes Fulco [c] Richin ejus uxorem Corbam cuidam senissimo viro, Acardo de Sanctis, qui ejus domicilium custodiebat, accepta ab ipso Acardo peccunia, in matrimonio copulavit; quod absque consilio Elisabeth matris sue, ignorante etiam consobrino suo Roberto Rupium, factum esse dignoscitur.

Hugo in exercitu Dei, multis erumpnis cum aliis afflictus, duobus annis post hoc permansit. Fuit enim in omnibus preliis, et in Antiochie[d] obsidione multa infortunia, sicut alii, perpessus, nunquam de fuga, ut multi desperati, cogitavit; immo magnates, in magna anxietate positi, illam que Porta Boamundi vocatur ipsi et Radulfo de Baugentiaco custodire mandaverunt.

a) Hugo om. A. — b) illam om. A. — c) Les mots cum multis..... comes Fulco omis par A.-d) Antiochia A; corr. Antiochie.

---

1. Une charte conservée en original aux Archives du Loir-et-Cher et souscrite à Tours par le comte Foulque le Réchin relate une donation faite par Hugue et Aimeri au moment de leur départ pour la Terre Sainte (publ. par l'abbé Porcher dans la *Revue de Loir-et-Cher*, t. XV, 1902, col. 201).

Marre, Jerusalem ceterisque urbibus in capiendo non defuit, sed cum aliis fames laboresque sustinuit et post captam Jerosolymam in prelio prope Ascalonem cum rege et populo Dei victor exstitit. Omnibus predictis peractis, sepulcro Domini ceterisque locis sanctis deosculatis, ipse, aliquantulum tamen egritudine gravatus, in Natale Domini, ad curiam comitis Fulconis Andegavis, Lochas pervenit.

Acardus Santonicus, adventum Hugonis metuens, uxorem suam Corbam Turonis, in domo fratris sui Willelmi de Sanctis cellerarii beati Martini[1] deduxit. Que, dum ibi moraretur et singulis diebus ad ecclesiam beati Martini sub custodia pergeret, cum quodam cliente Ambaziensi nomine Ilgerio Calcarusa conquerendo locuta, quomodo eam rapere posset edocuit. Quodam die festo, dum matutinis horis insisteret, predictus Ilgerius ecclesiam, dimissis .xx[ti]. clientibus ad portam, intravit; itaque Corbam usque ad socios ductam et equo impositam, in vico qui Scalaria dicitur, in domo cujusdam fabri Calvi Montis, ubi Ilgerius hospitabatur, abscondit. Preterea, misso nuntio Rupibus Corbonis, Robertus Rupium dominus cum multis militibus et servientibus eam extra murum Turonice urbis, Rupibus et inde Calvomonti conduxit. Vir ejus Acardus, morbo et dolore amisse conjugis vexatus, non longe post obiit. Postremo Gosfridus Burrellus Corbam duxit uxorem.

Anno tertio post captam Jerusalem, Guille[l]mus comes Pictavensis iter sancte peregrinationis arripuit[2]. Gosfridus Burrellus cum uxore sua Corba ei adjunctus, usque in Romaniam pervenerunt. Quibus Solimanus, memor Nicee sibi a Francis ablate, cum maximis copiis Turcorum obviavit; qui christianos superbe et cum multis lenociniis sevientes dissipans, fere centum millia peremptis aut captis, comes cum paucis, in quibus fuit Gosfridus Burrellus, evasit[3]. Turci quidquid in tentoriis

---

1. Guillaume de Saintes est cité comme cellérier de Saint-Martin de Tours de 1086 à 1109, d'après l'index de Mabille à la *Pancarte noire de Saint-Martin de Tours*, aux mots : « Guillelmus » et « Willelmus de Sanctis ».

2. Le départ de Guillaume le Jeune, comte de Poitou, eut lieu en mars 1101. Voir A. Richard, *Histoire des comtes de Poitou*, t. I, p. 431.

3. Ce désastre survint en septembre 1101. Voir F. Chalandon, *Essai sur le règne d'Alexis Ier Comnène*, p. 229.

christianorum invenerunt rapientes, Corbam multasque alias uxores Francorum secum captivas duxerunt.

Sic honorem Fulcoii Hugo quiete possedit. Hugo autem Aanordim sororem suam Johanni Lineriarum domino in matrimonio copulavit, qui ex ea genuit Guielmum, Odonem, Giraudum beati Martini thesaurarium [1], Seguinum et Johannem. Ermesendim vero alteram sororem suam Archembaudus Bresis uxorem duxit et ab ipsa genuit Ilgerium et Campaniam, quam Ridellus Riliaci sibi in matrimonio copulavit. Ilgerius Bresis absque herede obiit.

Fulco[2] Richin, perniminum *libidinosus, plures uxores* habuit: *duxit* enim *filiam Lancelini de Baugenciaco, ex qua genuit comitissam Britannie, illam que, viro suo* mortuo, *Jerusalem, in ecclesia beate Anne* religiosam ducens *vitam*, sepulta fuit. Alteram *duxit Ermengardim, filiam Archenbaudi Fortis de Borbono; ex* hac *genuit Gosfridum Martellum*, illum cujus probitas cunctos sui temporis excellebat. Qui *insignis justitie* ab omnibus metuebatur et ei plus quam patri totius consulatus omnes homines, etiam nobiles, obediebant, patrem propter vitia odio habentes. Qui, reperta cognatione, Ermengardim, *matrem Martelli*, eo adhuc puero, *dimisit; quam dimissam* Haimo, cognomento Vacca Varia, dominus Borbonis, frater ejus, filius Archembaldi Fortis[3], secum in Arve[r]nia ducens, Guilelmo Jalinacensi domino, filio Uldini Barbe, in conjugio copulavit. Hic ex ea genuit Uldinum et Elisabeth.

Postremo[4] Fulco Richin, *amore* sororis Amalrici de Monteforti succensus, *cujus preter formam nihil unquam bonus laudavit*, domum suam sceleratis nuptiis replevit. Que mulier, *timens privignum adultum etate*, animus ipsius omnibus infestus neque quietibus neque vigiliis sedari poterat, sciscitans quo-

---

1. Giraud est cité comme trésorier de Saint-Martin de Tours de 1149 à 1169. Voir E. Mabille, *La pancarte noire de Saint-Martin de Tours*, p. 34.
2. Les mots imprimés en italique sont empruntés aux *Gesta consul. Andegav.* (ci-dessus, p. 65.
3. Aimon Vaire-Vache et Ermenjart étaient les enfants d'Archembaud II le Jeune, suivant Chazaud, *Chronologie des sires de Bourbon*, p. 165 et suiv. Archembaud III le Fort, seigneur de 1078 à 1105 environ, aurait été leur frère.
4. Les mots imprimés en italique sont empruntés à Salluste, *Catilina*, XV, 2.

modo nocumento Martello esse posset. Sepe *color*[1] *ejus exsanguis, incessus citus* [*modo*]*, modo tardus, prorsus in facie vultuque vecordia inerat* et illis quos multis modis ad se *illexerat mala facinora edocebat.* Gosfridus Martellus, quemadmodum his resistatur discutiens, sciens *quia*[2] *sine sociis nemo*[a] *quicquam tale conatur,* cogitans quomodo *amicitiam*[3] Hugonis sibi *contrahat et adjungat,* in quo *animus similis* suo inerat, quod *cum contigit, amor exoriatur necesse est,* Elisabeth, sororem suam, ex matre sua Ermengardi et Guilelmo Jalinniacensi ortam, Hugoni in conjugio sociavit. Martellus Hugoni et uxori sue Domicilium et quicquid Ambazio possidebat post obitum patris sui concessit.

Id quod post contigit Hugo providens, scilicet si Martellus morte preoccuparetur Domicilium frustra esse sibi datum, quomodo delere posset excogitabat. Quod factum est anno tertio hujus conjugii[4], cum jam Elisabeth Suplicium, primogenitum suum, peperisset. Ea tempestate quidam miles, nomine Hugo de Vado, Domicilium custodiebat, qui sepe a Silva Longa predas agere consuevit. Hic quadam die cum omnibus suis, exceptis tribus ad custodiam domus relictis, Remorentino causa predandi perrexit; quod Hugo comperiens Domicilium sibi promissum invasit, cepit et delevit.

Eodem anno vir probus Gosfridus Martellus *insidiis*[5] *suorum et noverce, patre, ut* creditur, *consentiente. Cande castro occisus est.* Cumque animus consulis pro factione deleti Domicilii conqueretur, sciens Ambazienses Hugoni assensum prebuisse

a) nemo om. A.

---

1. Emprunt à Salluste, *Catilina*, XV, 5, et XVI, 1.
2. Cicéron, *De amicitia*, XII, 42.
3. *Ibid.*, XIV, 48.
4. Si la chronologie de notre historien est correcte, ce mariage se place en 1103, puisque c'est l'année même où mourut Geoffroi Martel le Jeune, c'est-à-dire en 1106 (voir L. Halphen, *Le comté d'Anjou au XIe siècle*, p. 174), qu'eut lieu, suivant lui, l'occupation du « Domicile » par Hugue. La première charte où nous ayons trouvé mention conjointement de Hugue et de sa femme Elisabeth est de l'année 1108 (*Cartulaire blésois de Marmoutier*, éd. Métais, n° 127).
5. Les mots imprimés en italique sont empruntés aux *Gesta consul. Andegav.* (ci-dessus, p. 66).

seque senem, actiones suas in tempus distulit. *Rex* [1] *Francorum Philippus Turonis venit, et cum pessima uxore Fulconis comitis locutus*, eam furto nocte raptam secum deduxit et tenuit. Itaque *rex luxuriosus* adulterium publicum exercuit.

Hugo vir disertissimus, equis, armis, veste, sumptu, famulitio honesto instructus erat. *O quotiens* [2] *sepe ipse se adversa perpessum gloriabatur*, dicens neminem in mundo *esse felicem*, certus post adversa sibi prospera contingere ; cujus familiares, maxima rerum verborumque prediti copia, inter principales viros Turonie et Andegavie computabantur. *Si* [3] *in ejus convivium, quod privato simile erat, venitur, maximum tunc in verbis est pondus* ; *quippe cum illic aut nulla narrantur aut seria, cibi* plus *arte* quam *pretio placent, fercula nitore non pondere. Videres ibi habundantiam Gallicanam,* servientium *celeritatem, publicam pompam, privatam diligentiam, regiam disciplinam. Illo dapibus expleto, somnus* ᵃ *meridianus sepe nullus, semper exiguus ; raro in ejus domo liristes aut psaltria canit. O ter* [4] *quaterque beatum, de cujus culmine datur amicis letitia, lividis pena, posteris gloria ;* qui probis est *exemplum, desidibus et pigris incitamentum ! Et tamen si qui sunt qui* eum *quocumque animo deinceps emulabuntur, sibi forsitan, si* illum *consequantur, debeant,* ipsi *debebunt procul dubio quod sequentur*, qui ab avorum virtute non degeneravit.

Igitur Hugo dominus Ambaziaci, nutu divino correptus, iram Dei animeque sue periculum metuens incurrere, pravam consuetudinem symoniace hereseos, in qua ipse et predecessores sui veluti jumenta in stercore suo diu jacuerant, vendentes prebendas ecclesie sancte Marie virginis sanctique Florentini Ambaziaci, quas gratis bene morigeratis ultronei debuissent attribuere, pro Dei amore animeque sue remedio, canonicis supradicte ecclesie, omni dominatione procul remota, reliquit, tali conditione quod nec ipse nec aliquis sui generis per successionis seriem in supradicta ecclesia deinceps manus mittat. Nunc

---

a) sonnus A ; *corr.* somnus.

---

1. Emprunt aux *Gesta consul. Andegav.* (ci-dessus, p. 66-67).
2. Sidoine Apollinaire, *Epist.*, I, 7, § 2.
3. *Ibid.*, I, 2, § 6-10.
4. *Ibid.*, I, 4, § 1.

vero lues symonie adeo inolevit, quod in sancta ecclesia, proh dolor ! aliquis, licet bonis moribus ornatus, aut vix aut nullatenus quicquam potest adipisci, nisi regina pecunia intervenerit. Nusquam enim in sancta ecclesia, cujus beneficia bene morigeratis gratis essent tribuenda, venditor deerit, nisi penuria emptoris adfuerit. Qui etiam a capite jejunii usque in pascha .xiii. pauperibus victum et in die Cene indumenta lanea et linea singulis annis sufficienter dare constituit. Mos iste bonus a dominis Ambazie tenetur et Deo volente in perpetuum perseverabit.

Quoniam de moribus Hugonis pauca supra retuli, cujus mores domi militieque boni colebantur, tempus ammonet pulcherrima facta ipsius disserere. Incitavit comes Fulco contra Hugonem, quem pro Domicilio deleto odio habebat, Gosselinum et Ugonem, filios Ugonis de Sancta Maura, eisque auxiliator fuit. Ugo de Sancta Maura Aanordim [a], filiam Berlai de Musteriolo ortam ex sorore Gelduini de Salmurio, duxit uxorem, que, ex eo concipiens, peperit Goscelinum et Ugonem, quorum primogenitus duxit uxorem Quasimotam, cui jure hereditario oppidum Haie et viceconsulatus Turonis contingebat [1]. Isti duo fratres, armis strenui, militie periti nimiumque superbi, auxilio comitis Fulconis freti, decimam Sancti Cirici villamque totam, quia [b] avi eorum Gelduini fuerant, violenter ab Hugone exigebant et auferre nitebantur. Hec omnia Gosfridus de Calvo Monte, filius Gelduini, nepti sue Dionisie in conjugio donaverat et vir ejus Suplicius, pater Hugonis,

a) *Les mots* eisque auxiliator... Aanordim *ont été récrits sur un grattage.* —
b) totam que quia A ; *corr.* totam quia.

1. Les chartes permettent de vérifier en grande partie ces renseignements généalogiques. Voir A. de La Ponce, *Recherches sur la maison de Sainte-Maure*, dans les *Mémoires de la Société archéologique de Touraine*, t. VI, 1854. Parmi les chartes les plus probantes, citons-en une des années 1087-1094 (elle se date d'après les personnages qui y sont cités), qui met en scène Hugue de Sainte-Maure, Aénor, sa femme, et leurs deux fils, Josselin et Hugue (*Cartulaire de l'abbaye de Noyers*, éd. Chevalier, n° 139), et une autre, à peu près du même temps, qui met en scène Hugue de Sainte-Maure, son fils Hugue et « Cassamota », épouse de ce dernier (*ibid.*, n° 269). On voit dans cette seconde charte que Hugue et « Cassamota » exerçaient le pouvoir à La Haye sous la tutelle de Hugue de Sainte-Maure.

in pace habuerat. Sed Hugo illis viriliter resistebat, devastans suburbia civitatis usque ad arcem eorum, que ab orientali parte in *a* ingressu Turonice urbis exstat ; ultra Ligerim vero quidquid usque ad pontem erat, exceptis rebus monachorum, vastabat. Erat etiam eis auxilio Albericus de Monthesauro, filius Bucardi, Hugoni hominium debitum facere renuens. Archembaudus Bresis, cui comes oppidum suum abstulerat, Hugoni sororio suo *b* favebat. Qui omnia que erant circa Lochas et in confinio Montricardi et Monthesauri deleverunt. Duo illi fratres Goscelinus et Ugo ob sevitiam et superbiam suam a militibus Haie, quos multum deturpabant, occisi sunt[1].

Eodem anno Fulco Richin comes protervus obiit. Cujus honorem Fulco filius ejus suscipiens, amicus Hugonis factus, totum Ambazium sibi concedens, hominagium ab ipso in pace recepit. Quo peracto, Hugo ad Albericum legatos *de injuriis*[2] *questum misit, cui contumeliosa dicta retulerunt. Et tunc Hugo bellum cum eo* *c* *sumere decrevit* ; quippe *ipse*[3] *acer, bellicosus, at is quem petebat quietus, imbecillis, placido ingenio, oportunus injurie, metuens magis quam ipse metuendus,* quem tamen malitiosi erga Hugonem incitabant. Itaque Hugo, *non*[4] *ut antea cum predatoria manu, sed magno exercitu* ab amicis comparato, *bellum gerere cepit et aperte* Montricardum *petere, qua*[5] *pergebat agros vastare,* vineas exstirpare, *predas agere, suis animum, hostibus terrorem augere.*

Interea comes Fulco Archembaudo Bresis oppidum suum reddidit, quod tunc Hugo totum, excepta domo mote, succen-

---

a) in om. A. — *b)* suo om. A. — *c)* cum eo *ajouté en interligne d'une main plus récente.*

---

1. Ce meurtre, qui eut lieu, d'après notre chroniqueur, l'année même où décéda Foulque le Réchin (1109), est rappelé en ces termes dans une charte notice contemporaine : « Quidam vir nobilis, Hugo de Sancta Maura nomine, habuit duos filios valentes, Goscelinum videlicet et Hugonem : quibus furtim et in traditione interfectis, magnum de morte sua incussere patri dolorem » (*Cartulaire de l'abbaye de Noyers*, éd. Chevalier, n° 307).
2. Les mots imprimés en italique sont empruntés à Salluste, *Jugurtha*, XX, 5.
3. *Ibid.*, XX, 2.
4. *Ibid.*, XX, 7.
5. *Ibid.*, XX, 8.

derat. Postquam Archembaudus oppidum suum accepit, Hugonem cum suis copiis in terram inimicorum, inter Haiam et Sanctam Mauram, causa predandi conduxit. Quod Albericus comperiens, coadunatis militibus, adjuncto etiam sibi pretore de Luchis, cum omnibus copiis peditum Hugoni obvius processit, existimans hostes siti et lassitudine deficere et armis diffidere : **maxima namque planities ultra Endriam** sita, que antiquo vocabulo Campania dicitur, eos nimis **fatigaverat**. Magna quidem multitudine hostes confisi, intrepidi unanimiter eos impetebant. Indignabantur quod pauci eorum possessiones depopularentur nimisque egre ferebant quod ipsos presumpsissent expugnare. Videns Hugo innumerabilem eorum multitudinem suis ore et gladio minitantem et insultantem, quicquid depredatus fuerat rusticis et mulieribus post se plorantibus, penitens illius mali facti, omnia reddidit captosque solvit. Denique stetit imperterritus suisque satis consulte dixit peditibus et militibus : « *Fortissimi* [1] *milites, ecce dimicandi tempus est.* Metum omnem, qui etiam viros effeminat, abjicite et de vobis ipsis defensandis viriliter procurate, ictus impugnantium indefessi sustinete; confisi Dei adjutorio, *manus bellicosas exerite viresque, dum tempus est, ostenta*te ; nunc armis et animis opus est, non est tempus socordie neque imperitie. »

Interim hostes obclamantes adveniunt : sagit[t]ando, jaculando, cominus feriendo ipsos acerrime infestabant nullaque requies fatigatis dabatur. Martis campus incanduerat, nam utrinque totis viribus certabatur ; *itaque* [2] *multum diei processerat, cum etiam tum belli eventus in incerto erat. Deinde* [3] Hugo, *dato signo, a sinistra ac dextra hostes invadit, quorum qui firmioribus animis fuerant obvii* suis resistendo *sauciabantur, neque* hostibus *contra feriendi aut conserendi manum copia erat. Denique* [4] *labore et estu omnibus languidis, amisso loco,* Albericus et sui *fusi* [5] *fugatique* sunt. In illo conflictu *pauci interiere, plerisque velocitas et regio* Ambaziensibus *ignara tuta-*

---

1. Mots empruntés aux *Gesta consul. Andegav.*, ci-dessus, p. 41.
2. Mots empruntés à Salluste, *Jugurtha*, LI, 2.
3. *Ibid.*, L, 3-4.
4. *Ibid.*, LI, 3.
5. *Ibid.*, LII, 4.

mento fuerunt. Itaque Hugo, captis quindecim militibus ducentisque peditibus, victor rediit. *Igitur*[1] *pro metu gaudium repente* exortum est, *milites alius alium leti appellant, acta edocent atque audiunt, sua quisque fortia facta ad celum* levant ; *quippe res humane ita sese habent, in victoria vel ignavis gloriari licet, adverse res etiam bonos detrectant.*

In diebus illis Gosfridus de Calvo Monte, quem referunt *nullo*[2] *imbre, nullo frigore*, cum juvenis esset, posse *adduci ut capite cooperto foret*, et tamen *summam in eo corporis siccitatem*, universe carnis iter ingressus, Pontilevi sepultus est ; qui centum annos complevit nec sensum nec scientiam neque rerum cognitionem amisit, excepto quod oculos pulcros privatos lumine habuit. Cujus honorem totum nepos ejus Hugo possedit.

Verum est illud poeticum [3] :

Invidus alterius macrescit rebus opimis.

Mauricius Escarpellus, de quo supra dixi, actibus bonis Hugonis invidens, licet ei esset familiaris, occasionibus pravis, ab ejus amicitia, quam dumtaxat ad tempus simulaverat, discessit ; quod non est ingenui, teste Tullio [4], qui ait : *Aperte enim amare vel odisse magis ingenui est quam fronte occultare sententiam*. Mauricius existimans inter Halam comitissam et Hugonem discordias serere, pessimas criminationes de eo ad ipsam detulit; que, oblatas criminationes repellens, nec Mauricio credidit neque Hugonem suspiciosum habuit. Eo siquidem tempore Hala prudens comitissa Blesensem comitatum regebat[5], Stephano viro suo apud Ramulam Palestine urbem capto et a Babiloniis Ascalone sagit[t]ando occiso ; cum quo alii plures viri illustrissimi, clari et nobiles perierunt, inter quos precipui

---

1. Les mots imprimés en italique sont empruntés à Salluste, *Jugurtha*, LIII, 8.
2. Cicéron, *De senectute*, X, 34.
3. Horace, *Epist.*, I, 2, vers 57.
4. Cicéron, *De amicitia*, XVIII, 65.
5. Le chroniqueur revient, semble-t-il, en arrière ; car la régence de la comtesse de Blois Adèle (ou Ale) ne dura que jusqu'en 1107, date où Thibaud IV atteignit sa majorité. Voir H. d'Arbois de Jubainville, *Histoire des ducs et des comtes de Champagne*, t. II, p. 176.

Stephanus Burgundionum consul [1] et Gosfridus Pruliaci comes Vindocini, qui, Ascalone incarcerati, a quodam captivo sunt detecti, qui sic captivam vitam promeritus est; de quibus alibi dictum sufficienter constat. Mauricius, a comitissa repudiatus, Montricardo profectus, proximos Alberici muneribus et majoribus promissis ad studium sui perducit; qui similiter Herveum Sancti Aniani dominum agressus, cum suis adjutoribus impellit uti adversum Hugonem bellum incipiat.

Igitur Mauricius, *solertissimus* [2] *omnium, milites benigne appellare, multis rogantibus, aliis per se ipse dare, beneficia invitus accipere, sed ea properantius quam es mutuum reddere; ad hoc laborabat ut illi quam plurimum deberent. Joca atque seria cum humillimis agebat. In operibus, in agmine atque ad vigilias multus aderat neque cujusquam boni famam ledebat, quod prava ambitio facere solet: quibus rebus et artibus* Herveio de Danzeio *militibusque* ceteris *carissimus* fuit *factus*. Omnibus itaque viribus congregatis, quidquid erat in valle Amalisse usque Ambaziaco succendit et juxta ripas Cari fluminis usque Laudiaco omnia depredatus est. Idcirco Hugo perfugos qui de terra sua ad Mauricium fugerant, cum capiebantur, aut oculis effossis lumine privabat, aut pede curtatis loripedes efficiebat; similiter Mauricius, eadem sevitia commotus, in hominibus Hugonis captis a se seviebat.

Eadem tempestate Raginaudus de Castro, auxilio Vindocinensium Hugonem impugnans, villam Moranni firmavit, domum in ipsa munivit, fere omnia usque ad ripas Ligeris vastavit. Sed Helias Cenomannorum consul, consobrinus Hugonis [3], amore ipsius, predictam villam munitam omnino delevit; cujus exercitus quidquid erat circa Castrum Raginaudi depredatus est. Vir magnanimus Hugo, cum Radulfo de Baugentiaco amico et cognato suo federatus, quamdam villam, quam prope Baugentiacum possidebat, nomine Anaziacum,

---

1. Il faut lire Renaud, comte de Bourgogne, et non Etienne.
2. Les mots imprimés en italique sont empruntés à Salluste, *Jugurtha*, XCVI, 1-4.
3. Nous ne saurions dire à quel titre Hélie de la Flèche était cousin de Hugue d'Amboise.

predicto Radulfo donavit, tali pacto ut sibi fidelis auxiliator ad Montricardum acquirendum existeret. Igitur Radulfus cum suis copiis, adjunctis etiam sibi Blesensibus, Montricardum obsedit, simulque Hugo et Robertus Rupium affuerunt, qui nihil tunc perfecerunt, quia metu Fulconis consulis discesserunt, et tamen omnia usque ad Domicilium succenderunt. Videns Mauricius Escarpellus oppidum nimis debilitatum Albericumque cum suis fatigatum, per manum Radulfi de Baugenciaco cum Hugone concordatus est.

Interea Fulco comes Andegavorum, post obitum Helie Cenomannensis[1], filiam ipsius duxit uxorem. Que quia Radulfi et Hugonis cognata erat[2], utrique in celebrandis nuptiis affuerunt; quibus Fulco promisit quod non eis amplius noceret, imo amore uxoris sue et peccunie sibi ab Hugone promisse, quomodo Montricardum habeant auxiliaretur. Iterum Radulfus et Hugo cum suis auxiliis Montricardum obsederunt; postremo oppido petorritis et aliis machinis pene jam capto, Fulco comes usque Nantolio cum paucis militibus venit. Illi de oppido, scientes se non posse defendere, consuli oppidum tradiderunt,

---

1. Inexact. Le mariage de Foulque le Jeune avec Erembourg de la Flèche, fille d'Hélie, fut célébré avant le 14 avril 1109 (voir L. Halphen, *Le comté d'Anjou au XIe siècle*, p. 190 et p. 337, n° 318). La mort d'Hélie survint le 11 juillet 1110.

2. Raoul de Beaugency était l'oncle d'Erembourg, comme il ressort de la généalogie suivante :

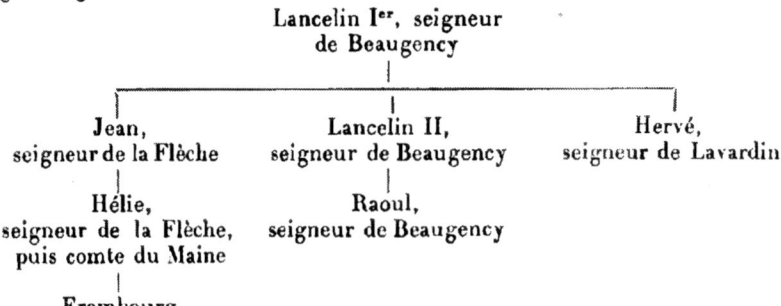

Cf. Orderic Vital, *Hist. eccles.*, éd. Le Prévost (Soc. de l'hist. de France), t. III, p. 331 ; *Cartulaire de la Trinité de Vendôme*, éd. Métais, n°ˢ 22, 182, 279, 299, 301, 334, 340, 361, 462, etc., et G. Vignat, *Cartulaire de Notre-Dame de Beaugency*, introduction, p. LIX-LXI. — Nous ignorons la parenté d'Erembourg et de Hugue d'Amboise.

qui Archenbaudo Bresis donec promissa haberet commendavit. Fulco comes, cum paucis diebus Turonis moraretur, peccunia recepta, Archenbaudo Bresis advocato, Montricardum Hugoni reddere precepit. Itaque Hugo Montricardum, antecessoribus suis olim injuste ablatum, recepit.

Dum hec agerentur, Oldinus dominus Jalinniaci, frater Elisabeth, obiit. Jaliniacenses festinantur ad Hugonem, monentes ut terram que uxori sue Elisabeth jure hereditario contingebat, quam extranei preoccupabant, festinanter reciperet. Quod Hugo renuens, Elisabeth uxorem suam abire permisit. Que mulier genere atque forma, viro atque liberis fortunata fuit et sepe multa virilis audacie facta commisit. Que in Arvernia veniens, auxilio Haimonis de Borbonio, inimicis tamen pluribus sibi resistentibus, terram suam, que antecessorum fuerat, viriliter adquisivit; multos vero labores tribulationesque pessimas in acquirendo perpessa est. Adquisitam autem terram Elisabeth quiete et in pace possedit, excepto Bethaico oppido, quod sibi Archembaudus de Borbonio [1], filius Haimonis, abstulit; quod castrum predictus Haimo Ermengardi sorori sue tribuit, cum eam Willelmus Jaliniaci uxorem duxit. Ex Elisabeth uxore sua Hugo de Calvo Monte genuit Supplicium, Hugonem et Oldinum atque filiam nomine Dionisiam, que uxor fuit Ernulfi de Borbonio; sed illa sterilis obiit.

Nec pretereundum estimo quod, mortua sorore Hugonis, Archembaudus Bresis Gillam, neptam Radulfi archiepiscopi, duxit uxorem. Illud Tullii [2] sepe replicans: *Nichil est turpius quam cum eo gerere bellum cum quo familiariter vixeris*, diu siluit, nolens Archembaudum, familiarem suum, impugnare, licet metueret ne filii Gille nepoti suo Ilgerio terram sibi juratam auferrent. Post obitum vero Radulfi [3], pars clericorum Gislebertum, fratrem Gille, in pastorem et procuratorem Turonensis ecclesie elegit; alia pars Gauterium, beati Martini thesaurarium, virum genere nobilem, bonis moribus adplene imbutum, sancte matri

---

1. Archembaud V, sire de Bourbon de 1116 à 1171. Voir Chazaud, *Chronologie des sires de Bourbon*, p. 176-184.
2. Cicéron, *De amicitia*, XXI, 77.
3. L'archevêque Raoul mourut le 26 avril 1118, suivant Hauréau, *Gallia christiana*, t. XIV, col. 76.

ecclesie Turonensi episcopum destinavit. Gauterio episcopi totius diocesis et proceres Turonorum omnes, excepto Archenbaudo Bresis, favebant. Hugo tunc, Archembaudo ex amico factus inimicus, Bliriacum munit, milites et famulos ibidem ponit, quidquid circa Bresim invenit vastando delevit, Larchaiacum, Vernovum, vicos archiepiscopales, cremavit. Econtra Gislebertus milites et clientes multos Bresis posuit, qui Campaniam fere totam usque ad Carum fluvium, excepto Bliriaco, vastaverunt. Quadam die Archenbaudus Bresis et sui, Caro flumine nocte evadato, terram Hugonis intraverunt : quod Hugo comperiens, eadem nocte copiis suis congregatis, summo mane illos terram suam depredantes repperit ; quos invadens fusos fugatosque Carum transire coegit, multisque captis, reliquos usque ad Andresium fluvium fugavit. Archenbaudus vero usque Lochas fugiens evasit. Non longo post tempore Hugo Bresim iterum, excepto domicilio, totum succendit et cremavit.

Gislebertus habens secum Alveredum archidiaconum, virum prudentia inter clericos illius urbis pene singularem, persona insignem, bonitate morum per omnia pollentem, humilitate preditum, patientia perlustratum, divina et humana sapientia divinitus solertem, indulgentia donni Lodovici regis, deliberante et favente omni populo, suffraganeis episcopis jussu domini pape manum prebentibus, omnipotentis Dei auxilio, cathedram episcopalem in pace possedit. Gislebertus tunc Hugoni ex inimico amicissimus effectus est et cum Archenbaudo Bresis firmiter concordatus est. Non valeo paucis verbis dicere quanta quamque fida devotione amicitiam utrorumque dominorum suorum, comitis Andegavorum et Blesensium, sibi alliciebat : debitum namque servitium utrisque moderanter reddens, quanto vinculo fidelitatis eis astringebatur rerum protestatus est effectus. Ille consiliarios consulum *familiaritate*[1] *et sodalitate perenniter servabat. Vir namque erat in adversis constans, in dubiis fidus, in prosperis modestus, in habitu simplex, in sermone communis, in consilio precellens ; amicitias probatas enixe*

---

1. Les mots imprimés en italique sont empruntés à Sidoine Apollinaire, *Epist.*, VII. 9. § 22.

*expe*tebat, *constanter retine*bat, *honeste exerce*bat ; adulantium *dicta tarde* credebat, *celeriter* deponebat. *Severis patribus comparandus, qui juvenum filiorum non tam cogitavit vota quam commoda,* suis *magis prodesse cupiens quam placere,* Supplicio filio suo in matrimonio copulavit Agnetem, filiam Hervei de Danzeio, ut pacem perennem inter illos de Sancto Aniano et suos poneret. Que mulier *de Palladiorum* [1] *stirpe descendit* et ex linea regii sanguinis excellentiam nobilitatemque generis in oculis hominum manifeste commendavit ; *sane* morum probitas mentionem *verecunde matrone succincteque* persone ejus contulit.

Pene [2] *transieram quod preteriri non oportuerat,* qualis *forma* lapidea turrium *consurg*eret, quarum unam Hugo Calvimonti, alteram Montricardo cum aula lapidea construxit. In diebus illis Ambaziaco ecclesiam in honore Dei et sancti Thome *edificavit solidasque vires populi in opere* illo *concussit* monachisque ibi degentibus proprium molinum, pratum Musterioli, culturam Fulcoii, plaseic[i]um Corbe tribuit aliaque larga dona complura predictis addidit multosque suorum ad benefaciendum ecclesie huic monendo coegit. His ita transactis, Hugo quievit, diuque in pace terra ejus siluit ; pontemque Ligeris idem composuit.

Quod pretereundum non erat preterivi : scilicet cum Hugo terram suam in pace regeret, filio suo Supplicio jam adulto, Guenno de Castalione, nepos Alberici de Monthesauro, Alberico avunculo suo Monthesaurum abstulit, quem expulsum Hugo cognatus suus suscepit et pro eo bellum cum Guennone arripuit. Quodam itaque tempore Guenno cum suis copiis Campaniam causa depredandi aggressus est et usque ad ripas Cari fluvii venit. Quod Hugo comperiens, coadunatis suis, eum devictum turpiter fugavit diuque fugatum cepit ; ipsum quoque tamdiu in carcere tenuit, donec avunculo suo Alberico Monthesaurum reddidit et Supplicio filio Hugonis hominium debitum in pace et quiete fecit. Sic vero terra pacificata diu absque impugnatione siluit, quia predictus Guenno quod in Montricardo reclamabat Supplicio in pace concessit.

---

1. Sidoine Apollinaire, *Epist.*, VII, 9. 23-24.
2. *Ibid.*, § 21.

Quid sollicitudinis et dilectionis ac diligentis prudentie circa filios Hugo haberet, ipsa naturalis juris constantia patienter declaravit. Nam cum Hugo filius ejus terram matris sue, que in Arvernia erat, repudiasset, pater multa optulit, que omnia repudiavit : maligno namque *a* consilio pessimorum Hugo juvenis acquiescens, fratrem suum, post patris excessum, multis modis impugnare affectabat. Quod pater providens terram suam totam Suplicio tribuit et homines suos ipsi jurare coegit eumque recedens dominis et amicis suis fida devotione commendavit. Quanta devotione ipsum in aula Montricardi commendavit suis fidelibus ad ultimum non valeo paucis dicere. Dixit enim : « Fili, quantum caloris, algoris, vigiliarum pro tuis negotiis susceperim, ut terra mea tibi remaneret quieta, non utique de mea sicut de tua memoria dilabuntur : non enim summi laboris susceptio et perpessio ab ipso tolerante leviter oblivioni mandatur [1]. Quidam suo filio cum bonis ambulare precepit ; hinc est utique quod rogo ut maxima cura magnoque studio factiosorum devites consortia et meis fidelibus in consiliis maxime adquiescas ; quod si feceris, victor inimicorum revera exstiteris. »

Eo autem tempore legati regis Jerusalem Balduini secundi in Franciam ex improviso venerunt querentes virum qui filiam regis cum regno Jerosolimitano uxorem duceret ; qui, consilio regis Francorum, Fulconem consulem Andegavorum, virum bellicosum, magni nominis et summe ingenuitatis, elegerunt. Fulco vero licentiam eundi a rege et a suis omnibus poposcit ; ab episcopis vero flexo genu benedictionem impetravit. Qui cum crucem sibi adaptasset, adjuncti sunt ei milites et pedites innumeri multique consulares viri, inter quos Hugo dominus Ambazii affuit [2]. Porro filium suum Suppli-

---

a) namque *om.* A.

---

1. Encore un emprunt, sans doute, à quelque auteur classique que nous n'avons pu identifier.

2. Une charte-notice relate les vexations que Hugue d'Amboise avait fait subir à l'abbaye de Marmoutier. Après s'être dérobé à plusieurs reprises devant les protestations des moines qui réclamaient justice, après avoir refusé notamment de comparaître au Mans le jour de l'Ascension, quand,

cium Gosfrido comiti, filio Fulconis, tradidit. Qui, patre suo jubente, hominium a Suplicio suscepit et pacifice eum et res suas custodire promisit. Itaque Hugo, Fulconem subsecutus, in Damasceno exercitu cum eo affuit. Qui inde rediens, gravi morbo preoccupatus, Jerusalem .ix. kalendas augusti obiit [1] et in Monte Oliveti prope ecclesiam sepultus est.

Suplicius dum in prosperitate floreret, sola invidia Vindocinenses primi ipsum ad iram incitaverunt; sepe enim, teste Horatio [2],

Invidus alterius macrescit rebus opimis;

et [3]

Invidia Siculi non invenere tyranni
Majus tormentum.

Hinc est quod Bucardus de Sancto Amando, senescallus comitis Vindocini, existimans Suplicio consuetudines quas pater ejus habuerat in pago Vindocinensi auferre, que vulgo commendatitie dicuntur, terram ipsius depredando cepit impugnare. Sed Suplicius, cujus erat in votum scire

Que sequenda forent et que vitanda vicissim [4],

amicos et consiliarios suos convocat, quorum maximi et principales erant Herbertus de Poliaco, Orricus Pejor Lupo, Ugo Ebardi filius, et de Sancto Aniano duo, Petrus de Paludello et Gosfridus Guiterni. Isti verum consilium libere dare Suplicio gaudebant; nam, teste Tullio [5], *plurimum in amicitia amicorum bene suadentium valet auctoritas ea que adhibeatur ad*

---

en présence d'une foule de prélats et de barons, le comte d'Anjou « Jerusalem profecturus crucem ibidem accipere debebat », Hugue finit, quelques jours plus tard, par donner satisfaction aux moines, « jam cruce accepta, quia Jerusalem profecturus erat ». Cette charte est datée de l'an 1128. Nous l'avons déjà signalée plus haut, p. 69, n. 4, et nous avons dit le parti qu'on en peut tirer pour l'histoire de Foulque le Jeune.

1. Son obit est effectivement inscrit au 24 juillet dans le nécrologe de Pontlevoy (Molinier, *Obituaires de la province de Sens*, t. II, p. 212).
2. Horace, *Epist.*, I, 2, vers 57. Déjà cité ci-dessus, p. 109.
3. *Ibid.*, vers 58-59.
4. Vers, probablement classique, non identifié.
5. Cicéron, *De amicitia*, XIII, 44.

admonendum eos *non modo aperte, sed etiam, si res postulabit, acriter et acute ; et* oportet ut ei *adhibite pareatur*. Supplicius, predictorum consilio fultus, illud Lucani[1] suis ait :

Di melius, belli tulimus quod dampna priores :

et quod *ceperit inde nefas*, et quod *sanguis* nostrorum *jam tetigit pollutos enses* Vindocinensium. Itaque cum suis abscondite summo diluculo Cangiaco venit et [a] Bucardum cum Vindocinensibus suis circa Sicciam devastantem turpiter fugavit ipsumque cum septem aliis militibus captum victor Ambaziaco adduxit. Post hec Vindocinenses condolentes terram Supplicii occulte et quasi per latrocinia sepe depredabantur.

Interim Supplicius, consilio cum suis [b] habito, commodum duxit finitimam hostium terram intrare, commodius fore judicans hostes in terris suis adgredi, quam ad se adgrediendum eis ex dilatione cornua sineret erigi. Electa itaque militie [c] manu paucisque peditibus, gentem illam sibi rebellem et emulam expetiit. Antiquitus nempe Ambazienses preliandi consuetudinem habebant, forsan, ut puto, a Deo sibi permissam, ne per otium pejoribus inimicis expugnarentur, moribus scilicet vitiosis, juxta illud satirici garriendo veridici[2] :

Servabat castas humilis fortuna Latinas
Et labor in noctes et proximus Annibal urbi.

Nam[3] laborum et bellorum assiduitate minus libet superbire, minus delectat mechari illis qui etiam assidue timent mori. Bella itaque exteriora interiorum sunt sepe peremptoria bello-

a) qui A ; corr. et. — b) suis om. A. — c) militie om. A.

---

1. Les mots en italique sont empruntés à Lucain, *Pharsalia*, II, 536-538.
2. Juvénal, VI, 287 :

Praestabat castas humilis fortuna Latinas
Quondam nec vitiis contigi parva sinebant
Tecta labor somnique breves et vellere Tusco
Vexatae duraeque manus ac proximus urbi
Hannibal et stantes Collina turre mariti.

3. Le passage qui suit est probablement inspiré de quelque auteur de la bonne latinité.

rum ; hostes visibiles invisibilium sunt vel repressio vel oppressio inimicorum. Igitur Supplicius, eo quem ductabat cuneo per terram hostium effuso, qui tamen statim usque ad pedites refugere compulsi sunt, egressis adversus se hostibus impetuoso impetu restitit ; namque comes Vindocinensium, comperto ejus adventu, in insidiis excubabat. Proinde Supplicius, videns sibi fieri necessariam congrediendi copiam, pugnando ipsum comitem cum quinque militibus de suis et peditibus non multis captum, victor cum gaudio ad sua rediit. Dehinc terrorem ceteris ingerens, favente sibi fortuna, multa insignia Deo patiente peregit, cupiens semper

Parcere subjectis et debellare superbos [1].

Quid plura ? His additur fraterna discordia duorum [a] fratrum Supplicii et Hugonis, de[2] qua *quam verissime potero* breviter referam. Malignorum consilio et pessimorum monitu, Hugo fraternam caritatem, *que* [3] *inter natos et parentes* et fratres *nisi detestabili scelere dirimi* solet, primus [b] rupit. Nempe hic Hugo speciosus forma erat et in curiis principum valde facundus et notus et Gosfrido comiti Andegavensium familiaris exstitit, qui ei in hac discordia auxiliator per omnia fuit. Eo siquidem tempore controversia maxima inter Ambazienses milites fuit ; non enim *promptum* [4] *est* [c] *cuivis murmur et susurros tollere de* curiis et adulatoribus *aperto vivere voto* non licet. Omnis populus et illi ex militibus quibus erat *mens bona, fama, fides*, Supplicio favebant, cui et dicebant [d] : « *Si* [5] *cum* matre, que tibi adversatur, *vivere* et esse *tendis*, vitam tuam *contentus perages. Et avarus esse noli, sed granaria* tua que sunt referta [e] *emole propriaque messe vive* ; sic vero poteris adver-

a) duorum om. A. — b) les mots que inter... solet, primus om. A. — c) est om. A. — d) cui et dicebant om. A. — e) refecta A ; corr referta.

---

1. Virgile, *Aeneid.*, VI, 854.
2. Les mots en italique sont empruntés à Salluste, *Catilina*, IV, 3.
3. Cicéron, *De amicitia*, VIII, 27.
4. Perse, *Satir.*, II, 6-8.
5. *Ibid.*, V, 139, et VI, 25-26.

sariis resistere. *Quid metuis ? occa et* dispende ; nam *seges alia in herba est.* »

Jaguelinus de Malliaco et fratres sui Supplicio adversabantur. Licet idem Jaguelinus debitum hominium dudum ante hoc Supplicio fecisset, tamen consulis imperium pretendens se excusabat, qui ipsum cum fratribus suis et cum predicto Hugone ad debellandum Supplicium Turonis posuerat. Mater eorum Elisabeth, furore succensa, diabolico stimulo admonita, a primogenito suo Supplicio irata discessit ; que comitem Gosfridum adiit querimoniamque lacrymabilem apud eum designans, multa de dampno Supplicii filii sui quoad potuit deliberans, Turonis et Malliaco diu mansit. Ista vero, si apud se deliberaret quantum inter fratres necessaria sit pax et concordia, apostolo evidenter ostendente, qui ait : *Sine pace impossibile est placere Deo*[1], et iterum : *Pacem sequimini cum omnibus et sanctimoniam sine qua nemo videbit Deum*[2], nunquam conquerendo magnatibus graves discordias inter fratres seminaret, qui mutua se deberent caritate diligere et malefactores suos anima[d]versione debita coercere ; quod omnino dignum fratribus et conveniens est. Igitur vir magnanimus, comes Gosfridus, coadunatis suis copiis, terram Supplicii citra et ultra Ligerim incendendo et depredando potenter vastavit ; deinceps etiam nimio impetu ante portas Ambaziaci oppidi transiens, seditione maximoque conflictu in loco qui Pons Molendinorum vocatur cum Ambaziensibus quadam die a mane usque ad vesperam pugnavit. Quod prelium cum nox dirimisset, comes, quibusdam ex suis captis et equis *a* omnium militum suorum pene interfectis, inglorius discessit. Quippe Supplicio vicini proceres auxilio aderant, quorum hec sunt nomina : Simon de Baugenciaco, Ernulfus de Virsone, Urso de Fracta Valle, Sanctus de Fertheia et Gosfridus Burrellus ; cum his Bituricum, Aurelianensium Carnotensiumque omnis fere expedita militia, Blesensium et Silve Longe clientela erat. Sed quia non longe

---

a) equos *A* ; *corr.* equis.

---

1. *Hebr.*, XI, 6.
2. *Ibid.*, XII, 14.

ab Adventu Domini hoc actum exstitit, consilio utriusque partis, Supplicio reddente homines consulis quos ceperat, res ad concordiam redacta est.

Succedente paucorum annorum curriculo Hugo, frater Supplicii, iter Jerosolimitane peregrinationis affectans, crucem sibi aptavit, mare transiit, cum Fulcone rege Jerusalem qui comes Andegavorum fuerat, aliquantis annis mansit ; mater eorum Elisabeth Arve[r]niam adiit. Itaque terra pacificata diu siluit.

Motum est rursum Supplicio odiosum bellum. Supradicto consule Vindocini apud Sanctum Egidium mortuo [1], filius ejus Johannes, juvenis animosus, terram patris jure hereditario possedit, quem Raginaudus de Castro contra Supplicium federatum habuit, qui etiam hominium indebitum ei timore Supplicii pro solo suo auxilio fecit. Supplicius enim ad id Raginaudum coegerat, quod Gosfrido fratri suo sue terre partem nolens donaverat, quo dolore ipse nimis commotus erat. Supplicius gloriam suam dilatare laborans, in iram erga Raginaudum exarsit. Seneca namque teste [2], *res inquieta est felicitas* ; qua Supplicius eo tempore pollebat. Idcirco Supplicius, robore suorum confisus, sepe predictorum animos terram ipsorum vastando sollicita[vi]t ; et quoniam otia semper variam mentem dant et audendo magnus timor tegitur [3], agmina sua in terram Raginaudi emisit. Que postquam sunt a Johanne comite audita, qui Castro Raginaudo cum suis copiis erat, estimans quod gloria belli sibi reservata esset et victoria, letus efficitur. Itaque agmina sua furtim rapit atque per jussa silentia quoad potest obscurat. Ipse vero, ut prima prelia lacessat et eliciat, retentis majoribus viribus in cava valle, in primo agmine processit ; Raginaudus vero de Castro cum ceteris pedetentim subsequitur. At Supplicius agmina suorum militum ex diversis partibus aggregata apertis campis instruxit, quorum agmine emisso, campi sono statim tremuere terraque soluta turbine pulveris tenebras traxit. Vindocinenses econtra, dum' miscere manus et

---

1. C'est en 1145 que mourut le comte de Vendôme Geoffroi de Preuilly, suivant J. de Pétigny, *Histoire archéologique du Vendômois*, 2ᵉ éd., p. 452.
2. Sénèque, *Epist.*, IV, 7, § 1.
3. Ceci est inspiré de quelque poète.

precurrere licuit, parum stetere ; sed cito agmen eorum frangitur, cum in primo impetu Johannes consul eorum capitur. Ut vero fortuna belli in pedites incubuit, qui fugere non potuerunt, ligati Supplicio et suis leta spectacula prebuerunt ; sicque, paucis peremptis multisque captis, victores ad propria redierunt et Johannem captum in arce Calvi Montis incluserunt.

Factum est autem post hec, Hugone fratre Supplicii a Jerusalem jam reverso, ut comes Gosfridus, ob injurias sibi a Supplicio illatas, Ambazium obsidere pararet. Supplicius, oppido suo bene munito et Willelmo Lineriarium domino, germano consobrino suo, tradito, ipse et frater suus Calvimonti et Montricardo cum multis amicorum suorum manebant. Gosfridus consul, cui magno nihil erat magnum, cum exercitu suo Laudiaco venit ibique, mediante Hugone archiepiscopo, pax utrimque efficitur.

Enimvero Supplicius, opibus et deliciis affluens, arrogantius solito motus, dominos suos, comitem scilicet Blesis et Andegavis, sepe offendebat ; vicinos vero satrapas turbare, attentare et in terris eorum non cessabat incursare. Cause simultatis et querelarum occasiones inter principes revera erant quod Supplicius fere omnes qui dominos suos offendebant recipiebat et, avaritie succumbens, manutenebat. Fertur etiam a multis ipse insanire idcirco quod violenter in terris eorum irruens, rebus ex sententia forte perpetratis, quasi victor insultabat : que facta pavidam plebem et plures ex vicinis principibus satis terruerant. Sic quisque pavendo fame illius vires dabat et licet non esset auctor multorum malorum, ea sepe que finxere timebant. Nec mirum, nam terram ipsius consulis a Genilleio usque Lochas incendio vastavit, Bresim succendit, Bureium prope Blesim totum, excepta arce, cremavit. Seva enim fortuna *fertur more exestuantis Euripi : multos proterit, victos sublevat, miseros non audit*, non illorum *fletus curat, sed ludit ; et sic suas vires probat* [1].

---

1. Les mots imprimés en italique sont empruntés à Boèce, *De consol. philos.*, II, 1, vers 2-7.

Supplicius ex uxore sua Agnete duos filios habuit, Hugonem et Herveum, et duas filias, Dionisiam, uxorem Eboni Dolis, et Elisabeth, que uxorem Andree de Aluia fuit. Postremo duo fratres Hugo et Supplicius, qui sepe graves inter se habuerant discordias *a*, firmiter concordati sunt. Hugo Lisoiam, filiam Gosfridi Rufi, uxorem duxit et oppidum quod Columbarium vocatur, cum ea sibi datum, possedit ; qui ex ea nullum heredem habuit. Hugo vir facundus et speciosus et a dominis suis nimis dilectus fuit et in curiis principum multos amicos habuit ; cui Lodovicus rex Francorum pro servitio suo in Aurelianensi pago optimam terram tribuit.

Multotiens Suplicius consules ad iram incitavit, tum pro latronibus ab ipso *b* susceptis et mercatoribus disturbatis, tum pro burgensibus Castri Novi captis et a rege Francorum exhibitis. Ad ultimum, comes Teobaudus pro multis injuriis sibi illatis villam que Monticios dicitur munire disposuit. Quo tempore comes Andegavis cum exercitu suo Turonis venit, et Teobaudus Cangiaco, villa ipsa cremata, castra fixit. Tandem per amicos utriusque partis concordia inter Supplicium et consules tentata et confirmata est. Ibidem Teobaudus Blesis, presente comite Andegavis, quod nullam munitionem deinceps inter Blesim et Calvimontem construeret promisit nullumque eorum castrum aut aliud municipium illo intervallo licere componi affirmavit.

Quantis quibusque adversitatibus, quantis pressuris et angustiis, quanta rerum instabilitate presentis vite prosperitas *c* involvatur ex ipsis rerum proventibus facile satis intuetur. Videmus enim quotidie diversas rerum mutationes fieri, nec est quidem prosperitas ulla durabilis; ipsa etiam que tenaciter videntur constantia, levius creditu dilabuntur. Igitur nemo *fugacibus*[1] et *caducis bonis fortune credat*, cum, teste Boetio, *constat eternaque lege propositum* sit *ut nihil genitum constet*. Blanda enim fortuna, que sepe fallit, cum mentes fruentium

---

a) discordias *om. A.* — *b)* ab ipso *om. A.* — *c)* prosperitas *om. A.*

---

1. Boèce, *De consol. philos.*, II, 3, vers 15-18.

specie mendacium bonorum ligat, Supplicium fefellit*a*, quamvis ad ultimum amicorum certos vultus et ambiguos secrevit mentesque fidelium detexit. Ille, divitiis affluens, inter abundantissimas opes hec infortunia passus est. Quoniam avaritie nihil satis est, Calvimontenses equuum ablatum cuidam peregrino redeunti a Sancto Jacobo Supplicio adduxerunt. Qui, dum ab ipso quadam die currendo calcaribus urgeretur, Supplicius cadens armum sibi fregit nimioque dolore vexatus peregrino equum reddidit et limina beati Jacobi in Hispania visitans, Deo sibi propitio, sanus effectus votum persolvit.

Post hec, Elisabeth filiam suam, uxorem Andree de Aluia, phtisis*b* consumpsit, que diu ante morbum parturiens viro suo Hugonem et Agnetem reliquit morboque predicto afflicta interiit; que .vi. idus julii Pontilevi sepulta fuit[1]. Soror istius Dionisia, Eboni Dolis uxor, fecunditate parens effecta, duos [filios] Radulfum et Odonem viro suo edidit. Qui parvuli, si patrem suum sospite matre perdidissent, minus pupilli existimarentur; nam Dionisia bonitate sua et diversis probitatibus effecerat ne patri adhuc juveni soboles alterius sexus desideraretur. Que, per subita suprema lienteria occupata, virum celibatu, patrem orbitate confodit[2]. Ista vero, sacerdotum religiosorumque manibus excepta, perpetuis sedibus, dormienti similis, .v.*to* idus maii sepulcro*c* illata est. Cum vero milites flentes ipsam ad sepulcrum deferrent, oppidani omnes neniam funebrem, quasi parentibus orbati, emittebant, cum etiam externi de villis ibi congregati libitinam ipsam prensitarent, remorarentur, exoscularentur. Si quis haut incassum cadaveribus honor impenditur, hanc ministeria plurium sacerdotum, clericorum, abbatum et monachorum in claustro Dolensi, prope parietem ecclesie, tumulavere.

a) les mots cum mentes... fefellit *omis par* A. — *b)* tipsis A ; *corr.* phtisis. — *c)* sepulcro *om.* A.

1. Son obit est inscrit au 10 juillet dans le nécrologe de Pontlevoy (Molinier, *Obituaires de la province de Sens*, t. II, p. 212).

2. L'obit d'une « Dionisia, filia Sulpitii », est inscrit au 6 des ides de mai dans le nécrologe de Pontlevoy (éd. cit., p. 211).

Nulla pestis [1] *efficacior est ad nocendum quam familiaris inimicus*. Milites de Monte Basonis adulando, blandiendo, amici Hugonis fratris Suplicii effecti sunt, quanquam, teste Tullio [2], *assentatio nemini nocere potest, nisi qui eam recepit atque ea delectatur*, et *amicus* [3] *blandus a vero* amico *adhibita diligentia leviter internosci potest*. Isti tamen, ut complures ferunt, Hugonem venenata potione interfecerunt, et quamvis adhuc veritas rei lateat, illi tamen qui in morte ejus affuerunt, visis manifestis signis, ipsum toxico necatum [a] affirmant. Qui, postquam in hospitio cujusdam famuli eorum cum predictis militibus comedit, discedens inde nichil amplius edit, imo sero nimio dolore vexatus, .v.^{to} idus januarii obiit [4].

His ita transactis, Suplicius, iniquo monitu Raginaudi Rabelli et Gosfridi de Bello Videre, lites graves pugnandi cum Goscelino de Alneello, qui dominus Castri Raginaudi erat, arripuit. Quippe olim milites Castri Raginaudi Sibillam, filiam domini sui, Hugoni, filio Supplitii, pacti fuerant et Supplicio tradiderant ; sed reperta cognatione, quam Robertus Rupium et filii sui jurejurando inter eos esse affirmaverunt, Supplicius, a pontificibus et a comite Teobaudo coactus, Sibillam reddidit eamque filius Goscelini uxorem duxit [b]. Idcirco Supplicius, Goscelinum et suos exosos habens, sancte ecclesie instituta contempnens, diabolico instinctu et pessimorum monitu, Castrum Raginaudi totum, excepta ecclesia et arce, in Quadragesima cremavit.

Sub eodem fere tempore Teobaudus Bonus comes Blesensium obiit [5]. Qui, tribus filiis suis terram suam distribuens, Henrico primogenito Briam et Campaniam, Teobaudo Carnotum et Blesim, Stephano vero Sacrum Cesaris cum ejus

a) necato A ; corr. necatum. — b) eamque... duxit om. A.

---

1. Les mots imprimés en italique sont empruntés à Boèce, *De consol. philos.*, III, 5, § 39.
2. Cicéron, *De amicitia*, XXVI, 97.
3. *Ibid.*, XXV, 95.
4. Son obit est inscrit au 9 janvier dans le nécrologe de Pontlevoy (Molinier, *Obituaires de la province de Sens*, t. II, p. 208)
5. Aug. Longnon a fixé au 10 janvier 1152 la mort du comte Thibaud (Préface à Molinier, *Obituaires de la province de Sens*, t. II, p. xiii).

apendiciis tribuit. Sane mira Dei, ut credendum reor, ordinatione, elapso parvo tempore, Gosfridus, admirabilis Andegavorum consul, Cenomannis sepultus diem extremum clausisse dinoscitur [1]. Surrexerunt novi principes, de qualibus antiquo proverbio dicitur : *Ve terre cujus rex etate aut sensu puer exstiterit* [2] *!* Gosfridus enim comes Andegavorum tres filios, Henricum, Gosfridum, Willelmum, ex Meltide, filia Henrici regis Anglorum, genuit. Quorum Henricus primogenitus, consilio Supplicii, Teobaudo Blesis hominium sibi jure debitum facere recusavit. Quod similiter Suplicius, superbia et pessimorum monitu, ipsi facere renuit : dedit enim Hugoni filio suo Calvimontem et quidquid de feodo Teobaudi possidebat.

Enimvero cum crimen erroribus nostris sit additum, reor a Deo esse propositum non solum ob id velle perdere hominem illum, sed cuncta que ejus sunt, veluti Suplicium, qui, cum Theobaudus Blesis humiliando ejus amicitias peteret, nocitura arma sumpsit et seipsum cum aliis multis cladibus et diversis tormentis adnihilavit. Nam qualiter consiliis crudelium ac proditorum, quorum consortia sibi respuenda essent, adhesit, nemo sub modicis verbis referre valet.

Erat autem pernimium familiaris Supplitio quidam collibertus sancti Launomari, Crispinus de Mindraio, filius cujusdam spurii Radulfi Guiardi de Candeio, quorum genus infidum ingenio mobili dominis suis multum nocuit. Quodcumque consilium Supplicius in conclavi suo privatim tractabat, illud Crispinus consuli statim clam per aliquem cognatorum nuntiabat. Quippe ancillam Supplicii, filiam Garini de Chozeio, Crispinus uxorem duxerat fratresque ipsius cum patre Blesis manebant. Consul Crispinum et suos paulatim temptando aggreditur; postquam eum sibi oportunum cognovit, multa pollicitando, persuadet uti Supplicium maxime vivum, si id parum procedat, necatum sibi traderet. Que cum cognita esse Suplicio Crispinus comperisset, Blesis transit, confestim ejus-

---

1. Le 7 septembre 1151. Voir Kate Norgate, *England under the Angevin kings*, t. I, p. 390.
2. *Eccles.*, X, 16.

dem oppidi prepositus constituitur. Cujus rei Suplicius stupidus effectus, nemini se credebat ; motam tamen Mindrai munit.

Blesensis comes, gloriam et famam suam dilatare ac propagare laborans, ad delendum Mindraium multos milites et pedites ex diversis locis congregat : econtra Supplicius, cupidus glorie et optimorum fame *a* meritorum, quoscumque potuit sibi allicere ad se defendendum in unum convocat. *Maxima*[1] *autem culpa* sua *b* Supplicius *veritatem aspernabatur, et* per *fraudem* ab *adulatoribus* in *odium domini sui, quod est venenum amicitie, impell*ebatur. Scitum est enim quod *assentatio vitiorum adjutrix* est, *que procul* a tanto viro removenda erat, quia *ne libero quidem* homine *digna est. Salus autem* Supplicii *desperanda* erat, *cujus aures veritati* ita *clause erant ut ab amico verum audire nequiret.* Namque, teste Tullio[2], *nullam pestem majorem esse scimus quam adulationem, blanditiam, assentationem, quod vitium est levium hominum atque fallacium, ad voluntatem omnia loquentium, nil ad veritatem :* illi nempe *molestiam*[3] *quam capere debent non capiunt, illamque capiunt qua debent vacare ;* tales *judicium veri tollunt idque adulter*ant.

Dum predicta aguntur, Elisabeth, mater Supplicii, senex et plena dierum, utpote presaga futurorum[4], de his que audierat pro filio gemebunda, Ambazio in domo sua juxta ecclesiam sancti Thome ipsum accivit. Flebilis igitur ad filium aiebat : « Ut quid me inconsulta, fili, negotium adgressus es bellicum ? An quoniam sum decrepita me desipuisse putasti ? Crede mihi, viget sensus effetis *c* in visceribus, et laxa cutis et ruga senilis vivacem adhuc fovet animum. Denique nulli

---

a) fama *A* ; *corr.* fame. — b) sua *om. A.* — c) effectis *A* ; *corr.* effetis.

---

1. Les mots imprimés en italique sont empruntés à Cicéron, *De amicitia*, XXIV, 89-90.
2. *Ibid.*, XXV, 91-92.
3. *Ibid.*, XXIV, 90.
4. Toute la mise en scène qui suit et les discours sont visiblement composés à l'aide de divers morceaux classiques. On y reconnaît même des débris de vers au début du discours d'Elisabeth. Mais nous ne sommes pas parvenus à retrouver ici les sources du chroniqueur.

poteras reserare consilium que te vel arctius diligeret vel que tibi discretius consuleret. Quid enim affectui materno comparari poterit? Robertus, frater regis Francorum, et alii multi proceres cum insuperabili militia, cum Teobaudo Blesis veniunt. Debueras preponderare quam grande aggressus es negotium ; decuerat te metiri cum qua insuperabili gente dimicaturus es; oportuerat te perpendere quod copie quas undequaque corrogasti nullatenus tibi fideles sunt. Nostris in regionibus, os meum et caro mea, nomen tuum satis dilatatum est, sed brachium tuum in istos nondum approbatum est. Porro, si matri consulenti adquiesceres, ab hac temeritate absisteres teque gentemque tuam huic presumptuoso labori subtraheres. Dubium enim cui parti potius Mars arriserit, nostris tamen magis timeo. » Veterana illa, in lacrimis deficiens, loquendi finem fecerat, cum filius jactabundus sic paucis respondit : « Miror, mater, qua fronte de victoria prenuntiaris, cum ipsi animis genti nostre non debeant comparari. Et ego viros potentes et bellicosos habeo ; ipsi vero homines sunt sicut et nos. Idcirco, mater dulcissima, eventum rei meliora desiderans exspecta. »

Utriusque partis viribus congregatis, comes Supplicium in dolo ad colloquium vocat. Igitur, dum inter se loquerentur, homines consulis, a dominis suis edocti, juxta Monticios Beuronem fluvium transmeantes nemorisque Calvi Montis raritatem considerantes atque spis[s]itudinem sepium Mindraii vitantes, lucum totum transeunt comitique statim nuntiant. Quo audito, comes colloquium deserit, suos cito subsequitur, Mindraium ex improviso intrat, ubi homines Supplicii inermes et imparatos, utpote dominum suum exspectantes, repperit, qui obstupefacti, quoniam hostiliter a facie et a tergo inopine premebantur, fuge se crediderunt. Supplicius a colloquio adhuc rediens capitur filiique sui Hugo et Erveus et eorum consobrini Johannes Lineriarum et Seguinus Raherius, filius Ridelli, ac Andreas de Aluia cum multis aliis militibus et peditibus capiuntur [1]. Jaguelinus tamen de Malliaco Teo-

---

1. Une charte de Saint-Julien de Tours est datée « sabbato inter octabas sancti Johannis Baptiste, luna III^a, anno quo captus est Supplicius de Am-

baudusque Rupium dominus et Ridellus Rilliaci cum multis nobilibus forte fortuna evaserunt arcemque Calvi Montis cum superiori parte oppidi munierunt. Hostes vero eos subsequuti, omnia que in burgo erant rapientes, rapina hostiliter onusti [a] redierunt. Cohors [b] Ambaziensium peditum, in nemore latitans, ante horum maximam aciem [c] venit, et licet fugiens hostibus preda oneratis pavendo occurrit, omnia que gerebant abstulit; et ex ipsis fere .cc.[is] captis, Ambaziaco ligatos adducunt. Minatur comes improbus et precepit ne Supplicius filiique sui, donec omnes capti solvantur, comedant ; quos omnes Agnes, uxor Suplicii, timore et stupore perterrita, absque consilio indiscrete reddidit. Blesis trepidum antea sollicitumque de belli eventu letitias agere, de Teobaudo fama preclara erat.

Scribunt Ambazienses ad Uldinum fratrem Supplicii, Jalinniaci dominum, et per quemdam cursorem cum omni supplicatione lamentabiliter implorant ut, commendata terra sua alteri, eis succurrat. Dolet Uldinus commune infortunium et de ferendo auxilio quod petebatur satis anxie tractat, terram suam Archenbaudo de Borbone commendat, cito Ambazio venit, terra illi tota traditur.

Igitur [1] comes Teobaudus *eo intentior omnibus modis festinare, cavere ne alicubi hosti oportunus fieret, meminisse invidiam post gloriam sequi. Itaque quo clarior erat, eo magis anxius, neque post* victoriam *effuse predari* sed cum valida manu volebat. Denique consul quadam die adducens secum gentem non modicam Calvimonti, Uldinum et suos undique circumseptos et circumventos immaniter aggressus est virique consulares et pedites Calvimontem omnimoda telorum ingruentia expugnare moliti sunt. Igitur clamitabant in eos dentibus stridentes et nunc sagittis, nunc ensibus, nunc lanceis, nunc

---

a) honusti A ; *corr.* onusti — b) choors A ; *corr.* cohors.— c) aciem *om.* A.

---

baziaco, Henrico duce Normannorum et comite Andegavorum in Angliam transnavigante, Enjobardo ecclesie Turonensi presidente, anno vero ab incarnatione Domini M°C°LIII° » (copie du xviie siècle d'après l'original, Bibl. nat., Coll. d'Anjou et de Touraine, vol. V, n° 1756).

1. Les mots imprimés en italique sont empruntés à Salluste, *Jugurtha*, LV, 3-4.

missilibus eos impetebant et a tectis domorum que vi preoccupaverant saxa ruebant, alii intus ignem apponebant. Eo die Calvimontenses viriliter se deffenderunt et comes, quibusdam ex suis interfectis, vico tamen oppidi a parte occidentali extra fossatum cremato, paucis etiam ex Arvernis militibus captis, inglorius discessit.

Sepe pro Supplicio populus suus lamentabatur, qui plaudente fortuna multoties triumphaverat. Tales tamen sunt bellorum eventus, tales sunt vicissitudines et hominum et temporum : nulli unquam semper successit feliciter, nemo unquam de continua prosperitate vel letabitur vel letatus est. Hac de re et timenda et cavenda est in prosperis adversitas, et speranda et optanda est in adversis prosperitas. Proh nefas ! hoc ipso Supplicius maleficio affinis esse videtur, quod *omnibus* [1] *bonis pulsus, dignitatibus exutus, existimatione* plurium ob *maleficium su[p]plicium tulit*. Nam, Boecio teste [2], *hic cumulus nostris malis accedit quod existimatio plurimorum non rerum merita sed fortune spectat eventum eaque tantum a Deo esse provisa judicat que felicitas commendaverit : quo fit ut existimatio bona prima omnium deserat infelices*. Qui nunc populi rumores, *quam dissone et multiplices sententie* sint de Suplicio *piget reminisci : dum* enim *miseris aliquid crimen affigitur, que perferunt meruisse creduntur*.

Supplicius, Castro Duno incarceratus, cujusdam nequissimi servi, Bartholomei Guine, custodie traditur, qui eum multis tormentis, diabolicis suggestionibus, afflixit. Exigebat comes ut Supplicius Calvimontem sibi redderet, aliter enim neque auri neque argenti neque alterius pecunie redemptionem pro ipso capere volebat. Quod quia amici et homines ejus facere *a* renuebant, in catasta sepe positus, paulatim deficiebat. Mestissimus tibi denuntio : Supplicius, non absque justitio gravissimo et exquisito tormento ab impiis servis consulis positus, .ix°. kalen-

a) facere om. A.

1. Les mots imprimés en italique sont empruntés à Boèce, *De consol. philos.*, I, 4, éd. Peiper, 151.
2. *Ibid.*, 142-154.

das septembris ab hac vita discessit[1]. Cujus corpus cum monachi Pontilevi deferre vellent, ut juxta antecessores suos honorifice sepeliretur, consul qui tunc forte aderat prohibuit. Tunc vero corpus illius, inaudito patibulo frequenter vexatum, monachi predicti oppidi in ecclesia sancti Valeriani decentissimo mausoleo tumulaverunt. Supradicte vero proditionis seriem veritatemque, ne latere posteros queat, scripto mandavi.

Interim Henricus, dux Normannorum et Aquitanorum comesque Andegavorum, consilio cum proceribus habito, commodum duxit contra Teobaudum, qui sibi feodum de Fracta Valle auferebat, cornua erigi. Itaque electa militie manu, contra Carnotensem Blesensemque gentem, rebellem semper sibi et emulam, inter Vindocinum et oppidum quod Fracta Vallis dicitur venit. Illi de oppido foras progressi obviaverunt eis ad resistendum parati, laxisque habenis hostes viriliter aggressi sunt. Utrinque acerrime dimicatum est. Milites ducis, quoniam eis preter spem contigerat, expavefacti, terga ferientibus prebuerunt et fugiendo elabi voluerunt ; fuga igitur inita, Gosfridus, frater ducis, cum multis militibus captus est.

Interea cum Uldinus satis strenue ageret principatum, communicato cum matre et amicis consilio, fidelibus custodibus oppido [a] Calvi Montis commisso, in terram suam, quam cuidam propinquo suo, Archenbaudo de Borbone, regendam et custodiendam commiserat, rediit ; ubi dum ex more gauderet et aliquantula prosperitate frueretur, certis deferentibus nuntiis arcem Calvi Montis esse deletam didicit. Audito Uldinus tam miserabili infortunio vehementissime tristis efficitur. Supramemoratus dux Henricus, cum fratrem suum Gosfridum Teobaudus nullo modo redimi permitteret nisi predicta arce deleta, monitu Meltidis [b] matris sue delere pepigit, tali tamen pacto ut fratrem suum et filios Supplicii ceterosque captos competenti redemptione accepta deliberaret.

a) oppidum *A* ; *corr.* oppido. — *b)* Meltidis *om. A.*

1. Son obit est inscrit au 24 août dans le nécrologe de Pontlevoy (Molinier, *Obituaires de la province de Sens*, t. II, p. 213). Sulpice ayant été fait prisonnier en 1153 d'après le texte cité p. 127, n. 1, sa mort dut survenir dès 1153.

Dux, cum Ambaziensibus et matre puerorum locutus, desiderium suum, promissa restauratione oppidi, consummavit. Sic Gosfridus, frater ducis, et filii Supplicii, Hugo et Herveus, ceterique capti omnes liberati sunt.

Verum non longe post dux cum [a] comite Theobaudo pacificatur, mortuoque Stephano rege Anglorum, jussu ducis naves parantur ; transfretavit Henricus ; ab Anglis gaudenter suscipitur et in regem inungitur. Eodem tempore Uldinus, versutias suorum ignorans, iter peregrinationis eundi ad Sanctum Egidium suscepit ; quidam proditores, ligii homines ipsius, eum odio latenter habentes, angustias quorumdam locorum occupant, transitum ejus opperientes, qui ipsum immunitum undique concludunt et immisericorditer necant. Nuntius properat Hugoni[b], innotescens de patris nece et de decreta sibi ipsius terre hereditate. Dolet quidem de ejus morte, sed non minus festinat, avia sua Elisabeth precipiente. Qui adveniens [c] terram illam et omnium militum hominium suscepit ac possidet. Non longe post hec Elisabeth, que Hugoni nepoti suo Jalinniacum et quidquid in Arvernia diu possederat donavit, quam longo tempore arthritica [d] passio vexaverat, .iiii.to idus octobris obiit et Pontilevi sepulta fuit.

Mirum et verum est quod mens presaga malorum homini data est. Nam sub quacumque parte mundi Ambaziensis affuit, eo die quo Supplicius capitur [e] meret et causas ignorat animumque dolentem corripit, nesciens quid in proditione Mindraii perdat. Quidam namque [f] juvenis ex nostris, qui hospes in Apulia manebat, et alter Andegavis mulierque Calvi Montis in Biturico pago exsistens hec sibi contigisse mihi retulerunt.

Hactenus [1] *mihi videor* de Hugone et filio suo Suplicio ea que oculis meis vidi et auribus audivi dixisse, de ceteris

a) cum *om.* A. — b) Hugoni *om.* A. — c) qui adveniens *om.* A. — d) arctectica A ; *corr.* arthritica. — e) quo Supplicius capitur *om.* A. — f) namque *om.* A.

1. Les mots imprimés en italique sont empruntés aux *Gesta consul. Andegav.* (ci-dessus, p. 73).

vero, que diversis scriptis repperi, in unum compilasse et stilo ingenioli mei non satis expolito convenienter explicasse. Credo autem de his *multa preterea esse*, sed *ab* illis *qui sciunt melius ista queritote*. Quid homines de filiis Supplicii, Hugone et Herveo, suspicentur videtis et scitis. Nos equidem que nota nobis sunt de facillimis moribus Hugonis, de pietate, liberalitate, bonitate in suos, ad presens preterimus Deoque opitulante librum istius historie claudimus et sic soluto promisso quiescimus.

DEUXIÈME PARTIE

ADDITIONS AUX
« GESTA CONSULUM ANDEGAVORUM »
ET TEXTES COMPLÉMENTAIRES

GESTA CONSULUM ANDEGAVORUM

ADDITAMENTA [1]

I

(Manuscrits C.)

EXPLOITS D'ENJUGER [2]

(Cf. *supra*, p. 29, n. *g*. — Ed. Marchegay-Salmon, p. 40-45.)

Erat [a] quidam Landonensis castri sive Gastinensis pagi consul nomine Gaufredus, qui diu absque herede masculo vixit, solam [b] unicam [c] filiam habens nomine Adelam, quam regi predicto Ludovico cum omni consulatu in tutelam reliquit. Habebat autem tunc temporis [d] rex paranimphum sive camberlanum nomine Ingelgerium, corpore pulchrum, moribus strenuum et in omnibus sagacissimum, qui tamen filius vavassoris [e] patris supradicte filie [f] fuerat. Quem [g] rex valde diligens et [h] probitates remunerare cupiens, predictam puellam, que jam adoleverat et ad annos pubertatis pervenerat, cum Landonensi castro et cum omni consulatu Gastinensi ei [i] copulare cupiebat. Qua de

---

a) erat enim C^1. — b) solum C^4. — c) unicamque filiam C^3. — d) temporis tunc C^1 C^2. — e) vassali C^3. — f) puelle C^3 C^4. — g) quam C^1 C^2. — h) et ei C^3 C^4. — i) ei *om.* C^1 C^2 C^4.

---

1. Nous rappelons que nous réunissons sous ce titre ceux des passages ajoutés aux *Gesta consulum Andegavorum* par les divers remanieurs de la compilation primitive qui, à raison de leur étendue, n'ont pu trouver place dans les notes des pages précédentes.

2. Il est inutile d'insister sur le caractère légendaire et fantaisiste de ce récit.

re predictam puellam vocavit et ad hujus rei assensum verbis quibus potuit provocavit. Illa autem, verbis matura et moribus, id regi summisso vultu respondit : « Domine mi rex, non decet nec justum est hominem meum vel patris mei vassalum [a] mihi superponere. » Rex vero ad presens siluit et regine et sodalibus ejus intimavit ut animum ejus ad hujus rei assensum inclinarent, quod cum magna difficultate post longum tempus factum est. Rex autem latenter et inscios [b] barones totius consulatus Aurelianis venire fecit prevenitque eos in negotio ut quicquid de copulatione domine eorum facere vellet, ipsi [c] concederent. Illi autem, licet graviter ferrent, tamen in potestate regis omnia dimittentes, concesserunt. Rex autem inquit ad eos : « Quando hoc concessistis, Ingelgerium senescallum meum in dominum suscepistis. Venite ergo ad donationis confirmationem, ad benedictionem et ad nuptiarum celebrationem domini domineque vestre et facite leigiationem ei. » Quod et factum est. Celebratis ergo ex more nuptiis, dominum dominamque Landonensi castro [d] deduxerunt totumque Gastinensem consulatum in pace possederunt. Sed fere decem annis simul habitantes, absque herede vixerunt [e]. Ingelgerius vero consul in gravibus infirmitatibus cadens, videlicet focositatem [f], [ph]tysim et hydropisim, non diu supervixit, sed subito et insperate [g] nocte in lecto suo inventus est suffocatus ab infirmitate. Quod multi audientes et graviter ferentes, dominam Adelam comitissam multatione viri sui et falso adulterio impetebant, maxime quidam prefectus eorum, nomine Guntrandus [h], parens Ingelgerii. Quamobrem rex denominato die in curia Landonensis castri cum sapientioribus regni [i] et baronibus Gastinensis pagi ad tam enormem ventilandam [j] causam advenit [k].

Cum autem ad curiam ventum esset, primus Guntrandus [l] prefectus cum suis complicibus querimoniam fecit de tam subita morte Ingelgerii consulis, et dominam Adelam comitis-

a) vassatam C^2. — b) inscios et barones C^3. — c) facere vellet ipsi om. C^1 C^2; eorum statueret C^4. — d) in Landonense castrum C^3, in Landonensi castro C^4. — e) sed fere... herede vixerunt om. C^3. — f) focositatem C^4. — g) insperate mortis C^3. — h) Guntrandus nomine C^3. — i) regni om. C^2. — j) evantelandam C^2. — k) advenerunt C^3. — l) Guntrannus C^4; nous jugeons inutile d'indiquer les variantes de graphie de ce nom, écrit Gontramnus, Guntrannus ou Gontrandus.

sam impetebat et causa sui adulterii eum manibus suis vel suorum suffocatum et strangulatum fuisse et hanc rem probandam monomacho*a* certamine*b*. Illa autem e contrario verbis et operibus, judicio et sacramento *c* protestabatur se purgandam. Rex vero, loquutus consilio, adjudicavit unum ex suis surgere et duellionis certamine eam purgari debere. Parentes vero ejus*d*, licet multum nobiles essent, actibus et ictibus comprobati, Guntrandum tamen timentes, qui vir bellator ab adolescentia sua erat, subtraxerunt se et distulerunt eam defendere. Illa clamans et ejulans exponebat se sacramento et quolibet judicio.

Ingelgerius autem juvenis filius Tertulphi, videns matrem suam ex baptismo undique desolatam et ab inimicis circumvallatam, dolore cordis tactus intrinsecus, ad pedes regis cecidit pronus. Qui a circumstantibus regis jussu *e* elevatus est, lacrimis profusus *f* et vultu demissus. Quesitum est cur tam dejecto vultu et humili habitu incederet. Qui *g* respondisse fertur : « Doleo dominam et matrem spiritualem sic ab inimicis circumvallatam et ab omnibus parentibus suis desolatam et viduatam. Sed unam petitionem peto a te, domine mi rex, ut concedas mihi contra domine mee inimicum monomacho *h* certamine dimicare, et ecce vadimonium meum. » Rex autem, cognoscens Guntrandum virum esse fortissimum, viribus bellicosum ab adolescentia, Ingelgerium autem delicatum et necdum exercitatum, utpote juvenem, videlicet sexdecim annorum, timuit de Ingelgerio, qui *i* valde eum diligebat. Ingelgerius vero, sciens longam *j* infirmitatem domini sui*k*, sicut qui noctu dieque ei serviebat, et legitimam conversationem domine sue, letus et alacer *l* expectabat diem prelii. Jam *m* advenerat dies certandi institutus. Mane autem surgens, arma sua per pueros*n* suos direxit in campum ubi rex agonistas expectare solebat *o*. Ipse autem, cum ad ecclesiam orandi gratia pergeret, habuit pauperem obvium *p* et quid ei largiretur amplius non habuit *q* quam unum trientem, nam et *r* si fuerant in simile opus abierant.

a) monomarco C^1, monomarcio C^3. — *b)* certamine contendebat C^3. — *c)* judicio et juramento sacramentoque C^3. — *d)* ejus *om.* C^3. — *e)* visu C^1, visus C^2 C^3. — *f)* perfusus C^1. — *g)* Cui C^2 C^4. — *h)* monomarco C^1, monomarcio C^3. — *i)* quia C^2. — *j)* longevam C^4. — *k)* domini sui infirmitatem C^3. — *l)* letus alacerque C^3. — *m)* jamque C^4. — *n)* per plures C^2. — *o)* expectans sedebat C^2. — *p)* obviam C^1 C^2. — *q)* habebat C^4. — *r)* et *om.* C^3.

Venit ei in mentem propheticum illud: *Beatus qui intelligit super egenum ᵃ et pauperem. In die ᵇ mala liberabit eum Dominus et non tradet eum Dominus ᶜ in manus inimici ejus* ¹. Dato triente ingreditur basilicam et, premissa oratione ᵈ, vexillo crucis se munivit, quod est armatura Dei. Comitissa vero pro cujus legitima causa certabat dedit ei advoamentum ᵉ, dicens: « Certa ᶠ, mi filiole, confidens in adjutorio Dei et in mea legitima causa, quia ipse adjutor tuus erit in oportunitatibus et ᵍ in tribulatione ʰ. » Fidus ⁱ de sua justicia et de Domini ʲ justo judicio ᵏ imperterritus, festinus ˡ ad certamen pergebat. Ut autem ventum esset ᵐ in Marcio campo, juratis ⁿ sacramentis ascensisque equis, urgentes utrimque ᵒ cornipedes laxis habenis ᵖ unus alterum agreditur. Guntrandus autem, extensa hasta, cum gladio perforavit scutum Ingelgerii consuitque eum cum anteriori parte lorice et posteriori levique vulnere in latere sauciavit, sed non letaliter; nec strafium vel subpedaneum ferri selle equine perdidit nec in modico titubavit. Ipse vero, perforato scuto ᑫ Guntrandi, per pectus gladium infixit ʳ, ita ut inter duas scapulas egrederetur; et sic per posteriora equi resupinus in terram ruit ut perjurus et testis falsus. Videns Ingelgerius inimicum suum ruisse, statim, ut promptus et agilis, ensem traxit et partem haste que deforis scutum excedebat precidit, remissoque ense in vagina, manum dexteram retrogessit ˢ partemque haste qua consutus cum lorica fuerat viriliter abstraxit sicque de equo agiliter descendit extractoque ense super inimicum irruit ablataque galea capitis et capitio thoracis ᵗ, abstulit caput ejus, cunctis videntibus, sicque se regi ᵘ incolumis presentavit. Tunc rex gaudio gavisus ᵛ ait ei ˣ: « Gaude, fili, quia Deus pugnavit pro

---

a) egenos *C²*. — *b*) pauperem et egenum quoniam in die *C⁴*. — *c*) Dominus *om. C³ C⁴*. — *d*) communione *C⁴*. — *e*) advoomentum *C¹*, adjuramentum *C²*, adornamentum *C⁴*, commonitorium *C²*; *cette dernière leçon est indiquée également en marge de C¹ par un reviseur du XVIᵉ siècle*; *corr.* advoamentum. — *f*) certare *C³*. — *g*) et *om. C¹ C² C⁴*. — *h*) tribulationibus *C⁴*. — *i*) fidens *C⁴*. — *j*) domine domini *C²*. — *k*) justo Domini judicio *C²*. — *l*) festinans *C⁴*. — *m*) est *C⁴*. — *n*) jurans *C⁴*. — *o*) uterque *C⁴*. — *p*) laxis habenis *om. C²*. — *q*) scuto perforato *C⁴*. — *r*) transfixit *C⁴*. — *s*) retrojecit *C³*, retroinjecit *C⁴*. — *t*) et capitio thoracis *om. C⁴*. — *u*) regi se *C⁴*. — *v*) gavisus magno *C³*. — *x*) ei *om. C¹ C²*.

---

2. *Psalm.*, XL, 1, 2.

te, cujus auxilium postulasti. Completum inimico tuo est quod scriptum est : *Perdes omnes qui loquuntur mendacium* [1] et *testis falsus non erit impunitus* [2]. »

Domina autem Adela comitissa a [a] falso crimine liberata ad pedes regis cecidit prona. Jussu autem regis elevata, hanc petitionem petiit a rege, dicens : « Nolo, inquit, domine mi rex, amplius in mundo conversari, sed cum ancillis Deo [b] servientibus in monasterio volo sociari ; sed prius de terra mea quis potissimum heres post me fiat per manum vestram et per manus baronum Francie et Gastinie, antequam disgregentur, volo cognoscere. Vidistis enim quam malefidi [c] amici et parentes mei, quantum adjutorium et quantum succursum in tanto discrimine prestiterunt. Vidistis etiam non carnalis propinquus, sed tantum ex baptismo filiolus [d], Ingelgerius quantum periculum pro me liberanda [e] subivit. Volo ut [f] judicio vestro definiatur quis potissimum heres terre mee habeatur : parentes qui causam meam non defenderunt nec periculum subierunt an Ingelgerius qui causam suscepit et periculum subivit ? » Rex vero [g] locutus cum consilio ait : « Parentes Adele comitisse Gastinensis adjudicamus ex[s]ortes hereditatis ejus, quia fuerunt periculi inexpertes. Ingelgerium autem, qui pro ea pugnavit et periculum subivit, licet non sit carnalis propinquus sed spiritualis filius [h], heredem illius terre [i] judicamus sicut filium matris. Sicut enim fuit socius tribulationum, sic debet esse possessionum. » Post hanc vocem regis, exclamaverunt omnes qui aderant rectum judicium judicasse regem. Tunc rex eum saisivit de castro Landonensi et de consulatu Gastinensi. Ingelgerius vero hominagium et leigiationem regi coram omni curia fecit. Barones vero Gastinensis pagi, precipiente rege, hominagium [j] et leigiationem Ingelgerio fecerunt et terram suam de manu sua [k] susceperunt.

a) a om. C^3. — b) et Deo C^4. — c) malae fidei C^4. — d) tantum baptismo filius C^3. — e) liberanda om. C^2. — f) volo et ut C^2. — g) autem C^4. — h) spiritualis tantum filiolus C^3. — i) terre illius C^3 C^4. — j) homagium C^4. — k) de manu ejus C^2.

1. *Psalm.*, v, 7.
2. *Proverb.*, xix, 5.

II

(Manuscrit B, fol. 11 v°.)

PIÉTÉ DE FOULQUE LE BON

(Cf. *supra*, p. 36, n. a. — Ed. Marchegay-Salmon, p. 70-72.)

Contigit quodam tempore regem Francie apud Turonem civitatem cum turma nobilium virorum in vigilia festi estivalis sancti Martini affore. Affuit autem tunc inter alios proconsulares et personatos viros prefatus consul, sicut stella radians, forma preclarus, statura procerus. Dum igitur vigiliarum sollempnitas ab occasu solis apud sanctum Martinum inciperetur, affuit in primis consul Andegavorum mente devotus, habitu et veste clericalis, nulli in lectionibus et responsoriis et psalmodia secundus. Cumque alii nobiles legibus ac edictis mundialibus regis Francie seduli auditores astarent, ille prefatus consul laudibus divinis necnon et vigiliarum et missarum sacramentis et sollempnitatibus in habitu clericali inter clericos que Dei sunt ceteris devotior celebrabat. Quod cum audissent quidam nobiles palatini lateri regis adherentes, religionem viri ostentui et monstro habentes, in regis presentia deludentes, ceperunt dicere quia comes Andegavorum presbiter ordinatus fuerat et sicut presbiter canebat. Rex autem Francie cum aliis deludens nobile opus viri derisit. Quo audito, comes Andegavorum litteras hujusmodi formam habentes scripsit : « Regi Francorum comes Andegavorum. Noveritis, domine, quia rex illiteratus est asinus coronatus. » Quibus litteris perlectis, rex Francorum, vero proverbio tactus, ingemuit dicens : « Verum est quia sapientia et eloquentia et littere maxime regibus et consulibus conveniunt. Quanto enim quis prelatior, tanto moribus et litteris debet esse lucidior. » Factumque est ut omnes qui in Deo dignum ac litteratum consulem ac strenuum militem illudendo caput agitabant postmodum eum in reverentia haberent. Qui licet litteris regulisque gramatice artis, aristotelicis ciceronianisque ratio[ci]nationibus perspicatius peritissime eruditus esset, inter majores et meliores ac strenuos milites optimus habebatur. Composuit autem isdem reverende memorie consul cantu et dictamine .xii^cim. responsoriorum historiam, honore et amore beati Martini compulsus, dictamine precipuam, cantu et melodia luculentam. Qualicunque vero ex parte Turono propinquans illud monasterium prospicere potuisset, mox equo desiliens et ibidem humili prostratus cum devotione orabat veniam delictorum suorum sibi per intercessionem sancti confessoris expostulans.

[Sicut^a pauper arrogans merito sue perversitatis omnibus odiosus, sic procul dubio dives humilis tante virtutis intuitu cunctis sane sapientibus amabilis est et carus. Unde Fulco Bonus specialem gratiam apud Deum et homines obtinebat, quia^b cum corpore, opibus, sanguine sanus, abundans et preclarus esset, non debilem, non pauperem, non abjectum aliquem despiciebat. Sepe quidem numero offendens hujusmodi homines, liberali humilitatis benivolentia nomen, patria, modum, incommoda ab eis inquirebat. Hic^c deinde egentium relevans copiosis sumptibus egestatem, dicebat ad eos : « Ite modo ad gloriosum dominum meum, dominum Martinum, et dicetis ei : servus vester, sancte et gloriose Martine, Fulco Bonus nos transmittit ad vos quatinus ^d, solito vestre pietatis beneficio, pro Dei et ipsius servi vestri amore subveniatis nobis. » Nec facile frustrabatur sospitatis optata gratia quisquis Fulconis Boni ad Martinum preferebat^e nuntia. O viri fidelem conscientiam ! O fidem bene meritam ! O sanctissimam mortalem adhuc ac ^f jam celestem amicitiam ! Qui tanto amplius a Martino se presumebat diligi quanto devotius ipse^g eum diligebat. Non igitur ^h usquequaque a Martini miraculis expers erat Fulco Bonus, cujus fide et interventu obtinebatur ut fierent.]

Hic forte dum occasione pacis et justicie tenende per terram suam equitaret agmine nobilium circumvallatus, per Portum Pile transiens usque ad Portum Cuurdonis devenit. Cumque ecclesiam beati Martini confessoris et antistitis procul aspiceret, sicut semper solitus fuerat, equo desiluit ac flexis genibus, toto corpore prostratus, in terram diutius oravit. Ceteri deferentes comiti honorem expectantes substiterunt.

---

a) *Le passage placé entre crochets a été ajouté en cet endroit par les manuscrits C au texte du manuscrit B.* — b) qui C³. — c) hac C². — d) ut C⁴. — e) perferebat C⁴. — f) ad C¹ C³ C⁴. — g) ipsum C². — h) ergo C².

Orato diutius et devote, cum ab oratione surgeret, vidit a dextris hominem aspectu horribilem, totum sanie defluentem, corrosis manibus et preacutis pedibus, elefantinis pustulis ac leprosa impetigine totum miserabiliter occupatum ac misericordiam a comite petentem. Ceteri nobiles de familia comitis horrentes nec accidere nec aspicere volebant. Comes, cujus mens sanior erat, manus misit ad loculum, misericordiam leproso volens impendere. Cui leprosus subsequenter ait : « Non, domine mi, non indigeo hujuscemodi indulgentia. Sed quia pedibus lepra corrosis nec ipse ire nec equo deferri ad ecclesiam confessoris pre nimia infirmitate possum, necessitas ac voluntas mihi esset quatenus tu ipse me deferres. Forsitan ibi invenirem aliquem Dei hominem qui, pro redemptione peccaminum suorum, in conventu leprosorum mihi necessaria administrari juberet. » Quo audito, comes proprio mantello diligenter leprosum ac devote involvit ac, ceteris partim illudentibus partim stupentibus, propriis humeris pium pondus fere per duas leugas deferens, ad ecclesiam beati Martini devenit. Quo peracto, forma leprosi tam a pondere deferentis quam ab oculis intuentis evanuit. Comes vero intelligens Spiritus Sancti misterium, ceteris illudentibus, tacendo dissimulavit. Cumque, peracto die noctisque medio transacto, ad matutinas, sicut solitus fuerat, in clericali habitu in choro beati Martini juxta decanum resideret, divinitus obdormivit. Interea quidam vir reverendus habitu, pretextus stola candida, vultu igneo, stellantibus oculis ac angelico vultu, habens in comitatu suo leprosum illum quem vir Deo devotus detulerat, astitit ac reverendo consuli de hujuscemodi visione admirabili dixit : « Ego sum Martinus dominus tuus. Iste leprosus est Christus quem tu sepius in membris suis pie fovisti, sed hodie in sua persona et capite, humeris portans, honorasti. Noscas ergo quia, sicut non erubuit eum tua humilitas in terra, ita Christi bona humilitas te non erubescet in celo. » Quo viso, vir Dei non in gloriam est elatus humanam, sed bonitatem Dei in suo opere cognoscens, ex humili humilior redditus est.

III

(Mss. C.)

LES DÉBUTS DU MONASTÈRE DE BEAULIEU

(Cf. *supra*, p. 49, n. b. — Ed. Marchegay-Salmon, p. 98-100.)

Edificatis igitur religioni officiis utilibus, vir Deo devotus, consultum [a] de religione cum religiosis habens, tandem [b] ex definito sanctorum consilio evocat [c] sancti Genulfi Stratensis abbatem nomine Odonem, cujus tunc in Dei rebus et sacra opinio et vita spectabilis [d] habebatur. Hunc igitur supplicat ut sanctam domum quam ipse edificaverat, in suam suscipiat curam, providens ei non solum redditus necessarios, sed et queque utensilia, videlicet libros, vestes sacras, vasa altaris, turibula, candelabra, cruces, philateria [e] et insuper portionem de ligno dominice crucis necnon et quod de Domini sepulchro mirabiliter, sibi favente divinitate, ipse momorderat, ad Dei honorem, sicut diu optaverat, in eamdem ecclesiam reponens. Cujus viri illustris [f] devotionem sanctus abbas intelligens, etsi oneri sibi imposito, ut est mos [g] sanctorum, se imparem judicaret, tamen, ne hominis sanctum retardaret [h] propositum, adquievit. De suis igitur [i] probatos eligens fratres, novam ecclesiam novo conventu publicat. Non tamen [j] ibi novitas levitati succubuit : ibi siquidem lex fuit [k] patris parere imperio, prevenire equales obsequio humilitatis, supportare debiles, adgaudere fortibus sibique quemque nullum esse, omnes omnibus.

Abbas autem qui hoc onus susceperat, ne affectasse videretur oneris honorem, cura temporalium aliis impertita, acsi tirocinii [l] calore fervens, loci novitatem novo religionis exercitio decorabat. Sic igitur plantatio illa celestis, per manum illustris comitis Fulconis plantata [m], per sancti Genulfi abbatis doctrinam

---

a) consilium C^3. — b) tamen C^2. — c) evocat *om.* C^2. — d) spectabilis vita C^4. — e) plutatera C^2. — f) illustrem C^2. — g) mox C^2 C^3. — h) tamen ne...., retardaret *om.* C^2. — i) ergo C^2. — j) tantum C^2. — k) fuit lex C^2. — l) turonic C^2, ac tirocinii C^4. — m) suplantata C^3.

irrigata, in paradisum voluptatis excrevit, ut de ea hodie non immerito dicatur : *Ecce odor agri pleni cui benedixit Dominus*[1].

Hic igitur abbas, quamdiu rebus humanis interfuit, utramque ecclesiam, Stratensem scilicet [a] et Lochacensem [b], ut bonus pastor, pio moderamine gubernavit. Ea tamen que etate minor videbatur et [c] que de illa Stratensi, quasi de matris uberibus, lac doctrinarum suxerat et celestis infantie rudimenta, nunquam ab ejus sacris consuetudinibus resilivit. Post cujus decessum utraque ecclesia, liberam sortita electionem, suum singularem pastorem habere promeruit. Idem utrobique tenor [d] officii, idem rigor discipline et ordinis, mos [e] etiam idem in vestitu et victu necessariis, ac si [f] matre et filia, lege inviolabili perseverat. Super hec autem omnia queque placita sunt Deo et hominibus vigent inter eos [g], videlicet concordia fratrum et amor [h] proximorum.

IV

(Mss. C.)

LÉGENDE DE LA MORT DE CRESCENTIUS[2]

(Cf. p. 50, n. *a*, et 51, n. *b*. — Ed. Marchegay-Salmon, p. 100-106.)

Tunc temporis papa Sergius quartus presulatum Romane sedis sorte felici regebat; sciensque Fulconem virum justum et [i] sapientem et animosum [j], conquestus est [k] ei de Crescentio, Deo odibili, qui quotidianis assultibus populum Romanum et

a) videlicet C^3. — b) Luctacensem C^2, Lactatensem C^4. — c) et om. C^2 C^4. — d) idem in divinis tenor C^3. — e) mox C^1. — f) quasi C^1. — g) illos C^4. — h) amor om. C^2. — i) et om. C^3. — j) annosum C^1 C^2 C^3. — k) est om. C^2 C^3.

---

1. *Genes.*, XXVII, 27.
2. Cette curieuse légende de Crescentius n'a que des rapports très lointains avec la réalité. On sait, en tout cas, que le « patrice » Crescentius, après avoir été pendant quelque dix ans le véritable maître de Rome, fut, en 998, assiégé dans le château Saint-Ange, pris et mis à mort par l'empereur Otton III. Le pape était alors Grégoire V. Serge IV ne fut élevé au pontificat qu'en l'an 1009.

terram circumadjacentem depopulabatur. Nonnullos occidebat, alios capiens graviter redimebat; singulorum et omnium victum et vestimentum sine prece vel pretio vi *a* auferebat, peregrinorum et negociatorum itinera disturbabat et redimere faciebat nec erat aliquis in *b* Langobardia qui posset contumaciam ejus *c* edomare *d*, et licet omnes eum timerent, nullus erat qui diligeret. Audita querimonia apostolici, reverendus heros inquit ei : « Domine mi pater, ego aggressus sum viam Iherosolimitani itineris, quam cum benedictione vestra volo perficere; denique, adorata cruce *e* et ejus reverendo sepulcro, revertar ad vos, et per vos tunc consilio vestro faciam satis *f* et preceptis in omnibus parebo, sicut decet filium patri obedire. » Et acceptis cum benedictione a Romano papa literis *g*, iter eundi Jerusalem, quam *h* tunc gentiles tenebant, arripuit...

Cum autem regressus fuisset Fulco, memor conquestionis domini pape et sponsionis sue quam ei fecerat dum Iherosolimis iret et rediret, convocatis multis ex servientibus et archeriis suis quos in hujusmodi exercitio peritos esse noverat, fecit eos exercere ante se *i* ad foramen cujusdam porte et sagittas jacere sive buzones. Ex quibus omnibus quatuor fratres uno *j* patre geniti inventi sunt qui a cognomine *k* Prompti *l* cognominabantur *m*, qui ita jacula per foramen emittebant ut nec in aliquo lignum foraminis tangerent. Fecit etiam eos balistis trahere. Qui sicut arcubus recte trahebant, ita balistis per foramen jacula emittebant. Quos ut vidit consul sapiens, vocavit eos dixitque eis : « Quinto decimo die parati estote mecum ad iter agendum » ; motusque est consul cum privato comitatu et cum istis quatuor archeriis a castro Lochacensi et *n* iter aggressus est, Romam tendens, quam intravit tricesimo die qua motus est a castro Lochacensi presentavitque se *o* Sergio pape dixitque ei : « Domine mi pater, modo paratus sum ad vindictam malefactorum Crescentii et *p* inimici Dei et vestri et ad liberandum

---

a) ei *barré* C^3. — b) in *om*. C^3. — c) ejus contumaciam C^3 C^4. — d) domare C^4. — e) Christi cruce C^4. — f) satis *om*. C^2 C^4. — g) a domino papa literis ad imperatorem C^3. — h) quem C^2. — i) se ante C^2 ; ante se *om*. C^4. — j) ex uno C^3. — k) cognitione C^1 C^2. — l) Promptuli C^3. — m) cognominantur C^2, nominabantur C^4. — n) et *om* C^4. — o) se *om*. C^1 C^2. — p) et *om*. C^2 C^3.

vos populumque Romanum et peregrinorum et negociatorum euntium et redeuntium totiusque patrie, et volo scrutemini consilium meum *a*. Volo quidem eum morti tradere, sed peto a sanctitate vestra ut absolvetis me et meos a peccato homicidii et sceleris excogitati, si rem ceptam perficere potuero, quia *b* amore Dei et vestri in hujus discriminis noxam me *c* immito. » Respondit ei papa : « Et a peccato absolvo et dignis muneribus, ut dignum est, te recompensabo. »

Tunc Fulcho consul, quia *d* extra turrim cum eo loqui non poterat nisi cum armata manu et militum multitudine, mandavit ei quia eum *e* vellet videre. Ipse autem renuntiavit ei quod et eum videret et cum eo loqui posset : si mane ante turrim veniret *f*, ille deintus ad fenestram, Fulcho deforis ex platea loqueretur. Quo audito Fulco gavisus est valde, vocatisque *g* quatuor archeriis qui Promptuli cognominabantur *h*, dixit eis : « Vos soli egrediemini mecum ad colloquium Crescentii portabitisque vobiscum arcus et balistas. » Dixitque duobus primis : « Vos duo eritis circa pedem turris, tensis arcubus et sagittis *i* incochiatis *j* et preparatis ad jaciendum, ut, dum ad fenestram inclinatus fuerit, sagittis eum suatis *k*. » Alios autem duos posuit post dorsum suum, balistis tensis et quarellis preparatis ad trajiciendum cooperuitque eos ne ab anteriore parte viderentur, quia statura procerus erat et corpore amplo, dixitque eis : « Dum cum Crescentio confabulabor, vos ponite curvitatem balistarum super scapulas meas sicque quarellos juxta faciem meam trajicite, et videte in pena oculorum vestrorum sive in periculo omnium membrorum ne evadat, quia nisi cum de fenestra mortuum ante pedes ruere feceritis, loco illius omnes vos quatuor moriemini. »

Venit autem mane hora prima Fulco in platea descenderuntque de equis juxta quamdam domum non longe constitutam ordinavitque quatuor archerios suos eo ordine quo pridie eos ordinaverat *l*. Ut autem erat clamosus, vocavit Crescentium voce magna. At ille, ad fenestram egressus, ostendit ei *m* faciem suam.

a) nolo absconditum consilium meum C^4. — *b)* ergo C^2. — *c)* me om. C^2. — *d)* quod C^2. — *e)* eum om. C^1 C^2 C^4. — *f)* venire posset C^3. — *g)* que om. C^3. — *h)* nominabantur C^3. — *i)* sagittisque C^3. — *j)* intoxicatis C^4. — *k)* sauciatis C^4. — *l)* nominaverat C^3. — *m)* ei om. C^4.

Quam ille intuens : « Eia, inquit, domine mi, quam pulchra facies quam pulchrum exigit corpus! Ergo, quia vidi faciem vestram sicut faciem angeli, ostendite corporis amplitudinem et membrorum lineamenta[1]. » Statimque ascendit [a] erecto [b] corpore tabulaturam. Tunc consul dedit archeriis suis signum. Illi autem qui ad radicem turris erant, trajicientes sagittas, percusserunt eum unus in inguine, alter in gutture; illi vero qui a posteriore parte consulis erant, impingentes balistis quarellos, percusserunt eum unus sub mamilla sinistra, et sic intravit cor ejus, alter vero in dextra; et sic a fenestra [c] cecidit in terram ante pedes Fulconis exanimis.

Ipse vero consul cum suis ad palatium Lateranense, ubi papa cum omni clero et populo Romano missam et orationes agebant pro eo, advenit. Ut autem eum vidit papa sanum atque incolumem et ad honorem Dei et ecclesie rem bene perfectam [d], precepit per omnes ecclesias *Te Deum laudamus* canere et signa pulsare. Cum autem ille absolutionem peteret sibi et suis, papa judicavit eum nulla expiatione indigere, sed magis pro ipso orandum qui inimicum Dei dejecisset de culmine iniquitatis dum allevaretur [e], dixitque ei : « Quia ab inimico Dei Crescentio[2] populum Romanum [f] liberasti, amicis Dei donaberis et ditaberis, Daria [g] videlicet et Crisantio [h]. » Conduxitque eum papa cum omni clero et populo Romano extra muros urbis miliario uno. Consul vero transvexit corpora sanctorum martyrum predictorum usque Lochacense castrum, que suscepta sunt ab omni clero et populo et ab abbate et monachis Belli Loci, ecclesie videlicet [i] sancti Sepulcri, cum digna reverentia et honorifice recondita; que ibi manent usque ad hodiernum diem. Consul vero Fulco [j] predictos quatuor archerios feodavit et terris ac vineis et multis aliis pecuniis ditavit.

a) ostendit C^4. — *b*) et erecto C^1 C^2. — *c*) sinistra C^2. — *d*) peractam C^2. — *e*) dum allevaretur *om.* C^1. — *f*) Romanum *om.* C^2. — *g*) Dario C^1. — *h*) Cricentio C^3, Crescentio C^4. — *i*) videlicet *om.* C^3. — *j*) Fulco *om.* C^2.

---

1. Ce passage est évidemment influencé par la fable du corbeau et du renard.
2. Il est bien possible qu'il y ait ici un jeu de mots, dans le goût du temps, sur « Crescentio » et « Crisantio ».

V

(Ms. B, fol. 24.)

TRAITÉ ENTRE GEOFFROI MARTEL ET THIBAUD DE BLOIS (1044)

(Cf. *supra*, p. 58, n. *a*. — Ed. Marchegay-Salmon, p. 123.)

Quindecim sacramenta juravit Theobaldus propria manu consuli Gosfrido et viginti barones castellenses cum eo et quadraginta milites vavassores eisdem verbis quibus et ipse, ex quibus omnibus .iiii[or]. nostro operi inseramus. Primum juravit et jurando concessit civitatem Turonensem cum castellis, munitionibus, feodis et casamentis. Secundo juravit quod comitatus durabat *ab*[1] *occidente a flurio Toedo nomine, qui inter Salmurium castrum et abbatiam sancti Florentii effluit et sic in Ligerim influitur usque ad haias Blimarcii, que et [h]aie dicuntur Sancti Cirici.* Tertio juravit quod nec per se nec per alium aliquem quereret quomodo[a] vel aliquam munitiunculam ex consulatu perderet. Quarto juravit quod infra .vii. leucas munitionum suarum aliquam munitionem nec ipse faceret nec alicui suorum facere permitteret.

VI

(Ms. B, fol. 24.)

FONDATION DE CHATEAURENAULT[2]

(Cf. *supra*, p. 58, n. *c*. — Ed. Marchegay-Salmon, p. 124-125.)

Hac preterea tempestate erant cum comite Goffrido duo nobiles juvenes effebi, filii domini Castri Gunterii. Ex quibus pri-

---

a) Les mss. C, transcrivant ce texte, ajoutent unum vicum.

---

1. Les mots imprimés en italique sont empruntés à la *Narratio de commendatione Turonicae provinciae*, éd. Salmon, *Recueil de chroniques de Touraine*, p 293.

2. Ce récit est entièrement fantaisiste. Il ne cadre ni avec ce que nous savons de la maison de Château-Gontier ni avec ce que nous savons de celle

mus vocabatur Rainaldus, nomine patris sui, alter Goffridus, nomine consulis cujus et filiolus erat. Ex quibus primum militem factum patri transmisit. Pater vero jam vetulus, cruce facta, licentia comitis Jerosolimis perrexit. Filius vero ejus primogenitus Rainaldus, hominio consuli facto, terram suscepit et .v. annis ut miles strenuus nobiliter rexit. Frater vero ejus, comiti serviens et probitates fratris sui audiens, cupidus glorie, aggressus [est] consulem precibus suorum ut eum militem constitueret et causa [a] filiolationis modicum terre ei largiretur, quo posset eum gratiosius et ac[c]uratius servire. Comes autem, precibus juvenis et suorum delinitus, libentissime annuit et militem constitutum domum suam Caramantum [b], que et Villa Moranni, quam pater ejus Fulco firmaverat, dedit et totam terram ab haiis [c] Blimarcii, que et Sancti Cirici, usque ad plesenciacum Ruinei tali pacto ut in terra illa fortem domum sive castrum munitissimum firmaret; quippe qui in ingressu et egressu Turonici comitatus [d] et in marchia erat Blesensium, Vindocinensium, Ambaziacensium et Calvimontensium. Qui terram illam tali pacto suscepit, hominagio et leigiatione consuli facta. Secundo autem anno quo miles constitutus est et terram a consule illam suscepit, mortuus est pater ejus et frater, utrique Rainaldi vocati, verno tempore et uno die, pater Iherosolimis, frater Castro Gunterii. Qui solus remanens, hominagio et leigiatione consuli facta, terram patris vel fratris defunctorum suscepit regendam cum illa quam ei comes amore filiolatus dederat. Dedit et ei conjugem neptam uxoris sue, puellam

a) et causa *ajouté par B'*. — b) Caramantum *ajouté par B'*. — c) haias B ; corr. haiis. — d) *Le scribe avait d'abord écrit* civitatis, *puis a barré ce mot*.

---

de Châteaurenault. Le Renaud de Château-Gontier qui se croisa est Renaud III, lequel partit en 1097, c'est-à-dire trente-sept ans après la mort de Geoffroi Martel ; le seul de ses fils dont nous connaissions le nom fut son successeur Alard. Voir Angot, *Dictionnaire de la Mayenne*, t. I, p. 595. Quant à Châteaurenault, son histoire au temps de Geoffroi Martel est connue. Le seigneur du lieu, nommé Guicher, en fut dépossédé par Geoffroi Martel à la suite de la prise de Tours, en 1044, et le comte d'Anjou inféoda le château à Renaud II, déjà seigneur de Château-Gontier. C'est sous la domination de ce dernier que la place prit le nom de Châteaurenault. Guicher la recouvra d'ailleurs peu après la mort de Geoffroi Martel. Voir L. Halphen, *Le comté d'Anjou au XI*e *siècle*, p. 49, n. 2.

nobilissimam corpore et vultu pulcherrimam, nomine Beatricem. Facta est autem pregnans eodem anno quo eam duxerat, unde hilaris effectus statim cepit edificare nobiliter castrum. Cum autem ut quantotius edificaretur elaboraret, natus [est] ei infans masculus. Qui aliquantulum ex morte patris vel fratris confortatus et gaudio gavisus, puerum nomine patris vel fratris, Rainaldum videlicet, vocari precepit, castrum autem novum ex nomine filii sui Castrum Rainaldi vocari precepit. Qui, ex nobilibus ortus et nobiliter educatus, armis strenuus et miles acerrimus et in multis expeditionibus comprobatus, consilio profundissimus, statura procerus, vultu decorus, verbis facetus, amabilis omnibus ; qui propter probitates suas a predicto consule Theobaldo in tantum dilectus est ut ei magnam terram donaret, que vicina erat terre supradicto castello adjacenti[a], cum villis, feodis et casamentis.

VII

(Mss. C.)

FONDATION DE L'ABBAYE DE LA TRINITÉ DE VENDÔME

(Cf. supra, p. 62, n. c. — Ed. Marchegay-Salmon, p. 131-132.)

Edificavit autem cenobium sancte Trinitatis apud Vindocinum castrum monachosque posuit et abbatem constituit[1]. Causa autem edificationis hujuscemodi extitit. Quodam tempore, dominico die, aurora illucescente, contigit consulem una cum uxore ad fenestram aule qua thalamus ejus[b] illuminatur[c] versus aquilonem faciem posuisse. Erat autem aula in supercilio montis, ubi nunc ecclesia beati Georgii habetur ; burgus autem, ubi[d] habitantium multitudo, ex latere montis contra flamen aquilonis[e] erat ; extra burgum autem, contra

a) *Les mots* que vicina... adjacenti *sont ajoutés en marge par* B'. — b) eorum C⁴. — c) illuminabatur C² C⁴. — d) erat C⁴, ubi est C³. — e) contra aquilonis flamen C³ C⁴.

---

1. La dédicace de cette abbaye eut lieu le 31 mai 1040. Voir *Cartulaire de la Trinité de Vendôme*, éd. Métais, nos 35, 39 et 40, et *Annales de Vendôme*, ann. 1040, dans L. Halphen, *Recueil d'annales angevines et vendômoises*, p. 61.

orientem erant pascua latissima et in medio fons latissimus, ubi et ad quem pene universus populus castri veniebat haurire. Cum autem consul et ejus conjux, Agnes nomine, spatium aeris et stellarum multitudinem intuerentur et de multis confabularentur, subito viderunt ambo stellam longissimam *a* acsi militis hastam in ipso fonte cadere. Cum autem turbati essent, cecidit secunda, plus mirantibus et stupentibus *b* cecidit tertia. Denique consul *c* festinus, cultioribus vestimentis indutus, una cum uxore de supercilio montis descendit et in ecclesia beati Martini, que prope ipsum fontem erat, missam in honore sancte Trinitatis canere fecit. Hoc ipsum etiam quod viderat episcopis, abbatibus et aliis religiosissimis narrabat viris et super hoc quid acturus foret *d* querebat. Omnes autem quos consulebat, uno animo et *e* sermone, unum dedere consilium ut in ipsis pascuis ecclesiam edificaret in *f* honore sancte Trinitatis et altare ipsius ecclesie super ipsum fontem constitueret, servos *g* Dei *h* inibi congregaret, qui die noctuque Deo ibi *i* servirent. Qui, sano consilio adquiescens, cepit juxta ecclesiam edificare officinas utiles monachis. Elegit *j* etiam ex religiosori monasterio totius Gallie, videlicet ex monasterio beati Martini Majoris Monasterii, viginti quinque monachos ex quibus unum ipsis prefecit abbatemque consecrari delegit [1].

Hic et *k* bona ecclesie beati Laudi valde ampliavit et duodecim canonicos in ea posuit, cum tantummodo *l* tres vel quatuor presbiteri tantum ibi essent, sicut continetur in privilegio ipsius quod est in eadem ecclesia [2].

a) latissimam C^3. — *b)* stupentibus *om*. C^4; querentibus $C^1 C^2$. — *c)* consul denique C^3. — *d)* esset C^3. — *e)* et uno C^2. — *f) Le passage* in honore sancte... in eadem ecclesia *est transcrit sur un fragment de parchemin intercalé après coup dans* C^1. — *g)* servos om. C^2. — *h)* Dei om. C^1. — *i)* sibi C^1. — *j) Le passage* elegit... delegit, *relatif à la Trinité de Vendôme, doit être reporté avant la note relative à Saint-Laud* (hic et bona... ecclesia), *qu'il suit cependant dans tous les manuscrits. Dans* C^2 *il a été ajouté à la marge inférieure.* — *k)* etiam $C^3 C^4$. — *l)* tamen modo $C^1 C^4$.

1. Le premier abbé de la Trinité de Vendôme, Renaud, était effectivement un ancien moine de Marmoutier, que Foulque Nerra avait d'abord appelé à l'abbatiat de Saint-Nicolas d'Angers. Voir L. Halphen, *Le comté d'Anjou au XIe siècle*, Catalogue d'actes, n° 34.
2. *Cartulaire de Saint-Laud d'Angers*, éd. Planchenault, n° 25.

VIII

(Ms. B, fol. 26 v°.)

GEOFFROI LE BARBU ET LES MOINES DE MARMOUTIER

(Cf. *supra*, p. 63, n. *b*. — Ed. Marchegay-Salmon, p. 134-136.)

Quante cupiditatis et avaricie quante etiam crudelitatis et superbie et quo modo Deus ei resisterit et humiliaverit, ut legitur *Deus superbis resistit*[1] et *frangit Deus omne superbum*[2], locus in presenti habetur. Diabolus, cujus cibus et delectatio est a mundi principio sancta depravare, pacifica perturbare, bonis operibus obviare, electionem Bartholomei abbatis Majoris Monasterii atque benedictionem sincerissime factam molitus est modis quibus potuit infestare[3]. Instigavit igitur comitem Andegavensium, nomine Gaufredum, cognomento Barbatum, ut locum Majoris Monasterii suo dominatui subjugaret et abbatem loci cogeret ut de manu illius baculum pastoralem reciperet.

Grex beati Martini Majoris Monasterii, stupefactus ac mente confusus ex tam inaudita hactenus ratione, cogitare cepit ac dicere quo fieri posset ut tanta et tam longa regalis potestas et specialis semper domni Martini gloria, ex priscis et ex suis etiam ipsis temporibus, qui dum adviveret proprium ibi abbatem esse constituit, nomine Galbertum, qui nunc ibidem humatus quiescit, ab imperatoribus et regibus huc usque inviolabilis conservata, modernis temporibus alicujus dominio nisi regio, sicut semper, aut abbati proprio subderetur. Aiebant enim : « Habemus namque non minima imperatorum regumque precepta necnon et apostolicorum perplurima privilegia, quibus hic noster locus, pro veneratione pii patris nostri domni Martini qui eum fundavit, specialem obtinet dignitatem et gloriam et nunquam ab aliquo regum nisi aut regi aut abbati proprio

---

1. *Jac.*, IV, 6, et *I Pet.*, V, 5.
2. Nous n'avons pu retrouver la source de ce passage.
3. Albert, prédécesseur de Barthélemi, était mort le 20 mai 1064. Voir L. Halphen, *Le comté d'Anjou au XIe siècle*, p. 139.

sancti Martini subjectus fuit [1]; qualiter etiam ab omni presulum est dominio, nisi quantum in ordinandis monachis necessitas cogit ecclesie, sequestratus ; cum quibus ne id fiat satis defendere possumus. »

Una igitur mente atque decreto venit idem grex ad predictum comitem illique hec omnia retulerunt, ut scilicet hanc abbatiam Majoris Monasterii nec ipsum monasterium in alicujus dominium, nisi in suum proprium, ullatenus unquam devenire permittat, ne honor et gloria tanti patris [2], que semper crescit in celis, aliquatenus minorari videatur in terris, a tantis hactenus inviolabiliter conservata regibus, patribus atque principibus. Comes autem obstinate, imo fortiter, in sua sententia permanebat et, si hoc non fieret, locum destruere minabatur. Monachi vero comitem sepe et rationabiliter convenerunt et per personas ecclesiasticas atque seculares discreti sanique consilii nitebantur commotionem comitis tranquillare. Comes autem, quanto magis videbat monachos sue resistere voluntati, tanto vehementius turbabatur tantoque indiscretius non jam loco solummodo, sed et ipsis monachis minabatur. Dicebat et minas crudeles crudeliori opere adimplebat. Locum namque Majoris Monasterii et loco appendentia, ubicumque potestas ejus attigit, aggressus est funditus annullare, possessiones monachorum et substantias hominum monasterii rapere violenter et vastare et quomodo sevitiam suam expleret etiam in corpora monachorum cepit attentius observare, ut compleretur quod scriptum est : *Observabit peccator justum et stridebit super eum dentibus suis* [3] ; in tantumque desevit persequutio et excrevit ut etiam seculares homines comitis intemperantiam mirarentur et inprecantes comiti Deum pro monachis precarentur.

Monachi autem, cum hec diu cum patientia tolerassent nec jam possent pericula imminentia sustinere, orationes quas pro suis persecutoribus juxta evangelii effundebant preceptum, statuerunt devotius ampliare nudatisque pedibus ad corpus

---

1. Sur ces prétentions, cf. L. Halphen, *op. cit.*, p. 140.
2. C'est-à-dire saint Martin.
3. *Psalm.*, XXXVI, 12.

patroni sui beati Martini processerunt, assumptis secum debilibus et leprosis quos de victu vel vestitu monasterii sustinebant et quorum preces apud Deum valere quamplurimum confidebant. Ubi unanimiter in orationibus persistentes, implorabant Domini et sancti merita ut pestem illam tam sevissimam sua misericordia temperaret, ne locum illorum persequutor ille destrueret, unde ipse postmodum in infernum penas luiturus descenderet. His peractis, etiam ad abbatem Cluniacensem, recolende memorie virum, Hugonem nomine, suam petitionem direxerunt, suppliciter exorantes ut ipse et sancta Cluniacensis congregatio pro tanta persecutione mitiganda Dei clementiam precarentur, insuper ut ipse abbas locum Majoris Monasterii consolari sua presentia dignaretur. Qui, benignus ut erat, petitioni eorum benigno animo adquievit; cumque Majus Monasterium pervenisset, consolatus est fratres et Turonis ad comitem sunt profecti. Cujus pedibus prosternati, eum ut ab illa persecutione cessaret precabantur humiliter, sed incassum : nam comes in suam sevitiam obstinatus, nec lacrimis flexus est monachorum nec abbatis precibus adquievit nec se vel modice a persequendis monachis temperavit.

Quibus ad monasterium redeuntibus, abbas quoque reversus est Cluniacum, abbate Majoris Monasterii comitante. Qui videlicet abbas Majoris Monasterii, antequam inde rediret, suscepit sacros ordines sacerdotis : quando enim electus est in abbatem, adhuc diaconi ministerio fungebatur. Porro Deus, qui *erigit elisos* [1] et *sperantes in se non deserit* [2], non dormitabat, custodiens Israel spiritualem, et afflictioni servorum suorum, qui, ut scriptum est, jam duplicia pro peccatis suis receperant, misereri ultra non distulit. Qui, cum sit omnipotens atque justus, in caput comitis juste fecit ejus injusticiam redundare. Nam ut manifestum fieret quam injustus comes ille adversus abbatem et illos monachos extitisset et ut appareret quam justa ultione puniendus erat, qui sanctam illam ecclesiam tam irrationabiliter infestabat, Deus, qui semper est in sanctis suis mirabilis, pro suis fidelibus dignatus est insigne miraculum

---

1. *Psalm.*, cxliv, 14, et cxlv, 8.
2. *Judith*, xiii, 17.

operari. Postquam enim comes contempsit abbatem Bartholomeum et abbatem Cluniacensem et monachos exaudire, parvo intervallo interposito, frater ejus, Fulco nomine, adversus eum cum manu valida insurrexit nec ab ejus persecutione cessavit donec eum captum et ab honore privatum per multos annos in captionem detinuit. Ibique, diu afflictus et divina ultione datus etiam in reprobum sensum, vixit postea plus quam.xxx. annos in hac miseria, etiam hostibus miserendus. Certe justo judicio privatus est et corporis et animi libertate, juste tota vita sua miserabiliter oppressus est unius hominis potestate, qui, contra Deum seviens, nitebatur multos servos Dei injusta deprimere servitute ; justo judicio amisit in perpetuum dominationem quam tenebat, qui in possessiones dominicas injusta tirannide seviebat.

IX

(Ms. B., fol. 29vo.)

RÉCIT DE LA BATAILLE D'ALENÇON

(Cf. *supra*, p. 68, n. *b*. — Ed. Marchegay-Salmon, p. 144-151.)

Dum esset isdem consul in pago Turonensi, in obsidione Montis Basonis, venit rex Henricus, qui semper ei infestus erat, subito ex inproviso, et insperate ejectis custodibus consulis ex arce Alentionis castri, suos posuit et, quia sinistrum quid sperabat, ex burgensibus castri obsides filios eorum et filias etiam lactantes in arce cum custodibus posuit. Tur[r]enses autem, de arce descendentes et per castrum nocte et die delitescentes, burgensium uxores et filias deshonestabant, victum vero et vestitum sine prece vel pretio vi auferentes, in turrem deferebant. Qua de re commoti burgenses, miserunt nuncios consuli ut quantotius adjuvaret eos in tantis periculis constitutos[1]. Consul vero, cum esset in obsidione supradicti castri,

---

1. Orderic Vital (*Hist eccles*, XII, 8, éd. Le Prévost, t. IV, p. 331-333) présente les faits autrement : selon lui, Alençon était en 1118 sous la suzeraineté du roi d'Angleterre et aux mains d'Etienne, comte de Mortain, frère

pacificatus est cum baronibus suis qui contra eum castrum munierant ejectisque hostibus qui in arce erant et domesticis suis positis vexilloque ejus in eminentiori loco sublimato et tribus vicibus acclamatum : « Consulis est castrum ! », movit exercitum tam inimicorum antea, modo pacificatorum, quam amicorum militum vel peditum versus Alentionis castrum. Misit etiam veredarios per totam Turoniam, Cenomanniam, Valciam sive Andegavis ut omnes eum prosequerentur loco predicto et die denominato.

Audiens autem hec supradictus rex Anglorum Henricus, qui tunc morabatur civitate Sagiensi, brevi tempore congregavit innumere multitudinis exercitum, tam militum quam peditum, qui coperuerunt faciem terre sicut locuste. Erant autem post ipsum principes et magistratus totius exercitus Stephanus comes Moritonii et frater ejus Theobaldus Blesensis, Willelmus comes Flandrensis, Radulfus de Peronia, Rotrodus comes Pertici, Robertus de Belismo et Willelmus les Males et multi alii Francigene, Angli, Normanni, Flandrenses, Britones cum adjutoriis suis. Rex autem in ultimo agmine sequebatur eos cum innumera multitudine tam peditum quam equitum. Sano autem consilio suo credebat quod posset Fulconem Andegavorum comitem in parchio in modum corone cingere vel in modum castri obsidere et capere cum omnibus suis. Quod et fecisset nisi Deus, qui *superbis resistit et humilibus dat gratiam*[1], qui de sua virtute gloriantes humiliat et cui semper humilium et mansuetorum placuit deprecatio, adjuvasset consulem Fulconem in ipso fiduciam habentem. Perfecisset autem voluntatem suam quantum ad intuitum hominum nisi predicti juvenes Stephanus Moritonii, Theobaldus Blesensis et Willelmus Flandrensis consules et regis supradicti nepotes, cupidi glorie et probitates suas voluntarii ostendere, exercitum regis precessissent. Qui viriliter parchium in quo consul cum suis morabatur aggredientes, balistis, sagittis, telis, lanceis et ensi-

---

de Thibaud de Blois. C'est maltraités par cet Etienne que les habitants d'Alençon se seraient soulevés et auraient fait appel à Foulque le Jeune. Cette version paraît plus conforme à la réalité.

1. *I Petr.*, v, 5, et *Jac.*, iv, 6.

bus strictis impugnabant et assiliebant. Fulco autem consul, fiduciam habens in Domino et in amore baronum suorum, in parchio delitescebat, expectans adjutorium Dei et adventum hominum suorum. Erant autem cum eo Hugo de Mathafelone et Theobaldus filius ejus, Fulco de Cande, Mauricius de Credunte, Petrus Cameliacensis, Jagelinus Malleacensis cum .IIII^{or}. fratribus suis, Hugo de Aloia, Adelelmus de Samblanchiaco, Hugo Ambaziacensis, Goscelinus de Sancta Maura cum duobus fratribus suis et multi alii cum militibus et peditibus. Cenomannenses autem, videlicet dominus Sabolii [a] et Suliacensis, Meduanensis et Lavallensis et multi alii, diem constitutum expectantes, nondum advenerant.

Ut autem viderunt illi qui cum comite erant exercitum venientem, dixerunt ei : « Quomodo pauci pugnare possumus ad multitudinem tantam tam fortem? Et nos fatigati sumus hodie. » Et ait consul : « Facile est concludi multos in manu paucorum, et non est differentia in conspectu Dei celi liberare in multis aut in paucis, quia non in multitudine exercitus victoria belli, sed de celo fortitudo est. Ipsi veniunt ad nos in multitudine contumaci et superbia ut disperdant nos et spolient; nos autem pugnemus pro justicia nostra, pro terra nostra et pro animabus nostris et ipse Dominus conteret eos ante faciem nostram. Vos autem ne timueritis eos, sed illum timete qui non derelinquit presumentes de se et de sua virtute gloriantes humiliat. Dicunt non esse qui possit resistere virtuti eorum ; experiantur ergo ictus et actus Andegavensium, Cenoma[n]nensium et Turonensium quos despiciunt, et adquiescite consiliis meis : ne expectemus robur exercitus, non enim expedit nobis, sed hos catulos inconsulte et indiscrete latrantes viriliter reprimamus. » Vocavit autem ex omnibus primum Hugonem de Mathafelone cum filio suo Theobaldo dixitque ei : « Egredere ad eos cum centum armatorum militum et ducentorum servientium sive archeriorum manu ; et tolle preces : quod petis arma dabunt. » Ille autem de parchio exiens, ut tantus miles, viriliter cum equitibus et peditibus suis eos aggressus est. Regales autem in fortitudine et numero confidentes [b], viriliter resiste-

---

a) Sobolii B ; corr. Sabolii. — b) confidentes *ajouté par B'*.

bant, in tantum ut eos in parchio fugere compellerent. Fulco autem consul vocavit Rainaldum de Castro, Jagelinum de Malliacho cum .iiii.or. fratribus suis et Adelinum de Semblanciacho ; traditis eis centum militibus et ducentis archeriis, duplicatis videlicet*a* militibus et servientibus, monuit exire obviam hostibus. Illi autem, multiplicati virtute et numero, in tantum restiterunt ut eos, vellent nollent, in parchio fugere compellerent. His visis, consul strenuus, magis in feritatem elevatus quam in desperationem dejectus, vocavit Hugonem Ambaziacensem, Goscelinum de Sancta Maura, Gaufredum de Monthesauro, Johannem de Aloia ; traditis autem .ccc.tis militibus et .cc.tis peditibus, remisit eos cum supradictis contra hostes suos.

Dum autem esset in hac ultima militum ordinatione, veniebant Cenomannenses, videlicet Lisiardus Saboliensis, Robertus Suliacensis, Galterius Meduanensis, Guido Lavallensis et multi alii barones et milites cum adjutoriis suis. Cum autem essent .iiii.or miliariis ab utroque exercitu, audierunt clamorem ululantium et ad[h]ortantium ad bellum ; audierunt etiam per internuncios quod consul cum rege pugnaret comminus et multis infortuniis exercitus consulis debilitaretur, cum alii capti, alii vulnerati, alii mortui nunciarentur. His auditis, ira et dolore perculsi aiebant : « Ve nobis miseris, inertibus et pigris, quod non interfuimus cum domino nostro et consodalibus, amicis et fratribus nostris in tanto conflictu. » Hec dixerunt et dicto factis acceleraverunt prout potuerunt ut interessent certamini descenderuntque in quadam valle amena et nemorosa, disellatis equis et recenciatis*b*, induti etiam toracibus, loricis et galeis, ordinaverunt acies suas. In prima acie erat Lisiardus Sabolii dominus cum militibus, archeriis et peditibus suis ; in secunda Robertus Sulcii cum suis ; in tertia Galterius de Meduana et Juellus filius ejus, miles strenuus, cum suis ; in quarta Guido de Lavalle cum suis. Cum autem appropinquassent, exclamavit unusquisque intersignum suum et totis viribus irruerunt in hostilem exercitum. Debilitabantur autem a sagittariis equi, milites et pedites regis. Contigit autem ut quidam jaceret in

---

a) videlicet *ajouté par B'.* — *b) Sic ; corr. peut-être* recreatis.

incerto sagittam, vulneraretque levi ictu in fronte consulem Theobaldum ; sanguis autem defluebat super oculum nec videre poterat ex illa parte, sanguine oculum coperiente.

Fulco autem consul morabatur in parchio et cum eo comes Vindocinensis et vicecomes de Sancta Susanna et Petrus de Pruleio, Guillelmus Mirebellensis, Berlaius de Musterolio, Gaufredus de Doe, Peloquinus de Insula Burcardi[a], Rainaldus de Ucheio et archerii multi et omnes pedites Andegavenses et robur exercitus. Mandavit autem militibus suis ut strenue et viriliter agerent, quia ipse egrediebatur ad succursum et adjutorium eorum. Necdum nuncius verba finierat et ecce consul in una parte exercitus cum suis adveniens, ut erat clamosus in voce, exclamavit voce magna : « Eia milites [b], milites, ecce consul ! Exerite manus et brachia, exhilarate animos, resumete vires. Ecce ego frater vester, dominus et magister, et quod videritis dominum facientem et vos facite similiter. » Milites autem, archerii et pedites, videntes dominum suum lancea quosdam de sellis proturbare, ense in sellis nonnullos dimidiare, animati, exhilarati et confortati, valentiores extiterunt, et majores ictus dederunt, lanceis, balistis, sagittis et gladiis.

Hostes autem turbati et conter[r]iti, pellem pro pelle dantes, ut faciem tuerentur dorsa percutientibus prebuerunt ; nec erat in tanto exercitu qui resisteret et multi erant qui persequebantur. Contigit autem et proverbium quod vulgo dicitur : sint qui fugiant, multi erunt qui persequentur. Videns autem rex suos fugientes nec retinere eos prevalens nec verbis, ictibus vel actibus, compulsus est fugere et inter fugientes, licet ultimus, Sagiensi civitate ingressus est. Consul autem neminem ex suis perdidit, nisi tantum .iiii.^{or} archerios et .xxv. pedites, qui in acie preliantes vulnerati gloriose mortui sunt. Rex autem multos tam milites [quam] archerios et pedites mortuos, vulneratos et captos amisit [1]. Consul autem, reversus a cede hostium nocte

---

a) Peloquinus de Insula Burcardi *ajouté par* B'. — b) *Un mot gratté.*

1. Orderic Vital (*Hist. eccles.*, XII, 8, éd Le Prévost, t. IV, p. 333), qui cherche à glisser sur ces événements, peu glorieux pour le roi d'Angleterre, ne parle que de « quelques » morts et de « plusieurs » prisonniers du

jam ceca, multis spoliis ditatus, quievit nocte illa inter parchium in papilionibus suis.

Mane autem, hora tercia, surgens mandavit monachis qui infra castrum erant ut honorifice prepararentur et missam in honorem beate Marie celebrarent, quia sabbatum erat, quo*a* devotius a christianis in memoria ejusdem Dei genitricis celebratur. Cum autem ad ecclesiam venisset, intrare non poterat, pre multitudine captivorum qui ibi sub custodia tenebantur. Cognovit autem eosdem esse qui pridem in expeditione capti fuerant. Conversus autem ad suos, graviter increpavit dicens : « Quid egistis, nec Deum timentes nec homines reverentes ? Non legistis hac de re Dominum Judeos graviter increpasse et dixisse : *domus mea domus orationis vocabitur; vos autem fecistis eam speluncam latronum*[1] ? Legitur et in libris gentilium, qui demonia pro diis colebant : recurrit sepe *templi violator ad aram*[2]. In canonibus etiam ecclesie, cujus filii vocamur et sumus, preceptum habemus ut quiscumque facinorosus ad ecclesiam confugerit, liber a supplicio recedat. Nos autem qui judicamus terram, diligamus justiciam, ut peccatis liberi justitie vivamus. » Vocavit autem dapiferum suum precepitque ut quantotius prepararet ciborum habundantiam et vini copiam, ut pane confirmationis confortati et vino letitie exhilarati ad propria sine aliqua redemptione liberi redirent. Erant autem fere quingenti. Arcem autem ingenio suorum tertio die cum omni apparatu recepit[3].

a) qua *B* ; *corr.* quo.

---

côté de Henri ; mais Suger, qui n'a pas les mêmes raisons de dissimuler, déclare que le roi perdit dans la bataille « multos suorum » (*Vie de Louis Le Gros*, éd. Aug. Molinier, p. 90). Cette bataille eut lieu en décembre 1118, suivant Orderic Vital.

1. Luc, xix, 46.
2. Ovide, *Pont.*, II, 2, vers 27.
   Confugit interdum templi violator ad aram.

3. Orderic Vital (*Hist. eccles.*, XII, 8, éd. Le Prévost, t. IV, p. 333) explique en quoi consista la ruse (*ingenium*) à laquelle l'armée de Foulque eut recours pour réduire la citadelle : « Deinde securius obsessos infestavit eisque aquam per subterranea machinamenta occultis abscisionibus abstulit. Indigenae siquidem meatum noverant per quem constructores arcis aquae ductum de Sarta illuc effecerant. »

Rex vero, hoc infortunio humiliatus, cupiebat cum Fulcone amicitias jungere et federatum eum habere ; quod et obtinuit. Accepit enim filiam ejus, puellam pulcherrimam et sapientem, Matildem nomine, Willelmo filio suo qui post eum regnaturus erat [1]. Non post multum vero temporis copulavit filiam suam imperatricem, uxorem quondam Henrici imperatoris Alemannici, filio ejus Gaufredo, pulcherrimo juveni et strenuissimo militi [2].

X

(Mss. C.)

VISION DE FOULQUE LE JEUNE A SON DÉPART POUR LA TERRE SAINTE

(Cf. *supra*, p. 69, n. *b*. — Éd. Marchegay-Salmon, p. 152-153.)

Idem autem Fulco comes [a], iturus Jerosolimam, in festo Pentecostes [3] venit Turonim, ut ei archiepiscopus sacre crucis signum pro more tante peregrinationis imponeret. Quo facto, cum post missarum sollempnia commilitones et participes mense sue prestolaretur, ad fenestras aule que Majus Monasterium respiciebant cum duobus presbiteris sese comitaturis stabat, nescio quid secretum confabulans, cum ecce respiciens videt pinnam [b] Majoris Monasterii flammis nimiis ita succensam ac si funditus combureretur. Quo viso [c] exterritus est. « En, inquit, Majus Monasterium incendio concrematur. Videtis, ait, qualiter flamma jam in superioribus dominatur. » Videntes autem presbiteri, condolent pariter et mirantur. Nec mora, vocatos de militibus suis nonnullos concito cursu

---

a) comes *om.* C³. — b) pinnam *om.* C³. — c) visu C³ C⁴.

---

1. La paix fut conclue en mai 1119 suivant Orderic Vital (*Hist. eccles.*, XII, 15, éd. Le Prévost, t. IV, p. 347) et le mariage de Guillaume Adeling célébré en juin suivant (voir *ibid.*).
2. En 1128. Voir plus loin, l'*Histoire de Geoffroi le Bel*, notes.
3. Si les événements dont le récit précède immédiatement celui-ci dans les manuscrits sont bien de l'année 1128, ainsi que nous l'avons admis plus haut (p. 69, n. 4), l'aventure dont il est question dans ces pages devrait être datée du 10 juin de cette même année.

jubet ire illo et sibi renuntiare quid ibi fieret *a*. Ascensis equis, illi properant, Majus Monasterium veniunt, inquirunt de igne, nec etiam mentionem reperiunt. Comes illos prestolatur. Quibus regressis nihilque tale se vel vidisse vel audisse renuntiantibus, sollicitus comes cum presbiteris suis de visione tractabat. Cui unus eorum : « Domine, inquit *b*, digna satis visio pro negotio quod cepistis, pro sollempnitate presenti, pro loci reverentia in quo apparuit vobis divinitus *c* ostensa est. Nam et vos *d*, Spiritu Sancto inspirante, dominicum signum vobis hodie imposuistis et ipse Spiritus Sanctus hodierna die super apostolos in igne descendit, et locus Majoris Monasterii dignus est *e* in quo idem se demonstret descendere, quem tamen conventus eodem Spiritu inflammatus cohabitat. » Placuit viro illustri digna digne visionis interpretatio, nec moratus in crastino eo venit, visionem conventui refert, fratrem se et participem beneficii rogat effici. Locum illum et ejus incolas cum digna reverentia deinceps habuit.

XI

PRÉFACE DE JEAN DE MARMOUTIER [1]

Domino Henrico regi Anglorum, duci Normannorum, comiti Andegavorum, Turonorum et Cenomannorum, principi Aquitanorum, duci Guasconum et Arvernorum, duci etiam Britonum, J. *f* frater Majoris Monasterii, humilimus monachorum et pars ima *g* clericorum, pacem cum gaudio, vitam, salutem et sanitatem ab eo qui dat salutem regibus.

---

a) fuerit fieri C^1. — *b)* ait C^2. — *c)* divinitus *om.* C^1. — *d)* vos *om.* C^3 C^4. — *e)* est *om.* C^1 C^4. — *f)* J. *om.* C^1 C^3 C^4. *Nous avons dit (Introduction, p. III) qu'un manuscrit vu par Goussainville au XVII*e *siècle portait, à ce qu'il semble, la leçon Johannes en toutes lettres.* — *g)* pars ima *om.*C^2 ; peripsima C^1.

---

1. On a vu dans l'Introduction que Jean de Marmoutier n'avait transcrit dans sa compilation ni le *Liber de compositione castri Ambaziae* ni les *Gesta Ambaziensium dominorum*. A la préface que constituait le *Liber* il a dû, par suite, en substituer une autre dont il a été également question à plusieurs reprises dans l'Introduction (chap. I, § 1, chap. III, § 3). C'est ce texte, souvent cité sous le titre d'*Historia abbreviata consulum Andegavorum*, que nous reproduisons ici.

Historiam sive gesta Andegavorum consulum, antecessorum tuorum, ex multis doctorum scriptis excerpsi, in uno corpore voluminis *a* compilavi, licet quidam ante me breves cronicas scripserit et in proemio ipsas precedenti hujusmodi verba premiserit : *de [1] consulibus Andegavorum que scripta b nimis confuse rudique sermone reperi, quam verissime potero paucis verbis breviter et commode enucleabo.* Nos autem moderni *c* antiquorum emuli *d*, *cum vita nostra brevis sit, memoriam eorum quam maxime longam e efficere debemus quorum virtus clara et eterna f habetur.* Intentio igitur nostra est vitam, mores et *g* actus antecessorum tuorum Andegavorum consulum in propatulo demonstrare, ut ex ipsis quoddam speculum *h* tibi constituas, studiumque tue sinceritatis admonere curamus ut non solum audiendis Scripture Sancte verbis aurem sedulus accommodes, verum etiam noscendis *i* priorum *j* gestis sive dictis et maxime antecessorum tuorum Andegavorum consulum, virorum illustrium, diligenter impendas. Sive enim historia de bonis bona referat *k*, ad imitandum bonum auditor sollicitus instigatur, seu mala commemorans de pravis, nichilominus religiosus ac pius auditor sive lector de vitando quod noxium est *l* ac perversum, ipse solertius ad exequenda ea que bona sunt ac Deo digna esse cognoverit accenditur. Quod ipsum te quoque ut vigilantissime deprehendas admonemus *m* : historiam memoratam in noticiam tibi simul *n* et eis quibus regendis divina te prefecit auctoritas, maxime Andegavensibus, Turonensibus, Cenomannensibus *o*, ob generalis curam salutis latius propalari desidero. Ut autem in his que scripsimus vel tibi vel ceteris auditoribus sive lectoribus hujus historie occasionem dubitandi substraham, quibus hec auctoribus *p* didicerim breviter intimare curabo. Vera enim lex historie est simpliciter id, quod fama vulgante *q* colligitur, scribendo posteris notificare *r*.

a) voluminis corpore C^3. — *b*) inscripta C^1 C^2 C^3. — *c*) modorum C^4. — *d*) similes C^2. — *e*) longevam C^4. — *f*) eternaque C^2. — *g*) et om. C^3. — *h*) specular C^4. — *i*) nocendis C^2. — *j*) proavorum C^4. — *k*) inserat C^3, refert C^4. — *l*) est om. C^3. — *m*) admonemus om. C^4. — *n*) tibi sit et C^2. — *o*) Cenomannis C^4. — *p*) auditoribus C^1 C^3. — *q*) testante C^4. — *r*) certificare C^4.

1. Cf. *supra*, p. 25.

Primus scriptor extitit Thomas Luchensis, qui breves cronicas nomine Odonis abbatis intitulatas, ut ab ejus ore audivi, repperit et multa, que *a* fama vulgante *b* cognovit, addidit. Secundus extitit Robinus *c* et Brito Ambaziacensis, qui ipsas cronicas emendaverunt *d* et quedam, ut viva voce ab ipsis audivi, addiderunt *e*. Tertius ego ex multis historiis multa addidi et ad auctoritatem historie et studium audientium sive legentium nomina auctorum annotare curavi : primo ex Historia Francorum *f* nonnulla ; secundo ex historia Glabelli Rodulfi multa ; tertio ex cronicis Gauffredi Bechin *g* aliqua ; quarto ex dictis magistri Rabini *h* quedam necessaria ; quinto ex scriptis Gauterii *i* Compendiensis *j*, Majoris Monasterii monachi, non negligenda.

Hec ego, dum in abditis voluminibus invenissem scripta, non sum perpessus infructuoso silentio tegi, sed ad honorem Andegavorum consulum, dominorum nostrorum, et ad utilitatem audientium et instructionem morum tuorum *k*, domine mi rex, conscripsi *l*, scilicet ut ex bonis bonum sumas exemplum et meliorem exitum et ex malis malum caveas introitum sive incessum *m*, ne incidas in eorum pessimum finem vel exitum.

Nunc igitur *n*, si placet, in finem nostri proemii eorum omnium vel singulorum exempla, facta vel dicta *o* breviter prenotemus. Nesciunt *p* enim facta priorum *q* preterire cum seculo, quin omnes secum presentes *r* habeant et secum quodam modo sentiant commorari *s*, quibuscum relatio *t* pervexerit *u* lectionis. Sicut enim Apostolus [1], justorum cathalogum summa brevitate contexens, ab Abel incipiens, insignium virorum pergit narrare virtutes, etiam ille fidelissimus Mathatias *v*, morti [2] gloriose appro-

---

a) multum fama C^2. — *b)* testante C^3. — *c)* Rabinus C^2 C^3. — *d)* emendaverant C^4. — *e)* addiderant C^4. — *f)* Francora C^3. — *g)* Rechin C^3. — *h)* Rabin C^3. — *i)* Galterii C^2 C^3. — *j)* Compendiarii C^4. — *k)* nostrorum C^1 C^2 C^4. — *l)* conscripsi *om.* C^2. — *m)* ingressum C^3. — *n)* ergo C^2. — *o)* acta C^4. — *p)* nescivit C^3. — *q)* proavorum C^4. — *r)* presentia C^4, presentem C^3. — *s)* commemorari C^4. — *t)* oratio C^2. — *u)* provexerit C^2; qui relatio pervenerit C^4. — *v)* Mathias C^3.

---

1. *Matth.*, XXIII, 35.
2. I *Macch.*, II, 49.

pinquans, filiis suis hereditario jure sanctorum *a* exempla distribuit, sic nos tibi *b* exempla antecessorum tuorum proponimus, ut, si qua bona sunt, in te nutrias ac pietatis studio que sunt nutrita custodias, si qua vero corrigenda sunt corrigas, ne tibi illud propheticum contingat : *viri impii et dolosi c non dimidiabunt dies suos* [1]. Si vero Deum timueris et matrem tuam ejus sponsam, pro qua sanguinem suum fudit, ecclesiam videlicet, dilexeris, audies per Salomonem *d* : *timenti Deum bene erit in extremis, et in die defunctionis sue benedicetur* [2].

DE TORQUATIO SIVE TORTULFO *e*. — *In* [3] *isto, cum grandis esset natu, arma senectutis, scilicet artes exercitationesque virtutum, mirificos fructus effecerunt et conscientia bene acte vite multorumque beneficiorum recordatio ei jocundissima f fuit. Iste doctus erat hostem ferire, humi quiescere, inopiam* et *laborem tollerare g, hiemem h et estatem juxta pati, nihil i preter turpem famam metuere. Hoc profecto constat quod, acer ingenio, fortunam suam et rerum tenuitatem animi amplitudine j supervadens, majora se cupere et aggredi ausus sit k. Hec l ergo et similia faciendo, nobilitatem sibi et suo generi peperisse fertur. Iste genuit Tertullum m, qui primus ex progenie Andegavensium comitum per antiquos genealogie illorum relatores computatus est n.*

DE TERTULLO *o*. — Iste a rege Carolo Calvo senescallus Gastinensis pagi constitutus est. Ceperat in illa familia esse

a) factorum suorum exempla C^3. — b) si quod tibi C^2. — c) et dolosi om. C^2 C^3. — d) audies Salomonem dicentem C^3. — e) Torquatus et Torculphus C^1, de Torquatio sive Torculfo C^2 ; *ce titre et tout ce qui suit jusqu'à la fin du prologue est omis par* C^3. — f) jocondissima C^1. — g) tollerare C^1. — h) hyemem C^1. — i) nichil C^1. — j) animi amplitudine om. C^1. — k) fuerit C^1. — l) hoc C^2. — m) Terculum C^2. — n) computatus est om. C^2. — o) Tertullus C^1, de Terculo primo inter comites Andegavenses computato C^2.

---

1. *Psalm.*, LIV, 24.
2. *Eccles.*, I, 13.
3. Les mots imprimés en italique sont empruntés à divers passages des *Gesta consulum Andegavorum*, ci-dessus, p. 26-27.

qui amicis obsequium benevolus redderet, inimicos *a* rationa-
bilis *b* repelleret, servos mansuetus et severus corrigeret atque
regeret, patrem omnium Deum diligens coleret, sublimio-
ribus potestatibus carissimus fieret. Cujus rei gratia, crescente
per singulos dies fama ejus, et consulendi et gubernandi quam
plurimos accepta hac potestate clementer utitur et neminem
ledere *c* pro ingenita sibi bonitate desiderat.

DE INGELGERIO *d*. — Hic *juvenis* [1] *alacer, miles optimus,
patris virtutem non solum equiparans sed etiam superans,
beneficia ampliora adquisivit, facta fortiora manu sua gessit.*
Qua de re apud Landonense castrum patris casamentum valde
augmentatum est. Rex vero vicecomitatum Aurelianensis civitatis
in casamentum ei donavit. Deinde apud Turonos *e* regiam
prefecturam assequutus *f*, terram illam a Normannis viriliter
defendit. Datus est ei et dimidius comitatus Andegavensis
civitatis ad defendendam regionem et urbem sevisque predonibus
oppositus est et comes ibi factus.

DE FULCONE RUFO. — Iste [2] *similia patris actibus aut etiam
majora adversus impugnatores exercuit. Integrum comitatum,
qui prius bipartitus erat* *g*, *recepit nec minora ibi quam spe-
rabatur operatus est ; gravia vero bella insignesque victorias
contra hostes factitavit. Nam ipse audax, patiens erat inedie,
algoris et vigilie, sed tamen ardens in cupiditatibus, varius,
cujuslibet rei simulator ac dissimulator exstitit. Vastus animus
ejus immoderata* ac *incredibilia* sepe *faciebat.*

DE FULCONE PIO. — Iste [3] *fuit pacifici, tranquilli* *h* *et mitis
ingenii. Optimus iste sua beneficia laudari quam ipse aliorum
narrare malebat ; boni ipsius mores domi et militie colebantur;*

a) et inimicos C^4. — *b)* rationabiliter C^2. — *c)* neminem vi ledere C^2. —
d) Ingelgerius C^1. — *e)* Turones C^4. — *f)* assecutus C^2C^4. — *g)* erat
bipartitus C^4. — *h)* tranquilli, pacifici C^2.

1. Nouveaux emprunts à divers passages des *Gesta consulum Andegavorum*,
ci-dessus, p. 29-30.
2. *Ibid.*, p. 30-32.
3. *Ibid.*, p. 34-35.

jus bonum, concordia maxima, nulla *avaritia in* illo erat. Ipse [1] Christum portavit, in specie leprosi, a Portu Cuurdonis [a] usque in porticum [b] beati Martini Castri Novi. Iste cum in choro beati Martini esset ut canonicus, ut caneret cum ceteris, regi Francie, qui tunc forte aderat et eum cum suis commilitonibus deludebat [c], *litteras hujusmodi formam habentes misit* : « *Regi Francorum comes Andegavorum. Noveritis, domine, quia rex illiteratus est asinus coronatus.* »

DE GAUFRIDO GRISA TUNICA [d]. — Iste, *militie* [2] *peritus, pectore et brachio vir jure militario* [e] *efficacissimus, in multis expeditionibus approbatus fuit. Strenuitas in eo specialiter prefulgebat, clementia in eo florebat, dapsilitatem unice diligebat, hostibus hostiliter inimicabatur, suis viriliter patrocinabatur, que omnia precipue optimos principes decent. Qui ob insignia summi et singularis meriti* [f] *a rege in preliis signifer et in coronatione regum dapifer tam ipse quam ejus heredes constituuntur.*

DE MAURICIO FILIO GAUFRIDI GRISE TUNICE [g]. — Iste vero *prudens* [3] *et honestus, bonorum et pacis amator, plus sapientia quam bellis consulatum pacifice tenens, suis certis* [h] *parentibus et vera amicitia sibi conjunctis multa beneficia contulit. Superiores exequare, se cum inferioribus amicis aliquando debere* [i], *inferiores vero non dolere se a suis* [j] *aut ingenio aut forma aut dignitate superari* [k] *affirmabat* [l] ; *et hac opinione multos ex suis elevans, ad amplissimos honores perduxit. Ipse peritus in*

---

a) Everdonis C⁴. — b) ad portam C⁴. — c) cum suis militaribus delaudabat C⁴. — d) Grisomenta C². — e) brachio fortis vir in re militari C⁴. — f) animi merita C⁴. — g) Grisomente C². Dans ce manuscrit ce titre est, par erreur, reporté en tête de l'alinéa suivant. — h) cunctis C⁴. — i) debere affirmabat C⁴. — j) se si a suis C⁴. — k) superaretur C⁴. — l) affirmabat om. C⁴.

---

1. Ce qui suit résume ou reproduit textuellement (nous imprimons en italique les emprunts textuels) une interpolation que nous avons publiée p. 140-142.
2. Emprunt aux *Gesta consulum Andegavorum*, ci-dessus, p. 37.
3. *Ibid.*, p. 45.

causis, oratoriis ornamentis sibi adhibitis, audacius ceteris, eloquens vir [a] *in curiis loquebatur et que esset* [b] **erudita**, *que popularis oratio edocebat.*

DE FULCONE NERRA HIEROSOLYMITANO [c]. — Iste, *alter* [1] *Cesar, beneficiis,* munificentia, mansuetudine, misericordia, *dando, sublevando egenis et oppressis ignoscendo* magnus habebatur. *In eo miseris refugium; negotiis amicorum intentus sepe sua negligebat; qui etiam in animum induxerat laborare, vigilare, nihil denegare quod dono dignum esset.* **Magnum imperium, bellum novum, ubi virtus enitescere posset, exoptabat** [d].

DE GAUFRIDO MARTELLO [e] PRIMO [f]. — Iste [g] *Martellus* [2], *pre omnibus generis sui animosior,* consilio et *impetu* ordinato negotia sua agebat. Cui cum dicerelur : « *Male de te loquuntur homines* », aiebat : « *Faciunt quod solent, non quod mereor : bene enim loqui nesciunt.* » Ipse augmentavit honorem suum, comite Theobaldo bello devicto et capto, et pro redemptione ejus Turonensem comitatum recepit. Consulem etiam Pictavensem Willermum [h] prelio subactum et captum obtinuit et Sanctonicum consulatum, quem antecessorum suorum fuisse dicebat, recepit.

DE GAUFRIDO BARBATO [i]. — Iste [3] cupidus et avarus, crudelis et superbus, non Deum timens [j] nec homines reverens, manus ejus contra omnes et manus omnium contra eum erexit [k]. Iste insurrexit contra locum sanctum, Majus Monasterium, a beato Martino antiquitus edificatum ; sed *Deus, qui superbis* semper [l] *resistit* et humilibus dat gratiam [m], cui

---

a) vero C². — b) essent C². — c) Ce titre est omis par C², qui le remplace par celui de l'alinéa précédent (voir plus haut). — d) exspectabat C². — e) Martelli C¹ C² C⁴ ; corr. Martello. — f) primo et optimo C⁴. — g) iste om. C¹. — h) Vulielmum C². — i) Barbatus C². — j) timens om. C⁴. — k) erexit om. C² C⁴. — l) semper om. C¹ C². — m) dat gratiam humilibus C².

---

1. Emprunt aux *Gesta Ambaziensium dominorum*, ci-dessus, p. 78.
2. *Ibid.*, p. 55.
3. Cet alinéa est un résumé de l'addition aux *Gesta* que nous avons publiée p. 151-154, avec quelques emprunts textuels, que nous imprimons en italique.

semper humilium et mansuetorum placuit deprecatio, qui etiam *semper est in sanctis suis mirabilis, pro suis fidelibus dignatus est* [a] *insigne miraculum operari.* Postquam enim Barbatus contempsit intercessionem *Bartholomei* Majoris Monasterii abbatis et monachorum, *parvo intervallo posito, frater ejus, Fulco nomine, adversus eum cum manu valida exsurrexit eumque captum et ab honore privatum per multos annos in captione detinuit. Ibique, diu afflictus et divina ultione datus etiam in reprobum sensum, vixit postea* circa [b] *triginta annos*, in hoc etiam *hostibus miserandus* [c], sicque defunctus est.

De Fulcone Richin [d]. — Hic, licet [e] in juventute strenuus Fulco haberetur, ad annos viriles veniens, gulositati, ebrietati, libidini, inertie et pigritie subjacuit. Quamobrem nec ipse justitiam nec alii per ipsum vel pro ipso faciebant, sed magis contra justitiam in Andegavensi vel Turonensi solo multi insurrexerunt raptores vel depredatores mercatorum cuntium et redeuntium, debilium disturbantes negotia. Qui, sicut frater ejus Barbatus, male incepit, pejus vixit, pessime vitam finivit.

De Gaufrido Martello [f] secundo [g]. — Iste Fulco ex secunda uxore sua Ermengardi, filia Erchenbaudi de Borbone, Gaufridum [h] Martellum secundum generavit. Iste [i], duodecimus in numero consulum, non tantum post patrem quantum ex patre, nec dico super patrem, sed pro patre imperavit. Iste *vir* [j] *admirabilis* [1] *justitie, insignis totius boni cultor, qui terror omnium inimicorum fuit.* Qui *adultus, juvenis prudens et animosus, videns terram turbatam et proceres totius consulatus contra patrem cornua erigere, eis viriliter resistebat et quomodo patrem et suos ulcisceretur irrequietus cogitabat. Qui omnibus prevaluit et ab intentione eos revocavit. Prudenter*

---

a) est om. C^2. — b) circa om. C^2C^4. — c) miserandus hostibus C^4. — d) Fulco C^2. — e) et cum C^4. — f) Martelli C^1C^4 ; *corr.* Martello. — g) Gaufridus Martellus secundus C^2. — h) Gaufredum C^1. — i) C^4 *indique ici le titre de* Gaufrido Martelli secundo. — j) iste vero C^4.

---

1. Emprunts aux *Gesta consulum Andegavorum*, ci-dessus, p. 65.

vero negotia sua agebat. Non multo post, *insidiis noverce, patre, ut ferunt, consentiente, Cande* [a] *castro occisus est.*

De Fulcone Hierosolymitano [b]. — Iste *vias* [1] *patris et matris deserens, honestam vitam ducens, prudenter terram suam rexit. Vir honestus, armis strenuus, fide catholicus* et *erga Dei cultores benevolus, adeptis* duobus consulatibus Andegavensi et Turonensi, tertium cum uxore sibi adjunxit, Cenomannicum videlicet. *Amicos exaltans, malignos et sibi adversarios opprimens, gloria et optima fama impar nulli in brevi effectus est.* Cum autem *Andegavensem, Turonicum Cenomannicumque consulatum in prosperitate regeret,* in regnum Hierosolymitanum eligitur filieque regis Baudoini matrimonio copulatur. Ipse vero, quamdiu advixit, *regnum viriliter rexit, Damascos, Ascalonitas* [c] *sibi tributarios effecit diuque antequam Raimundus filiam Buamundi duceret, Antiochenum principatum maximo labore contra Turcos absque ullo damno manutenuit. Ipse vero cum ad senilem venisset etatem, vir bellicosus obiit.*

De Gaufrido Plantegenest [d]. — Fuit [2] iste *probitate admirabilis, justitia insignis, militie actibus deditus, optime litteratus, inter clericos et laicos facundissimus* [e], in consilio providus, statura procerus, vultu decorus, *fere omnibus bonis moribus repletus, et quamvis multas tribulationes a suis sit perpessus, tamen* [f] *ab omnibus est dilectus.* Ipse, nimio calore urgente, balneo cujusdam fluminis usus, febri [g] acuta occupatus, apud Castrum Ledi pervenit ibique non sine dolore suorum interiit. Quid mirum si mors quidem, adversante et repugnante natura, Gaufrido adolescenti contigit, cum, teste Tullio, adolescentes sepe [sic] mori videntur ut, cum aque multitudine vis flamme opprimitur et quasi poma ex arboribus, cruda si sint, vi avelluntur, si matura et cocta, decidunt, sic vitam adolescentibus vis aufert, senibus maturitas? Iste ex

---

a) Condé C⁴. — b) Ce titre est omis par C². — c) et Ascalonitas C⁴. — d) Gaufridus C². — e) facondissimus C¹. — f) attamen C⁴. — g) febre C²C⁴.

---

1. Les mots en italique sont empruntés au même texte, ci-dessus, p. 67-71.
2. *Ibid.*, p. 71.

uxore sua Mathilde tres filios genuerat : te, dominum meum regem et *Gaufridum* ᵃ *et Willelmum, pueros speciosos et ab avorum probitate non degenerantes.*

DE HENRICO ᵇ. — Tu quintus decimus in antecessoribus tuis, comitibus videlicet Andegavorum, qui, mortuis fratribus tuis, monarchiam tenes, Deo opitulante, filiis tuis feliciter dimissurus. De te qui te diligunt mecum dicere possunt : « Habeas salutem et sanitatem ab eo qui dat salutem regibus. » Tu solus *consiliarios* [1] patris tui *familiaritate et sodalitate perenniter* ᶜ *servas. Vir namque es in adversis constans, in dubiis fidus, in prosperis modestus, in habitu simplex, in sermone* ᵈ *communis, in consilio precellens ; amicitias probatas obnixe* exples, *constanter retines, honeste* ᵉ *exerces ; adulantium dicta tarde cred*is, *celeriter depon*is. *Severis patribus comparandus, qui juvenum filiorum non tam cogitas vota* ᶠ *quam commoda, tuis* ᵍ *magis* ʰ *prodesse* [cupiens] *quam placere.* Tu, per [2] *omnia similis Catoni integritate vite* ⁱ, *pauca nisi bonis* ʲ *largiendo gloriam adeptus es ;* tu es *pernicies malorum, constantia* tua *valde laudatur ;* tu scis *parcere* [3] *subjectis et debellare* rebelles ᵏ ; *in* te *studium* [4] *modestie et decoris et maxime severitatis* est ; *non divitiis cum divite neque factione cum factioso, sed cum strenuo virtute, cum modesto pudore, cum innocente abstinentia cert*as ; *esse antequam videri bonus mav*is.

Vale, domine mi rex, et cum filiis tuis, crescentibus prosperis ad vota successibus, polle ˡ.

Vive ᵐ precor, sed vive Deo ; nam vivere mundo
Mors est, sed vera est vivere vita Deo ⁿ.

a) Gaufredum C¹. — *b)* de Henrico om. C². — *c)* pariter C⁴. — *d)* servitio C². — *e)* honorifice C². — *f)* vitam C⁴. — *g)* tu scis C². — *h)* mavis C⁴. — *i)* vita C¹C². — *j)* integritate, vita vero bona C². — *k)* superbos C². — *l)* polle om. C². — *m)* vale, vive C². — *n)* C⁴ ajoute ici : explicit summarium.

---

1. Les mots en italique sont empruntés aux *Gesta Ambaziensium dominorum*, ci-dessus, p. 113-114.
2. A partir d'ici, emprunt au même texte, p. 78.
3. *Ibid.*, p. 118.
4. *Ibid.*, p. 78.

HISTORIA GAUFREDI DUCIS
NORMANNORUM
ET COMITIS ANDEGAVORUM

Incipit [a] prologus in historia Gaufridi ducis Normannorum et comitis Andegavorum [b]. — Domino Guillelmo [c], reverendo episcopo Cenomannensi [1], specimini clericorum et speculo, *frater* [2] *Johannes* [d], *Majoris Monasterii humillimus monachorum et per ipsum clericorum*, modicum id quod est.

Ad edificationem sanctimonie et propagationem virtutis et fortitudinis incentivum veterum fuit patrum industria ante oculos hominum sui temporis proponere qui, vel prudentia perspicaces vel justitia severi vel fortitudine insuperabiles vel modestia circumfusi [e], probitatis quodam speciali radio corus-

---

a) Nous n'avons, pour l'établissement du texte, tenu compte de l'édition Laurent Bouchel (désignée par la lettre a) que dans la mesure où elle permet de corriger D (Bibl. nat., ms. lat. 6005) ou E (Bibl. nat., ms. lat. 15067) et où elle semble représenter une tradition manuscrite indépendante, sans nous astreindre à en signaler toutes les fautes de lecture ou d'impression. Rappelons, en outre, que E ne commence qu'avec les mots Rex vero genero suo (ci-dessous, p. 181) et se termine avec les mots verum audire nequiret (ci-dessous, p. 209); d'autre part, D étant une simple copie de E, nous ne l'avons utilisé que pour les parties où E fait défaut aujourd'hui. — *b)* Andegavensis D; corr. Andegavorum. Cet incipit est omis par a. — *c)* Guilielmo D. — *d)* Joannes D. — *e)* circumrisi D.

---

1. Guillaume de Passavant, évêque du Mans du mois de janvier 1145 au 26 janvier 1187. Voir L. Celier, *Catalogue des actes des évêques du Mans jusqu'à la fin du XIIIe siècle* (Paris, 1910, in-8°), p. 54.
2. Les mots imprimés en italique sont empruntés au prologue que Jean de Marmoutier a placé en tête de son édition des *Gesta consulum Andegavorum* (ci-dessus, p. 162).

carunt, quatenus ad eorum normam, si quid prava enormasset consuetudo, in melius reformarent et quod melior conversatio tenuerat ad eorum speculum roborassent. Unde non modicis consuevimus celebrare preconiis qui de meritis aliorum venati sunt quod nullatenus de propriis dotibus nanciscuntur. Nos igitur, licet de aridi vena ingenii, licet de tenuissimo rivulo scientie hauriamus, militamus amori, non servimus facultati : quod enim evacuat facultas, caritas subministrat; nihil enim arduum ad disturbationem occurrit, dum desiderio estuat vis amoris.

Aggredimur onus nostris impar humeris, sed onus exonerat vis amoris. Cum enim alii in externis peregrinentur actibus describendis, nos facta de proximo, gesta domestica viri singularis, ducis Normannorum et comitis Andegavorum Gaufredi, suscipimus [a] sub compilationis compendio describere et ad exemplum laudabilis operis celebrare. Et cum multorum aliorum principum historias collegerimus [1], circa hunc affectuosius immoramur qui quodam specularis radio virtutis mundum quasi sole altero illustravit. Et licet multa de illo laude non vacantia occulta fide perceperimus [b] in re tamen necessaria multorum autoritatis non parve testimonia non necessaria pre manibus habemus. Quis enim non noverit vel clementiam predicti viri in prostratos vel in miseros misericordiam vel justitiam in rebelles vel in hostes fortitudinem vel in rebus gerendis astutiam? Tantus erat, ut hostis superatus commendaret in eo quod ipse victor facere non posset, et qui vicinius eum non noverat amicus novi [c] operis preconium ejus titulis quotidie aggregaret [d].

Legem, fateor, proemii, dum commendationi insisto [e], perverto [f]. Sed quod artis regula inculpat, veritatis [g] affectio et excusat : ubi enim amor imperat prolixitatem [h], lingue [i] fastidium jus [j] castigat.

a) suscepimus *a*. — b) percepimus *D*. — c) novi *om. D*. — d) agitaret *D*. — e) milito *a*. — f) preterivi *a*. — g) nitatur *D*. — h) prolixitatis *Da; corr.* prolixitatem. — i) lingua *D*. — j) vis *a*.

---

1. Jean de Marmoutier veut sans doute parler de son édition des *Gesta consulum Andegavorum*. Cf. Introduction, chap. VII.

De virtute et actibus principis Andegavorum et ducis Normannorum Gaufredi Matheus Andegavensis decanus[1] nos docuit, Ingeugerius de Bohon[2] nobis legit, Jordanus Tesson[a] nos monuit[3], Obertus de Ocrea[4] nobis enarravit, Rainnaudus Ruffus[5] nos refecit, Gufferius[b] de Brueria[6] satiavit; qui circa eum quotidie nova[c], quotidie admirantes meliora, frequentiam virtutum pro miraculo jam non haberent quam[d] in aliis personis pro miraculo celebrarent.

Hoc igitur nostri laboris opusculum, magnis[e] vigiliis[f] lucubratum, multis in locis perscrutatum, tibi commendare decrevi; et merito: qui vivum dilexisti et mortuum semper pre oculis habens[7], in mente cum eo semper es spiritu et amore. Tu enim justiore recides justitio et benigniore manu corrodere curabis, vel si quid abundat ad luxuriem[g] vel adulationi[h] deservit vel gratie subministrat, qui ferventem charitatem, quam circa viventem[i] exercuisti, in eadem puritate

---

a) Thesson a. — b) Gauferius D. — c) quotidie nova om D. — d) que Da; corr. quam. — e) magis D. — f) vigiliis om. D. — g) luxuriam D. — h) adulationem a. — i) vivum a.

---

1. Mathieu, cité comme doyen du chapitre cathédral d'Angers à partir de 1162 (voir Ch. Urseau, Cartulaire noir de la cathédrale d'Angers, p. xxxix), mort en 1177 (voir Gallia christiana, t. XIV, col. 571).

2. Enjuger, seigneur de Bohon, souvent cité dans les textes du xiie siècle jusqu'en 1172. Voir L. Delisle, Recueil des actes de Henri II, roi d'Angleterre et duc de Normandie, t. I (Introduction), p. 364-365.

3. Jourdain Tesson, seigneur de Saint-Sauveur-le-Vicomte, en Normandie, mort en 1178. Voir L. Delisle, loc. cit., p. 401, et, du même, Histoire du château et des sires de Saint-Sauveur-le-Vicomte (Valognes, 1867, in-8o), p. 31-34.

4. Il s'agit sans doute de Osbertus de Hosa, Osbert de la Heuse, connétable de Cherbourg depuis le milieu du xiie siècle. Voir L. Delisle, Recueil des actes de Henri II, t. I, p. 409.

5. Un personnage de ce nom paraît à plusieurs reprises vers le milieu du xiie siècle dans l'entourage de Geoffroi le Bel, puis de son fils Henri II. Voir L. Delisle, loc. cit., p. 421.

6. Ce personnage paraît, au milieu du xiie siècle, sous le nom de Guferius ou Goferius de Brueria, dans l'entourage de Geoffroi le Bel. Voir L. Delisle, loc. cit., p. 379, et Cartulaire de l'abbaye de la Trinité de Vendôme, éd. Métais, t. II, p. 351 (charte de l'année 1147, où il est cité avec son frère Nicolas).

7. Le tombeau de Geoffroi le Bel se trouvait dans l'église cathédrale du Mans. Il a été souvent décrit. Cf. C. Port, Dictionnaire de Maine-et-Loire, t. II, p. 255.

animi circa defunctum, nihilominus refrigescentem, conservas et custodis. Charitas enim *a* nulla fuit si longius oculo non processit ; vera enim dilectio, que circa patrem cujuspiam exstitit, post paternos etiam cineres filios non relinquit.

EXPLICIT PROLOGUS. INCIPIT *b* HISTORIA GAUFREDI *c* DUCIS NORMANNORUM ET COMITIS ANDEGAVORUM.

a) ei *D.* — *b)* Explicit prologus. Incipit *om. D.* — *c)* Gaufridi *a.*

LIBER PRIMUS [a].

Andegavorum gentem magnanimis et bellicosis principibus valuisse et terrori exstitisse circumfusis nationibus celebre percognitum est. Siquidem principes ipsos suis viribus finitimos fulminasse et sibi subjugasse terras pene nulli dubium est. *Andegavie* [1] *siquidem monarchia minime contentis, Turonorum fines, Campaniensi Odone a Fulcone palmerio, cognomento Nerra, in Braio belli confecto, itemque filio ejus Theobaldo* [b] *comite a Gaufredo Martello primo, prefati Fulconis filio, confecto et lege belli devicto et capto, bellicus labor acquisivit.* De quorum principum nobili prosapia exstitit oriundus Gaufredus, Fulconis regis Iherusalem filius.

Sane *multa* [2] *preclara et laudanda in eo fuere :* militari gloria summus, fortuna par et industria, civilibus armis et studiis liberalibus deditus ; affectator [c] justi amoris, in amicos egregius ; *nec vero in oculis solummodo extraneorum magnus, sed intus inter suos domique prestantior ceteris erat. Sermo illius jocundus preceptaque admirabilia* et amabilia. *In causis agendis maximus, notitiaque antiquitatis nimia ; et quia litteratus* [d] *non solum domestica sed etiam extranea bella et facta omnium in memoria tenebat. Nec vero in armis bellicis solummodo utilior,* sed etiam *in pace* regum et principum et quiete populorum reformanda *autoritate sermonis prestantior erat.* Hic vir armis quidem strenuus et, ut ita dicam, simplicitatem protendendo sagacissimus, *optime litteratus* [3], liberalis omni-

---

a) Liber primus *om. D.* — *b)* Tebaudo *a.* — *c)* affector *D.* — *d)* et quia litteratus *om. D.*

---

1. Les mots imprimés en italique sont empruntés à la *Narratio de commendatione Turonicae provinciae*, éd. Salmon, *Recueil de chroniques de Touraine*, p. 292.
2. Les mots imprimés en italique sont empruntés aux *Gesta Ambaziensium dominorum*, ci-dessus, p. 75-76.
3. Les mots imprimés en italique sont empruntés aux *Gesta consulum Andegavorum*, ci-dessus, p. 71.

bus, corpore procerus, pulcher aspectu et rufus, macer ac nervosus, oculis fulmineus, pater patrie et terror superbie, *militie actibus deditus, inter cleros et laicos facundissimus, justitia insignis, probitate admirabilis et fere omnibus bonis moribus repletus;* qui suis temporibus ab optimis in nullo deviavit principibus, et *quamvis multas tribulationes a suis sit perpessus, tamen ab omnibus est dilectus. Qui* [1], *ubi primum adolevit, pollens moribus et ingenio, non se luxui et inertie corrumpendum dedit, sed equitando et ubicumque* [a] discurrendo *plurima preclara faciebat et minime ipse de se loquebatur; quibus actibus suis omnibus vehementissime carus, hostibus terrori habebatur.* Fuit igitur mitis, gratus, benignissimi [b] animi ; in cives clemens, offensarum et injuriarum indultor [c] fuit. Convicia sibi a multis illata audiens, patienter dissimulavit ; omnibus universaliter, militibus maxime, amabilis et jocundus exstitit ; tante etiam bonitatis et benignitatis fuit ut, quos armis subegerat, clementia magis vicerit, ut sermo subsequens declarabit.

Excedens itaque pueritie metas, adolescentie primevo flore vernans, quindecim annorum factus est [2]. Fama igitur, uberioris materie suffulta suffragio, bone indolis adolescentem longe lateque personans, usque ad gloriosissimi Anglorum regis Henrici aures illius celebre nomen evexit. Rex vero, adolescentis patres ab antiquo genere spectabiles [d], probos moribus et armis strenuos noverat. Audiens illum, quantum etas patitur et posse suppeditat, non degenerare, quoniam de se meliora promittebat, unicam ei filiam [3] lege connubii jungere affectabat. Allegantibus igitur nuntiis, regia voluntas Fulconi comiti Andegavorum in petitionibus [e] suis innotescit. Ipse vero, vir per omnia sagax et industrius, regiis legatis

---

a) ubique a. — b) civilis a. — c) immemor a. — d) exspectabiles a. — e) impetitionibus D.

---

1. Emprunt au même texte, p. 33. En cet endroit, les *Gesta* copient d'ailleurs Salluste.
2. Geoffroi le Bel était né le 24 août 1113. Cf. p. 69, n. 2.
3. Mathilde, veuve de l'empereur Henri V, et qui avait gardé de ce premier mariage le surnom d' « impératrice ».

dignum deferens honorem, regis petitionem effectui se mancipaturum gratanter promisit. Datur utraque *a* fides, et res, sacramentis firmata, omne dubietatis scrupulum tollit [1]. Ex precepto insuper regis exactum est a comite ut filium suum, nondum militem, ad ipsam imminentem Pentecosten [2] Rothomagum honorifice mitteret, ut ibidem cum coequevis suis arma suscepturus regalibus gaudiis interesset. Nulla in his obtinendis fuit difficultas : justa enim petitio facilem meretur assensum.

Ex imperio itaque patris, futurus regis gener cum quinque baronibus, Jaguelino *b* videlicet de Malliaco, Roberto de Semblentiaco *c*, Harduino *d* de Sancto Medardo, Roberto de Boloio *e*, Pagano de Clarevallis et .xxv. coetaneis suis, multo etiam stipatus milite, Rotomagum dirigitur. Fama vero precurrente, nuntiatum est regi quia comitis Andegavorum filius advenisset. Letatus est itaque rex in his que dicta sunt ei super generi *f* sui adventum mittitque a latere suo nobiliores quosque, ut eum cum debito honore et reverentia ante regiam deducerent majestatem.

Introgresso autem *g* aule regie atrium interius, suis et regiis militibus circumsepto, vulgi etiam stante caterva *h*, rex, qui antea nulli assurgere consueverat, ipsi assurgens, obviam procedit, pio stringit amplexu, dulcia tanquam filio infigens oscula, propria eum *i* manu deducens, sibi consedere facit. Rex adolescentem multiplici affatur alloquio, multa ei proponens ut ex mutua confabulatione respondentis prudentiam experiretur. Adolescens vero, ut sapientium moris est, verborum compendio studens, eadem etiam verba rhetoricis exornans coloribus, paucis innotescere satagebat. Rex satis superque *j* ferventerque *k* admirans, admodum delectatus est

---

a) utrinque *a*. — *b)* Jacuelino *a*. — *c)* Semblenceyaco *D*. — *d)* Arduino *a*. — *e)* Boleyo *a*. — *f)* generis *D*. — *g)* autem *om. D*. — *h)* corona *a*. — *i)* enim *a*. — *j)* super queque *a*. — *k)* ferventerque *om. a*.

---

1. Les fiançailles eurent lieu à Rouen en 1127, après la Pentecôte (22 mai) et avant la fin d'août. Cf. Kate Norgate, *England under the Angevin kings*, t. I, p. 243-244 (à noter surtout le texte de William de Malmesbury).
2. C'est-à-dire le 10 juin 1128.

super prudentia et responsis ejus. Tota ergo dies illa in gaudio et exsultatione expenditur.

Illucescente die altera, balneorum usus, uti tirocinii suscipiendi consuetudo expostulat, paratus est. Comperto rex a cubiculariis quod Andegavensis et qui cum eo venerant ascendissent de lavacro, jussit eos ad se vocari. Post corporis ablutionem, ascendens de balneorum lavacro, comitis Andegavorum generosa proles, Gaufredus bysso retorta ad carnem induitur, cyclade auro texta supervestitur, clamide conchilii et muricis sanguine tincta tegitur, caligis olosericis calciatur, pedes ejus sotularibus in superficie leunculos aureos habentibus muniuntur; ejus vero consodales, qui cum eo militie suscipiende munus exspectabant, universi bysso et purpura induuntur. Talibus itaque, ut pretaxatum est, ornamentis decoratus, regius gener, quasi flos lilii candens roseoque [a] superfusus [b] rubore, cum illo suo nobili collectaneo comitatu, de secreto thalami processit in publicum. Adducti sunt equi, allata sunt arma, distribuuntur singulis prout opus erat. Andegavensi vero adductus est miri decoris equus Hispaniensis, qui tante, ut aiunt, velocitatis erat ut multe aves in volando eo tardiores essent. Induitur lorica incomparabili, que, maculis duplicibus intexta, nullius lancee vel jaculi cujuslibet ictibus transforabilis haberetur; calciatus est caligis ferreis ex maculis itidem duplicibus compactis; calcaribus aureis pedes ejus astricti sunt; clipeus, leunculos aureos ymaginarios habens, collo ejus suspenditur; imposita est capiti ejus cassis multo lapide pretioso relucens, que talis temperature erat ut nullius ensis acumine incidi vel falsificari valeret; allata est ei hasta fraxinea, ferrum Pictavense pretendens; ad ultimum allatus est ei ensis de thesauro regio, ab antiquo ibidem signatus, in quo fabricando fabrorum superlativus Galannus [c][1] multa opera et studio desu-

---

a) roseosque D. — b) fusus D. — c) Galaunus D.

---

1. Le légendaire forgeron Veland au travail duquel les auteurs des chansons de geste attribuent les épées Joyeuse, Durandal, Hauteclaire, Floberge, etc. Cf. Depping et Fr. Michel, *Veland le forgeron, dissertation sur une tradition du moyen âge* (Paris, 1833, in-8°).

davit. Taliter ergo armatus tyro noster, novus militie postmodum flos futurus, mira agilitate absque stapia *a*, gratia invelocitatis, equum prosiliit *b*. Quid plura? dies illa, tirocinii honori *c* et gaudio dicata, tota in ludi bellici exercitio et procurandis splendide corporibus elapsa est. Septem ex integro dies apud regem tirocinii celebre gaudium continuavit.

Iterato mittuntur a rege nuncii ad Fulconem Andegavensem ut in octavis Pentecostes [1] Cenomannis honorifice filii sui nuptias celebraturus occurrat. Qui libenter annuens ire non distulit, sed cum magno, ut imperatum fuerat, apparatu ad locum et diem assignatum advenit. Rex vero a Rothomago pedes extulit et cum Fulconis filio et filia sua imperatrice (imperatoris siquidem uxor extiterat) Cenomannis *d* itidem die assignata affuit. Convenerunt ex diversis partibus ad sacramentum nuptiale *e* peragendum archiepiscopi, episcopi, abbates et ecclesiastici ordinis diversi gradus. Traditur itaque nuptui filia regis Andegavorum comitis filio, fit ab episcopis mutui consensus scrutinium. In consensu siquidem conjugii tota vis et efficacia consistit : consensus etenim conjugium facit ; consentit uterque, alter alteri fidem se servaturum pollicetur. Celebrantur igitur missarum solemnia, celebratur etiam benedictio nuptialis, fit gaudium in clero, tripudium in populo et clamatum est voce preconis ne quis indigena vel advena, dives, mediocris *f* vel pauper, nobilis vel plebeius, miles vel

---

a) stasii *D*, stasi *a* ; *corr.* stapia. — *b)* prosilit *a*. — *c)* honoris *D*. — *d)* Cenomannicis *D a* ; *corr.* Cenomannis. — *e)* imperiale *D*. — *f)* dives et mediocris *D*.

---

1. C'est-à-dire le 17 juin 1128. — On a beaucoup discuté au sujet de cette date. La plupart des historiens ont admis que le mariage de Geoffroi le Bel et de Mathilde n'avait eu lieu qu'en 1129, se fondant surtout sur le témoignage d'Orderic Vital, *Historica ecclesiastica*, XII, 48, éd. Le Prévost, t. IV, p. 498. On peut lui opposer celui des chroniqueurs anglais de l'époque (voir Kate Norgate, *England under the Angevin kings*, t. I, p. 259) et le passage suivant d'une charte de Saint-Julien de Tours : « ...ex praecepto consulis Fulconis, eo anno quo filius ejus Gaufridus filiam regis Anglorum, quae imperatrix Alemanniae fuerat, duxit uxorem... Actum anno MCXXVIII » (*Chartes de Saint-Julien de Tours*, éd. Denis, t. XII, fasc. I des *Archives historiques du Maine*, 1912, p. 95, n° 74). — Cf. ci-dessus, p. 69, n. 3 et 4.

colonus ab hac regali letitia se subtraheret ; qui autem gaudiis nuptialibus *a* minime interesset, regie procul dubio majestatis reus esset. Implete sunt igitur nuptie discumbentium et variis ferculorum generibus omnis utriusque sexus reficitur. Per tres igitur hebdomadas nuptialis indifferenter continuata est celebritas. Peractis nuptiis, nemo militum a regio munere vacuus abscessit.

Rex *b* vero, genero suo et filie sue pacis relinquens oscula, ad alia agenda se convertit ; consul vero Andegavensis cum filio suo et filii uxore Andegavis abiit. Quibus adhuc aliquantisper longe positis, tota civitas ruit, pulsantur signa, parietes ecclesiarum cortinis et palliis adornantur ; universus vero clerus in albis et cappis *c*, cum cereis et textis et crucibus, cum hymnis et laudibus obviam devotus procedit. Susceptus est itaque dominus novus et domina nova cum maximo cleri plebisque tripudio. Duxerunt deinceps in bonis dies suos et Britannie Majoris insulam et transmaritimas partes magnifici germinis successione nobilitaverunt.

Cum [1] *igitur Fulco Andegavensem, Turonicum Cenomannicumque* d *consulatum in prosperitate regeret, rex Jerusalem Balduinus secundus nuncios in Franciam misit qui, prudentium consilio, virum idoneum* e *qui filiam suam cum Jerosolimitano regno duceret uxorem secum adducerent. Elegerunt itaque, consilio Ludovici regis et episcoporum et multorum peritorum, Fulconem Andegavensem, virum bellicosum, qui uxore carebat. Ipse vero, cum maximis copiis mare transiens, filie regis matrimonio copulatus, rex Jerusalem effectus est.*

Sublimato, ut diximus, patre ejus Fulcone in Jerosolimitanum regem, consul Gaufredus armorum exercitiis et laudi adipiscende operam dedit. Nonnullo tempore elapso, in arenosa montis planitie a Britonibus et Normannis torneamenti

---

a) imperialibus *D*. — b) *Ici commence E*. — c) capis *E*. — d) Cenomannensemque *E*. — e) ydoneum *E*.

---

1. Les mots imprimés en italique sont empruntés aux *Gesta consulum Andegavorum*, ci-dessus, p. 69. Voir l'annotation relative à ce passage.

dies assignata est. Conveniunt ad Normannorum partis subsidia Willelmus comes Flandrensis, Theobaldus comes Blesensis et ejus frater Stephanus Moritonie dominus. Hii tres Henrici regis Anglorum nepotes erant. Convenit et ipse consul cum suis, eorum numerum accrescens. Stabant ex adverso Britannorum acies, armis quidem et animis strenue, sed numero pauciores. Videns itaque consul Andegavensis Gaufredus Britannice cohortis imparem congressum, avulsus a multitudine, ad paucos se contulit ipsis opem laturus. Fit congressus, commiscentur acies, fit multus armorum strepitus, sonant litui [a], tube multiplicis varia vox intonat, dant destrales dissonos hinnitus, a clipeis aureis sole relucentibus Mons ipse Michaelineus [b] resplenduit. Adnnantur [c] viri ad certamen, franguntur haste fraxince, emutilantur enses. Jam pede pes teritur, *umbone*[1] *repellitur umbo*, evacuantur selle, supinantur equites, equi [d], dejectis sessoribus suis, ruptis habenis, hinniendo vagantur. Partis adverse singularis terror, Gaufredus adversarios impetit, huc atque illuc discurrens suis subvenire satagit, lancea multos dejicit, ense ictus ingeminans innumeros vita expellit. Sequuntur [e] Britones spem victorie, ducem previum, varia mortium genera in adversariis inferentes; instat Andegavensis leone ferocior, instat phalanx [f] Britannica jam de victoria presumens. Normanni siquidem, immenso certamine fatigati, terga dantes fugam arripiunt, et multitudo a paucis confecta ad castra repedare compellitur. Normanni vero, confusione inopinata dejecti, singulare certamen Britonibus proponunt.

A transmarinis namque partibus, torneamenti fama deducente, miles Saxonicus gigantee magnitudinis advenerat, in cujus viribus et audacia confidentes de victoria presumebant. De castris igitur Normannorum homo ille, humanas excedens metas, progrediens, stans in loco eminentiori, agminibus Bri-

a) editui *E a*; *corr.* litui. — b) michaeliticus *a*. — c) animantur *a*. — d) qui *E*. — e) secuntur *E*. — f) phalans *E*.

1. Emprunté aux *Gesta consulum Andegavorum* (ci-dessus, p. 42), où Jean de Marmoutier a sans doute pris également (p. 38 et suiv.) l'idée du combat singulier de Geoffroi le Bel contre un géant saxon.

tonum improperans, provocat eos ut quilibet eorum singulari congressu cum ipso decertaret. Expalluit vultus audientium et fortium robur emarcuit ; verebantur quippe singuli cum tante enormitatis bellua singulare inire certamen. Intuens vero gener regis magnanimos anima [a] viros ad invitationis unice [b] vocem tanquam enerves et ejulatos dissolvi, infremuit spiritu et objecti impatiens improperii prosilit in equum, arma repetit [c] et, spectantibus undequaque catervis, singularem cum giganteo milite init [d] congressum. Fit altercatio dura : vir etenim ille, humane virtutis modum excedens, lanceam quasi liciatorium habens, Andegavensem impetit et ejus scutum et loricam non sine sanguinis effusione perforat. Stat Andegavensis, tanquam equo radicatus, immobilis et impetitorem suum lancea transverberans dejecit et dejecto desuper stans ense caput [e] abscidit ; equum vero victi victrici manu deducens, cum Normannorum ignominia et suorum gloria, tropheo potitus, gloriosus victor abscedit. Zelant probum invidi comites et eum, tanquam regis generum, inter suos securius agere aiunt, ubi nulla capture formido titillet. Hac igitur ex causa militie speculum singulare Gaufredus, dulce de se fame pabulum prebens, ludi cupidus, in confinio Flandrensium et longe positis terris cepit torneamenta perquirere et laudis cupite ex bene gestis rebus in dies emolumenta percipere.

Venationi etiam deditus erat, cum sibi vacabat et negotia patiebantur ; hoc enim exercitium quibus libet et licet et curas noxias expellere consuevit et quadam recreatione percepta ad necessaria reducere promptiores [g]. Quadam igitur die ivit, ut sepe, venatum. Igitur sylvam ingressus, venatores [h] de more sagacibus catulis copulas relaxarunt, qui mirum in modum, odoratu sensifico e vestigio feram sequentes, sub momento reperiunt. Comperit hoc [i] comes ex ipsorum latratibus. Canum et fere fugientis flexuosos circuitus anticipare contendens, compendia viarum aggreditur ; sed res in contra-

a) a natura *a*. — *b)* invite *a*. — *c)* corripit *a*. — *d)* inhiit *E*, iniit *a* ; *corr.* init. — *e)* capud *E*. — *f)* et om. *a*. — *g)* promptiorem *E*. — *h)* ingressus et venatores *E*. — *i)* hanc *a*.

rium cedit ; nam, dum arctatur a canibus bestia secus quam speraverat [a], comes in partes alias fugitare cogitur et [b] quo se putabat tam sociis quam canibus fore propinquiorem eo remotior factus est. Solus itaque comes, solitarias silvas perlustrans, tota die oberrat, non socios, non [c] canes, non [d] aliquem qui eos vidisset reperiens. Tandem, jam sole ruente quo clauderet diem, inter avia [e] nemoris conspicatur rusticum, qui, multum infectus fuligine, reliquam corporis partem vix usque ad renes nigerrimo obumbrabat habitu : congrua plane persona officio quod gerebat ; insudabat siquidem in faciendis carbonibus in usus fabrorum, unde et vultus et habitus colorem contraxerat. Quem videns liberalis Gaufredus, non ut pauperem dives contempsit, sed, ut homo hominem recognoscens, in unius miseria communem hominum calamitatem deplorat, elogium [f] illud [1] primi hominis reminiscens : *In sudore*, inquit, *vultus tui vesceris pane tuo*. Ergo salutat eum benigne ; eum salutatus, hoc subinfert : « Dic mihi, vir bone, si viam nosti que castrum Locas ducit ? » — Tunc ille : « Domine, inquit, si non nossem, non tam frequenter illuc carbonem meum venum deferrem. » — Et consul : « Ergo, inquit, vir bone, deduc me per semitas tuas, quoad usque veniam ad publicum iter, ne errare incipiam per invia silvarum istarum. » — Et rusticus : « Domine, ait, vos insidetis caballo vestro nec estis, ut puto, sollicitus anime vestre quid manducetis neque corpori vestro quid induamini ; ego autem, si laborem meum intermisero, cum tota familiola mea fame deperibo. » — Et comes : « Noli inquit, cunctari, sed veni, queso, quo postulo, quia mercedem itineris tui persolvam. » — Tum homo, in eum respiciens et nescio quid divinum deprehendens, in obsequendo ait : « Amodo [g] non formido fore mihi jacturam. Pergo tecum quocumque jusseris. » Quod comes gratanter amplexus, de trunco facit eum retro se caballum scandere. Hic aliquantulum

---

a) gens quoniam separaverat *E*. — *b)* et *om. E.* — *c)* nec *a*. — *d)* nec *a*. — *e)* arva *E*. — *f)* eulogium *E*. — *g)* tibi amodo *a*.

---

1. *Genes.*, III. 19.

libet orationis sistere cursum et principis humilitatem attentius intueri, mirari mansuetudinem : comes rusticum prior salutat, rogat supplex, qui jubere debuerat, repulsam passus a precibus non desistit, premium spondet cui debetur obsequium, impetrato quod voluit, consedere facit pariter in caballo. Sed ceptum prosequamur.

Jam tunc inter eundum familiariter comes cum rustico fabulatur. Ac inter cetera : « Dic, ait, bone vir, de comite nostro quid aiunt homines ? Que magnorum sententia ? Que vulgi opinio ? » — Et ille : « Quantum, inquit, ad ipsum spectat vel ad ea que coram geruntur, de eo quicquam mali nec dicimus nec sentimus : nam juris amicus, custos pacis, hostium debellator et [a], quod plurimum in principe nitet, oppressorum benignus auxiliator est. Sed ve nobis, domine, qui, eo nesciente, multos hostes patimur, hoc ipso utique graviores quo occultiores ! Domestico enim hoste nichil [b] vel promptius ad ledendum vel difficilius ad cavendum, et hii precipue quibus nec audemus resistere nec effugere prevalemus. » — « Et posset, inquit comes, dominus noster vel istorum hostium reprimere sententiam vel ipsos deturbare ? » — Et ille : « Posset utique, domine mi ; quippe sub obtentu obsequii ipsius hec omnia mala operantur. » — « Tunc, inquit comes, diligentius et ipsos hostes detege et eorum mihi expone malitiam : fortasse, cum tempestivum fuerit, comiti non tacebo. » — « Domine, ait rusticus, hostes nostri sunt prepositi, villici [c] ceterique ministri domini nostri consulis. Cum igitur dominus comes uspiam castrorum suorum venerit, ministri ejus expensas, quocumque venales reperiunt, sine prece vel pretio rapiunt. Tacent interim qui venalia habebant, discedit consul, repetunt creditores pretium expensarum. Tum, domine, miserabile dictu, vel omnino negatur vel differtur ultra modum, adeo ut creditores dimidium pretium libenter accipiant. » — Tunc vir prudens, dissimulata ira, nec enim poterat non irasci audiens sese cibis [d] tam crudelibus pasci, subridens ad rusticum ait : « Vere hi pro nichilo habuerunt terram desiderabilem, qui et redditus comitis sibi usurpant et ipsum

---

a) et om. *E*. — *b*) nihil *a*. — *c*) aulici *E*. — *d*) sibi *E a* ; *corr.* cibis.

nescientem de rapina faciunt vivere. » — Comes utique dixit : « Pax, pax ! Et non est pax, cum domesticis hostibus terra ejus gravius devastaretur. » — Et rusticus : « Necdum, domine, inquit, totum audistis. » — Et consul : « Totum, ait, libenter audiam ; tu modo eque totum diligenter explica. Diligo, ait, consulem et ad ipsum, ausu familiaritatis, referendi que libuerint non ultimum locum habeo. » — « Forsan, ait rusticus, volente Deo actum est ut vestris auribus hodie ista[a] deponerem, ut, quod per me non poteram, per vos comiti non lateret. Audite ergo, domine, et nil gravemini. Post messes collectas, exeunt prepositi consulis ad villas et, coactis in unum[b] agricolis, nova lege, imo violentia, frumentariam exactionem eis imponunt. Tum, miserabile dictu, hi unum, hi duo frumenti exigunt sextaria, alius amplius, si speratur[c] reddere posse. Si quis forte fuerit, quod tamen raro contingit, qui huic exactioni audeat contraire, ille, accusantibus satellitibus, trahitur in causam ; falsa ei crimina impinguntur, nec iniquorum judicum unquam manus avaras evadit, donec, exhausta bursa, sero peniteat miserum perversis legibus contraxisse. » — Et consul silenter : « Ve, inquit, cui condit[d] leges iniquas ! » Et addidit : « Mea est ultio et ego eis[e] retribuam in proximo tempore. » Ad rusticum autem : « Dic, ait, ne sileas, si quid adhuc superest, de illustribus viris. Utinam comes (de se autem dicebat) opera ipsorum cognosceret ! » — « Mirum est, domine mi, rusticus inquit, quonammodo dominum nostrum comitem latent que coram cunctis aguntur, nisi quia domini solent mala domus sue scire novissimi. Unum addam relatis et tunc finem loquendi faciam, ne rusticano more balbutiens facetis displiceam auribus. » — Et comes : « Refer, ait, nil verearis : nemo facetior vera dicente. » — « Cum aliqua, ut sepe, bellorum opinio vel vera vel ab ipsis ficta audiri ceperit, tum prepositi isti cum ingenti strepitu, missis satellitibus, famam exagerant et sub voce preconis per publicum edictum ruricolas undecumque congregant, sub obtentu custodie, replere castella, rura deserere. Tum prolo-

---

a) ista *om. E.* — b) nimium *E.* — c) amplius disperatur *E.* — d) qui condunt *E.* — e) eum *a.*

cutores, clam missi, clam *a* singulos alloquuntur et, velut jacture condolentes ac diutine more, pro bono consilio exhortantur quatenus, privatis muneribus, redeundi licentiam a prepositis redimant ; quod qui facit redire permittitur, sin alias, gravati expensis, alieni eris debitores, in castellis miseri ruricole coguntur existere *b*. Hec *c* sunt, inquit rusticus, domine mi, quibus populus aggravatus, infelicius fere in pace laborat quam in bello deficeret. » Finis erat dictis et ecce introeunt portam primam oppidi.

Nec pretereundum sane quam miserabile murmur de comitis absentia increbrescebat. In aula singuli singulos de consule requirebant, nemo quod bonum est respondebat ; et hoc precipue dolorem augebat quod solus abesse videbatur. Nec jam aulici celare poterant tam durum rumorem. Vere, ait poeta [1],

> *Fama, malum qua non unquam d velocius ullum :*
> *Mobilitate viget viresque adquirit eundo.*

Hoc igitur aule septa invisa satis jam penetraverat, murmur etiam miserabile diffundebat in populos ; quodque dictu difficile est, quod sine dolore gravissimo nemo audiebat, nemo auditum poterat reticere, scilicet comitem solum a venatu *e* cum sociis non rediisse. Erat igitur tristis quedam rerum facies ibi. Nullus curam agebat domesticam, communi mestitia omnibus imminente ; suspensi omnes arrectis auribus, in ostiis excubabant, positi nimirum inter spem et timorem, aut redeuntem, videlicet comitem, de silva *f* prestolantes aut de redeunte quidpiam certius audituri.

Ut scriptum est : *Ubi amor, ibi oculus.* Attonitis oculis de via per quam redire de silva *g* consueverat pendebant immobiles universi et singuli, cum ecce desideratus adveniens quem primum offendit, suo primo more, affatur liberaliter ; cujus

a) qui *a*. — *b)* alieni aeris novi castellani debitores ruricolae coguntur existere *a*. — *c)* hi *a*. — *d)* tanquam *E*. — *e)* avenam *E*. — *f)* sylva *a*. — *g)* sylva *a*.

---

1. Virgile, *Aeneid*, IV, 174-175.

voce agnita, nil respondens, pre gaudio, precucurrit ille et voce qua poterat consulem clamabat advenisse et digito ostendebat. Turba ruunt, etas omnis et sexus uterque gaudentes pariter et clamantes : « Benedictus qui venit ! » Quam copiosis luminaribus nox ipsa obstupuit ; tenebras cujus ut faces densissime effugabant, sic comitis adventus mestitiam.

Tum primum agnoscit rusticus cujus ductor exstiterat, cum quo fuerat collocutus, nec passus herere diutius dorso consulis, ad terram subito desilire nititur. Quod consul sentiens, retroacta manu retinet ruentem [a] et subridens : « Siccine, ait, ductorem meum abjicere debeo, cujus beneficio ad meos usque deductus sum ? Non ita erit. » Turbis igitur comitantibus et utrumque latus consulis catervatim ambientibus, velit nolit, rusticus usque in aulam sublimis fertur in equo cum consule. Venitur ad convivium. Mutatis vestibus, munificentia consulis, medius procerum discumbit rusticus ; ferculis splendidissimis rusticus honoratur ; rusticus bibit in auro, et tota fere fabula convivii vel de rustico vel cum rustico agitatur. Sternitur ei lectus mollior sane, ut reor, et mundior quam vel in silva [b] vel penes se habere consueverat.

Crastinus illuxerat dies cum comes, regressus a missis, ductorem suum precipit evocari et, cum inter proceres consedere faciens, sic exorsus est : « Non est, inquit, equum ut ductor meus iste, qui opus suum propter me intermisit ut me vobis redderet, pro opere intermisso talionem non habeat [c], presertim cum in sudore vultus sui vescatur pane suo. » Et conversus ad ipsius castri prepositum : « Age, inquit, reddituum meorum estne aliquid apud te ? » — At ille genu flexo : « Domine, inquit, mille solidi de redditibus vestris penes me vobis conservantur. » — Et consul : « Vade [d], inquit, et quingentos solidos reconsigna huic ductori meo, ne totum opus quod, mei gratia, obmisit incassum amisisse videatur, sed [e], sicut fuit socius ad tempus itineris, ita fiat particeps et reditus [f]. » Quo facto iterum consul, rustico accersito, coram omnibus : « Te, inquit, et tuos heredes in perpetuum ab omni exactione

---

a) renitentem a. — b) sylva a. — c) talionem dehabeat a. — d) valde E. — e) ut E — f) redditus E.

et servitute absolvo atque libertos, imo liberos, fore constituo. Regredere ergo ad familiolam et jam aliquantulum levius te habeto. » Quo dicto jubet eum in propria deduci.

Jam vero non immemor consul eorum que a ductore suo didicerat, sub voce preconaria edici mandat ut quicumque essent quibus pro ipsius expensis aliquid deberetur coram assisterent. Quo edicto, etsi terror jubentis non cogeret, cupiditas, imo justa querimonia invitabat. Sine mora igitur adveniunt undique creditores [a], reposcituri que fraus eatenus prepositorum distulerat. Quorum multitudinem consul miratus, ingemuit graviter; nec tamen tedio affectus est, sed singulorum causas diligenter [audiens], didicit ab eis summam debiti quod unicuique debebatur. Tum etiam, vocatis prepositis coram eadem multitudine, infremuit et ait : « Optimos vos custodes terre mee constitui ! » — At [b] illi : « Quidni [c], inquiunt, domine ? » — Et consul ad turbam : « Edicite, inquit, confidenter, singuli sigillatim, quantum pro meis expensis unicuique debeatur. Nolite metuere : ego sum qui precipio vobis. » Quibus sua debita recitantibus, consul iterum ad prepositos ait : « Me miserum, quem de pauperum sanguine huc usque [d] pavistis ! Putabam me tenere pacem, et ecce turbatio. » — Et illi : « Cognoscimus, domine, inquiunt, impietates nostras, quia peccavimus tibi. » — Et comes : « Ex ore vestro vos judico, servi nequam. Sciebatis me totis viribus in pace querenda et custodienda versari, et vobis commiseram ut vice mea populum mihi commissum pacifice regeretis ; vos autem pro pace murmur, pro legibus injurias promulgastis, et me, proh dolor ! odiosum fecistis pauperibus populi mei. Nisi igitur hanc in vobis ulciscar malitiam, hactenus consensisse videbor. At contra, quia verecunda criminis confessio proximum tenet ab innocentia locum et vos vel verecunde vel timide confessi estis, temperabo vindictam et, ut ait poeta [1], *medio tutissimus ibo*,

a) debitores E a ; corr. creditores. — b) ait E. — c) quid E. — d) huc usque om. E.

---

1. Ovide, *Metamorph.*, II, 136-137 :
   Altius egressus caelestia tecta cremabis
   Inferius terras ; medio tutissimus ibis.

ita scilicet ut nec *a* faveam sceleribus nec sponte confessos penitus exterminem. Nunc igitur, quod quidem primum est, omni semota dilatione, ex integro reddite singulis que pro meis expensis illis debetis. Quo facto ad me continuo redietis ut de vobis judicetur. » Nulla mora interposita paruerunt, nam comitis urgebat imperium.

Redditis igitur, et sine mora et sine tipo debitis omnibus, absque fere illis duntaxat que pro expensa comitis debebantur, redeunt ad eum prepositi, non sine timore, sed submissis vultibus; nam, ut ait poeta [1],

... *difficile est crimen non prodere vultu.*

« Domine, inquiunt, factum est ut imperasti. Quis *b* nobis locus est ? » Quo dicto, sese timore agente, ultra quam liceret locutos, timentes pariter et silentes, dum vellent occultari, prodebant : hinc enim eos arguebat conscientia, qua nullus testis crudelior ; hinc amor, immo fervor justitie, quem in comite sentiebant, penis addicebat *c*. His taliter affectis, consul *d*, diu multumque secum deliberans, tandem vultum erigens terrificum, dixit ad eos : « Quid opus judicibus est ? Ipsi de vobis ferte sententiam. » — At illi, voce pariter et vultu tremendo : « Domine, aiunt, non est nobis aperire os pre confusione. Unum et solum est unde, si quod erit, capimus solatium : quia, cum iratus fueris, misericordie recordaberis; alioquin si locuti fuerimus, os nostrum condemnabit nos. » — Et consul ad hoc *e* : « Nunc, ait, si mortem, quam quidem merueratis, vultis evadere, quicquid ex hoc genere fraudis adquisitis coram me deponite, quo, ea in usus bonos expendentes, etiam de malis vestris faciamus bona. » Jubentis vocem eorum executio comitatur. Si qui tamen dissimulavere quod verum erat, nec comitem latuit nec eis impune cessit ; ipse enim eos, etsi invitos, effecit veraces.

a) ne *E*. — *b)* quid *a*. — *c)* addiciebat *E*. — *d)* affectis quo consul *E a* ; *supprimez* quo. — *e)* haec *a*.

---

1. Ovide, *Metamorph.*, II, 447 :

Heu quam difficile est crimen non prodere vultu !

Accepta igitur pecunia consul, quam servi nequam sub pretextu obsequii ejus injuste adquisierant, juste dispensavit ac deinde, ne quid simile in terra ejus contingere posset, et sollicite prudens et prudenter sollicitus amputavit. Omnes enim ministros suos, non modo ibi, sed ubique jurare coegit ut expense sue de redditibus suis, quocumque terre sue adveniret, antequam inde discederet redderentur; quod si minus forte redditus sui sufficerent, quocumque modo, etiam ad usuram, mutuaretur suarum expensarum pretium. Ipse quoque coram omnibus juravit quod si quis ministrorum ejus hoc statutum ipsius aliquo modo transgredi presumpsisset, publicata substantia ejus, ipse transgressor de vita periclitaretur. Quid plura? Simili modo cum *a* ceteris egit, qui pacem terre illius et populi quietem corruperant per avaritiam.

Patet luce clarius quam prudens, quam discretus vir iste fuerit, quam juste pius, quam pie justus exstiterit, qui, quodam juris et pietatis temperamento *b* vitia sanans, nec remissus exstitit jura reddendo *c* nec in feriendo crudelis. Procul dubio non surda preterierat aure quod scriptum est [1]: *Diligite justitiam qui judicatis terram.* Utinam nostri principes temporis hujus principis nostri exemplo erudirentur in nulla parte se exhibere nimios *d*, ut nec avaritie studerent nec inclinarentur ignavia nec furore debaccharentur in subditos.

Inter innumera jam dicti comitis liberalitatis opera, illud non insulse haud silendum esse *e* censeo quod apud Locas circa quemdam clericum clementer operatus est. Quodam enim tempore, dum Turonici pagi amena perlustrans oculis *f* suis oblectamenti pabulum preberet, Locas, nobile castrum, devenit. Mane itaque facto, ut ei moris erat, ad ecclesiam canonicalem, cui abbatis vice fungens preerat, misse devotus auditor accessit. Contigit autem quod quidam clericus, tunc temporis admodum

---

a) cum *om. a*. — b) pietatis temperie morum vitia *a*. — c) inulta relinquendo *a*. — d) nummos *E*. — e) illud in sole poni dignum *a*. — f) occulis *E*.

---

1. *Sap.*, I, 1.

pauper, tractum illum qui *De necessitatibus* dicitur decantans, necessitatum suarum, quas in eo diutina paupertas congesserat, recordatione permotus, in fletum vehementem erupit, et tractum inchoatum lacrimis et singultibus interrumpens, alternas singultuum vices, lacrimosis comitantibus suspiriis, in hunc modum ad finem usque perduxit. Ad hominis igitur inopis et compuncti compassionem cor principis inflectitur, et eo post missarum sollempnia [a] coram canonicis evocato, que ploratus tam vehementis occasio fuerit sciscitatur. Cui pauper ille, demisso vultu, ait : « Dum tractum illum qui *De necessitatibus* inscribitur, domine mi, decantarem, in necessitate semper positus, de paupertatis mee exitu et peccatorum indulgentia recogitans, flevi. » — « De peccatorum, ait comes, necessitate periculosa eruere vos vel quemlibet non mea interest, sed solius Dei singulare munus est. Ut autem de necessitatibus que ad temporalem spectant substantiam vos eruam, do vobis inpresentiarum in ecclesia ista prebendam unam ; do insuper ecclesiam beati Ursi et ad ejus titulum in sacerdotem vos ordinari ; tertio addo [b], tres prebendas Andegavis, primam in ecclesia sancti Mauricii, secundam in ecclesia beati Martini, tertiam in ecclesia sancti Laudi, capella mea [c], et decaniam ejusdem ecclesie. » Sic liberalis comes, sic [d] misericordis Dei misericors minister pauperem ditavit et eum de stercore et opprobrio paupertatis erigens sublimavit.

At vero circa ecclesias quam devotus exstiterit [e], quam pie etiam presumens de ipsarum ecclesiarum privilegiis, brevitatis amore, uno saltem exemplo aperiam. Controversia frequens et plurima inter ipsum comitem et Turonensem archipresulem [f] versabatur. Contigit ergo aliquando ipsos palam contendere. Archipresul itaque, felle commoto, dixit ad comitem : « Quia rebus ecclesie cui, Deo auctore [g], presum, has et has irrogastis injurias, pro certo sciatis quia vos excommunicabo. » — At comes, nil motus, tam voce serena quam facie : « Quid me, ait, domine presul, injuriarum arguitis ? Aut purgare enim aut

---

a) solemnia *a*. — b) addo om. *a*. — c) capelle mee *E a; corr.* capella mea. — d) sic om. *a*. — e) extitit *E*. — f) archiepiscopum *E*. — g) actore *E*.

emendare, convictus, non renuo. Porro quas subjungitis minas vestre excommunicationis penitus non formido. » — Quo audito, episcopus, gravius [a] de contemptu quam de injuriis dolens : « Meam, inquit, sententiam non timetis ! Illatas injurias augetis insolentia et in nostro contemptu divinam majestatem offenditis ! Numquid [b] noster parochianus non estis ? Numquid [b] anime vestre curam, ut pastor vester, habere non debeo ? » — Ad hec [c] comes, subridens : « Bone pastor, ait, preesto [d] quibus debes et de illis habeto curam qui tibi commissi sunt. Canonicis porro beati Martini et monachis Majoris Monasterii numquid [e] dominaris ? Ego autem et canonicus sum sancti Martini et monachus Majoris Monasterii. Ergo refrena iram, cohibe potestatem et quam mihi sententiam minabaris super tuos exerce. » Sic vir sapiens et injustam pontificis evasit sententiam et quanti haberet ecclesiarum privilegia comprobavit.

Fama apud homines, apud Deum [f] virtutum premiis vivunt quibus vivere virtus erat

Quique sui memores [g] ali[qu]os fecere [h] merendo [1] ;

quo contra bestiam vivunt et hominem diffitentur quibus Deus venter est et gloria carnis occasio vite. Qui, si equa lance sese metirentur, illud Flacci [i] sibi non merito poterant usurpare :

Nos numerus sumus, et nati consumere fruges [2].

Sed, sicut pravorum vita exemplum inertie est, sic piorum [j] memoria virtutis incrementum. Relinquentes igitur fedam pravorum memoriam, de bonis sumamus exempla. Inter quos Andegavorum comes Gaufredus clariori quodam fulgore

---

a) graviter E a : corr. gravius. — b) nunquid E a ; corr. numquid. — c) hoc E. — d) presto a. — e) nunquid E a ; corr. numquid. — f) Dominum a. — g) merores E. — h) facere E. — i) Flaci E. — j) priorum E.

---

1. Virgile, *Aeneid.*, VI, 664.
2. Horace, *Epist.*, I, II, 27 :
    Nos numerus sumus et fruges consumere nati.

probitatis enituit. Cumque mirum in modum virtutum insignia elucerent in eo et tanquam sibi natum certatim vindicarent, specialiter tamen suum fecit operibus antiquum

Parcere subjectis et debellare superbos.[1]

Grata virtus utraque in principe, quem nec ignavum[a] pusillanimitas hostibus nec subditis duritia exhibuit inhumanum; cujus utriusque rei evidens argumentum sub exemplo monstrabimus.

Pictavenses igitur, finitimi ejus, gens scilicet effera nimis et plus ausu temerario quam virtutis constantia[b] presumens, crebris assultibus in eum irruebant; quorum audacie vir strenuus in nullo cedens, duplicem talionem illis rependebat, et sua scilicet ad integrum defensans et que hostium erant viriliter devastans. Denique partibus utrisque, ut fieri solet, sibi hostiliter obviantibus, quatuor milites de parte hostium capiuntur. Super quibus comitis consulit voluntatem Goslenus de Turonis[2] (in ipsius quippe custodia habebantur), quidnam scilicet fieret de illis : utrumne datis obsidibus ad tempus, an certe nominate redemptionis data fide abire sinerentur. Cui comes : « Neutrum, inquit, dum res est in pendulo, faciemus. Serventur sollicite qui capti sunt et prout guerre nostre exitus se habebit de ipsis disponemus. » Dum igitur intercedit dilatio, Goslenus affectusve tedio an motus misericordia super captis, dubium est, pie tamen fraudis excogitat libertatem. Captos itaque milites allocutus, sic ait : « Velletisne liberari de manu comitis, aut forte placet vobis ista captivitas ? » Qui primo quidem irrideri se putantes nec audentes reddere vicem, ora continuerunt. Quibus iterum Goslenus sic inquit : « Induruistis in malitia, ut nec mihi respondeatis ? » — Tum illi : « Non irascatur, inquiunt, dominus noster. Proposuistis enim

a) ignarum E. — *b)* conscientia *a*.

---

1. Virgile, *Aeneid.*, VI, 853.
2. Josselin de Tours, sénéchal d'Anjou. Cf. L. Delisle, *Recueil des actes de Henri II, roi d'Angleterre et duc de Normandie*, t. I. (Introduction), p. 378-379.

nobis quod plane derisio videbatur, ideoque reddere verba distulimus. Quis enim captus, et captus merito, presertim sub tanto principe non formidet ? Fatemur enim, etiam cum mortis discrimine, si fieri posset, nos velle liberari. » — Tum heros : « Adquiescite consiliis meis et vivetis. Deum *a* enim *b* timeo. » — « Domine, inquiunt, jube quod vis et fac quod jubes, nos parati erimus parere per omnia ; tantum de nostra liberatione tractetur. » — « Nunc ergo, ait, de probitatibus consulis aliquem componite rimulum, quod genti vestre de facili et velut ex natura decurrit. Ego autem, cum opportunum fuerit, ipsum hic hospitabor *c*, quo cum pervenerit, dabo vobis locum ut in auribus ejus possitis cantare ea *d* que dictata fuerint; et spero de domino et de ipsius bonitate presumo quia vestri miserebitur. » Nec plura. Hii ergo, inter metum et spem constituti, jocosa *e* dictabant quibus aberat jocus ; cogebantur de letitia cogitare quos premebat tristitia. Sed, credo, conceperant de viri responsione letitie primitias; alioquin musica in luctu importuna illis esset *f* narratio.

Nec mora, comes invitatur, spondet adventum, statutus advenit dies, affuit ex condicto. In cujus sane adventu construitur convivium apparatu largissimo. Pretereo domesticorum animalium carnes. Silva *g* feras, volucres aer, flumina pisces copiosissime ministrarunt ; larga Ceres affuit Bacc[h]usque diffusior qui, non suo sapore contentus, pretiosis et variis speciebus sese condivit ut pigmenta conficeret. Cum igitur circa frequens ministerium satagunt quibus id cure erat, comes cum comitibus in atriis spatiatur. Tunc vir prudens Goslenus, qui eum invitaverat, tempestivum ratus ut captis succurreret, clam cunctis ad eos ingreditur et, carcere reserato : « Exite, inquit, et, deambulatoria turris conscendentes, prominete ad fenestras superius et quod de comite composuistis canticum ne taceatis et ne detis silentium ei ; vincite tristitiam, presumite quod optatis, frequentate canticum : forsitan miserebitur vestri. » Quibus dictis heros, reseratis ostiis, egressus, comiti obambulabat de more. Illi vero, dicto citius progredientes, in fenestris

a) Dominum *a*. — *b)* multum *a*. — *c)* hospitabo *E*. — *d)* possitis cantu citare *a*. — *e)* jocula *a*. — *f)* erat *E a* ; corr. esset. — *g)* sylva *a*.

steterunt, rhythmum *a* quem in laudem comitis composuerant clara, ut poterant, voce concinentes. Consul cum comitibus oculos sursum erigens, cepit audire, attentius perpendere quid audiret et, conversus ad Goslenum, quinam erant inquirit. « Domine, inquit ille, captivi vestri sunt, milites scilicet illi quos de hostibus vestris captos jam diu in carcere custodimus. Hodie autem *b*, pro adventus vestri gloria, tantum refrigerii concessimus ut viderent lucem. » — « Bene, ait, fecistis. » Et iterum iterumque in eos respiciens squalidos, incultos, macilentos vultu, habitu, corpore deprehendit. Tum intra se graviter ingemiscens : « Inhumani, inquit, cordis est qui sue non compatitur professioni. Si nos milites sumus, militibus debemus compassionem, presertim subactis. Educite ergo milites, expedite a vinculis, lavate et comite *c* et vestibus novis induite, ut mecum hodie sedeant ad mensam. » Et factum est ita. Quibus ad se post prandium accersitis : « Injuste, inquit, me infestastis et vastatis terram meam, et ecce conclusit vos Dominus in manibus meis. Nunc poteram, si vellem, vicem vobis rependere, sed parcam. Ecce feci vos vestiri denuo, restituo vobis equos et arma, expensas etiam largior in reditu. Abite liberi, et hac vice tenete mihi pacem. » Quibus jurare et fidem dare volentibus se nunquam amplius contra eum arma movere, sed in pace et bello illi fideliter deservire : « Tale, ait comes, jusjurandum aut fidem a vobis non accipiam : fortassis enim non possetis tenere. De hac tamen terra fidem mihi dabitis. » Quo facto, restitutis omnibus et muneribus impertitis, liberos illos permisit abire. Acta sunt hec in castello Gosleni senescalci, quod dicitur Fons Milonis.

Duo itidem milites, homines ipsius consulis, conquesti ab ipso se pati injuriam, exierunt de terra ejus et, conglobata sibi manu predonum, irruptiones faciebant in proprias comitis possessiones, captivabant homines, predas adducebant, incendio cetera devastantes. Contigit igitur in una dierum ut, regressi ab hujusmodi negotio, in castro Sancti Aniani, quod eis erat, in arce *d* resideret. Ventum erat ad epulas, et forte unus eorum,

---

a) rigmum *E*. — *b)* vero *a*. — *c)* comedite *E*. — *d)* arcem *E a* ; *corr.* arce.

qui in deliciis convivii[a] panem ex simila conspersa ovis et contuso pipere aspersa solent ad gule irritamenta componere[b], aderat et his panibus, quos oblatas appellant, conficiendis pariter et coquendis exibebat ministerium. Cumque ille instrumentum ferreum, ut sepe vidistis, hujusmodi panibus coquendis calefecisset et illas ferri patenas que, sibi concatenate, artificiosa diligentia nunc aperiuntur, nunc relaxantur, suscipiendis que coquenda erant aperuisset, unus militum qui comitem infestabant, inter vina et epulas hec ructavit : « O, inquit, utinam modo hic tenerem Ruffum illum, Gaufredum comitem ! Hercle collum ejus hac[c] ferri candentis inquassatura[d] tamdiu stringerem, donec pinguedine ejus totus ferri fervor exstingueretur. » Quod alter audiens, nimis indoluit et furibundum illum his vocibus increpare cepit, dicens : « Quid est hoc quod loqueris ? Numquid[e] non dominus noster est Gaufredus comes et nos homines ejus ? Et utique, si verum fateamur, quamvis modo contra ipsum habeamus querimoniam, in terre principibus non est similis ei in terra. Esto : justa est nobis causa odiorum ; est in illo causa odiorum ; est in illo quod jure culpari debeat ; sed[f] non satis digna ultio est gladio lingue oppetere inimicum. Ceterum, ut quod sentio absolute diffiniam, nemo mihi adeo carus est quin ejus abrumpam amicitias, si de domino meo comite obloquatur[g]. » Conticuit[h] ille profecto, non reperiens aures que libenter acciperent verba detrahentium.

Non multum fluxerat tempus, cum hic idem, qui in deliciosis illis panibus predonibus ministraverat, assistebat comiti sub eodem ministerio. Inter cetera, in convivio comitis de illis predonibus forte sermo habitus est. Tum scurra ille, comiti placere gestiens : « Domine, ait, si me audire dignemini, de illis et vera[i] refero et digna relatu. » — Et comes, ut vere liberalis erat : « Dic, ait, si quid habes unde placere debeas, et, qui gule servisti, servito et auribus. Scio[j] etenim et profiteor

---

a) convivis *E a* ; *corr.* convivii. — b) componeret *E*. — c) ac *E a* ; *corr.* hac. — d) in qua statura *E a* ; *avec les précédents éditeurs, nous corrigeons* inquassatura, *que nous supposons composé à l'aide du mot* quassatura. — e) nunquid *E a* ; *corr.* numquid. — f) si *E*. — g) oblocatur *E*. — h) convenit *E*. — i) et nam *E*. — j) sum *a*.

me tibi debitorem. » Tunc ille coram comite et convivis ejus
que supra retulimus seriatim exposuit, scilicet qualiter alter
predonum [in] ejus exars[er]it injuriam, qualiter alter eum
compescuerit. At vir prudens, nichil *a* penitus motus,
quamvis utriusque in se noverat affectum, in alia quedam
derivavit sermonem.

Interea supramemorati milites *b*, quibus mali consuetudo
fecerat audaciam, complicibus sceleris *c* accitis *d*, de more terram
comitis ingrediuntur, ferro, flamma vastantes que asportare
nequibant. Quos insecuti qui pro comite tutele patrie invigila-
bant, in alto deprehendunt et, vexillum consulis inclamantes,
non segniter appetunt *e* armis. Captivis liberatis, preda reducta,
illos duos qui comitem infestabant capiunt et ei presentant.
Tunc comes ad eum qui vicem suam contra obloquentem
doluerat sermonem prius convertit et ait : « Inquietasti me et
terram meam pro posse devastasti et, ni fallor, injuste. Jam
nunc, vel comprehensus, innotesce quas tibi fecerim injurias
quidve tuum abstulerim. » — Et ille tremens, quia captus :
« Domine, inquit, non est mihi modo tempus querele : ut
enim *f* in luctu importuna *g* narratio, sic in captione intempes-
tiva ratio. » — Et comes : « Noli, inquit, sed *h* causam tuam
securus edissere, quia, quamvis a capto, nec audire fastidiam
nec dissimulabor corrigere. » — Tum ille jussus, quamvis
multum tremens, injurias suas comiti breviter assignavit et *i*
assignatis ait : « Domine, inquit, captus sum. Jam non de
injuriis queror, sed solam misericordiam quero. » — « Tum,
inquit comes, misericordiam queris et eam plenissime conse-
queris. » Et advocatis officialibus : « Ite, inquit, et *j* militi huic
equos et arma et quecumque ipsius fuerunt reddite. Prepositis
meis sub meo mandate nomine ut quicquid *k* uspiam juris ejus
exstitit ex integro illi absque dilatione restituant. Ipse enim et
inter odia pacem conservavit et fidei debite tenorem, cum hostis
putaretur, non lesit : unde justum est ut bone fidei talionem
a nobis consequatur. » Et conversus ad eum : « Vade, inquit,

---

a) nil a. — b) supramemoratus miles E a ; corr. supramemorati milites. — c) suis a. — d) abscitis E. — e) oppetunt E. — f) nunc E ; corr.
enim. Ce mot omis par a. — g) inoportuna E. — h) si E. — i) et om.
E. — j) et om. E. — k) quidquid a.

et tuarum recipe possessionum investituram ; et rebus, ut utile judicaveris, ordinatis, ad me fiducialiter redito ut, a secretis meorum unus effectus, arma, vestes et equos de meo plenarie accipias et experiaris etiam in presenti quam bonum sit non deserere fidei puritatem. » Deinde in alterum torvis intendens luminibus, ut in ipso aspectu flammas irarum deprehenderes, collum suum manu feriens : « Eia, inquit, bone miles, en collum quod ferri candentis machina optabatis perstringere ! Si perfecta, ut dicitur, voluntas reputatur pro opere facti, mortis mee vindictam in vos possum expendere. Ut quid hoc? Ut quid tanta in corde vestro malitia ut non solum de morte mea cogitaretis, sed etiam inter vina et epulas, coram cunctis, mortem mihi turpissimam imprecaremini ? Et ecce, nutu Dei, in manus meas incidistis. » — Tum ille vultu demisso, teste conscientia devictus, a comite jus[a] habuit respondere, sed hec solum trementibus vix elicuit labiis : « Scio, inquit, domine, quia morti me trades, si quod merui rependas. Illud solum excusare valeo quia, quamvis contra te verbis excesserim, non tamen in corde maledicta gerebam. Nunc autem de me facies quod bonum est in oculis tuis. » — Tum vero consul, intra se paulisper deliberans, in hec verba prorupit : « O, inquit, vita hominis, temptatio[b] super terram ! Si [bona] reddidero retribuentibus mihi mala, decidam merito ab inimicis meis inanis ! » Tunc ad militem : « Absit, inquit, a me ut subacto non parcam, capto non miserear, afflicto non condoleam. Vade, inquit, et que tua sunt posside ; de quibus autem disceptatio erat, coram me securus rediens, habebis quidquid dictabit justitia. »

O nobilis ira leonis! O grata elephantis clementia ! Hec enim animalia resistentes feriunt, fugientes sectantur, parcunt[c] prostratis. Sic procul dubio, sic liberalis Gaufredus et intolerabilis[d] erat hostibus et paris impatiens in miserando subactis : preclarum utrumque facinus et in diebus nostris rarissime frequentatum.

Ita comes preclarus suum esse fecerat *parcere subjectis;*

a) vix *E*. — b) tentatio *a*. — c) parciunt *E*. — d) intollerabilis *E*.

jam nunc quedam subjiciamus exempla quomodo noverat *debellare superbos*.

Comes Theobaudus [a] vir illustris [fuit] et quo, suo in tempore, in regno Francorum ditior opibus, fide prestantior et equior censura nullus exstitit. Sub hujus itaque dominio comes Nivernensis et Hugo cognomento Cenomannicus sese infestabant [1], quos, ut suos homines, comes Theobaudus [b] ad jus in curia sua sepius invitabat. Porro Nivernensis ille, ut superior, hostem potius viribus obtinere quam ad jus descendere volens, comitis Theobaudi curiam subterfugiebat. Dum igitur lentis et jugibus inimicitiis utrinque certatur, comes ille Nivernensis [c], volens ad unguem hostem conterere, regem Francorum et Eduensem episcopum, utrumque cum copioso exercitu, super eum adducit. Nec minus ille, cum quanta militum peditumque manu valet, in hostem procedit. Tribus igitur [d] exercitibus congregatis, rex, presul, comes Hugonem obsident in castro Cona dicto. Spes nulla penitus evadendi : convallato undique castro ab hostibus, nullus posset ingredi, egredi nullus. In arcto [e] itaque constitutus, Cenomannicus ad comitem Theobaudum legatos transmisit, discrimen suggerens, flagitans auxilium. Nec mora, vir proprius, quia in [f] mora periculum esset, suos homines jussu, affines precibus conducit pariter et amicos. Quos inter et pre cunctis Andegavorum comitem Gaufredum

---

a) Teobaudus *E*. — b) Theobaldus *E*. — c) Nivernis *E*. — d) igitur *om. E*. — e) arto *E*. — f) in *om. E*.

---

1. Dès l'année 1115, Hugue le Manceau, seigneur de Cosne, allié au comte de Champagne Thibaud, avait rompu avec Guillaume II, comte de Nevers, et avait réussi à le faire prisonnier (*Historia episcoporum Autissiodorensium*, dans les *Historiens de France*, t. XII, p. 302 ; et cf. pour la date Luchaire, *Louis VI le Gros*, p. 101, n° 203) ; mais c'est à des événements postérieurs que Jean de Marmoutier fait ici allusion. Le comte de Nevers n'ayant été remis en liberté qu'après le concile de Reims des 20-21 octobre 1119 (Luchaire, *ibid.*, p. 126, n° 266), le siège de Cosne ne saurait être antérieur à cette date, et les circonstances mêmes du récit fait par Jean de Marmoutier prouvent d'ailleurs qu'il faut le placer après le départ définitif de Foulque le Jeune pour la Terre Sainte (fin 1128-début 1129) et l'avènement de Geoffroi le Bel. A en croire Jean de Marmoutier (qui est ici notre unique informateur), cet épisode est, d'autre part, antérieur à la coalition qui éclata vers le printemps de 1129 (voir note suivante). Il semble donc qu'il faille le dater du début de cette même année 1129.

obnixius orat, postulat confidentius, de cujus nimirum auxilio fiducialius presumit. Nec cunctatur ille : ut semper promptissimus in subveniendo amicis, pollicetur opem, fidem coarctatur [a].

Selectos [b] itaque comites et probatos militia .CXL. sibi concopulat, satellites .CCC., cum his tantum properans. Juncti ergo pariter comes Theobaudus et Andegavus noster obsesso Cenomannico festinant succurrere. Quorum adventum, fama prevolante, rex Francorum audiens, sano sane consilio, sedem solvit, linquit obsidionem. At comitem Nivernensem odium inimici ad fugam paululum efficit tardiorem. In quem persequendum Gaufredus comes invehitur, comite Theobaudo occupato in reliquis. Tum vero videres virum illustrem, sicut dignitate socios, sic precedere probitate ; pictos leones preferens in clipeo, veris leonibus nulla erat inferior feritudo. Consecutus igitur fugientes, modus ei fuit absque modo in hostem desevire [c]. Ad primum, velut quoddam militie fulmen, primus eos penetrat ; socii subsequuntur ; hos detruncat gladio, illos impetu sternit, nemo illesus effugit subsequentem. Quid plura? Necatis quam pluribus ceterisque fugatis, ipsum Nivernensem comitem consul capit captumque reddidit comiti Theobaudo. Talibus insignis virtutibus tantisque probitatibus clarus, consul noster Gaufredus, sicut humanus erat et dulcis misericorditer, sic probus et fortis et animosus viriliter. Unde consequens est quod vere suum erat

Parcere subjectis et debellare superbos.

Verum quia, ut assolet, novis rebus antequam convalescant infertur pernicies, barones ejus Guido de Lavalle, Geraudus Berlaii [d], Toarcensis, Mirebellensis, Partiniacensis [e], Ambaziacensis, Saboliensis et multi alii perduellionem meditati sunt et adversus dominum novum in mentis incude [f] veteri nova machinamenta cudere ceperunt[1]. Qui in talibus autumans non

a) coartatur *E*. — b) sed lectos *E*. — c) de sese jure *E*. — d) Briais *Ea* ; *corr.* Berlaii. — e) Partaniacensis *E*, Partiniensis *a* ; *corr.* Partiniacensis. — f) include *E*.

---

1. Les hostilités avaient commencé avant le 14 avril 1129 aux termes d'une lettre adressée vers cette date par l'archevêque de Tours Hildebert au

esse procrastinandum *sciensque* [1] *proverbialiter celebre esse dictum nullam moram paratis esse inferendam*, collectis undique [a] viribus, castellum Guidonis de Lavalle quod Merlay [b] dicitur, tertia sabbati die illucescente [c], obsidet. Dumque de modo captionis cum domesticis suis ageret, plebeia manus, avida ultionis, muros disruit, fores effringit, confractisque seris et reductis portarum repagulis, usque ad fortitudinis munimen irrumpit; municipii vero domum terre coequans, custodes intus repertos internecioni et villam combustioni tradit. Auditis comes assalientium [d] tumultuosis clamoribus, de militum salute sollicitus, ut eos de rusticana manu eriperet tardus subventor accurrit. His incommodis Guido Lavallensis afflictus, majora pertimescens, comiti supplicat, rogat que pacis sunt ; et licet facilitas venie incentivum tribuat delinquenti [e], apud ipsum tamen facilis indulgentie patet aditus et pristine concordie bonum pacis osculo reintegrans confirmat.

Hac igitur facta compositione, urgente causa consimili, exercitum movens Toarcium obsidet. Obsessi autem, tam de turrium et murorum fortitudine quam de suorum non modica probitate presumentes, nullo quatiebantur timoris incursu. Liberum enim habentes discursum, frequenter exibant et de obsessoribus suis frequenti congressu gloriose triumphabant. Assuetis autem successibus insolentiores effecti, quadam die, spe abundantioris victorie ducti, solito plures exierunt. Sed preter spem illis evenit. Comperto siquidem consulares eorum accessu, quingentos milites in vicini nemoris umbrosa opacitate in insidiis posuerunt, ipsi vero, tanquam contra eos congressuri, obviam processerunt. Instant oppidani, cedunt ex industria consulares, et ultra insidiarum loca fuga fallaci protrahunt. Illi vero qui latebras fovebant, de latibulis suis caute

---

a) undequaque *a*. — *b)* Menlais *a*. — *c)* illuscescente *E*. — *d)* asalientium *E*. — *e)* delinquendi *E*.

---

pape Honorius II (*Histor. de France*, t. XV, p. 324). Cf. Bertrand de Broussillon, *La maison de Laval*, t. I (Paris, 1895, in-8º), p. 87.

1. Les mots imprimés en italique sont empruntés aux *Gesta Ambaziensium dominorum*, ci-dessus, p. 80.

progredientes, eos qui ausu temerario suos insequebantur insequuntur *a*; illi autem qui simulatoriam fugam arripuerant *b*, sentientes suos adesse, vertunt habenas et ensibus strictis et lanceis in secutores suos deseviunt. Ceduntur oppidani *c* a facie et a tergo ; pars capitur, pars gladio occubuit, reliqui fuge subsidio elabuntur. Patent porte fugientibus ; ingerunt se, nullo renitente, consulares mixti pariter cum oppidanis *d* et vicos oppidi *e* violenter occupant. Fortune sibi arridentis beneficio exhilaratus *f* consul ocius advolat *g* ; subsequentis exercitus multitudine replentur omnia. Vicecomes vero, qui se intra turrem cum paucis receperat, videns fortunam nubilo vultu sibi adversari et se rote volubilis in infimo devolutum, offert comiti sui et suorum deditionem ; et quia, sicut mos *h* est bonorum principum *debellare superbos*, par est et *parcere subjectis*, liberalis comes humiliato condescendit, indulget offensum et bono pacis et pristino honore fungi permittit. Turrem tamen subvertens, partem ejus intactam, facte ultionis memoriale, relinquit.

Amoto inde exercitu, Parteniacum, injurie gratia ulciscende, proficiscitur [1]. Parteniensis vero dominus, auditis aliorum infortuniis, sibi amplius pertimescens, per internuncios rogat que ad pacem sunt ; et, facta deditione, a liberalitate principis *i* pacem et gratiam optatam assecutus est.

Parteniacensi indulta, ut dictum est, venia, castra movet et in Blazonensem Theobaudum, quem conspirationis reum noverat, ultum ire superborum indefessus satagit expugnator.

Blazone itaque succenso et ejus pertinentiis in favilla redactis, fugientem ad Mirebellum, tutiora loca, Theobaudum persequitur. Theobaudus vero, magnanimus vir et rei militaris per omnia gnarus, collecta militum non minima multitudine, defensioni se parat. Instat sagacis industrie comes et, circumfuso

---

a) insecuntur *E*. — b) arripuerant *om. E*. — c) opidani *E*. — d) opidanis *E*. — e) opidi *E*. — f) exilaratus *E*. — g) avolat *E*. — h) mox *E*. — i) liberalitatis principe *E a ; corr.* liberalitate principis.

---

1. Cf. *Annales de Saint-Aubin d'Angers*, ann. 1129 : « Fulcho comes Jerusalem pergit et Gaufridus filius ejus, honore adepto, ad Parteniacum duxit exercitum » (Halphen, *Recueil d'annales angevines et vendômoises*, p. 8.)

exercitu, castellum obsidet [1], struit aggeres [a], aspera complanat et que oppido capiendo congrua [b] essent ordinat. Obsessi vero obsedentibus pro viribus mala moliuntur et frequente discursu castra perturbant. Comes vero equanimiter sustinebat, sciens quia victus paucitas intus illata a tanta multitudine in brevi consumeretur et ex eduliorum defectu obsessorum defectio sequeretur. Id Theobaldus sagaci animo perpendens, Pictavensem comitem ad sui subventionem per internuntios invitat. Adest comes festinus, cui militum et peditum multitudo innumera victorie facilitatem pollicetur. Obsidetur obsessorum obsessor Andegavensis et utrobique vicissitudine varia ab hostibus angustiatur. Impatiens itaque tante importunitatis, dum hostes membra sopori dedissent, suos pernoctare studet. Intempeste igitur noctis silentio, in fossatis faciendis summopere desudant, quorum tuitione protecti cursantis comitis impetum inhibere queant. Illucescente die crastina, more solito in exercitum ruunt; sed aggere inopinato prepediti, discurrendi libertate sublata, nocturni laboris instantiam obstupescunt. Elapsis itaque .XL. diebus, obsessis consumpti elabuntur cibi; nullis aliis introducendis patet introitus, quippe nec semipedalis tutus egressus. Quid plura ? urgente famis inedia, Theobaudus, salva sui suorumque vita, offert deditionem ; adquiescit comes, et, dimissis illis quorum vultus attenuati fame, pallidi et exsangues emarcuerant, oppidum in jus proprium redigit. Pictavensis vero, in his que acciderant obstupefactus, plenus ignominie et confusionis abscessit. Ordinavit ibidem victoriosus comes senescallos et prepositos quibus castellum et totius castelli [c] terre curam delegavit. In hunc modum soluta est obsidio, et universi ad propria cum gaudio reversi sunt.

Obsidente Andegavensi comite Mirebellum et eodem in ipsa obsidione a Pictavensi obsesso, barones sui, inito consilio, importuna opportunitate adepta, conveniunt comitem ut eis absque dilationis mora super injuriis sibi ab eo illatis satis-

a) ageres *E*. — *b)* commoda *a*. — *c)* castella *E a* ; *corr.* castelli.

---

1. Cf. *Annales de Saint-Aubin d'Angers*, ann. 1130 : « Exercitus de Mirebello » (éd. cit., p. 9).

faciat. Comes temporis angustias et guerre sue importunitatem pretendens, inducias querit et eis, soluta obsidione, de omnibus satisfacturum prout ratio dictaverit pollicetur. Illi inducias *a* renuunt et, in verbis diffidentie discedentes, terram comitis depredantur, homines captioni, villas depopulationi tradunt. Paucis denique evolutis diebus, reverendi principis spe dilata *b* pro voto in effectum, et diuturnus labor cessit in triumphum.

Habita siquidem de Mirebellensibus victoria, eorum castello, Deo juvante *c*, in jus proprium redacto, Insule Bucardi insperatus appropinquat. Consulares, ultionis avidi et rapine lucris inhiantes, omni pretiosa supellectili in proprios usus assumpta, burgos sanctorum Mauricii et Leonardi et quidquid pons primus postposuerat incendunt. His inimiciarum datis intersignis, reflectunt habenas et, transeuntes Viennam, Cainonis nocte illa quieverunt. Prenuntia vero diei aurora illucescente, Insulam ex improviso *d* regressi sunt et, hesterni instar incendii, burgum Esmantie et quidquid pons primus circa Vigennam reliquerat in cineres redigunt. Die vero crastina Insulani, ponte tornatili deposito exeuntes, exercitui in multis multa inferunt detrimenta. Denique urgente consularium insectatu, cum festinatione infra firmitatis sue septa recepissent, consulares, firmitatis prime cum burgo adjacenti immunitione capta, eos ad castelli interioris tutiora fugere compellunt. Sentiens consul sibi arridentis *e* fortune favorem, nonnullos militaris ordinis et pedestris assumens, transvectus navigio, a parte prius exusta Insulam obsidet ; in locis vero secretioribus milites occultans, insidiarum furtis exeuntes concludere parat, nec spes eum fefellit : concepti siquidem doloris malum ultionis remedio lenire cupientes, suis doloribus dolores aggerant *f*. Mane etenim facto exeuntes in hostem, ab his qui latebras fovebant comprehensi sunt et supervenienti exercitui patens oppidum *g*, nullo renitente, diripitur. Insulani namque, more sibi non incognito, fuge consulunt. Castri interioris municipium, quod aquarum biviis et muro cingitur, navali remigio

---

a) induciarii *E*. — *b*) spe diu dilata *a*. — *c*) Domino vivente *a*. — *d*) ex proviso *E*. — *e*) aridentis *E*. — *f*) aguserant *E*. — *g*) opidum *E*.

obsidetur; cumque nullus obsessis pateret exitus, Peloquinus et pretaxati superius viri, animis viribusque diffidentes, sacramento astricti, ne simile quid adjicerent, dederunt se et castellum comiti, se reddentes libertati.

Quia vero de similibus idem fit judicium, Gaufredus consul, cui magno nichil *a* erat magnum, recepto exercitu, Lisiardo Sabloiensi, simile quid promerenti, Brioleto cum adjacentiis suis abolito, quidquid a Sablois spectare videtur depopulatus est, ipso indemni permanente.

Inde etiam pedem efferens, in Susensem pagum ducit exercitum; quem petroritis, mangonellis et aliis machinis captum, tamdiu tenuit quamdiu Lisiardus presentem vitam duxit. Mortuo siquidem Lisiardo, collactaneo *b* et commilitoni suo Roberto Susam et omnem terram patrum suorum restituit, quoadusque, consilio impiorum arma corripiendo et guerram movendo, consulem ad iracundiam provocavit.

Robertus igitur, prefati Lisiardi filius, terram suam de manu consulis suscepit, hominagio et leigiatione facta, et sacramentis juratis non servaturus accessit [1]. Siquidem ipso anno quo terram de manu consulis suscepit, consilio Hugonis de Mathafelone et Theobaudi filii ejus, guerram movens, quidquid a Brioleto usque Andegavis, a Sabolio et Susa usque Cenomannis, ferro et igne aggrediendo, depopulatus est. Sed quia prefatus Robertus collactaneus consulis fuerat et cum eo altus et nutritus familiariter vixerat, diu siluit, *nolens [2] familiarem suum impugnare, illud Tullii sepe replicans : Nihil est turpius quam cum eo gerere bellum cum quo familiariter vixeris*. Sed quia idem Tullius [3] ait : *Aperte enim amare vel odisse magis ingenuum est quam fronte occultare sententiam*, exercitum movet, arma corripit, Brioletum cum adjacentiis suis delevit, Susam

a) nihil *a*. — *b*) collataneo *E*.

1. Orderic Vital note dans sa chronique qu'à la fin de l'année 1135 « Rodbertus etiam de Sabloilo, filius Lisiardi, aliique proceres contra Josfredum consulem rebellaverunt »(*Hist. ecclesiastica*, éd. Le Prévost, t. V, (p. 57).

2. Les mots imprimés en italique sont empruntés aux *Gesta Ambazientium dominorum*, ci-dessus, p. 112.

3. *Ibid.*, p. 109.

capit et, hominagio et legiatione tam a militibus quam a burgensibus accepta, hominibus suis custodiendum tradidit. Videns autem Robertus et sui contra martium comitem non posse resistere, accitis venerabilibus episcopis Ulgerio Andegavensi et Hugone de Sancto Carileffo [a] Cenomannensi, ipsis mediantibus, cum suis complicibus ante pedes consulis humiliter prostratus indulgentiam petens, ab ipso apud quem non erat labor iste difficilis, quin ignosceret supplicanti veniam obtinuit.

Elapsis denique aliquantis annis, *dum* [1] prefatus consul *in prosperitate floreret*, iterum tertio Robertus cum suis complicibus guerram movet, totius consulatus barones sacramentis federatos sibi facit obnoxios. *Monitu* [2] etiam *impiorum, Helias* [b] *frater* consulis, *Cenomannicum exigens consulatum, ipsum sepe impugnabat. Quem captum Gaufridus multis diebus Turonis incarceratum tenuit, sed postea inde liberatus, gravi morbo a carcere contracto, juvenis obiit. Semper enim potentes fratres, male concordes nimiaque cupidine ceci, res suas in medio tenere nolentes, inter se dissident* [c] *et, cum suas* [vi]*res miscere juvat, pereunt.* Consul vero, *cujus* [3] *erat in votum scire*

Que sequenda forent et que vitanda vicissim,

amicos et consiliarios [d] *suos convocat, quorum maximi et principales erant* Hugo de Cleeriis et duo fratres ejus Gaufridus et Fulco, Paganus de Clara Valle, Goslenus de Bloio, Harduinus de Sancto Medardo et multi alii. *Isti* [e] *verum* [f] *consilium libere dare* [4] *Gaufrido gaudebant, quia, teste Tullio, plurimum in amicitia amicorum bene suadentium valet auctoritas ea que adhibeatur ad monendum eos non modo aperte sed etiam, si res postulat, acriter et acute ; et oportet ut ei adhibite pareatur.* Consul, *prefatorum consilio fultus, illud Lucani suis ait* :

a) Carilerfo *E a* ; *corr.* Carileffo. — b) Helyas *E*. — c) dissent *E*. — d) consulares *E a* ; *corr.* consiliarios. — e) istum *E*. — f) verum *om. E*.

---

1. Emprunt aux *Gesta Ambaziensium dominorum*, ci-dessus, p. 116.
2. Emprunt aux *Gesta consulum Andegavorum*, ci-dessus, p. 71.
3. Emprunt aux *Gesta Ambaziensium dominorum*, ci-dessus, p. 116.
4. *Ibid.*, p. 116-117.

« *Di melius belli tutinas quod damna priores ;*

et quod ceperit [a] *inde nefas* [b], *et quod sanguis nostrorum jam tetigit pollutos enses* Saboliensium. » Hec dixit facetus comes, et cum letiorem se solito suis exhiberet, typico [c] ridiculi commonitorio eos alloquens, ait : « Sicut cuilibet egrotanti tussis individua comes inheret, sic, totius proditionis fomes, incentivum Saboliensis omni impugnanti me ultroneum se ingerit adjutorem. » Eapropter providus consul, ut terra hostium patens incursibus tutior esset, Castellum Novum super Sartam, re et nomine, edificavit, quod, situs sui et decore, inimicis invidiam, suis oblectamentum parit et securitatem [1].

Interim [2], *consilio cum suis habito, commodum duxit hostium terram intrare, commodius fore judicans hostes in terris suis aggredi, quam ad se aggrediendum eis ex dilatione cornua sineret erigi. Electa itaque militie manu* multisque *peditibus, gentem illam sibi rebellem et emulam expetiit. Antiquitus nempe* Andegavenses *preliandi consuetudinem habebant, forsan, ut puto, a Deo sibi permissam, ne per otium pejoribus inimicis expugnarentur, moribus scilicet vitiosis, juxta illud satirici garriendo veridici :*

> *Servabat castas humilis fortuna Latinas*
> *Et labor in noctes et proximus Hannibal urbi.*

Nam laborum et bellorum assiduitate minus libet superbire, minus delectat mechari [d] *illis qui etiam assidue timent mori. Bella itaque exteriora interiorum sunt sepe peremptoria bellorum et oppressio inimicorum. Igitur* consul reverendus, *eo quem ductabat cuneo per terram hostium effuso, qui tamen statim usque ad pedites fugere compulsi sunt, egressis adversus se*

---

a) cepit *E*. — b) nephas *E*. — c) tipico *E*. — d) mecari *E*.

---

1. Cf. *Annales de Saint-Aubin d'Angers*, année 1131 : « Gaufridus comes firmat Castrum Novum » (Halphen, *Recueil d'annales angevines et vendômoises*, p. 9). Plusieurs chartes de Saint-Maurice d'Angers font allusion à cette construction. Voir surtout le n° 211 du *Cartulaire noir de la cathédrale d'Angers*, éd. Ch. Urseau, p. 313.

2. Les mots imprimés en italique sont empruntés aux *Gesta Ambaziensium dominorum*, ci-dessus, p. 117-118.

hostibus, impetuoso impetu restitit; namque Sabolienses, *comperto ejus adventu, in insidiis excubabant.* Proinde consul, *videns sibi fieri necessariam congrediendi copiam pugnando, ipsum* Robertum, *cum suis multis* vulneratis et occisis, nonnullis captis, infra ambitum castelli fugere compulit ; ipse vero *victor cum gaudio ad sua rediit.* Demum *terrorem ceteris ingerens, favente sibi fortuna, multa insignia, Deo* permittente, *peregit, cupiens semper*

> Parcere subjectis et debellare superbos.

Quid plura ? Robertus et sui, qui primi guerram moverant, confecti et confusi, per internuncios pacem querere sunt compulsi. Consul vero bellicosus rogantibusque ad pacem sunt pacem dedit, sciens sapientis [1] dictum

> Vincere cum possis, interdum cede sodali,

et alibi [2],

> Constans et lenis, ut res expostulat, esto.

Qui constans exstitit debellando superbos, guerram movendo, lenis factus est parcendo subjectis, pacem offerentibus et requirentibus.

[I]turus consulis pater Jerusalem, Hugonis Ambaziacensis, vie sue socii, filium nomine Sulpicium consul ejus tuitioni et fidei commendavit. Habito illius hominio, ut ei diutius deferret paterne preces plurimum obtinuerunt. Sed Sulpicius juvenis juvenilem sequebatur animum, *cujus* [3] *aures veritati ita clause erant ut ab amico verum audire nequiret* [a]. Majoris siquidem *assentatio* [4] *nemini nocere potest nisi ei qui eam recipit atque ea delectabitur, et amicus blandus a vero amico adhibita dili-*

a) Ici s'arrête E.

---

1. *Catonis Disticha*, I, 34.
2. *Ibid.*, I, 7.
3. Les mots imprimés en italique sont empruntés aux *Gesta Ambaziensium dominorum*, ci-dessus, p. 126 (copie de Cicéron).
4. *Ibid.*, p. 124.

gentia leviter dignosci potest. Namque [1], *teste Tullio, nullam pestem majorem esse scimus quam adulationem, blanditiam, assentationem, quod vitium est levium hominum atque fallacium, ad voluntatem omnia loquentium, nil ad veritatem : illi nempe molestiam quam capere debent non capiunt, illamque capiunt qua debent vacare ; tales judicium veri* [a] *tollunt idque adulterant.*

Siquidem *Sulpicius* [2] *multotiens consulem ad iram incitavit, tum pro latronibus ab ipso susceptis et mercatoribus disturbatis, tum pro burgensibus Castri Novi captis et a rege Francorum exhibitis.* Denique, evolutis temporum intervallis, ante comitem super dotalitii sui imminutione [b] Sulpicii [c] matre [d] adversus filium querimonia dependenti, convenit Sulpicium [e] comes per internuntios semel et iterum ut matri sublata restituat. Dissimulat ille. Stomachatus autem consul de contemptu sui et injuriarum a Sulpicio sibi illatarum, post [f] diffidentie allegationem, Jaguelinum [g] de Malliaco cum quatuor fratribus suis et Hugonem Sulpicii [h] fratrem, cui militie cingulum imposuerat, ad Sulpicii [i] impugnationem Turonis posuit. Sulpicius [j] vero, frequenti eorum incursu in multis multa sustinens detrimenta, in consulares ulciscens, vicissitudini vicem rependit. Exasperatus inde comes, contractis viribus, quicquid Ambaziacus, Calvus Mons et Montricardus [k] a se locis diversis excluserant depopulatus est. Deinde recepto exercitu, Ambasium veniens, burgum Sancti Dionisii et quidquid molendinorum pons a septis sejunxerat succendit. Sulpicius vero arma potius quam pacem desiderabat. Sed Hugonis archiepiscopi et baronum quos ad sui tuitionem collegerat [l] consilio corripitur et ne adversus martium comitem impar viribus insolescat dissuadetur. Adquiescit Sulpicius, matri prerepta restaurat et, mediantibus cum archiepiscopo viris, inter consulem et Sulpicium pace reformata, injuriarum liberalis indultor

---

a) mihi *D*. — b) immunitione *D*. — c) Supplicius *D*. — d) mater *D*, matri *a ; corr.* matre. — e) Subplicium *D*. — f) plus *D*. — g) Jaquelinum *a*; Jaguellinum *D ; corr.* Jaguelinum. — h) Suplicii *D*. — i) Suplicii *D*. — j) Sulplicius *D*. — k) Mons Richardus *D*. — l) collegant *D*.

---

1. Emprunt aux *Gesta Ambaziensium dominorum*, ci-dessus, p. 126.
2. *Ibid.*, p. 122.

abscedit. Conspicientes itaque cuncti optimates qui a consulis deviaverant fidelitate illum omne presidium fuge partim destruxisse, partim interclusisse, datis obsidibus, colla rigida ei ut domino suo subdiderunt ; sicque, eversis castris ubique nullus ultra ausus est contra eum rebellem animum detegere.

Advenerat comes Cenomannis, Nativitatem dominicam ibidem acturus [a], et, ut ipsius exigebat nobilitas et liberalitas imperabat, evocati confluxerant ad eum pro reverentia solemnitatis principes provinciarum ceterorumque militum non minima multitudo. Est autem ecclesia Cenomannis beati Petri cognomento de Curia, que Cenomannorum comitum proprie capella est. Hanc enim liberalis illa progenies tantis dotavit muneribus ut de ipsorum comitum reddititibus quinquaginta [b] ibi [c] ferme canonici ad serviendum Deo in ecclesia eadem et sufficienter et honorifice sustententur. In hac igitur capella sua comes, comitatu militie stipatus frequentissimo, sanctissime [d] noctis exegit vigilias. Et jam lux advenerat matutina ut in episcopali matrice ecclesia de more processionis mysteria [e] agerentur. Procedit igitur comes, proceres subsequuntur, cetera militum manus ei simul [f] et eis [g] reverenter obambulat, cum ipse, primus incedens, in ipso introitu ecclesie clericulum [h] offendit in tenui satis habitu (pauper enim erat) sese clero ecclesie immiscere volentem. At comes liberalis liberali suo more eum prior affatur et salutato subintulit : « Dic, inquit jocando, o clerice, scisne aliquos rumores ? » — Et puer etiam ait : « Domine, valde optimos. » — Ad quod suspensus comes et attonitus et quod nesciret se auditurum putans : « Dic, ait, bone puer, nec me suspensum differas. » — Et ille : « Puer, inquit, natus est nobis et filius datus est nobis. » — Quo responso pueri de puero comes accepto, non vile tenuit neque a quo sed de quo audisset pensans, ait ad puerum : « Cujus filius es ? » — « Domine, ait, illius hominis vestri admodum pauperis » ; et nominavit

a) acertus *D*. — b) quinquaginta *om. D*. — c) ibi *om. a*. — d) sacratissime *a*. — e) misteria *D*. — f) similiter *D*. — g) ei *D*. — h) clericum *a*.

patrem suum. — Et comes, non jam jocando sed serio (vulneraverat enim cor ejus caritas nati pueri) puero [a] respondit : « Vade, inquit, in clerum et obsequere puer puero cujus mihi prenuntius exstitisti : potens est enim ille, et si non ego, tanti nuntii mercedem tibi restituere. » Peractis igitur processionis mysteriis [b] et celebratis missarum solemniis, comes episcopum adit. Cui assurgens et occurrens episcopus : « Bene, ait, fecistis, domine, veniendo, ut cum sacerdote vestro hodie reficiatis. » — Et comes ait : « Nec votum domini et patris respuo, nec tamen voto valeo parere, tanta mecum militia congregata, sed postulationem unam postulaturus adveni. » — Et presul : « Vestrum est, ait, non petere, sed jubere. Edicite tamen quod placet ; nullam prorsus patiemini repulsam. » — Et comes : « Pro amore, inquit, illius qui hodie natus est nobis et filius datus est nobis, date mihi unam prebendam in ista ecclesia. » Quo [c] benignissime ab episcopo concesso, comes puerum manu tenens, qui puer sibi Nativitatem Domini nuntiaverat : « Hunc, inquit, vice mei, investite de dono et eum canonicum loco mei suscipite. » Et ad ipsum puerum vertens vocem et vultum : « Et ego, inquit, in ecclesia sancti Petri de Curia tibi dono prebendam que prima vacaverit. » Admirati qui aderant tantam principis in pauperem puerum benignitatem, tam largam munificentiam ; tum presul ab ipso comite, ausu familiaritatis, perquirere causam tante gratie vel munerum. Coram cunctis comes liberalis eam liberaliter explicuit. Obstupuere pariter universi et singuli, non minus clementiam ejus in pauperem puerum quam [d] circa Summum Puerum devotionem satisque agnitum et quam sibi familiare esset subvenire egentibus [et] quanti haberet Summi Pueri nuntiata sibi natalitia.

Quibus sane studiis in hanc virtutum eminentiam vir illustris excreverit, clarum ei est qui diligentius pensaverit [e] vitam ejus. Cum enim ab ineunte etate scientiam litterarum degustasset, tanto ardore in his versabatur, ut nec inter arma pateretur dehabere [f] litterarum doctorem. Suum igitur fecerat

---

a) parvo *D*. — b) misteriis *D*. — c) quod *D*. — d) que *D*. — e) pensavit *D*. — f) dehaerere *a*.

illud sapientis de sapientia dictum [1] : *Hanc adamavi a juventute mea et quesivi assumere mihi sponsam et amator factus sum forme illius*. Nec solum in sacris litteris versabatur, sed nunc de auctoribus, nunc de philosophis queque digna memorie sibi recondebat, preclarum dicens clavam Herculis de manu ejus rapere et Goliam suo ipsius perimere [a] gladio. Vir igitur admirabilis, inter Egyptios habitans, spoliabat Egyptum, vasa inde aurea et argentea rapiens, profutura utique in usus Israelitarum. Et cum in sacris litteris [2] legisset de rebus mundanis : *vanitas vanitatum et omnia vanitas*, admiratione quadam non modica afficiebatur, illud idem apud seculares reperiens, ut est illud [3] :

O curas hominum ! O quanti [b] est in rebus inane !

Cumque in sacris litteris Jacob discretionem cerneret, dicentis [4] : *si greges meos plus in ambulando fecero laborare, morientur cuncti simul una die*, nihilominus a secularibus [5] audiebat :

Est modus in rebus, sunt certi denique fines.

Audiebat in divinis litteris [6] : *declina a malo et fac bonum ;* audiebat a secularibus [7] :

Est quoddam prodire tenus, si non datur ultra.

Audiebat in divinis : *omnia* [8] *mensurate fiant propter pusillanimes ;* audiebat a secularibus [9] :

Virtus est vitium fugere, et sapientia prima
Stultitia caruisse.

a) prosternere D. — b) quantum a.

1. *Sap.*, VIII, 2.
2. *Eccles.*, I, 2.
3. Perse, *Sat.*, I, 1.
4. *Genes.*, XXXIII, 13.
5. Horace, *Sat.*, I, 1, 106.
6. *Psalm.*, XXXVI, 27.
7. Horace, *Epist.*, I, 1, 32.
8. Nous ne savons d'où cette citation est tirée.
9. Horace, *Epist.*, I, 1, 41-42.

Sed quo delabor, oblitus propositi ? Quid enim, quod ad bonos duntaxat mores valeat, in secularibus litteris non reperitur? Que legens vir nobilis et secum ruminans, nimia afficiebatur verecundia si non impleret, christianus, que et exemplis et documentis gentiles monstraverant. Vere, ut ait Boetius [1], *beatas respublicas, si vel sapientes earum tenere regimen vel earum rectores studere sapientie contigisset.*

Anno igitur uxoratus sui quarto memoratus consul Gaufredus genuit filium suum primogenitum Henricum [a], quinto Gaufredum, sexto Willelmum.

Anno eodem, ab incarnatione videlicet Domini .MCXXXVII°., regni vero sui trigesimo quinto et quatuor mensibus, etatis vero sue septuagesimo secundo, prima die decembris, Henricus rex obiit juxta Rothomagum, in loco qui Leuns [b] dicitur. Ejus intestina Normanni, reliquum vero corpus Angli sepulture tradiderunt [c]...

Mortuo, ut diximus, rege Henrico, Stephanus comes Moritonii, frater comitis Theobaudi [d], nepos regis defuncti, in regem extraordinarie sublimatus est et coronatus est in Angliam [e]...

Secundo [2] *siquidem anno a morte Henrici regis siccitas permaxima fuit a martio usque septembrem* [f]. Ipso anno Mathil-

---

a) Hararicum D. — *b*) Lemis *a*. — *c*) Nous jugeons inutile de reproduire un long passage que D et *a* intercalent ici (Defuncto igitur eo, libera, ut in mortuo solent... apud abbatiam Reding, quam prefatus rex Henricus fundaverat et multis possessionibus ditaverat) *et qui est copié textuellement sur l'Historia Anglorum de Henri de Huntingdon, début du livre VIII, éd. Arnold (collection du Maître des Rôles, p. 255-258.* — *d*) Theobaldi D. — *e*) D et *a* intercalent ici deux nouveaux extraits de Henri de Huntingdon (ibid., p. 260 et 266, : Quod videns consul Andegavensis Gaufredus, qui summus hostis ejus erat... ex abundantia thesauri defuncti regis, superaverat. — Filia regi Henrici, cui Anglia juramento addicta fuerat... sedem confixam diu superesse contendebat. *Ces deux passages sont reliés par ces quelques mots* : Transactis autem duobus annis induciarum. — *f*) septembris D.

---

1. Boèce, *Consolationes philos.*, I, IV : «... beatas fore respublicas si eas vel studiosi sapientiae regerent vel earum rectores studere sapientiae contigisset. »
2. Les mots imprimés en italique sont empruntés aux *Gesta consulum Andegavorum*, ci-dessus, p. 72.

dis*ᵃ* imperatrix transfretavit in Angliam ; *Gaufridus vero comes, coadunatis maximis copiis militum et peditum, adjuvantibus sibi baronibus suis cunctis,* maxime autem Guillelmo Aquitanie duce, *Normanniam intravit eamque totam acquisitam tenuit, excepto oppido quod dicitur Gisort ᵇ, quod regi Francorum Ludovico, ne sibi noceret concessit, sicque dux Normannorum effectus est.*

Quo¹ *autem labore quantaque* diligentia *Must[e]riolum Bellai, obsessum in hyeme et estate vixque etiam ᶜ anno peracto captum, deleverit quantamque misericordiam in Giraudo ᵈ Bellaii et filio suo exercuerit* sermo subsequens declarabit. *Quid dignum, ut, ait Boetius, stolidis mentibus imprecer nisi ut opes et honores ambiant, ita tamen ut, cum falsa bona paraverint, illis omissis ᵉ, ad cognitionem veri boni festinanter perveniant ?*

Ceterum siluit terra in conspectu consulis Gaufredi annis circiter. x. Que temporum intervalla non in vacuum ducens, subjectos sibi populos in equitatis virga rexit ; quibus etsi non preesse, prodesse tamen affectans, misericordie et veritati, justitie et paci propagande operam dedit. Evoluto autem decemnovenali circulo, Giraudus Bellais redivive conspirationis incentor et auctor exstitit ². Baronum siquidem suorum animos sollicitans, a domini sui amore et servitio, iniquitatis abundantiam subministrans, refrigescere fecit. Eum ᶠ quippe Gaufredus, sua prevalens industria, in regis Francorum Ludovici notitiam et, post notitiam, in amorem devinxerat, ut ipsum, inter domesticos magis dilectum, totius Pictavie senescalcia insigniret. Regie in eo fiducia familiaritatis superbie fomitem ministrabat. Fastu igitur elationis intumescens, cum complicibus suis, Andrea videlicet de Doe, Rogone de Choe, Haime-

---

a) Maildis *D.* — *b)* Gisorit *D,* Gisoret *a* ; *corr.* Gisort. — *c)* et *D.* — *d) D transcrit presque partout* Giraudus *sous la forme* Geraudus *ou remplace ce nom par la simple initiale* G. — *e)* obmissis *D.* — *f)* cum *D.*

---

1. Emprunt aux *Gesta consulum Andegavorum,* ci-dessus, p. 72.
2 Ces événements des années 1150 et 1151 ont été étudiés en détail et textes à l'appui par M. Richard Hirsch, *Studien zur Geschichte König Ludwigs VII. von Frankreich, 1119-1160* (Leipzig, 1892, in-8°), p. 65 et suiv. et p. 77 et suiv. Cf. ci-dessus, p. 72, n. 1, et *Recueil d'annales angevines et vendômoises,* p. 12, n. 2.

rico *a* d'Aveir *b*, Pagano Bafer et multis aliis quos malitie sue veneno infecerat, Losduni, Salmurii et Andegavorum partes frequenti discursu depopulans ausu temerario infestabat. Habita ad comitem relatio eum in ultionem armavit. Sagaci igitur usus consilio, ut discurrentium obstrueret iter, duo oppida *c*, Burbanum *d* et Rupem a nominum impositoribus dicta, inter Losdunum et Musteriolum firmavit, firmata milite *e* munivit; inter Salmurium *f* vero et Andegavum alia item duo, que Platea et Cosdretus nuncupata sunt, difficultate locorum et valida militum manu hostibus invisa, construxit et a partibus itidem illis hostilis incursus impetum impedivit.

Cum vero *g* brume glaciali vernum tempus et veri florida estas serena succederet et jam prata falces et messes falciculas exoptarent, considerata consul grata arridentis temporis opportunitate, coacto undequaque exercitu, Doe venit, hujus muros turremque ruina, domos incendio biduani laboris instantia pessumdedit. Crastina illucescente, acies tanquam ad bellum processurus ordinans, Musteriolo proficiscitur. Militaris ordo et pedestris modo et forma qua eos comes instruxerat incedebat, non *h* ad dexteram neque ad sinistram inclinans. De castello autem quod contra eos erat exivit cohors *i* armata militum, ad torniamentum illos *j* provocans. Ordinate acies incedunt, et nemo mete sibi constitute limitem excedit. Indignati tres barones magnanimi Rogo de Choe, Hamericus de Aver, Paganus Bafer, quod bellicose gentis acies diligenter instructas perturbare nequissent, in consulem, qui primam aciem preibat, unanimiter irruunt. Tribus lanceis ejus scutum pariter perforantes, eum dejicere indubitanter estimabant; manet consul inconcussus et, licet tantorum procerum validis ictibus impelleretur, nec a stapho pes ejus avulsus est. Obstupefacti inusitato rei miraculo, versis habenis, intra castelli castra sese recipiunt. Videns consul fortune eventum sibi blandientem, adepta opportunitate, cum suis eos persequitur ; et primo adventus sui die, forum cum forensi burgo et universas

---

a) Hainrico *D*. — *b*) Davieir *a*. — *c*) opida *D*. — *d*) Buthanum *a*. — *e*) milicie *D*. — *f*) Psalmurium *D a* ; *corr.* Salmurium. — *g*) ergo *D*. — *h*) neque *D*. — *i*) choros *D*. — *j*) eos *D*.

domos quas murorum ambitus excluserat in favillam redigens, castra metatus est.

Castellum illud, situs sui difficultate, obsessoribus *a* suis de sui captione desperationem pariebat. Duplici siquidem muro et antemurali cingebatur et turrem mire fortitudinis usque ad sidera porrigebat *b*. Arcebat autem machinamentis cujuslibet jactus, a muro et a turre longe posita, abyssi prerupte quedam prerogativa, que Vallis Jude appellabatur. In his Gaufridus plurimum spei sue posuerat. Videns itaque consul sibi tempus in vacuum elabi et gentem suam longe obsidionis tedio nauseare, ad callida convertitur argumenta. Ex ejus quippe imperio Salmurenses nundine ad Monasteriolum translate sunt. Infra quindecim vero dies, tam a castrensibus quam ab eis qui ad nundinas confluxerant vallis illa preter spem impleta in planitiem deducitur; que res obsessoribus letitie, obsessis mestitie causa fuit. Fiunt igitur, jubente artifice et artis lignarie perito comite precipiente, tante sublimitatis turres lignee que murorum et turris altitudinem despicerent; et suppositis *c* rotulis tracte muris admoventur et a militibus et a sagittariis intro positis vagandi per oppidi *d* vias ejus habitatoribus securitas tollitur. Habito igitur libero et securo accessu militum pariter et peditum, acies armate pari voto dant assultum, clangunt buccinis, intonant tubis. Attollitur in celum utrobique clamor tumultuosus; isti audacter assaliunt, illi viriliter se defendunt. Consulares, antemurali *e* primitus everso, reliquos violenter subruunt muros; oppidani *f* lapidibus, sagittis et missilibus impetitores suos impetunt, vulnerant et vulnerantur. Fit utrinque maxima strages et alternatim variis mortium generibus sese prosternunt. Invalescit bellicus labor et altercatio dura percipit *g* incrementum, ita ut sola vexatio det intellectum auditui. Ili vero qui in turribus ligneis erant, sagittarum grandine premissa, grecum jaculantur ignem, qui in brevi in flammarum globos sese subrigens totius castelli incendium fuit. Oppidani *h*, fortune adversantis omine sinistro

---

a) obcessoribus *a*. — *b)* porrigebatur *a*. — *c)* superpositis *D*. — *d)* opidi *D*. — *e)* autem murali *D a*; *corr.* antemurali. — *f)* opidani *D*. — *g)* precipit *D*. — *h)* opidani *D*.

confracti, incendii trepidantis et sagittarum urgente molestia, ad turris tutiora confugiunt. Dantur unius diei inducie ; sepeliunt hinc et inde *a* mortuos suos et medentur vulneratis. Invitatur interim Giraudus ad deditionem ; sed magnanimus vir, de turris fortitudine presumens et in auxilio regis Ludovici et peregrini exercitus habens fiduciam, deditionis dedecus execratur *b*. Mandat in his exasperatus consul petroritas *c*, fundibularias, mangonellos et arietes erigi. Jaciunt fundibularie et petrorite, mangonelli jaculantur et arcis oppositum latus crebro quatitur ariete jamjamque frequenti lapidum jactu latere turris perforato nonnulli introrsus vulnerantur. Damna vero et scissuras quas in turre malitia diei fecerat, quercinis roboribus subinductis, nocturnus labor satagit resarcire. Consulit super hoc litteratus consul legendo Vegecium Renatum, qui de re dixit *d* militari.

Adsunt interim monachi Majoris Monasterii, ecclesie sue responsa comiti delegantes. Reverendus vero consul, ob monachorum reverentiam, librum quem pre manibus habebat posuit seorsum, ut eos attentius audiret. Quem arripiens unus ex monachis qui dicebatur G., vir authenticus, bone opinionis et melioris vite, acer ingenio et perspicax in scripturis, legere cepit. Occurrit autem ei locus ille [1] in quo Vegecius Renatus plenius instruit qualiter turris connexis roboribus resarcita *e* festine pateat captioni *f*. Considerans discretus comes maturitatis virum sedulum et sollicitum circa lectionem, ait : « Dilecte in Domino frater G., sicut invenis in lectione, ita usque in crastinum videbis exhiberi in opere. » Jussit igitur cadum ferreum ligaminibus ferreis astrictum, forti dependente catena, nucum et seminis can[n]abi et lini oleo impleri et cadi patentia opportuno *g* itidem ferri clavo forti, ferreo, fortiter cavillato *h*, sigillari. Taliter autem impletum jubet in fornace ignea tamdiu reponi donec nimio ardore totus incandesceret

a) maxime *a*. — *b)* exercitur *D*. — *c)* petoritas *D*. — *d)* dixerit *D*. — *e)* insarcita *D*. — *f)* captionem *D*. — *g)* opportuna *D a*; *corr.* opportuno. — *h)* cavilla *D*.

---

1. Nous ne savons à quel passage de l'*Epitoma rei militaris* l'auteur fait ici allusion. Il est à craindre que l'anecdote manque de fondement.

et oleum intus fervescens ebulliret ; qui extractus, catena prius superjectis aquis refrigerata, mangonelli conto innectitur et a fundibulariis summa vi et cautela *a* directus in connexum foraminis robur, sicut igneus erat, infigitur. Solvitur impetu, subjecte materie fit incentivum ; oleum vero effusum, ignis alimenta subministrans, in flammarum globos coalescit *b*. Lambens flamma unice evomens incrementa, tribus introrsum mansionibus combustis, vix homines ab incendio immunes dimittit. Tot igitur fractus infortuniis Giraudus, omnimoda spe renitendi destitutus *c*, offert deditionem. Liberalis itaque consul, jam subacti commoditatibus consulens, dimissis primo Andegavensibus, ne violenter raptum perderent, dedentem se cum suis Giraudum suscipit, ipsoque Andegavis in arce sub diligenti custodia reposito, ceteros *d* per loca diversa carcerali *e* mancipat custodie. Turrem vero subvertens, partem ejus intactam, facte ultionis memoriale, reliquit, solutaque obsidione dimisit exercitum.

At vero Ludovicus rex Francorum, Giraudi infortunio compatiens, mandat comiti ut in confinio Francie atque Normannie veniat ad colloquium *f*, secum ducens Giraudum una cum ceteris captivis. Rege igitur mediante, amoris identitate redintegrata, talis eos compositio pacis univit ut comes Giraudo et coadjutoribus suis terras suas restitueret, ea exceptione habita ne Giraudus vel successura ex eo posteritas turrem Musterioli vel quamlibet fortitudinem *g* calce vel sabulo deinceps edificaret.

Giraudus *h* Berlai [1] homo sevus erat et multe malitie ; cumque nulli bonus esset, quippe quia is nequam in sacre professionis homines nimia debacchabatur vesania, utpote qui nec Deum *i* timebat nec homines reverebatur, inter ceteros autem beati Albini monachos et injuriis afficiebat et spoliabat rebus.

a) summam et in cautelam *D*. — b) calescit *D*. — c) destructus *a*. — d) ceterosque *D*. — e) carcerari *D*. — f) colloquendum *D*. — g) fortitudinis *D a; corr.* fortitudinem. — h) Gerardus *D a; corr.* Giraudus.— i) Dominum *D*.

---

1. Ce récit est à rapprocher de la petite chronique de Méron publiée par Marchegay et Mabille, *Chroniques des églises d'Anjou*, p 83-90.

Habebant siquidem iidem monachi quamdam mansionem, cui Merum nomen est, vicinam nimis castro illius, cui Virgilianum illud [1], mutatis nominibus, jure posset aptari :

Mantua ve misere nimium vicina Cremone.

Hinc enim victus proprios monachorum rapiebat, abducebat predas, homines captivabat, trudens eos in carcerem donec redderent ei substantiam suam usque ad novissimum quadrantem. Reclamabant monachi ad episcopi sedem, evocabat episcopus [a] raptorem ad justitiam, ille spernebat; excommunicabatur, ducebat pro nihilo; convertebant se monachi ad comitis justitiam, sed quid hec? ipsum enim comitem, de castri sui firmissima munitione presumens, idem tyrannus [b] manifestis odiis infestabat. Nusquam igitur monachi a tanto hoste reperientes presidium, cum ipse et materialem vindictam castri munimine declinaret et pro nihilo duceret ecclesiasticam, profligati damnis et affecti tedio, tandem cum tyranno [c] composuerunt, annuatim et se et suos homines constituentes tributarios : ex duobus scilicet levius judicantes dare partem quam amittere totum ; cujus etiam compositionis, sub chirographi testimonio, scriptum ipsius comitis, abbatis sancti Albini sed et tyranni [d] ipsius sigillis munitum et roboratum est. Sed deinde, quia illius Girandi, velut Amorrheorum, iniquitates necdum complete erant, induravit Dominus cor ejus, ut contra ipsum comitem guerram moveret. Quod comes non diutius passus, coacto in unum [e] exercitu, militum legionibus ordinatis, tyranni [f] terram ingreditur, ferro flammaque omnia devastans. At vero ille, electa militum manu, intra munitionem se [g] recipit, in tempora multa comparato sibi viatico. Nec mora, campestribus devastatis, ipsum castrum obsidet comes quo tyrannus [h] tenebatur inclusus ; et quamvis difficile expugnari, tandem eo devastato, tyrannum [i] cum uxore et liberis

---

a) ipse *D.* — b) tirannus *D.* — c) tiranno *D.* — d) tiranni *D.* — e) coacto nimium *D.* — f) tiranni *D.* — g) sese *D.* — h) tirannus *D.* — i) tirannum *D.*

---

1. Virgile, *Ecloy.*, IX, 28.

et complicibus sorte capit bellica et in sua gaudens regreditur cum captis.

Venitur ipso die ad oppidum *a* Saumurum ; et factum est, cum post laborem et convivium comes somno sese dedisset, ecce beatus Albinus, pontificali decoratus infula, visus *b* est ei astitisse, dicens : « Gaufride ! » — Et ille : « Quis es, domine ? » — Et sanctus : « Ego sum Albinus, ait, Andegavorum episcopus. Ecce de hoste tuo potitus es victoria ; sed, ne tuis viribus *c* id ascribas, noveris quod ego a Domino dominantium, in cujus manu sunt omnia jura regnorum, hanc tibi *d* impetravi et obtinui victoriam. Ille enim tyrannus *e* in monachos meos nimia grassabatur nequitia, et eapropter ipsum movi et impuli ut in te arma moveret, quo, justam habens causam, me a Domino obtinente, eum conterares. Nunc igitur prudens esto nec victoriam, quam meis precibus per Domini gratiam obtinuisti, vel negligenter inutilem facias vel insolenter superbia abuteris. De cetero summa cura et diligentia moneo te quatinus scriptum illud quod de compositione facta inter ipsum tyrannum *f* et monachos penes eum repositum est, extorquere ab illo prudenter satagas : non enim consilio meo facta *g* est compositio illa, quippe in ecclesie mee destructionem. » His dictis, sanctus disparuit. At comes evigilans primo quidem visionem somnium reputabat ; et sese interim concedens quieti, obdormivit, cum protinus eadem persona, in eo habitu eidem assistens, eadem iterat verba. Ille rursum excitus somno admirabatur visum, sed verens ne malignus ille, transfigurans se in angelum lucis, talia machinaretur, indulget somno iterum. Sanctus vero, tertio apparens, eadem replicavit. Jam vero comes dissimulare non poterat se moneri divinitus. Expergefactus igitur, barones excitat qui propter eum jacebant et, visionem referens, consulit eos quid facto opus sit. At illi : « Domine, inquiunt, vos bene nostis hominem quam sit versipellis *h* nec vobis opus est ut a quoquam doceamini qualiter sit agendum cum eo. »

a) opidum *D.* — *b)* jussus *D.* — *c)* juribus *D.* — *d)* ter *D.* — *e)* tirannus *D.* — *f)* tirannum *D.* — *g)* enim in eo consilio facta *D.* — *h)* quem sit vel si pellex *D.*

Mane igitur facto, comes advocari ad se Giraudum precipit, quem, velle suo dissimulato, sic alloquitur : « En, inquit, Giraude, sorte bellica vos captum teneo, et terre vestre redditus interim in manu mea erunt. Volo itaque et jubeo vos quatinus ipsos redditus mihi diligenter assignetis, ne vel ipse quamdiu eos tenebo possim in aliquo defraudari, vel vos cum, mecum habita pace, terram vestram recuperabitis ; et in primis volo referatis *a* quid cum monachis sancti Albini apud Merum habetis. » Quod cum exposuisset et cetera vellet edicere, comes : « Estne, ait, hujus compositionis aliquid scriptum? » — Et ille : « Est, inquit, domine, quod etiam, vestre auctoritatis sigillo roboratum, chirographi etiam attestatione, tam a me quam a monachis pariter conservatur. » — Tum comes : « Vestram, ait, partem ostendite mihi, ut per me ipse probem qualiter inter vos composuistis. » — Et Giraudus : « Cum aliis, inquit, domine, scriptis meis in abbatia et hic *b* habetur, ne sine mei presentia alicui redderetur. » — Tum comes, vultu demutato, in tyrannum *c* intendens : « Una est de vobis, inquit, sententia, Giraude. Per ipsum sanctum Albinum, quem hostiliter interemistis, non manducabitis nec bibetis donec ipse manibus meis scriptum illud *d* tenuero. » Et conversus ad suos : « Ligatis, inquit, manibus et pedibus, trudite eum in carcerem inferiorem. » — Quibus jussa explere volentibus, sciens tyrannus *e* principis animos inflexibiles : « Domine, inquit ad ipsum, jubete me eo usque deduci. Ego libenter vel scriptum illud vel que libuerit *f* reportabo. Tantum ne irascatur dominus in captum suum. » — « Ego ipse, inquit comes, vos illuc adducam. » Et continuo, ascensis caballis, iter arripiunt. Que *g* cum pervenissent, extracta Giraudus de lumbari suo clave parvula, scrinium in *h* quo ejus scripta servabantur reserat et scriptum quod comes postularat inde extractum ipsi tradit.

Et ecce prior de Sancto Albino eadem hora ingreditur. Missus ad comitem, vice abbatis et conventus, salutat eum; dehinc preces deponit simplices quatinus scriptum illud, pro

---

a) et in primis volo referatis *om. a.* — *b)* et hic in abbatia *D.* — *c)* tirannum *D.* — *d)* illud scriptum *D.* — *e)* tirannus *D.* — *f)* habuerit *D a*; *corr.* libuerit. — *g)* quod *D.* — *h)* in *om. D.*

amore Dei et sancti Albini, a tyranno *a* quem dominus in manibus ejus concluserat extorqueret et transmitteret ecclesie ; valde se gravatos compositione illa, irritam debere fieri pactionem per quam libertas ecclesie deprimitur; tyranni violentia velut in jus vertitur, presertim cum dominus ei de *b* ipso tyranno *c* tantam victoriam prestitisset. Quo talia perorante, comes alacri vultu arridens : « Modo en, inquit, in manibus meis scriptum illud pro quo postulastis. Nolite timere; ego ipse portabo et reddam ecclesie. Redite citius, letificate conventum et dicite abbati quia *d* cras veniam in capitulum et dicam vobis mirabilia. » Eodem igitur die, letus de victoria venit comes Andegavis, captos hostes et catenatos ante se ducens. Taceo quam *e* leta facile civitas tota sereno domino suo congaudens venit obviam, quanta letitia de hoste capto tripudiat, quantum de domini sui tanto talique triumpho gloriatur. Crastinus illuxit dies et comes juxta condictum ad sanctum Albinum properat ; et ingressus capitulum, presente conventu, propter abbatem residens, seriatim explicat visionem superius memoratam queque *f* sibi sanctus dixerit audientibus cunctis pandit. Deinde scriptum illud ostendens omnibus, coram eis minutatim desecat, jus suum ecclesie reddens et restituens libertatem [1] et scripti illius minutias manu propria in ignem projiciens.

Anno igitur ab incarnatione Domini .MCLI°., etatis vero sue quadragesimo primo, .VII°. idus septembris, victoriosus dux Normannorum, Andegavorum, Turonorum et Cenomannorum comes Gaufredus, a regali revertens *colloquio* [2], *febri peracuta*, in eo invalescente, apud *Castrum Ledi*, cecidit in lectum.

a) tiranno *D*. — *b)* ex a. — *c)* tiranno *D*. — *d)* quia quod *D*. — *e)* quoniam *D*. — *f)* queque quamquam *D*

---

1. Nous possédons la charte par laquelle Geoffroi le Bel, après la destruction de Montreuil-Bellay, abolit toutes les coutumes injustes usurpées par Giraud. La pièce est datée du 10 juin 1151 (*Cartulaire de Saint-Aubin d'Angers*, éd. Bertrand de Broussillon, t. II, p. 337).
2. Les mots imprimés en italique sont empruntés aux *Gesta consulum Andegavorum*, ci-dessus, p. 72.

Terre vero sue et genti spiritu presago in posterum previdens, Henrico heredi suo interdixit ne Normannie vel Anglie consuetudines in consulatus sui terram vel e converso, varie vicissitudinis alternatione, permutaret. Dispositis ergo et distributis elemosinarum largitatibus et beneficiis, cometa tanti principis occasum presignante, terre corpus, spiritum [a] celo reddidit. *Quid* [1] *mirum si mors, quidem adversante et repugnante natura, Gaufredo adhuc adolescenti contigit, cum* [b] *teste Tullio, adolescentes sepe sic mori videntur ut cum aque multitudine vis flamme opprimitur et quasi poma ex arboribus, cruda si sint, vi avelluntur, si matura et cocta, decidunt, sic vitam adolescentibus vis aufert, senibus maturitas.* Humatus est autem in sanctissima beati Juliani Cenomannensis ecclesia [2], in nobilissimo mausoleo quod ei nobilitatis episcopus, pie recordationis [3] Guillelmus, nobiliter exstruxerat. Ibi siquidem effigiati comitis reverenda imago, ex auro et lapidibus decenter impressa, superbis ruinam, humilibus gratiam distribuere videtur. Altari vero crucifixi, cui comes inclitus adjacet, deputatus est cum reddituum sufficentia ab episcopo in perpetuum capellanus, qui quotidianum pro eo offerat Deo sacrificium, ut pius et misericors Dominus misericordis comitis misereri dignetur, qui vivit et regnat perpetualiter [c].

a) ipsum D. — *b)* et D. — *c)* qui... perpetualiter *om. a.*

1. Les mots imprimés en italique sont empruntés aux *Gesta consulum Andegavorum* ci-dessus, p. 72-73.
2. Sur ce tombeau cf. ci-dessus, p. 174, n. 7.
3. Cette phrase a été évidemment retouchée, puisque, dans son ensemble, l'œuvre est antérieure à la mort de l'évêque Guillaume († 1187), à qui elle est dédiée.

LIBER SECUNDUS [a]

Defuncto, ut superiore diximus libro [1], rege Henrico, Stephanus, defuncti nepos, in regem extraordinarie sublimatur. Consul vero Andegavensis Gaufridus, contractis viribus, Normanniam, ut filii sui hereditatem vindicet, ingreditur. Argentomagum et Damfruntum, non sine discriminis difficultate captos, Ingelgerio de Bohon et Alexandro, duobus fratribus, commendavit. Hii frequenti excursu in valle Moritonii et in Constantiniensi pago et in circumadjacenti Normannia ferro, flamma, rapinis, stragem non minimam exoptantibus faciebant. Petit interim Stephanus rex inducias. Habito comes consilio, ut Normanni, qui acephali et sine principe erant, inter se dissidendo, divitiis elapsis, paupertati facilius subigerentur, petitas indulget inducias.

Duobus ergo annis induciarum elapsis, ab Anglia in Normanniam Stephanus rex transfretavit [2]. Qui, coactis in unum copiis, castella que comes ceperat expugnare disponit, ipsum etiam vel bello vincere vel de Normannia exturbare. Itaque dispositis exercitibus, movet iter, presumit victoriam, negotium tractat. Cum inter eumdem, inter Guillelmum de Ypre et [b] Rainaldum de Sancto Galerico contentio gravis de primiceria dignitate exoritur, verba superba litem, lis exestuans furorem, furor incitus [c] arma ministrat. Res gladiis agitur, cedeque domestica perimuntur qui paulo ante necem hostibus minitabant [d]. Qua seditione confusus rex expeditionem solvit, Codomum [e] regressus.

Interea imperatrix, que et uxor comitis, mari transmisso

a) Liber secundus om. D. — b) et om. D. — c) vinctus D. — d) ministrabant a. — e) Chodomum D.

---

1. Ci-dessus, p. 214.
2. En 1137. Voir Kate Norgate, *England under the Angevin kings*, t. I, p. 286.

cum copiosa militum manu, etsi sexu femina, virili animo Anglos invadit et de jure sibi debitam hereditatem armis vindicare contendit. Fama volat et, ad regis aures delata, rem esse nuntiat in periculo, imperatricem multos Anglorum vi subdere, multos eorum sponte illi se dedere, regni coronam amittere illum, nisi citius Anglie *a* succurrat. Sinistris rex excitus *b* nuntiis, cum quanta valet multitudine bellatorum navigat.

At comes impiger, qui coacto in unum exercitu regis pugnam moliebatur, comperto qualiter impii regis castris Deus pro eo pugnasset ejusque cognito recessu, temporis prosperitate non incassum abutitur, properat, terram ingreditur, Mauritonium *c* obsidet, vicos et plana capit, indigenas in pace suscipit, humane tractat, res eorum illesas ab exercitu conservans [1]. Inde regis milites in municipio inclusos prima die oppugnat, expugnat altera, expugnatos sine gravi discrimine sibi in pace conciliat, eos in hominium recipit eorumque fidem et sacramenta contra adversarios.

Hinc progressus ulterius, Sanctum Hilarium, loci natura et artificio firmum, victualium copiis militumque caterva munitum, aggreditur. At illi, presumentes de Britonum auxiliis, qui eis opem se laturos spoponderant, repugnare fortiter, pertinaciter obsistere, armis arma repellere, opponere discrimen discrimini. Comes autem in hujusmodi et usu exercitus et animo fortis, primo quidem Britonum intercludit *d* auxilia *e*, dispositis *f* in itinere militum turmis ubi locorum angustie difficiliorem transitum faciebant. Quo Britones comperto, offerendo obsessis auxilio, saniore consilio usi, animum revocarunt. Tunc jam comes gravius arcet inclusos, adaptat machinas, egressum inclusis volentibusque ingredi introitum negans. Nec diu res protelatur. Quodam siquidem die ipse comes armatur et, armatos suos tam virtute procedens quam

a) Anglis *D*. — *b*) perexcitus *D*. — *c*) Mauritianum *D a* ; *corr.* Mauritonium. — *d*) intercludant *D*, intercludens *a* ; *corr.* intercludit. — *e*) auxilio *D*. — *f*) dispositis *om. D*.

1. Cette campagne, dont on trouvera le récit dans l'ouvrage cité de Mlle Norgate, t. I, p. 437 et suiv., s'ouvrit en 1142. Elle se termina en janvier 1144 par la prise de Rouen.

potentia, assultu gravi irruit in obsessos. Non illi sufferre diutius : quis enim toleraret comitem Gaufredum ? Municipium seque dedentes, tam benigne sunt ab eo spontanea deditione recepti, quam graviter puniendi erant si caperentur inviti.

Inde ergo, alacritate prosperorum eventuum non inflatus inaniter, sed fortis humiliter, ad Pontem Urso [a] properat, obsessurus si resisterent. Sed qui intus erant, quamvis a tempore Henrici regis obtinuissent illud, audito tamen quam liberalis exstiterit comes erga captos, nec [b] ad modicum resistunt. Municipes igitur, oppidani [c], viri nobiles et matrone vulgusque promiscuum, pari consensu obviam procedentes, pacificum dominum summa cum pace suscipiunt, celerius obtinente liberalitate sine cede victoriam quam bellicosus impetus solet evincere pugnam.

His [d] auditis, Britones, qui finitimi erant, Henricus scilicet de Fulgeriis [e] et complices ejus, metu non modico percelluntur [f]. Volentes tamen aut eum fraudulenter decipere, ut in facie erat, aut sibi propitium facere, ut nonnulli arbitrantur, postularunt igitur per internuntios a comite ut eis supradictum Pontem Urso ad custodiendum committeret : quo facto et [g] ei fidelius ad cetera adquirenda per totam Normanniam obsequerentur et de bona ejus ad se [h] voluntate securius auderent presumere. Super quorum petitione comes cum proceribus communicato consilio, quid super hec eis videretur querebat. Quibus, pro humani ingenii varietate diversa respondentibus, vir illustris, apud se non inconsultus, ait : « Sentio quidem vos de conscientie vestre et fidei puritate Britannos metiri [i], sed non me decipient animi sub vulpe latentes. Vident me, per Dei gratiam, obtinuisse oppidum [j] quod eis quasi clavus in oculo est, ideoque mihi auxilium pollicentur quia verentur inimicum. Quod si eis [k] subjecero illos qui mihi se, non vi, sed sponte tradiderunt, videbor utique et istorum gratie degeneranter ingratus et illorum timori inconstanter subjectus. Porro si eos coadjutores suscepero et Deus prosperaverit opus in manibus meis, non divino adjutorio nec vestris, o barones, viribus nostram

---

a) Ursum *D*. — b) nunc *D*. — c) opidani *D*. — d) hinc *D*. — e) Fulgentiis *D*. — f) pelluntur *a*. — g) et om. *a*. — h) se om. *a*. — i) mentiri *D*. — j) opidum *D*. — k) qui si eis *a*.

ascribent victoriam, sed more suo, vento inflati jactantie, se mihi Normanniam acquisisse jactabunt. » Ait ergo : « Dicite nuntiis eorum quod *a* nec *b* eis castellum trado nec eos suscepte expeditionis adjutores excipio. Consulant sibi : si pacem mihi renuerint, salvo jure meo non renuo ; si in me arma moverint, vestrum erit, o proceres, meam delere injuriam. » Britones igitur, tam viri prudentia quam viribus turbati, siluerunt.

Ipse autem, movens exercitum, Cerentias venit. Quo sine ferro in deditionem recepto, ad Bricatim civitatem festinat accedere. Cujus adventum tam cives quam pontifex audientes, non ut hostes hostibus, sed ut domino quidem suo laica manus, ut tutori, avo et patrono ecclesie clerus cum presule obviam processerunt. Quorum videns spontaneam subjectionem et collatam sibi magni habens reverentiam, et istos ut pacificus dominus in hominium recepit et illorum reverentie cum digna humilitate vicem rependit. Siquidem ipse primus, ceteri subsequenter *c* de equis descenderunt, et precedentes gaudentem populum, cum clero pedestres ad ecclesiam usque pervenerunt, ubi coram altari facta suppliciter oratione, non habens comes quid offerret, pallium quo utebatur vice oblationis ad aram deposuit ; similiter nonnulli ex baronibus, domini sui et exemplum imitantes et morem ei gerentes pro domino. Inde, solemni comitatu totius civitatis, episcopo precedente, in aulas regias deducitur. Nec mora Bricatenses castellanos unumquemque ad se venire mandat, eos duntaxat qui ejus dominium suscipere non recusarent ; qui omnes pari concordia advenerunt et eum gaudentes in dominum susceperunt, fidem ei et sacramenta contra omnes adversarios facientes.

A Bricate movens, comes Sanctum Laudum petiit, quod contra eum muniverat episcopus Constantiensis, de cujus dominio est. Milites qui intus erant ferme .cc., e contra exeuntes ad prelium, ipso primo impetu refugere ad municipium coguntur. Prima die resistentes et altera, tertia sese dedentes, portas aperiunt, pacem petunt, hominium faciunt, fidem et sacramenta comiti contra hostes jurantes.

Inde Constantiam civitatem venitur, que a Constantio,

---

a) quod om. *D*. — *b)* nunc *D*. — *c)* subsequuntur *D*.

Constantis filio, fundata, ejus memoriam opere simul et nomine representat. Hanc, nemine resistente (aberat enim episcopus), ingreditur, capit, civium fidelitatem petitam excipit, loca milite complet et escis. Constantiane provincie barones evocat, fidem ab eis postulans. Omnes ultro veniunt, postulata facessunt, preter Radulfum et fratrem ejus Richardum de La Haia, quorum prior, castella sua contra comitem muniens, rebellare conatur, alter cum grandi militum copia .cc. et eo amplius Cesaris Burgum occupat, exinde comiti se posse *a* resistere ratus. Sed comes magnanimus prioris *b* terram devastans, castella obsidet, vi bellica capit ipsumque Radulfum, vel sero penitentem quod ultra vires tentasset, in deditionem captum pacifice recepit.

Hinc ad Cesaris Burgum, bellico apparatu sollicite procurato, militum aciebus dispositis, machinis provide et sollerter aptatis, properatur. De cujus castri vocabulo, situ, artificiosa firmitate, multum quod loqueremur erat, sed ad exitum festinamus.

Siquidem [1] Cesar Majorem Britanniam, que nunc Anglia dicitur, armis invasurus, ibi castra posuit, loci procul dubio plurima aptitudine explorata : primo quidem situ naturali locus munitissimus, nativo lapide et solidissimo fundatus, inde mare adjacens. Non minus munitum quam fertile tam suo accessu quam navali commercio reddit ; silvarum etiam vallatus vicinia, et ferarum copiam et nonnullum exinde contrahit munimentum. Quibus exploratis, vir perspicax nature junxit artificium. Castrum igitur illic constituit quod muris cinxit firmissimis, turribus exstructis tam frequentibus in ipso muri ambitu ut vix hasta militis inter turrim possit extendi ; interius autem, in loco munitiori, turrim ceteris eminentiorem et aulam regiam collocavit. In quo etiam castro, fugatus primo impetu a Britannis, habuisse refugium dicitur; unde Lucanus[2] :

Territa c quesitis ostendit terga Britannis.

a) se posse *om*. D. — b) primus D. — c) turrita a.

---

1. Cet alinéa, qui semble avoir été ajouté après coup, a été évidemment composé à l'aide de ces mêmes *Gesta Romanorum* dont s'est servi l'auteur du *Liber de compositione castri Ambaziae* et dont nous avons parlé dans notre Introduction, chap. IV, § 2

2. Lucain, *Pharsalia*, II, 572 Jean de Marmoutier a emprunté ce vers au *Liber de compositione castri Ambaziae*, ci-dessus, p. 6.

Hinc itaque non immerito ipsum castrum Cesaris Burgum antiquitas nominavit.

Quo ut prediximus occupato, Richardus de La Haia militibus, satellitibus, armis virisque *a* competentibus victualibusque copiosis complevit, ut viriliter comiti resisterent exhortatur. Ipse vero, navigio se committens, ad regem Stephanum properat, copias inde militum adducturus quibus comitis obsidionem solveret ipsumque compelleret in fugam. Interim qui in castro comiti rebellabant, confisi in virtute sua et in multitudine divitiarum quas inibi tyrannus congregaverat, sed et in turrium munitione inexpugnabili, insuper in transmarinis auxiliis, non solum armorum verum etiam conviciorum jaculis ipsum impetebant. Ille quidem tela telis, non verba verbis hostium rependebat, nolens *b* respondere stultis juxta stultitiam illorum. Dominus autem, in cujus manu sunt omnium potestates et omnia regna terrarum, pugnabat pro eo, hostes ejus detinens et eum exaltans : nam ecce dum Richardus navigat, capitur a piratis et cum suis captivus in exteras nationes adducitur. Rumor letalis *c* ad eos qui comiti repugnabant defertur. Tum *d* vultus eorum decidit pre merore, spes quassata elabitur ; de sola fuga cogitant, sed non patet effugium. Tandem comitis collaterales, afflicti lacrymis, pulsant quatenus vel solo intuitu liberalitatis et militie solam sibi vitam a comite impetrent. Nec fuit gravis labor liberali comiti indulgere penitentibus. Mediantibus autem illis qui pro eis intercesserant, scilicet Ingelgerio *e* de Bohun *f*, Alexandro fratre ejus, Jordano Thesson, Guillelmo *g* de Vernullio *h*, faciem principis videre merentur, admittuntur colloquio, donatis injuriis pace potiuntur. Cui *i* sibi preter spem facto propitio non ingrati castrum munitum, victualibus refertum, reddunt ; ipsi vero se *j* ejus dominio sponte subdentes, legitimam fidelitatem sub fidei sponsione promittunt sacramento. His itaque peractis, hiemi imminenti cedendum arbitratur ; munitis que ceperat castris, solvit comes expeditionem.

Facta est longa concertatio inter Stephanum pseudoregem et Gaufredum Andegavorum consulem : Gaufredus proficiens

---

a) utrisque *D*. — *b)* volens *D*. — *c* lethalis *a*. — *d)* tum *om. D*. — *e)* Ingergerio *D a* ; *corr.* Ingelgerio. — *f)* Debohim *a*. — *g)* Guilielmo *D*. — *h)* Vernuillio *a*. — *i)* sui *D*. — *j)* se *om. D*.

et semper in seipso robustior, Stephanus decrescens quotidie *a*.

Eo *b* autem tempore quo solent reges et principes ad bella procedere, videlicet post asperitatem nimbose hiemis, cum placida veris clementia temperaret auras redolentesque arbusta prorumperent in flores et nudata *c* dudum roseta *d* redivivis adornarentur rosis mirantesque oculos erumpentium candor reverberaret liliorum *e*...

a) Ici se place, dans D et a, une longue interpolation dont le texte est emprunté à l'Historia Anglorum de Henri de Huntingdon, livre VIII, éd. Arnold (collection du Maître des rôles), p. 267-275 (Fugavit Nigellum... Sic igitur rex, Dei justitia miserabiliter captus, Dei misericordia miserabiliter liberatus est). Elle est précédée des mots : Siquidem transfretavit, ut diximus, in Angliam. In ipso autem ingressu Anglie... *A la suite de l'interpolation, D et a répètent, en guise de raccord, la phrase :* Facta est ergo, ut diximus, longa concertatio inter Stephanum... Stephanus decrescens quotidie. *Le texte de Henri de Hutingdon a subi quelques coupures et le début a été modifié comme suit (nous indiquons entre crochets ce qui n'est pas dans Henri de Huntingdon) :* [In ipso autem ingressu Anglie] fugavit Nigellum episcopum Eliensem, quia nepos episcopi Salesburiensis erat, a quo odii incentivum in progeniem ejus traxerat. Obsedit [autem in vigilia Natalis Domini et] usque in Purificatione beate Marie Linconie urbem, [quod Deo et hominibus displicuisse visum est, quia solemnitates divinas parvipendebat. De curia autem ejus in Natale Domini] dicere non attinet. Jam quippe curie solemnes, etc. *— b)* Comes *a. — c)* nudatam *a. — d)* rosetam *a. — e) Le texte s'arrête ici brusquement dans D et dans a.*

FRAGMENTUM

HISTORIAE ANDEGAVENSIS [1]

Ego Fulco, comes Andegavensis, qui fui filius Gosfridi de Castro Landono et Ermengardis, filie Fulconis comitis Andegavensis, et nepos Gosfridi Martelli, qui fuit filius ejusdem avi mei Fulconis et frater matris mee, cum tenuissem consulatum Andegavinum viginti octo annis [2] et Turonensem et Nannetensem et Cenomannensem [3], volui commendare litteris quomodo antecessores mei honorem suum adquisierant et tenuerant usque ad meum tempus et deinde de me ipso quomodo eumdem honorem tenueram adjuvante divina misericordia.

Illi igitur antecessores mei, sicut ille meus avunculus Gosfridus Martellus narravit mihi, fuerunt probissimi comites, et sic nominati sunt : primus Ingelgerius ; secundus Fulco Rufus, filius ejus ; deinde Fulco, qui Bonus appellatus est ; postea filius ejus Gosfridus Grisa Gonella. Isti autem quatuor consules tenuerunt honorem Andegavinum et eripuerunt eum de manibus paganorum et a christianis consulibus defenderunt. Et ille primus Ingelgerius habuit illum honorem a rege

---

1. Nous conservons à ce fragment de chronique, dont l'auteur semble être le comte Foulque le Réchin, le titre que lui ont donné les précédents éditeurs. Il n'en porte aucun dans le manuscrit.

2. L'auteur écrivant dans le courant de l'année 1096, comme il le dit lui-même plus bas (p. 237), fait partir son règne de son triomphe définitif sur Geoffroi le Barbu en 1068.

3. Foulque n'avait que la suzeraineté du comté du Maine (voir Halphen, *Le comté d'Anjou au XIe siècle*, p. 187) et, sur le comté nantais, il ne pouvait avoir que des prétentions à la suzeraineté.

Francie, non a genere impii Philippi [1] sed a prole Caroli Calvi, qui fuit filius Illudovici filii Caroli Magni.

Quorum quattuor consulum virtutes et acta, quia nobis in tantum de longinquo sunt ut etiam loca ubi corpora eorum jacent nobis incognita sint, digne memorare non possumus, nisi ea que nobis propiora fuerunt, videlicet de avo meo Fulcone et de patre ejus Gosfrido Grisa Gonella et de Gosfrido Martello avunculo meo.

Ille igitur Gosfridus Grisa Gonella, pater avi mei Fulconis, cujus probitates enumerare non possumus, excussit Lausdunum [a] de manu Pictavensis comitis [2] et in prelio campestri superavit eum super Rupes et persecutus est eum usque ad Mirebellum. Et fugavit Britones, qui venerant Andegavim cum predatorio exercitu [3], quorum duces erant filii Conani [b]. Et postea fuit cum duce Hugone in obsidione apud Marsonum [4], ubi arripuit eum infirmitas qua expiravit; et corpus illius allatum est Turonum et sepultum in ecclesia beati Martini.

Cui successit Fulco filius ejus, avus videlicet meus, cujus probitas magna et admirabilis exstitit. Ipse enim adquisivit Cenomannicum pagum et adjunxit eum Andegavino consulatui [5]

---

a) Laudunum *dans le ms.; corr.* Lausdunum. — b) Isoani *dans le ms.; corr.* Conani.

---

1. Quand Foulque écrivait ceci, il y avait quatre ans que Bertrade, son épouse, avait été enlevée par Philippe Ier (voir Halphen, *op. cit.*, p. 170-171).

2. Cet établissement de Geoffroi Grisegonelle à Loudun est confirmé par Adémar de Chabannes (*Chron.*, III, 37, éd. Chavanon, p. 152), bien que le chroniqueur poitevin parle seulement d'une concession en fief accordée par Guillaume Fièrebrace au comte d'Anjou.

3. Sur la possibilité de rapporter à cette expédition ce que disent les *Gesta consul. Andegav.* (ci-dessus, p. 49) d'une attaque d'Angers au temps de Foulque Nerra, voir L. Halphen, *Etude sur l'authenticité du fragment de chronique attribué à Foulque le Réchin*, dans la *Bibl. de la Faculté des lettres de Paris*, t. XIII, p. 18-19, et *Le comté d'Anjou au XIe siècle*, p. 6, n. 5.

4. Sur ce siège, voir L. Halphen, *Le comté d'Anjou au XIe siècle*, p. 8. Geoffroi mourut le 21 juillet 987.

5. On ne peut dire que Foulque Nerra ait, à proprement parler, acquis le Maine : il réussit seulement, et d'une manière temporaire, à se faire prêter hommage par le comte du Maine. Geoffroi Martel fut le premier à prendre possession du pays. Voir L. Halphen, *Le comté d'Anjou au XIe siècle*, p. 66-80.

et edificavit plurima castella in sua terra, que remanserat deserta et nemoribus plena propter feritatem paganorum : in Turonico siquidem pago edificavit Lingaim, Calvum Montem, Montem Thesauri, Sanctam Mauram ; in Pictavico Mirebellum, Montem Consularem, Faiam, Musterolum, Passavantum, Malum Leporarium ; in Andegavo edificavit Baugiacum, Castrum Gunterii, Duristallum et multa alia que enumerare mora est [1]. Cepit quoque castrum Salmuri in tempore illo quo comes Odo venerat Andegavim cum exercitu suo et posuerat castra sua in Angulata inter ipsam civitatem et fluvium Ligerim [2]. Ipse iterum Fulco fecit duo campestria prelia valde magna : unum in landa Conquireti [3] contra Conanum Britannicum consulem propter civitatem Nannetensem, quam ille Conanus ei volebat eripere, in quo prelio periit idem Conanus et mille de equitibus suis ; alterum vero prelium fecit contra predictum Odonem potentissimum comitem super fluvium Charum, apud Pontilevicum [4], ubi multa fuit strages Gallorum et Andegavorum, in quo prelio fuit cum eo Cenomannensis comes Herbertus, qui dictus est Evigilans Canem, ubi Dei gratia victor exstitit. Duas etiam abbatias edificavit : unam in honore sancti Nicholai juxta urbem Andegavem ; aliam apud Lochas castrum, que vocatur Bellus Locus, in honore Dominici Sepulcri. Bis etiam Jerusalem adiit [5]. In cujus secundo reditu rebus humanis excessit circa festivitatem sancti Johannis [6], anno ab incarnatione Domini millesimo quadragesimo. Corpus

---

1. Sur la construction de ces divers châteaux, voir L. Halphen, *op. cit.*, p. 153 et suiv. L'auteur a fait erreur pour Chaumont, dont le château fut construit au temps de Foulque Nerra, mais non par lui, et peut-être aussi pour Durtal, dont la construction ne fut achevée que par Geoffroi Martel. Cf. L. Halphen, *Etude sur... la chronique de Foulque le Réchin*, p. 26 et 32.

2. C'est en réalité pendant qu'Eude de Blois assiégeait Montboyau que Foulque Nerra surprit Saumur (1026). Sur cette confusion, cf. L. Halphen, *Le comté d'Anjou au XIe siècle*, p. 40, n. 1.

3. Bataille de Conquereuil, 27 juin 992. Voir L. Halphen, *Le comté d'Anjou au XIe siècle*, p. 21.

4. 6 juillet 1016. Voir *ibid.*, p. 34.

5. Il semble bien qu'il y soit allé trois fois. Voir *ibid.*, p. 213-218.

6. Exactement le 21 juin 1040, soit trois jours avant la nativité de saint Jean-Baptiste.

illius ad predictam abbatiam Belli Loci allatum est ibidemque sepultum in capitulo.

Successit itaque ei filius ejus, avunculus meus, videlicet Gosfridus Martellus, cujus probitas et prudentia in rebus secularibus multa fuit et fama laudabilis per totum regnum Francie. Ille autem in vita patris sui miles exstitit et novitatem militie sue contra finitimos exercuit fecitque duo prelia : unum apud Montem Consularem contra Pictavos, ubi comitem Pictavensem apprehendit [1], et aliud contra Cenomannenses, ubi comitem eorum similiter cepit, qui vocabatur Herbertus Baconus [2]. Contra suum etiam patrem guerram habuit, in qua mala multa facta fuerunt, unde postea valde penituit [3]. Postquam autem pater ejus, de Jerusalem, ut predictum est, rediens, vitam hanc exivit, possedit terram patris et civitatem Andegavis cepitque guerram contra Teothbaldum comitem Blesiensiensem, filium videlicet comitis Odonis, et ex voluntate regis Ainrici, accepit donum Turonice civitatis ab ipso rege, unde postea guerra inter eum et comitem Teothbaldum adeo ingravata est quod inierunt prelium inter civitatem Turonum et Ambaziam castrum [4], in quo Teothbaldus captus est et usque ad mille de equitibus suis. Accepit itaque civitatem Turonicam et castella in circuitu : Chinonum et Insulam et Castrum Rainaldi et Sanctum Anianum. Pars autem alia

---

1. Bataille du Mont-Couër, 20 septembre 1033. Voir L. Halphen, *op. cit.*, p. 57. — Foulque le Réchin (ou le copiste du manuscrit unique) a fait erreur en fixant la bataille à *Mons Consularis*, si ces mots désignent bien, comme il y a lieu de le croire, la ville de Moncontour (Vienne, arr. de Loudun). Cette dernière identification, sans être certaine (puisque le nom habituel de Moncontour est *Mons Contorius*), est en effet tout à fait vraisemblable : *Mons Consularis* est une adaptation de *Mons Comitalis*, et il semble que Robert Ier, seigneur de Moncontour au temps de Geoffroi Martel, ait bien été désigné sous le nom de *Robertus de Monte Comitali* dans deux ou trois chartes de l'an 1062 (*Cartulaire de la Trinité de Vendôme*, éd. Métais, n°s 154, 155, 230).

2. Il est à craindre qu'il n'y ait ici confusion entre l'emprisonnement de Herbert Eveille-Chien par Foulque Nerra, en 1025, et l'emprisonnement de Herbert Bacon par l'évêque Gervais, treize ans plus tard. Voir L. Halphen, *op. cit.*, p. 68 et 70.

3. Cette lutte entre Foulque Nerra et son fils dura de 1036 à 1039. Voir *ibid.*, p. 58-60.

4. A Nouy, le 21 août 1044. Voir *ibid*., p. 48.

Turonici pagi sibi contigerat ex possessione paterna. Post hec guerram habuit cum Guillelmo Normannorum comite [1], qui postea regnum adquisivit Anglorum et fuit rex magnificus; pariterque cum Gallis [2] et cum Bituricensibus [3] et cum Guillelmo consule Pictavorum [4] et cum Haimerico vicecomite Thoarcensi [5] et cum Hoello comite Nannetensi [6] et cum Britannorum comitibus qui civitatem tenebant Redonensem [7] et cum Hugone Cenomannensi consule, qui exierat de fidelitate sua [8]. Propter que omnia bella et propter magnanimitatem quam ibi exercebat, merito Martellus nominatus est, quasi suos conterens hostes. In hujus extremo vite anno me nepotem suum ornavit in militem in civitate Andegavis festivitate Pentecostes, anno ab incarnatione Domini millesimo sexagesimo, et commisit mihi Santonicum pagum cum ipsa civitate [9], causa cujusdam guerre quam habebat cum Petro Didonense. Etas autem mea decem et septem erat annorum quando me fecit militem. In eodem porro anno rex Ainricus obiit, in nativitate sancti Johannis [10], et meus avunculus G. tertio die post festivitatem beati Martini bono fine quievit [11]. Nocte siquidem illa que precessit finem ejus, deponens omnem curam militie rerumque secularium, monachus factus est in

---

1. Cette guerre contre Guillaume le Bâtard se poursuivit pendant les années 1048-1060. Voir L. Halphen, *op. cit.* p. 71-80.
2. C'est-à-dire, sans doute, contre les « Français » ou, en d'autres termes, contre le roi. Sur cette lutte voir *ibid.*, p. 71 et 73-76.
3. C'est le seul texte, à notre connaissance, où il soit question d'une guerre de Geoffroi Martel avec les habitants de Bourges.
4. Expéditions contre Guillaume le Gros, 1033, contre Guillaume Aigret, 1053 et 1058. Voir L. Halphen, *op. cit.*, p. 57 et 61.
5. Peut-être Aimeri IV, vicomte de Thouars, s'allia-t-il à Guillaume Aigret contre Geoffroi Martel, en 1053.
6. En 1057. Voir L. Halphen, *op. cit.*, p. 53.
7. Un peu avant 1057 Voir *ibid.*
8. Vers 1047 Voir *ibid.*, p. 71.
9. A l'appui de cette assertion, on peut citer, entre autres, une charte du *Cartulaire de Notre-Dame de Saintes*, éd. Grasilier (*Cartulaires inédits de la Saintonge*, t. II), p. 27, n° 20, relatant une vente faite à Saintes, après le 2 novembre 1047, « consilio seniorum hujus patrie atque civitatis, scilicet Fulconis pueri, nepotis Gaufridi comitis cognomine Martelli... »
10. Erreur : Henri Ier mourut le 4 août 1060. Voir M. Prou, *Recueil des actes de Philippe Ier, roi de France*, p. xxvi.
11. 14 novembre 1060. Cf. L. Halphen, *op. cit.*, p. 12.

monasterio sancti Nicholai, quod pater ejus et ipse multa devotione construxerant et rebus suis suppleverant.

Honorem itaque suum, quem, ab exteris gentibus defendendo, multa tranquillitate securum et opulentum tenuerat, sub aliquanta tribulatione vexandum dimisit, surgente videlicet dissensione propter eumdem honorem inter me et meum fratrem. Quam tribulationem cum per annos octo protendissemus, guerram sepe facientes et interdum inducias habentes, cum etiam fratrem meum de vinculis, ubi eum tenueram, liberavissem jussu pape Alexandri [1], invasit me iterum idem frater, ponens obsidionem circa quoddam castrum meum quod vocabatur Brachesac ; ubi equitavi contra illum cum illis proceribus quos Dei clementia mihi permiserat et pugnavi cum eo campestri prelio, in quo eum Dei gratia superavi ; et fuit ipse captus et michi redditus et mille de civibus suis cum eo [2]. Proinde accepi civitatem Andegavem et Turonum et Lochas castrum et Lausdunum, que sunt capita honoris Andegavorum consulum.

Tenui igitur honorem illum viginti octo annis usque ad terminum illum quo scriptum istud facere disposui. In quibus viginti octo annis et in aliis octo qui precesserunt, si vis audire que gessi, prosequere que scribo et cognosces que facta sunt. Sed priusquam ea referam, volo memorare quedam signa et prodigia que in ultimo predicti temporis anno evenerunt, non solum nostre genti pertinentia, sed omni regno Gallie, sicuti postea res ipsa manifestavit. In eo enim termino ceciderunt stelle de celo in terram, ad modum grandinis, quas multi videntes ammirati sunt et multo terrore concussi sunt. Quod signum secuta est mortalitas multa hominum per totum regnum Francie et tempus valde asperum inopia victus ; unde etiam in civitate nostra Andegavi centum de primatibus nostris obierunt et magis quam duo milia minoris plebis.

In fine cujus anni, appropinquante quadragesima, venit Andegavim papa Romanus [3] Urbanus et ammonuit gentem

---

1. En 1067. Cf. L. Halphen, *op. cit.*, p 146.
2. En 1068, vers le mois d'avril. Cf. *ibid.*, p. 147.
3. Urbain II arriva à Angers en février 1096 (voir Jaffé-Wattenbach,

nostram ut irent Jerusalem expugnaturi gentilem populum qui civitatem illam et totam terram christianorum usque Constantinopolim occupaverant. Tunc in septuagesima [1] dedicata est ecclesia sancti Nicholai ab ipso papa et corpus avunculi mei G. translatum de capitulo in eamdem ecclesiam. Constituit etiam idem apostolicus et edicto jussit ut in eodem termino quo dedicationem fecerat indictum publicum celebraretur unoquoque anno apud sanctum Nicholaum et septima pars penitentiarum populo convenienti ad illam celebritatem dimitteretur. Unde discedens, Cenomannim venit [2] et inde Turonum; ibique datis venerabili concilio decretis, media quadragesima, coronatus est et cum sollempni processione ab ecclesia sancti Mauricii ad ecclesiam beati Martini deductus [3]; ubi mihi florem aureum quem in manu gerebat donavit, quem ego etiam ob memoriam et amorem illius in Osanna semper mihi meisque successoribus deferendum constitui. Post cujus discessum, in proxima die Palmarum, ecclesia beati Martini concremata est [4]; ipse autem papa pervenit Santonas ibique Pascha [5] celebravit [6]...

Regesta pontificum Romanorum, n⁰ˢ 5614 et suiv.). Le style suivi ici est donc le style de Pâques ou celui du 25 mars.

1. 10 février 1096. Voir Jaffé-Wattenbach, *Regesta*, n° 5617.
2. 14 février 1096. *Ibid.*, n° 5618.
3. 23 mars 1096. *Ibid.*, t. I, p. 686.
4. 6 avril 1096. Cf. *Recueil d'annales angevines et vendômoises*, p. 67 et n. 4.
5. 13 avril 1096. Voir Jaffé-Wattenbach, *Regesta*, t. I, p. 687.
6. La fin de la chronique manque. Elle a été remplacée par un passage relatif à la première croisade (« Sequenti autem estate, ex precepto ejus inierunt iter Jerosolimitanum non solum populi, sed etiam duces populorum... Denique piissimus Jesus, eorum afflictione et frequenti lamentatione ad misericordiam erga populum... ») qu'une mutilation du manuscrit unique a d'ailleurs coupé au milieu d'une phrase. Nous jugeons inutile de reproduire ici ce passage, dont nous avons déjà dit dans l'Introduction, chap. ix, qu'il n'avait rien de commun avec le texte de Foulque le Réchin, et qu'on trouvera correctement édité dans les *Historiens des Croisades; historiens occidentaux*, t. V, p. 346-347.

DE MAJORATU
ET SENESCALCIA FRANCIAE [1]

Hoc scriptum fecit Fulco comes Jerosolimitanus [2], in ecclesia Sepulchri de Lochis cum magna sepultus honorificentia, de donis factis suis antecessoribus a rege Francie.

Cum Deus voluit sublimare Rotbertum, filium ducis, in regem, Gaufridus Grisa Gonella cum tribus millibus armatorum serviebat domino suo regi Rotberto. Otho siquidem rex Alemannorum cum universis copiis suis Saxonum et Danorum Montem Morentiaci *a* obsederat et urbi Parisius multos assultus ignominiose faciebat. In hac necessitate prelii, rex Rotbertus et pater suus ducatum prime cohortis predicto comiti Gaufrido Grisa Gonella tradidit et ad persequendum exercitum Alemannorum ducem et consiliarium constituit.

Persecutus est itaque rex Rotbertus regem Alemannicum, preeunte Gaufrido Grisa Gonella, usque ad flumen Esne ; comes vero Gaufridus, gnarus pugnandi et assuetus, tantam stragem hostium super fluvium dederat ante regis Rotberti adventum, quod stagnum *b* putares, non fluvium. Alemannis

---

a) Mortiaci *dans le ms. ; corr.* Morentiaci. — b) stannum *dans le ms. ; corr.* stagnum.

---

1. Cet opuscule ne porte aucun titre dans le manuscrit. Nous lui conservons son titre traditionnel, que justifient les termes mêmes employés par l'auteur, p. 242.

2. Foulque III Nerra, comte d'Anjou de 987 à 1040, enterré à l'abbaye de Beaulieu, près Loches, auquel des pèlerinages réitérés en Terre Sainte valurent le surnom de *Jerosolimitanus*, plus communément d'ailleurs attribué à Foulque V le Jeune.

itaque fugatis, rex Rotbertus, congregato generali concilio, consilio patris sui et episcoporum, comitum, baronum, dedit Gaufrido comiti quicquid rex Lotharius in episcopatibus suis, Andegavis scilicet et Cenomannis, habuerat; si que vero alia ipse vel successores sui adquirere possent, eadem libertate quam ipse tenebat sibi commendavit [1].

Nequitia comitis Tricacensis non potuit sustinere prosperitatem regis, sed ad ejus deprimendam perfidiam quam majorem potuit exercitum rex congregavit. Obsedit itaque Meludunum; et cum ibi diu sedisset, vidit quod nihil proficeret. Vocato itaque Gaufrido Grisa Gonella, cum Andegavensibus suis sine mora ad consuetum properavit obsequium. Gaufridus autem veniens premisit constabularios suos, rogans ut ostenderetur ei qua parte sederet. Illi vero reversi nuntiaverunt domino suo quod tantus erat exercitus quod nullus erat eis ad obsidendum competens locus. Predictum enim oppidum in insula Secane situm erat, circumdatum undique muro calce et harena composito. Videntes itaque Andegavi quod nullum poterant habere hospitium, induunt arma, per medium exercitum transeunt fluctus Secane, dant assultum oppido virtute consueta, capiunt castrum. Quod exercitus non potuit per tres menses, isti dimidie diei spatio adepti sunt. Franci vero, hujus gentis inauditam admirantes audaciam, ubicumque locorum ipsos omni laude magnificabant [2].

Videns autem rex tantam principis strenuitatem et ipsum prevalere in regno tam armis quam consilio et quia hic et

---

1. Sans nous arrêter aux multiples anachronismes dont ce récit est parsemé, disons seulement qu'il convient de le rapprocher du chapitre consacré à Geoffroi Grisegonelle dans les *Gesta consulum Andegavorum*, ci-dessus, p. 38-44, et notons qu'on y retrouve, avec certaines précisions nouvelles, l'écho des mêmes légendes d'allure épique que nous avons signalées, p. 38, n. 1.

2. Le siège de Melun se place en réalité au temps de Hugue Capet, en 991, et ce texte est le seul qui parle à ce propos d'une intervention des Angevins. Le récit qu'il présente ne s'accorde, en outre, qu'assez mal avec ce que nous savons par ailleurs de cet événement (cf. Lot, *Etudes sur le règne de Hugues Capet*, p. 160-161). Il est évident qu'il a été imaginé de toutes pièces pour justifier la prétendue donation faite à Geoffroi Grisegonelle des droits du roi sur les évêchés d'Angers et du Mans.

alibi bene meruerat, sibi et successoribus suis jure hereditario majoratum regni [1] et regie domus dapiferatum, cunctis applaudentibus et laudantibus, exinde constituit.

Hec verba dixit Fulco comes Tescelino capellano suo : « Audi, presbiter, cujusmodi obsequium prestitit comes Gaufridus Grisa Gonella domino regi Rotberto. David comes Cenomannicus et Gaufridus comes Corbonensis dedignabantur recipere feodum suum a predicto rege, asserentes nullo modo se posse subici generi Burgundionum. Audiens autem rex eorum superbiam et videns regni sui non parvam diminutionem, habito consilio cum Gaufrido comite et cum primatibus regni, tempore constituto et die denominato, decrevit obsidere castrum Moritonie. Comes vero Gaufridus prenoscens adventum exercitus regis, movens castra de Vindocino, dans assultum predicto castro virtute consueta et probitate gentis sue, Gaufridum comitem et oppidanos suos minus timentes cepit et domino suo regi tradidit vel reddidit. David vero comes, dedignans ad colloquium regis venire, mandavit quod nullo modo se ei subiceret et quod nullo tempore rex Rotbertus Cenomannicam suam videre presumeret. Audiens autem rex arrogantiam et indignationem predicti comitis, ipsum David et Cenomannicam suam Gaufrido Grisa Gonella et suis successoribus ex dono regio tribuit jure possidendam [2]. » — HUC USQUE SUNT SCRIPTA FULCONIS JEROSOLIMITANI.

Vos autem qui ista scripta audieritis, scitote quod ego, Huo de Cleeriis [3], vidi scripta Fulconis comitis Jerosolimitani in

---

1. On sait qu'au temps des premiers Capétiens les charges de sénéchal et de maire du palais étaient unies. Voir A. Luchaire, *Histoire des institutions monarchiques de la France sous les premiers Capétiens*, 2e éd., t. I, p. 178, et Du Cange, *Glossarium*, au mot « major », éd. Didot, t. IV, p. 192, col. 1.

2. Encore un récit fabuleux, dont le but est évidemment de faire remonter au temps de Geoffroi Grisegonelle les droits des comtes d'Anjou sur le Maine. Le comte David n'a pas plus existé que le comte de Corbonnais Geoffroi. Cf. Latouche, *Histoire du comté du Maine pendant le Xe et le XIe siècle* (Paris, 1910, in-8°), p. 110.

3. Hugue de Clefs (en Maine-et-Loire), sénéchal de La Flèche au temps de Geoffroi le Bel. Sur ce personnage, voir, entre autres, A. Luchaire, *Hugue de Clers et le De senescalcia Franciae* (Université de Paris ; Bibliothèque de la Faculté des lettres, fasc. 3), p. 10-12, et L. Delisle, *Recueil des actes de Henri II, roi d'Angleterre et duc de Normandie*, t. I (Introduction), p. 387-388.

ecclesia sancti Sepulchri de Lochis de majoratu et senescalcia Francie sibi et suis antecessoribus a rege Rotberto collatis.

Inter regem Lodovicum, Philippi regis filium, et Fulconem comitem, qui postea factus est rex Jerusalem[1], magna erat dissensio. Fulco enim comes nolebat ei servire : rex enim Lodovicus dederat majoratum et senescalciam Francie Ansello *a* de Garlanda[2] et postea Guillermo de Garlanda[3], de quibus Fulco comes suas red[h]ibitiones et sua hominia habere non poterat.

Contigit autem regem Lodovicum maximam guerram habere cum Henrico rege, filio Guillermi a[d]quisitoris Anglie. Ob hoc itaque rex Lodovicus requisivit Fulconem comitem ut de guerra ista eum juvaret; comes vero respondit quod nullo modo ei servire debebat : cum namque de majoratu et senescalcia Francie exheredilabat. Tunc rex Lodovicus per Amauricum de Monte Forti, avunculum Fulconis comitis[4], et per Gaufridum abbatem Vindocinensem[5] et Radulfum de Balgentiaco[6] mandavit comiti de *b* omnibus istis et majoribus aliis istorum consilio se versus comitem emendaturum. Comes igitur Fulco, suos consulens homines, videlicet Rotbertum de Blo, Arquolosium, tunc senescallum, Salmacium, tunc pincernam, Hugonem de Cleeriis, Gaudinum de Vegia[7] et multos

a) Anselmo *dans le ms.; corr.* Ansello. — *b)* quod de *dans le ms.; supprimez* quod.

---

1. C'est en 1129 que Foulque V le jeune devint roi de Jérusalem.
2. Anseau de Garlande, sénéchal de Louis VI depuis le début du règne jusqu'au commencement de l'année 1118, époque où il fut tué au siège du Puiset. Voir A. Luchaire, *Louis VI le Gros*, p. 303.
3. Guillaume de Garlande, sénéchal depuis la mort de son frère Anseau, au début de l'année 1118, jusque dans le courant de l'année 1120 (avant le 3 août). Voir Luchaire, *op. cit.*, p. 303.
4. Le comte Foulque le Jeune était le fils de Foulque le Réchin et de Bertrade, sœur d'Amauri IV de Montfort.
5. Geoffroi, abbé de la Trinité de Vendôme, de 1093 à 1132.
6. Raoul Ier, seigneur de Beaugency de 1080 environ à 1118 au moins. Voir Vignat, *Cartulaire de Notre-Dame de Baugency*, p. LIX.
7. Dans son étude sur *Hugue de Clers* (citée plus haut, p. 241, n. 3), M. Luchaire a relevé (p. 9 et 10) un certain nombre de chartes qui permettent d'établir l'existence de ces divers personnages dans l'entourage du

alios, respondit regi Lodovico ut si hoc faceret quod mandaverat, quod hec et alia adjutoria que ab eo exigebat libenter faceret. Die autem illo quo consilium istud captum est, curia Andegavis erat repleta bone militie et sapientissime. Tunc Amauricus de Monte Forti aliique qui verba regis attulerant laudaverunt Fulconi comiti ut per quemdam quem rex cognosceret regi responderet ac super his, antequam nuncii regis forent reversi, festinanter grates et mercedes redderet. Consiliatores autem comitis, audientes consilium quod Amauricus dederat, laudaverunt illud consilium. Quod cum comitissa Aremburgis audiret consilium, laudavit quod nullus iret nisi Huo de Cleeriis.

Ego itaque Huo de Cleeriis perrexi Parisius, dehinc ad Guenort[1], ubi inveni regem et comitem Belli Montis. Eo itaque invento apud Guenort, inter Pontesium et Bellum Montem et Calvum Montem, locutus sum cum domino rege. Primum illum salutans ex parte comitis, reddidi ei grates et mercedes super suo mandato quod comiti Fulconi mandaverat ; hinc ei dixi quod Fulco comes ei suum offerebat servitium, aut inpresentiarum, aut prius si vellet colloquium. Rex, inde letatus, dixit se multum prius velle colloquium. Assignatus est igitur et dies et locus colloquii inter Marchesneium et Bireium, in Beaussam. Inter hec mandavit rex comiti ut Gau-

---

comte Foulque le Jeune. Les seuls d'entre eux dont il n'ait pu trouver trace sont *Salmacius*, que nous ne connaissons pas plus que lui, et *Gaudinus de Vegia*, qui est Gaudin de Vaiges (dans la Mayenne, canton de Sainte-Suzanne). On trouvera des mentions de ce dernier personnage dans le *Cartulaire du Ronceray d'Angers*, éd. Marchegay, n° 376 (charte des années 1119-1123 : voir l'*Erratum* publié avec la *Table* d'Eug. Vallée en 1900), dans le *Cartulaire de Saint-Aubin d'Angers*, éd. Bertrand de Broussillon, t. II, n° 673 (entre 1127 et 1154), dans le *Cartulaire de Saint-Serge d'Angers*, analysé par G. Durville (Nantes, 1903, in-8°), n° 290 (entre 1138 et 1151), etc. — Pour Robert de Blou (Maine-et-Loire, canton de Longué), ajouter, entre autres, *Cartulaire noir de Saint-Maurice d'Angers*, éd. Urseau, n° 94 (1110-1120) ; *Cartulaire de Saint-Laud d'Angers*, éd. Planchenault, n° 17 (1116) ; *Cartulaire de Saint-Maur-sur-Loire* (au t. I des *Archives d'Anjou* de Marchegay), n°ˢ 41 (1120) et 62 (1147) ; *Cartulaire de la Trinité de Vendôme*, éd. Métais, n° 508 (1145).

1. On ignore de quelle localité l'auteur entend parler ici (cf. Luchaire, *op. cit.*, p. 13). S'il a pensé à Gisors, les indications géographiques qu'il donne ensuite sont inexactes.

fridum filium suum, qui nunc jacet in ecclesia sancti Juliani Cenomannensis [1], ad colloquium secum adduceret : illum namque multum optabat videre. Cumque dies instaret colloquii, dominus rex Lodovicus et Fulco comes ad locum constitutum venerunt cum suis consultoribus ibique recognita sunt jura comitis, videlicet majoratus et senescalcia Francie. Guillelmus de Garlanda, tunc Francie senescallus [2], recognovit in illo colloquio hominium se debere comiti Fulconi de senescalcia Francie et inde [a] fuit in voluntate comitis.

Post Guillelmum fuit senescallus Stephanus de Garlanda [3], qui fecit hominium comiti ; post Stephanum, Radulfus, comes Perone [4], qui similiter fecit hominia et servitium.

Ille enim qui senescallus erit Francie comiti faciet hominium et talia alia [5]. Si comes perrexerit ad curiam domini regis, senescallus precipiet marescallis domini regis ut preparent et liberent hospitia comiti. Cum comes venerit, senescallus ibit ei obviam et conducet ad suum hospitium ; tunc senescallus ibit dicere regi comitem Andegavensem venisse. Si comes ad regem ire voluerit, senescallus ad curiam eum conducet et de curia ad suum reducet hospitium. Si vero ad coronamenta regis comes ire voluerit, senescallus preparare et liberare faciet hospitia que comes habet propria et dedita. Cum autem, die sue corone, ad mensas rex discubuerit, scamnum pulcherrimum fultro pallii aut tapeto coopertum senescallus preparabit ibique et sui comites quousque fercula veniant sedebit. Cum vero primum venerit ferculum, comes, se defibulans, e scamno surget et de manu senescalli ferculum accipiens, ante regem et reginam apponet et senescallo precipiet

a) unde *dans le ms. ; corr.* inde.

---

1. Geoffroi le Bel mourut le 7 septembre 1151. Voir plus haut, p. 72.
2. Nous avons déjà dit (p. 242, n. 3) que Guillaume de Garlande fut sénéchal de 1118 à 1120.
3. Étienne de Garlande fut sénéchal de 1120 (avant le 3 août) à 1127 (après le 3 août). Voir Luchaire, *Louis VI le Gros*, p. 303.
4. Raoul de Vermandois fut sénéchal depuis 1132 jusqu'à la fin du règne de Louis VI.
5. Au sujet des prérogatives dont l'énumération suit, voir l'étude citée de Luchaire, sur *Hugue de Clers*, p. 15-18.

ut exinde per mensas serviat et comes retro sedebit donec alia veniant fercula ; et quemadmodum de primo fecit, et de aliis similiter faciet. Finita demum celebratione mensarum, comes equum ascendet et ad suum redibit hospitium, senescallo comitante. Deinceps equus ille quem comes adduxerit ad curiam, dextrarius videlicet, coquo regis feodaliter dabitur. Pallium quo in curia afibulatus erit, dispensatori dabitur, sed post prandia. Tunc panetarius mittet comiti duos panes atque vini sextarium, et coquus frustum carnis et unum astum [a] : hec est enim liberatio senescalli in illo die ; hec fercula accipiet senescallus comitis atque dabit leprosis. Insuper cum comes in exercitus regis perrexerit, senescallus Francie papilionem centum militum capacem ei preparabit et summarium ad illum portandum et cordas et paxillos et hominem equita[n]tem ad conducendum et duos homines pedites. Finito exercitu, comes, si voluerit, senescallo reddet papilionem ; sed nisi reddiderit, non ideo minus in alio exercitu papilionem habebit. Comes, cum in exercitu regis fuerit vel ierit, pretutelam faciet et in reditu retutelam et quidquid ei acciderit sive bonum sive malum, ore domini regis inde non vituperabitur.

Ego Hugo de Cleeriis vidi hec servitia reddere comiti Fulconi, regi Jerusalem, in duobus exercitibus Alvernie [1] et in uno coronamento Bituris ; et comiti Gaufrido, qui est sepultus Cenomannis, vidi reddere in uno coronamento Bituri[s] et in alio Aureliani[s]. Item Galterius de Silvanecti pincerna [2] recognovit ante regem Lodovicum, me audiente, se tenere de comite Andegavensi quidquid habebat in villa Silvanectis extra

---

a) hastum *dans le ms. ; corr.* astum (*cf. Du Cange, au mot* astus).

---

1. La première expédition de Louis VI en Auvergne eut lieu en 1122, la seconde en 1126, et il est exact que Foulque le Jeune y prit part. Voir Luchaire, *Louis VI le Gros*, p. 147, n° 318, et p. 170, n° 369.
2. Il faut lire *Guido de Silvanecti*, c'est-à-dire Gui II de Senlis, bouteiller de Louis VI de 1108 à 1112, ou *Ludovicus de Silvanecti*, Louis de Senlis, bouteiller de 1128 à 1132, ou enfin *Guillelmus de Silvanecti*, Guillaume Ier de Senlis, bouteiller à partir de 1132 et jusqu'à la fin du règne. Voir Luchaire, *Louis VI le Gros*, p. 304.

muros et foragia totius Arbrie [1] esse de feodo comitis Andegavensis et omnia casamenta. Radulfus de Martreio [2] et Thomas frater suus solebant servire in Andegavia de feodo suo ; et ego Huo de Cleeriis, dum loquerer cum rege Lodovico, audivi ab ipso hec verba : « Radulfe de Martreio, vide Huonem de Cleeriis, militem comitis Andegavensis domini tui. Vade servitum feodum tue marescalcie [a] et hospitare Huonem, quia habes istum feodum a comite. » Tunc Radulfus hospitatus est me sub nomine marescalcie ; et adjecit rex : « Ego, Dei gratia, jam sum bene cum comite Andegavensi. »

De cetero comes appellatur major in Francia propter pretutelam et retutelam quam facit in exercitu regis. Item quando erit in Francia quod et curia sua judicaverit firmum erit et stabile. Si vero contentio aliqua nascetur de judicio facto in Francia, rex mandabit quod comes veniat illud emendare ; et si pro ea mittere noluerit, scripta utriusque partis comiti transmittet, et quod inde sua curia judicabit firmum erit et stabile. Ego Huo de Cleeriis vidi multotiens judicia facta in Francia in Andegavia emendari, sicut fuit de bello apud Sanctum Audomarum facto et de pluribus aliis placitis et judiciis. Hec vidi et multi alii mecum.

a) marescachie *dans le ms.*, *corr.* marescalcie.

1. Nous ne savons ce que désigne ce nom. Est-ce même un nom géographique ? ou n'est-ce pas peut-être un nom commun déformé par un copiste ?
2. Raoul du Martroi fut un des familiers de Louis VI, et son nom paraît souvent dans les actes de ce roi (Luchaire, *Louis VI le Gros*, Annales, nos 28, 33, 310, 352), sans qu'on puisse dire s'il exerça effectivement l'office de maréchal.

GENEALOGIAE

COMITUM ANDEGAVENSIUM [1]

I

Ingelgerius
|
Fulco Rufus

- episcopus Suessionensis Wido
- mortuus Ingelgerius
- Bonus Fulco
  - episcopus Podii Wido
  - Drogo
  - Gosfridus
    - Mauricius
    - Fulco
      - Gosfridus et Ermengardis
        - Gosfridus
        - Fulco
  - Blanca
    - uxor Roberti regis Constantia regina
      - rex Henricus
        - filia Roberti ducis fratris Henrici regis Hildegardis de altero patre

---

1. La provenance de ces diverses généalogies a été indiquée à la fin du chapitre ix de l'Introduction.

II

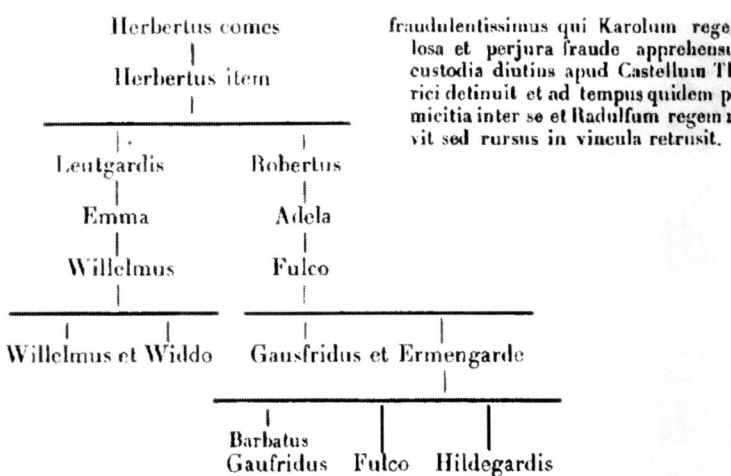

fraudulentissimus qui Karolum regem dolosa et perjura fraude apprehensum in custodia diutius apud Castellum Theoderici detinuit et ad tempus quidem pro inimicitia inter se et Radulfum regem relaxavit sed rursus in vincula retrusit.

III

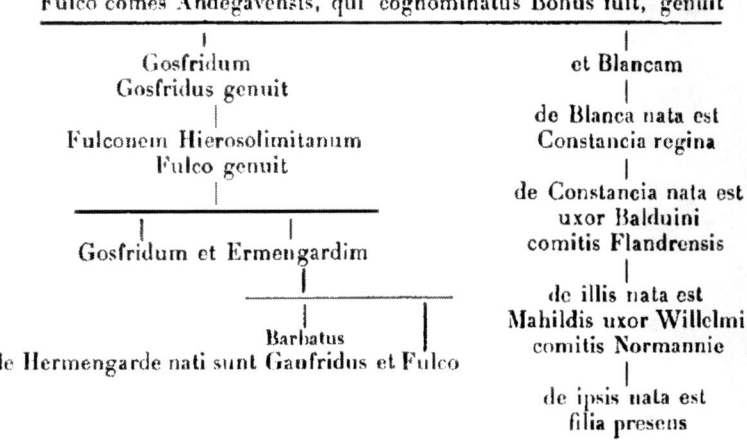

IV

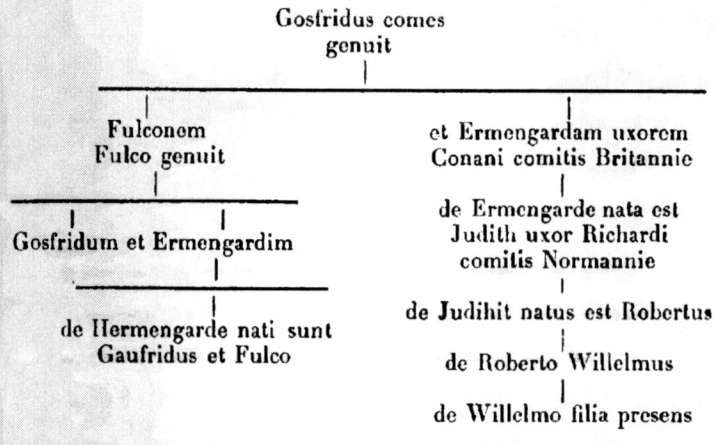

Gosfridus comes
genuit

Fulconem
Fulco genuit

Gosfridum et Ermengardim

de Hermengarde nati sunt
Gaufridus et Fulco

et Ermengardam uxorem
Conani comitis Britannie

de Ermengarde nata est
Judith uxor Richardi
comitis Normannie

de Judihit natus est Robertus

de Roberto Willelmus

de Willelmo filia presens

V

Letaldus comes Vesoncionis et Umbertus comes Matisconensis fratres fuerunt ;

ex Letaldo Albericus natus est
ex Alberico Beatrix

ex Beatrice Gosfridus de Castello Landonensi
ex Gaufrido Gaufridus et Fulco presens

ex Umberto Adala comitissa
ex Adala Windesmodis soror matris vestre non germana
ex Windesmode Ingelbertus et Witdo de Upione
ex Ingelberto Walterius comes de Brena
ex Walterio filia nata est ista quam Fulco comes noster uxorem duxerat

VI

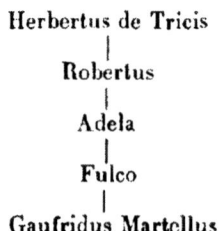

Herbertus de Tricis

Robertus

Adela

Fulco

Gaufridus Martellus

VII

Ingelgerius
|
Fulco Rufus
|
Fulco Bonus
|
Gaufridus Grisagonella
|
Fulco Jerosolimitanus
|
———————————————————————
| |
Gaufridus Martellus   Ermengardis
                                                    |
———————————————————————
| |
Gaufridus Barbatus   Fulco Rechin
                                                    |
———————————————————————
| |
Gaufridus Martellus   Fulco rex
                                                    |
                                            Gaufridus dux
                                                    |
                                            Hainricus rex
                                                    |
                              ———————————————
                              | | |
                        Hainricus   Richardus   Gaufridus

APPENDICE

FRAGMENT DE CHRONIQUE ANGEVINE

(1151-1223) [1]

... Henricus dux Normannie, Gaufridi predicti filius, ex Mathilde Henrici regis Anglie filia genitus, defuncto patre, comes Andegavensis creatus est, anno .MCLI°. et anno sequenti Alienoram, a Ludovico rege Francie affinitatis propinquitate dimissam et repudiatam, duxit uxorem : unde Andegavia, Cenomania Turonensisque comitatus eidem Henrico advenere, que res initium postea fecit multis bellis ; quos principatus defuncto patre Gaufrido suscepit. Vero mortuo postea Stephano Anglorum rege, ab Anglis vocatus, rex eorum creatus est [anno] .MCLV° [2]. Henricus terra potens adversus Francos effectus, multa contra eos bella gessit, ut patet in Gestis ducum Normannorum ac regum Anglie.

Gaufridus, frater Henrici predicti, comes Andegavensis creatus, ea que ab Henrico rege Anglie offerebantur noluit recipere. Ea de re secessit in Andegavensem pagum et Henricus illum e vestigio subsecutus est. Et Gaufridus, in Britanniam

---

1. Nous n'avons pu retrouver aucun manuscrit de ce court fragment, que Marchegay et Salmon ont publié sous le titre de *Fragmentum historiae brevis comitum Andegavensium*, sans indication de provenance (*Chroniques des comtes d'Anjou*, p. 367-370). Nous nous bornons donc à reproduire ici leur texte, en remplaçant seulement par des *e* simples les *æ* et les *œ*.

2. C'est, en réalité, le 19 décembre 1154 que Henri II reçut la couronne d'Angleterre.

exercitum ducens, expulso Hoello comite, civitatem Nanneticam cepit, consentientibus civibus, et Constantiam Conani [a] ducis filiam, relictam Godefridi comitis Cenomanensis [1], duxit uxorem, accepto pro dote comitatu Nannetensi ; que virum contra inimicos defendit.

Richardus rex Anglie, filius Henrici regis, nepos Gaufridi, comes Andegavensis declaratus, contra Francos illum virtute bellica defendit. In obsidione castri Lemovicensis vicecomitis, quod Calucum [b] dicitur, sagitta transfixus, paulo post moritur et in cenobio Fontis Ebraldi sepelitur.

Johannes rex Anglie, frater Richardi predicti, comitatum Andegavensem cum regno Anglie regendum suscepit anno Domini .mcxcix°. Multa contra Philippum regem Francie bella habuit et Arturum ducem Britannie, nepotem suum, apud Mirabellum cepit cum multis aliis nobilibus ; insuper et urbes Andegavensem et Turonensem, que Arturo parebant, ipso presente, in jus suum redegit. Postea dictum Arturum juxta mare occidit anno Domini .mccii°. Unde vocatus et accusatus, cum apud regem Francie Philippum, cujus vassalus erat, nollet comparere, per judicium parium Francie exhereditatus est a tota terra quam habebat in regno Francie cepitque Philippus Normanniam, Aquitaniam et Andegaviam.

Johannes, hoc audito, Rupellam cum classe appulit ; veniensque cum exercitu, Andegavensem urbem solo tenus destruxit, circa annum .mccvi.um, quam post aliquot annos in pristinam formam restituit et eam muro fortissimo claudere precepit [2]. Inde deficientibus ad eum Britonibus atque Pictavis [c], ope eorum auctus, Rupem Monachi, quod castellum ad Ligerim

---

a) Comoni *dans l'éd. Marchegay et Salmon ; corr.* Conani. — b) Corlucum *ibid. ; corr.* Calucum. — c) Pictonis *ibid. ; corr.* Pictavis.

---

1. Erreur évidente, puisque, parmi les derniers comtes du Maine, Geoffroi le Bel, père de celui dont il est ici question, est le seul qui ait porté le nom de Geoffroi.

2. Tous ces événements sont de l'année 1206. Voir surtout les *Annales de Saint-Aubin d'Angers*, éd. Halphen, *Recueil d'annales angevines et vendômoises*, p 22-23 et 32-33 ; Rigord, *Gesta Philippi Augusti*, § 147, éd. Delaborde, *Œuvres de Rigord et de Guillaume le Breton*, t. I, p. 164 ; Guillaume le Breton, *Gesta Philippi Augusti*, § 138, *ibid.*, p. 223-224.

APPENDICE

flumen Guillelmus de Rupibus supra non multos annos exstruxerat, contendit [1]. Ubi, cum primam oppugnationem sibi non bene procedere intellexit, fecit consuetudinem ad aggerem qui ad fossas erat quolibet die causa videndi et scrutandi qua parte castello potiretur ; qui, ne ab obsessis telo aliquo offenderetur, satellitem instituit qui scutum ambulanti pretenderet. Quam rem cum ex obsessis unus, ingenio pollens, animadvertisset, tenuem ex can[n]abe funem texit juxta longitudinem que ad aggerem pertingere posset ; ejus funis extremo ad sagittam alligato, reliquum clavo juxta se ad muri [lapides] primos affixit atque ita sagitta baliste imposita Anglo dum transiret insidiatur. Quem ubi suo more incedere videt, sagittam in satellitis scutum penitus adegit. Mox, cordula ad se reducta, satelles cum scuto quod gerebat in fossam preceps ruit, in quem obsessi tela crebra jaculantes necaverunt. Satellitis nece exasperatus, Johannes rex furcas e regione castri protinus erigi jubet, comminatus, nisi se dederent, eos furcarum supplicio affectum iri omnes [2]. Nihilominus tamen Franci arcem tutati sunt, occisis plerisque Anglis. Interim, occupato adversus Flandrenses Philippo rege Francie, filius ejus Ludovicus, ductis ad Chinonem copiis [3], inde magnis itineribus ferre opem obsessis contendit. Cognito ejus adventu, Johannes rex Anglie, relicta obsidione, trajecto Ligeri, quinquaginta eo die milliaria [4] fugiens confecit.

Fugato Anglorum rege, reliquas arces et Andegaviam ipsam Ludovicus recepit anno Domini .mccxii°. [5] dirutoque castello Bello Forti et terris vicecomitis Toardi vastatis, muros quibus

---

1. Le siège commença le 19 juin 1214 (Petit-Dutaillis, *Etude sur la vie et le règne de Louis VIII*, p. 48).

2. Guillaume le Breton raconte toute cette histoire à peu près de la même manière (*Gesta Philippi Augusti*, § 178, éd. citée, p. 261-262).

3. Dès la fin d'avril ou le début de mai, pense M. Petit-Dutaillis, *Etude sur la vie et le règne de Louis VIII*, p. 47.

4. Guillaume le Breton (*loc. cit.*, § 179, p. 263) ne parle que de 18 ou 28 milles (les manuscrits ne sont pas d'accord), et tout ce qu'on peut dire, c'est que le surlendemain (4 juillet 1214) Jean était arrivé à Saint-Maixent, qui est à une trentaine de lieues de la Roche-aux-Moines. Cf. Petit-Dutaillis, *Louis VIII*, p. 50.

5. Il faut lire 1214. Sur ces événements, voir Petit-Dutaillis, *Louis VIII*, p. 51.

Andegavum Johannes muniverat dissipavit ; nec [Moncontoro abstinuit, quod fundo tenus dirui jussit. Reverso in Franciam Philippo, post victoriam de Flandrensibus habitam, Pictavi qui, conjuratione cum hostibus facta, domi se continuerant belli exitum exspectantes, cum victorem Philippum pertimescerent, per vicecomitem Toardii veniam impetrant ; et Johannes rex Anglie, missis ad regem legatis, Roberto apostolico cardinali et Renulpho Cestrie [a] comite, quinquennes cum Philippo inducias firmat.

Philippus Augustus rex Francie, victo Johanne Anglorum rege, Andegavensem comitatum cum ducatu Aquitanie et Normannie in suam redegit potestatem, in ultionem Arturi ducis Britannie, quem ipse Johannes rex apud Mirabellem cum multis aliis nobilibus qui partes Philippi regis tenebant ceperat et occiderat. Obiit autem idem Philippus anno .mccxxiii°. et in ecclesia sancti Dionysii sepultus est.

a) Lyncestrie *dans l'éd. Marchegay et Salmon ; corr.* Cestrie.

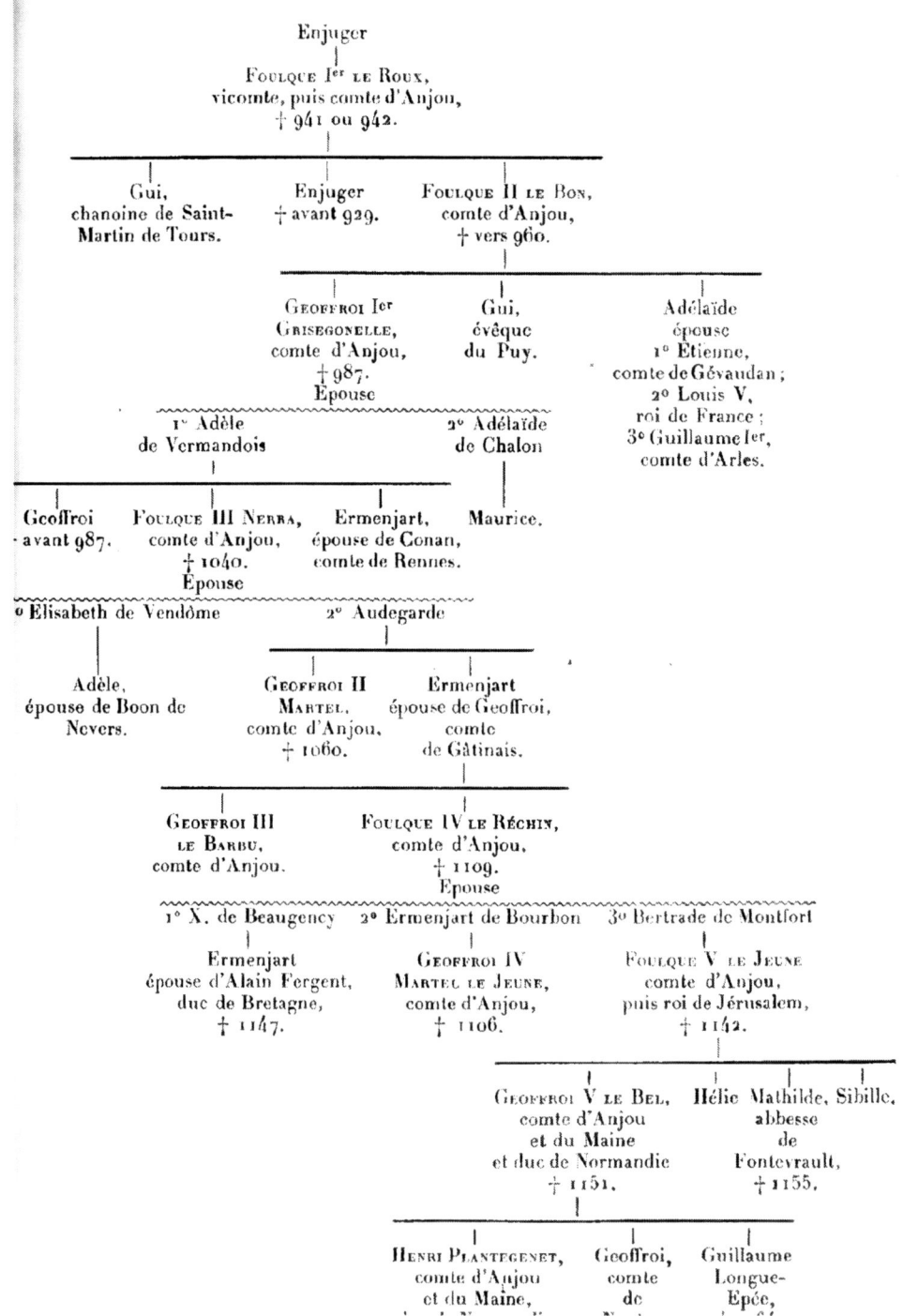

GÉNÉALOGIE DES SEIGNEURS D'AMBOISE

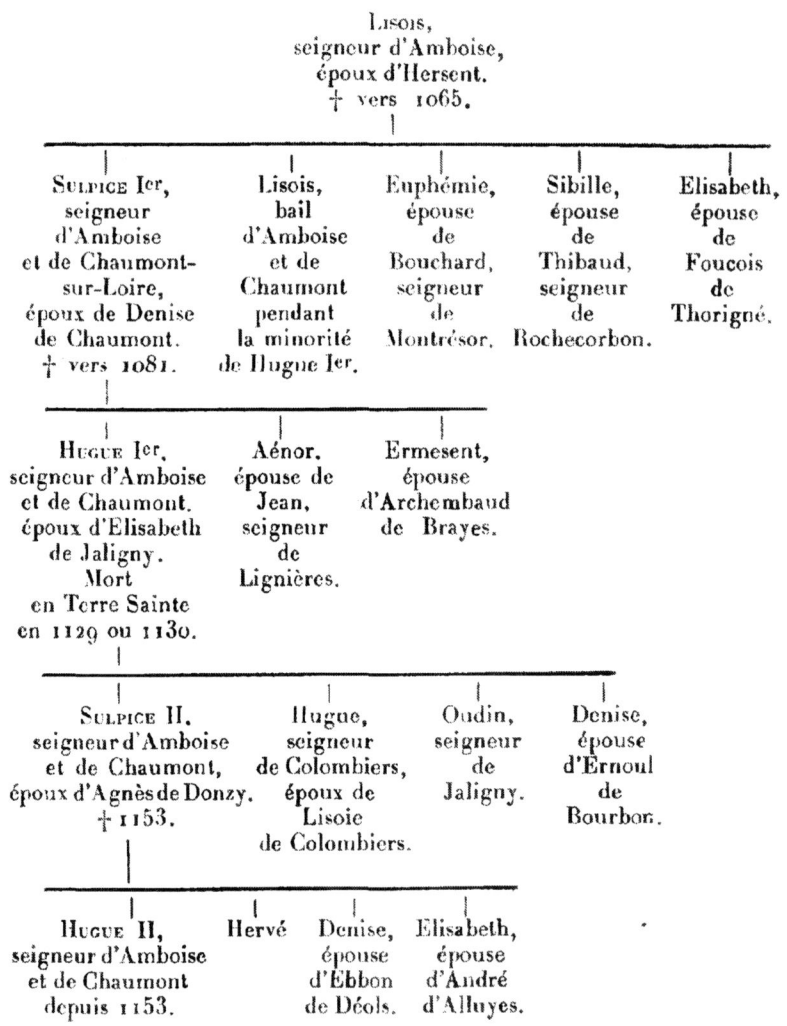

Lisois, seigneur d'Amboise, époux d'Hersent. † vers 1065.

- Sulpice Ier, seigneur d'Amboise et de Chaumont-sur-Loire, époux de Denise de Chaumont. † vers 1081.
- Lisois, bail d'Amboise et de Chaumont pendant la minorité de Hugue Ier.
- Euphémie, épouse de Bouchard, seigneur de Montrésor.
- Sibille, épouse de Thibaud, seigneur de Rochecorbon.
- Elisabeth, épouse de Foucois de Thorigné.

Enfants de Sulpice Ier :
- Hugue Ier, seigneur d'Amboise et de Chaumont, époux d'Elisabeth de Jaligny. Mort en Terre Sainte en 1129 ou 1130.
- Aénor, épouse de Jean, seigneur de Lignières.
- Ermesent, épouse d'Archembaud de Brayes.

Enfants de Hugue Ier :
- Sulpice II, seigneur d'Amboise et de Chaumont, époux d'Agnès de Donzy. † 1153.
- Hugue, seigneur de Colombiers, époux de Lisoie de Colombiers.
- Oudin, seigneur de Jaligny.
- Denise, épouse d'Ernoul de Bourbon.

Enfants de Sulpice II :
- Hugue II, seigneur d'Amboise et de Chaumont depuis 1153.
- Hervé
- Denise, épouse d'Ébbon de Déols.
- Elisabeth, épouse d'André d'Alluyes.

ERRATUM

P. 34. — Dans le titre, séparer les mots « cognomento » et « Bono ».

P. 46, note c. — A la suite des mots « et cette addition est reproduite par C », ajouter « qui corrige toutefois sancti Albini en sancti Martini ».

P. 49, note b. — Au lieu de « Rodulphus » lire « Rodulfus ».

P. 50, note b. — A la suite des mots « et cette addition est reproduite par B » ajouter « et par C, qui la fait suivre, en outre, d'un passage (de quo maximum... genitus fuisse) emprunté à Raoul Glaber, IV, VII, § 20, éd. Prou, p. 108-109 ».

P. 58, note a. — Au lieu de « Rodulphus » lire « Rodulfus (corrigé en Rodulphus par B) » et au lieu de « C le fait suivre » lire « B (dont le texte a été adopté par C) le fait suivre ».

P. 60, lignes 10-11. — Supprimer le trait d'union entre « Caput » et « Vultone ».

P. 63, note b. — Au lieu de « p. 151 » lire « p. 152 ».

P. 64, lignes 2-3. — Au lieu de « fratrem Barbatum suum » lire « Barbatum fratrem suum ».

P. 64, note c. — A la suite des mots « namque velle suum » ajouter « cuique est nec voto vivitur uno ».

P. 99, note a. — Au lieu de « Sire », lire « Sic ».

P. 103, ligne 24. — Au lieu de « Jalinacensi » lire « Jaliniacensi ».

P. 111, ligne 17. — Au lieu de « petorritis », donné par le manuscrit, il faut peut-être lire « pet[r]oritis ».

P. 111, note 2. — A la suite des mots « Raoul de Beaugency était l'oncle » ajouter « à la mode de Bretagne ».

P. 125, ligne 22. — Corriger « Supplitio » en « Supplicio » conformément à la règle suivie dans le reste du texte et énoncée dans l'introduction, p. LXXXIII, note 1.

P. 127, ligne 1. — Au lieu de « arctius » lire « ar[c]tius ».

P. 128, ligne 22. — Au lieu de « meminisse » lire » memi[ni]sse ».

P. 162, note f. — Au lieu de « Introduction, p. III » lire « Introduction, p. VIII ».

P. 252, ligne 15. — Séparer « cum » de « multis ».

TABLE ALPHABÉTIQUE
DES NOMS DE LIEUX ET DE PERSONNES [1]

A

Aanordis, Aénor.

ABEL, *Abel*, personnage biblique, 164.

ACHARD de Saintes, *Acardus de Sanctis, Acardus Santonicus*. — Epouse Corbe, veuve d'Aimeri de Courron, 101. — Frère de Guillaume de Saintes, cellérier de Saint-Martin de Tours, 102. — Sa mort, 102.

Adala, Adèle.

Adalaudus, archevêque de Tours, frère de l'évêque d'Angers Rainon, 30.

[ADÉLAÏDE] de Maurienne, femme de Louis VI, mère de Philippe et de Louis VII, 23-24, 68.

Adelaudus, seigneur de Loches, père de Garnier, 21, 33.

ADÈLE, *Adala, Adela*.

ADÈLE, comtesse d'Anjou, fille de Robert, comte de Troyes, femme de Geoffroi Grisegonelle, 248, 249.

ADÈLE, fille de Foulque Nerra, comte d'Anjou, 50.

ADÈLE, comtesse de Blois. — Voir Ale.

ADÈLE], comtesse de Flandre, fille de Robert le Pieux, femme de Baudouin V de Flandre, 248.

ADÈLE, fille de Geoffroi, comte de Gâtinais, 135. — Epouse Enjuger, 136. — Accusée d'adultère, 136. Son filleul Enjuger prouve son innocence en combat singulier, 137-139. — Entre dans un monastère en laissant sa terre à son filleul, 139.

ADÈLE, fille de Humbert comte de Mâcon, mère de *Windesmodis*, 249.

Adelelmus, Adelinus, Alleaume.

Adovagrius, fils d'un duc de Saxe. — Assiège Angers, 13.

Aelendis, femme d'Enjuger, 30.

AÉNOR, *Aanordis*.

AÉNOR, fille de Sulpice Ier d'Amboise et de Denise, 96. — Epouse Jean, seigneur de Lignières, 103. — Ses enfants, 103.

AÉNOR, fille de Bellay de Montreuil-Bellay, femme de Hugue de Sainte-Maure, 106.

AÉNOR, femme de Geudouin de Saumur. — Est enterrée à Pontlevoy, 82.

AFRICAINS, *Affri*, 19.

AFRIQUE, *Affrica*, 19.

AGNÈS, *Agnes*.

AGNÈS, fille d'André d'Alluyes et d'Elisabeth d'Amboise, 123.

AGNÈS, comtesse d'Anjou, femme de Geoffroi Martel, 151. — Fonde l'église Saint-Georges de Vendôme, 62, note c.

---

1. Pour ne pas allonger inutilement cette table, nous avons réuni dans un article spécial en tête de chaque groupe d'articles se rapportant à des personnages homonymes les diverses formes latines sous lesquelles les noms de chacun de ces personnages se rencontrent dans les textes. Les formes latines ont d'ailleurs été relevées elles-mêmes à leur rang alphabétique avec renvoi aux formes françaises.

AGNÈS, fille d'Hervé de Donzy. — Epouse Sulpice II d'Amboise, 114. — Ses enfants, 122. — Délivre des prisonniers, 128.

Agripina urbs, Cologne.

AIGNAN (St), *Anianus*, 12.

AIMERI, *Haimericus*.

AIMERI d'Alluyes, mari d'Aveline, fils de Salomon Ier de Lavardin, 76, n 4.

AIMERI d'Avoir, allié de Giraud de Montreuil-Bellay, 215-216.

AIMERI de Courron, *Haimericus de Currone*. — Epouse Corbe, fille de Foucois, 99. — Gardien du « Domicile » d'Amboise, 99. — Se réconcilie avec Hugue d'Amboise, 100. — Part pour la croisade, 100-101. — Meurt à Nicée, 101.

AIMERI, comte de Saintes — Beau-père du comte d'Anjou Maurice, 45.

AIMERI IV, vicomte de Thouars. — En guerre contre Geoffroi Martel, 236.

[AIMERI VII], vicomte de Thouars. — Ses terres sont dévastées par Louis VIII, 253. — Négocie la paix entre Philippe Auguste et les Poitevins, 254.

AIMERI GAIMARD. — Voir Gaimard.

AIMON, *Haimo*.

AIMON Vaire-Vache, *Haimo Vacca Varia*, sire de Bourbon. — Marie sa sœur Ermenjart à Guillaume de Jaligny, 103. — Lui donne en dot la place de Bessay, 112. — Père d'Archembaud V de Bourbon, 112.

AIMON Ier, seigneur de Buzançais. — Reçoit de Charles le Chauve les fiefs de Buzançais et de Châtillon-sur-Indre et une partie d'Amboise, 21. — Père de Robert, 31.

AIMON II, seigneur de Buzançais, 87. — Père de Sulpice Mille-Boucliers, 87.

Ainricus, Henri Ier.

AIRARD, *Arardius*, gardien du château de Loches, 83, 84.

AIRAUD « BRUSTULII », *Arraudus Brustulii*. — Livre Geoffroi de Saint-Aignan à Foulque Nerra et aide à l'étrangler dans sa prison, 54, 80.

AISNE, *Esna*, riv., afll. de l'Oise, 239.

AIX, *Aquis* (Bouches-du-Rhône), 19.

AIX-LA-CHAPELLE. *Aquisgrani* (Allemagne), 19.

Ala, Ale.

ALAIN, *Alanus*, fils aîné de Conan Ier. — Fait prisonnier en voulant surprendre Angers, 49. — Remis en liberté, 49.

ALAINS, *Alani*, peuple barbare, 15.

ALAMANS, *Alemanni*, peuple germanique, 14.

ALARD, fils de Renaud III, seigneur de Château-Gontier, 148, n. 2.

ALARIC Ier, *Alaricus*, roi des Wisigoths, 11.

ALARIC II, *Alaricus*, roi des Wisigoths. — Fils de Théodoric, auquel il succède en Espagne, 11. — Donne Loches à *Silarius*, 12. — Accueille *Siagrius*, 13. — Traite avec Childéric, 14. — Est défait et tué à Poitiers par Clovis, 15.

Albericus, Aubri.

Albini (sancti) monasterium, Saint-Aubin.

Albinus (Sanctus), ou mieux *Albanus (Sanctus)*, Saint-Alban.

Albinus, Aubin.

ALE, *Ala*, *Hala*, fille de Guillaume le Conquérant. — Epouse Etienne, comte de Chartres et de Blois, 98. — Gouverne le comté de Blois après la mort de son mari, 109. — Maurice *Escarpellus* tente de la brouiller avec Hugue de Chaumont, 109.

Alemanni, Alamans

Alemanni, Allemands.

Alemannia, Allemagne.

Alemannia, *Alemannorum regnum*, Austrasie.

ALENÇON, *Alentio* (Orne). — La ville est prise par Henri Ier d'Angleterre, 155 ; — reprise par Foulque le Jeune, 156. — Bataille livrée près de la ville, 157-159. — Foulque le Jeune s'empare de la citadelle, 160.

ALEXANDRE, *Alexander.*
ALEXANDRE II, pape. — Intervient en faveur de Geoffroi le Barbu, 237.
ALEXANDRE le Grand, 3.
ALEXANDRE, frère d'Enjuger de Bohon. — Reçoit de Geoffroi le Bel le gouvernement de Domfront, 225. — Intervient en faveur de Richard de La Haye, 230.
ALEXIS Comnène, *Alexius*, empereur d'Orient, 101.
ALFRED, *Elfredus*, roi d'Angleterre, 21.
Algerius, Augier.
ALIÉNOR, *Alienordis*, femme de Louis VII, 24. — Epouse ensuite Henri Plantegenêt, 251.
ALLEAUME de Semblançay, *Adelelmus*, *Adelinus*. — Prend part à la bataille d'Alençon, 157, 158.
ALLEMAGNE, *Alemannia*, 23, 24, 43. — Rois: Henri V, Louis le Germanique, Otton II, Otton III. — Cf. Germanie.
ALLEMANDS, *Alemanni*, 239. — Eude II de Blois lutte contre eux, 54, 79, 81, 83.
ALLOBROGES, *Allobroges*, peuple de Gaule, 1.
Allobrogia, pays des Allobroges, 1.
ALLUYES *Aloia*, *Aluia* (cant. de Bonneval, arr. de Châteaudun, Eure-et-Loir), 48, 98, 122, 123, 127, 157. — Seigneurs : Hugue Ier, Hugue II, Hugue III. — Voir aussi Aimeri, André, Hugue.
Alneellum, Auneau.
Alniensis pagus, Aunis.
Aloia, Alluyes.
ALPES, *Alpes*, montagnes, 1, 8, 10, 11, 23.
Aluia, Alluyes.
Alveredus, Auvray.
Alvernia, Auvergne.
AMALRIC (ou mieux AMALARIC), *Amalricus*, fils d'Alaric II, 15.
Amalricus, Amauri.
AMAND, *Amandus*, chef des Bagaudes, 7.
AMASSE, *Amatissa*, riv., affl. de la Loire, 2, 3, 7, 85, 110.
AMAURI, *Amalricus*, *Amauricus*.

AMAURI III, seigneur de Montfort, frère de Bertrade de Montfort, 65, 103.
AMAURI IV, seigneur de Montfort. — Chargé par Louis VI d'une négociation auprès de Foulque le Jeune, 242-243.
AMAURI, fils de Foulque le Jeune, 71.
Ambaquis, Amboise.
Ambazia, *Ambazium*, *Ambaziacum* ou *Ambaziense oppidum*, Amboise.
Ambianis, Amiens.
AMBOISE, *Ambaquis*, *Ambazia*, *Ambazium*, *Ambaziacum*, *Ambaziense oppidum*, (arr. de Tours, Indre-et-Loire), 1, 5, 52, 53, 55, 56, 57, 58, 81, 82, 98, 108, 117, 126, 149, 235. — César y hiverne à plusieurs reprises, 5. — Occupée par les Romains jusqu'au temps de Dioclétien, 6. — Vespasien y réconcilie les chefs gaulois, 6. — Les Bagaudes détruisent la ville, 7. — Maximien en fait enlever les pierres, 7. — Avicien s'y établit, 8. — Saint Martin y prêche la religion chrétienne, 8. — Concédée à *Billeius*, 10. — Il a pour successeur sa fille Louve, 13. — Celle-ci construit la maison dite « Porte Louve », 12. — *Silarius* tente en vain de lui enlever Amboise, 12. — Alaric II et Childéric y font la paix dans une île, 14. — Louve, en mourant, lègue Amboise au roi des Francs, 15. — Charles le Chauve en concède les deux tiers à *Adelaudus*, 21. — La ville est pillée par les Normands, 21. — Elle est concédée à Enjuger 30. — Celui-ci l'inféode à Robert, fils d'Aimon, 31. — Garnier, fils d'*Adelaudus*, cède à son filleul, l'évêque Adalaud, ses possessions d'Amboise, 33. — Geoffroi Grisegonelle y donne une maison fortifiée à Landri de Châteaudun, 45. — La place est en butte aux attaques de Landri, 45. — Elle est défendue par Archambaud de Buzançais et Sulpice le trésorier, 46. — Landri en est expulsé par Foulque Nerra,

47-48. — Foulque Nerra en confie la garde à son sénéchal Lisois, 79. — Foulque Nerra concède en fief à Lisois le donjon et tout ce qu'il possède dans la place, 54, 83. — Le trésorier Sulpice y construit un donjon de pierre, 83-84 Il le donne en dot à sa nièce Hersent, qui épouse Lisois, 84. — Nouvelles concessions faites à Lisois par Geoffroi Martel, comprenant notamment le carrefour situé au pied du donjon, 85. — Translation des reliques de saint Florentin en l'église Notre-Dame, 85. — Foucois de Thorigné y reçoit des fiefs du comte Geoffroi Martel, 58. — Lisois transmet ses fiefs d'Amboise à son fils aîné Sulpice Ier, 87. — La seigneurie en est unie à celle de Chaumont-sur-Loire, 88. — Coexistence de trois châteaux forts à ce moment dans Amboise : le donjon de pierre possédé par Sulpice Ier, la « motte » de Foucois de Thorigné et le « Domicile », ou château du comte d'Anjou, gardé par Ernoul de Meung, 89-90. — Foulque le Réchin en expulse Ernoul de Meung et son fils Léon, 64, 90-91. — Il confie la garde du « Domicile » à Renard Pourceau, 90-91. — Foucois de Thorigné tente d'en expulser Sulpice Ier, 91. — Sulpice Ier y est fait prisonnier par Foulque le Réchin, qui assiège en vain le donjon de pierre, 91-92. Ce donjon lui est livré par le châtelain Ebard, 92-93. — Sulpice s'installe au lieu dit « Vetus Roma », 93. — La garde du donjon est confiée à Robert d'Avessé, 94. — Sulpice Ier s'empare de la maison fortifiée de Foucois de Thorigné, 94-95. — Foulque le Réchin confie à Aimeri de Courron la garde du « Domicile », 99. — Les hommes de Hugue Ier de Chaumont s'en emparent par surprise, 99-100. — Hugue Ier de Chaumont, partant à la croisade, confie à Robert de Rochecorbon le bail de son fief d'Amboise, 101 — Achard de Saintes, garde du « Domicile », 101. — Geoffroi Martel le Jeune concède à Hugue Ier de Chaumont, pour l'époque où Foulque le Réchin viendra à mourir, le « Domicile » et toutes les possessions comtales dans Amboise 66, 67, 104. — Hugue Ier profitant de l'absence de Hugue du Gué, garde du « Domicile », réussit à s'emparer de cette forteresse et la détruit, 104. — Privilège qu'il accorde à l'église Saint-Florentin, 105 106 — Foulque le Jeune renonce à disposer des prébendes de cette église, 105. — Il abandonne tous ses droits sur Amboise en faveur de Hugue Ier, 67-68, 107. — Les abords de la ville sont incendiés par Maurice *Escarpellus*, puis par Raoul de Beaugency, 110-111. — Fondation par Hugue Ier, de l'église Saint-Thomas d'Amboise, 114. — Les chevaliers de cette ville prennent parti les uns pour Sulpice II, les autres pour son frère Hugue, 118 — Geoffroi le Bel ravage le pays environnant et brûle le bourg Saint-Denis, 210. — Il se fait battre aux portes de la ville, 119. — Il est sur le point d'assiéger la ville, 121. — Les habitants remportent un succès sur Thibaud de Blois, 128. — Ils appellent à leur secours Oudin de Jaligny, 128. — Faubourg Saint-Maurice, 205. — Ile, 14. — Lieux-dits : Couture-Foucois, 114 ; — *Mons Rotundus*, 3 ; — prairie de Montreuil, 114. — *Porta Lupe*, 8, 12 ; — *Vetus Roma*, 93. — Pont, 3, 21. — Quartiers : Châteauneuf (*Novum Castellum*), 8, 45 ; — Châteauvieux (*Vetus Castellum*), 8, 12. — Eglises : Notre-Dame et Saint-Florentin, Saint-Denis, Saint-Thomas. — Seigneurs : *Billeius*, Hugue Ier, Hugue II, Lisois, Louve, Sulpice Ier, Sulpice II.

AMBROISE (S¹), *Ambrosius*, 8.
AMIENS, *Ambianis* (Somme), 8.
AMORRHÉENS, *Amorrhei*, 220.
ANASTASE I⁺, *Anastasius*, empereur, 14.
Anaziacus, localité non identifiée près de Beaugency, 110.
Andegavenses, Andegavi, Angevins, *Andegavensis, Andegavinus, Andegavus pagus, Andegavia,* Anjou
Andegavis, Angers.
ANDRÉ, *Andreas*.
ANDRÉ d'Alluyes, mari d'Elisabeth d'Amboise, 122, 123. — Fait prisonnier par Thibaud de Blois, 127.
ANDRÉ de Doué, allié de Giraud de Montreuil-Bellay, 215.
Andresius, Indrois.
Anger, Indre.
ANGERS, *Andegavis* (Maine-et-Loire), 13, 30, 48, 56, 102, 131, 156, 206, 216, 237, 243. — Childéric I⁺ s'empare de la ville, 14. — Charles le Chauve y assiège les Normands, 20, 26. — Le roi cède à Geoffroi Grisegonelle ses droits sur l'évêché, 240. — La ville est attaquée par les fils de Conan I⁺, comte de Rennes, 49, 233 ; — par Eude de Blois, 234. — Foulque Nerra et son fils Geoffroi Martel construisent dans un faubourg l'église Saint-Nicolas, 62, note c, 237. — Foulque le Réchin y est armé chevalier, 236. — La ville est livrée à Foulque le Réchin, 63. — Sulpice I⁺ d'Amboise y est incarcéré, 92. — La ville est ravagée par une épidémie, 237. — Urbain II y prêche la croisade, 237. — Foulque le Jeune et son fils Geoffroi le Bel y sont accueillis avec enthousiasme au lendemain du mariage de ce dernier, 181. — Giraud de Montreuil-Bellay y est incarcéré, 219. — Geoffroi le Bel y rentre en triomphe après la prise de Montreuil-Bellay, 223. — Jean Sans Terre s'en empare, 252. — Il détruit la ville, puis fait relever les remparts, 252, 254. — Doyen : Mathieu. — Eglises et abbayes : Saint-Aubin, Saint-Laud, Saint-Lézin, Saint-Martin, Saint-Maurice, Saint Nicolas. — Evêques : Aubin, Hervé, Ulger.
ANGEVINS, *Andegavenses, Andegavi,* habitants de l'Anjou, 25, 35, 40, 47, 49, 52, 55, 56, 57, 59, 60, 61, 80, 81, 84, 157, 163, 176, 208, 234, 240.
Angisilus, Anségise.
ANGLAIS, *Angli,* habitants de l'Angleterre, 131, 156, 214, 226, 253.
ANGLETERRE, *Anglia, Britannia. Britannia major,* 9, 21, 66, 71, 181, 225, 252. — Jules César y fait une expédition, 6, 229. — Soumise à un tribut au Saint-Siège, 20. — Conquise par Guillaume le Conquérant, 50, 62, 88, 89, 236. — Geoffroi de Chaumont y accompagne Guillaume le Conquérant, 89, 97. — Guillaume le Conquérant en attribue l'héritage à son fils Guillaume le Roux, 68. — Mathilde la dispute à Etienne de Blois, 215, 226. — Les habitants appellent Henri Plantegenêt, 251. — Coutumes, 224. — Rois : Alfred, Arthur, Astolf, *Caredoctus,* Guillaume I⁺ le Conquérant, Guillaume II le Roux, Harold, Henri I⁺, Henri II Plantegenêt, Jean Sans-Terre, Richard Cœur-de-Lion.
ANGOULÊME (habitants d'), *Angolismenses,* 59.
Angulata, Onglée (l').
Aniani (sancti) castrum, Saint-Aignan.
Anianus, Aignan.
ANJOU, *Andegavia, Andegavus, Andegavensis pagus,* 4, 67, 68, 69, 81, 105, 169, 170, 176, 181. — Conquis par Jules César, 5. — Donné à Cheudon par le roi Arthur, 10. — Divisé en deux comtés, 30. — Le comté situé à l'est de la Maine est concédé à Enjuger, qui le pacifie, 30, 166. — Concédé dans son entier à Foulque le Roux, 32. — Prospérité du pays sous Foulque le Bon, 36. — Il est protégé par les premiers comtes contre les pirates normands, 232. — Attaqué par

Landri de Châteaudun, 45. — Châteaux construits dans ce pays par Foulque Nerra, 234. — Fait partie de l'héritage de Geoffroi le Barbu, 62. — Aurait fait partie de l'héritage de Foulque le Réchin, 88. — Dévasté par Guillaume IV de Poitou, 59. — Dévasté au cours de la lutte entre Geoffroi le Barbu et Foulque le Réchin, 64. — Dévasté par Giraud de Montreuil-Bellay, 216. — Raoul du Martroi et son frère Thomas y vont s'acquitter de leurs devoirs féodaux, 246. — Des jugements prononcés en France y sont réformés par le comte, 246. — Geoffroi, frère de Henri Plantegenêt, en devient comte et s'y retire, 251. — Conquis par Philippe Auguste, 252, 254. — Occupé par Louis VIII, 253. — Comtes : Foulque Ier le Roux, Foulque II le Bon, Foulque III Nerra, Foulque IV le Réchin, Foulque V le Jeune, Geoffroi Ier Grisegonelle, Geoffroi II Martel, Geoffroi III le Barbu, Geoffroi IV Martel le Jeune, Geoffroi V le Bel, Geoffroi VI, Henri Plantegenêt, Jean Sans-Terre, Richard Cœur-de-Lion.

ANSBERT, *Ansbertus*, ancêtre des Carolingiens, 18.

ANSEAU de Garlande, *Ansellus de Garlanda*, sénéchal de Louis VI, 242.

ANSÉGISE, *Angisilus*, père de Pépin de Herstal, 18.

ANTENOR, chef troyen, 16.

ANTIOCHE, *Antiochia* (Asie Mineure), 24, 50, 100. — Hugue Ier d'Amboise prend part au siège de la place, 101. — Porte Bohémond, *Porta Boamundi*, 101. — Principauté, 70, 71, 170. — Princes : Bohémond Ier, Bohémond II, Raimond.

Apulia, Pouille.

Aquilonaris lucus, *Aquilonarium nemus*, bois situé près de Nazelles, 4, 5.

AQUITAINE ou Guyenne, *Aquitania*, 5, 7, 9, 11, 15, 18, 19, 20, 24, 60. — Pillée par les Normands, 29. —

Conquise par Philippe Auguste, 252, 254. — Ducs : Hunald, Waïfre; voir aussi Poitou (comtes de).

AQUITAINS, *Aquitani*, habitants de l'Aquitaine, 21.

Arar, *Araris*, Saône.

Arardius, Airard.

Arbria, pays de France (?), 246.

ARCHEMBAUD, *Archembaudus*.

ARCHEMBAUD III le Fort, *A. Fortis*, sire de Bourbon, père d'Ermenjart, femme de Foulque le Réchin, et d'Aimon Vaire-Vache, 65, 103, 169

ARCHEMBAUD V, sire de Bourbon. — Enlève Bessay à Elisabeth de Jaligny, 112. — Oudin de Jaligny lui confie la garde de son fief, 128, 130.

ARCHEMBAUD, seigneur de Brayes — Marié en premières noces à Ermesent, sœur de Hugue Ier d'Amboise, 103, 107, 112. — Foulque le Réchin lui enlève son château, 107. — Foulque le Jeune le lui rend, 107. — Allié à Hugue Ier d'Amboise, 107, 108. — Epouse en secondes noces Gille, nièce de Raoul, archevêque de Tours, 112. — Reçoit de Foulque le Jeune la garde de Montrichard, 112. — Entre en guerre contre Hugue Ier d'Amboise à propos de la succession de Raoul à l'archevêché de Tours, 112-113. — Ses enfants, 103.

ARCHEMBAUD, seigneur de Buzançais, fils de Robert de Buzançais, frère de Sulpice le trésorier, 46, 87. — Ses enfants, 83. — Sa fille Hersent épouse Lisois Ier d'Amboise, 83-84.

Arcturus, Arthur.

Aremburgis, Erembourg.

ARGENTAN, *Argentomagus* (Orne) — Geoffroi le Bel s'en empare, 225.

ARGENTON-SUR-CREUSE, *Argentomachum castrum* (arr. de Châteauroux, Indre), 18.

Armorica regio, *Armorica Gallia*, Bretagne.

ARNAUD, *Arnaudus*, ancêtre des Carolingiens, 18.

ARNULF, *Arnulfus*, ancêtre des Carolingiens, 18.

Arnulfus, Ernoul.
Arquolosius, sénéchal de Foulque le Jeune, 242.
Arraudus, Airaud.
Arthanarus, Athanaric.
Arthur, *Arcturus*, *Arturus*.
Arthur, roi de Grande-Bretagne, 9, 10, 11.
Arthur, duc de Bretagne, neveu de Jean Sans-Terre. — Il est pris à Mirebeau par son oncle, qui le fait tuer, 252.
Arvernes, *Arverni*, peuple de Gaule, 2.
Arverni, Auvergnats.
Arvernia, Auvergne.
Arvernis, Clermont-Ferrand.
Ascalon, *Ascalon* (Palestine). — Hugue Ier d'Amboise assiste à une bataille livrée devant la ville, 102. — Etienne de Blois y est tué, 109. — Etienne (ou plutôt Renaud), comte de Bourgogne, et Geoffroi de Preuilly, comte de Vendôme, y sont incarcérés, 110. — Foulque le Jeune, devenu roi de Jérusalem, en soumet les habitants, 70, 170.
Astolf, *Haistulfus*, roi des Lombards, 18.
Astolf, *Astulfus*, roi de Wessex, 20.
Athalanus, Attila.
Athanaric, *Athanaricus*, *Arthanarus*, roi des Goths, 9.
Attila, *Athalanus*, roi des Huns, 12.
Aubin (S^t), *Albinus*, évêque d'Angers. — Apparaît à Geoffroi le Bel, 221, 222.
Aubri, *Albericus*.
Aubri, fils de Liétaud, comte de Besançon (ou plutôt de Mâcon), 249.
Aubri, seigneur de Montrésor. — Fils de Bouchard de Montrésor et d'Euphémie d'Amboise, 86. — Succède à son père, 95. — Se réconcilie avec ses oncles Sulpice Ier et Lisois d'Amboise, 95. — S'allie à Hugue et Josselin de Sainte-Maure contre Hugue Ier d'Amboise, 107. — Est vaincu et mis en fuite par ce dernier, 107-108. — Maurice *Escarpellus* cherche à l'entraîner dans son parti, 110-111. — Il perd Montrichard, 111-112. — Son neveu Guennon lui enlève Montrésor, mais est obligé de le lui restituer, 114.
Aubri, seigneur de Sainte-Christine. — Fils de Hugue de Lavardin, 76. — Son frère Lisois lui abandonne la seigneurie de Sainte-Christine, 86.
Audegarde, *Hildegardis*, *Ildegardis*.
Audegarde, femme de Charlemagne, 19.
Audegarde, fille de Robert, duc de Bourgogne, et d'Ermenjart, fille de Fouque Nerra, 247, 248.
Audoenus, Ouen.
Audomarus (Sanctus), Saint-Omer.
Audouin, *Hilduinus*, comte de Flandre (lisez peut être *Balduinus*, Baudouin), 38.
Augier, *Algerius*, *Ilgerius*.
Augier, seigneur de Bazougers. — Fils de Hugue de Lavardin, 76. — Son frère Lisois lui abandonne la seigneurie de Bazougers, 86.
Augier, fils d'Archembaud de Brayes et d'Ermesent d'Amboise, 103, 112.
Augier « Calcarusa », habitant d'Amboise. — Aide à l'enlèvement de Corbe, 102.
Augustodunum, Autun.
Auneau, *Alneellum* (arr. de Chartres, Eure-et-Loir), 124. — Voir Josselin d'Auneau.
Aunis, *Alniensis pagus*, pays de France, 19, 45.
Aureliana urbs, *Aurelianensis civitas*, *Aurelianis*, Orléans.
Aurélien, *Aurelianus*, conseiller de Clovis, 14.
Austrasie, *Alemannia*, *regnum Alemannorum*, 17, 18.
Autisiodorum, *Antissiodorum*, Auxerre.
Autun, *Augustodunum*, *Edua* (Saône-et-Loire), 6, 10. — Evêque : Léger (S^t).
Auvergnats, *Arverni*, habitants de l'Auvergne, 59, 65, 129.
Auvergne, *Alvernia*, *Arvernia*, pays de France, 5, 19, 103, 112, 115,

120, 131. — Expéditions de Louis VI dans ce pays, 245.

AUVRAY, *Alveredus*, archidiacre de Tours — Partisan de l'archevêque Gilbert, 113.

Auxentius, évêque arien de Milan, 8.

AUXERRE, *Autisiodorum*, *Autissiodorum* (Yonne). — Les reliques de saint Martin y sont transférées, 21. — Enjuger les en ramène, 30, note *d*.

Avallonis insula, île légendaire, 11.

AVELINE, *Avelina*, fille de Hugue de Lavardin, 75. — Mariée par son père à Sebrand de Mayenne auquel elle apporte Lavardin en dot, 76.

AVELINE ou ÈVE, fille de Salomon de Lavardin, femme d'Aimeri d'Alluyes et de Hervé, 76, note 4.

AVESSÉ, *Avessiacus* (cant. de Brûlon, arr. de la Flèche, Sarthe), 94, 99, 100. — Voir Robert d'Avessé.

Avicianus, comte de Tours, 8, 10.

AVOIR, *Aveir*, *Aver* (comm. de Longué, arr. de Baugé, Maine-et-Loire), 216 — Voir Aimeri d'Avoir.

AVRANCHES, *Bricatis civitas* (Manche). Geoffroi le Bel y séjourne, 228.

B

BABYLONIENS, *Babilonii*, 109.

BAGAUDES, *Baugaredi*, paysans gaulois, 7, 8.

Baioria, Bavière.

Balduinus, Baudouin.

Barbatus. — Voir Geoffroi le Barbu.

BARCELONE, *Barcinoca* (Espagne), 7.

BARNET, chef normand. — Incendie Tours, 23.

Barolli villa, Villebarou.

BAR-SUR-AUBE, *Barum super Alba* (Aube). — Assiégé par le duc de Lorraine, 54.

Barri, peut-être pour *Basci*, 19.

BARTHÉLEMI, *Bartholomeus*.

BARTHÉLEMI, abbé de Marmoutier. Simple diacre avant son élection, 154. — Geoffroi le Barbu veut le contraindre à recevoir de lui l'investiture, 152-155, 169. — Reconduit saint Hugue à Cluny et y reçoit la prêtrise, 154.

BARTHÉLEMI de Vendôme, beau-frère de Salomon de Lavardin, 76.

BARTHÉLEMI « GUINE ». — Torture Sulpice II d'Amboise, qui avait été confié à sa garde, 129.

BASINE, *Basina*, femme du « duc » Bissinus, puis de Childéric I*er*, 13, 14.

Basogerium, Bazougers.

BASQUES, *Basci*, 59. — Voir *Barri*.

BAUDOUIN, *Balduinus*, *Bauduinus*.

BAUDOUIN, comte de Flandre. — Voir Audouin.

BAUDOUIN V, comte de Flandre. Mari d'Adèle, fille de Robert le Pieux, 248. — Tuteur du roi Philippe I*er*, 23.

BAUDOUIN I*er*, *Balduinus de Monte Henno*, roi de Jérusalem. — Comte de Rohais, frère et successeur de Godefroi de Bouillon sur le trône de Jérusalem, 70.

BAUDOUIN II, roi de Jérusalem. — D'abord comte de Rohais, est élu roi de Jérusalem, 70. — Envoie chercher en France un mari pour sa fille, 69, 115. — Choisit Foulque le Jeune pour gendre, 170, 181. Sa mort, 70.

BAUDOUIN III, roi de Jérusalem, fils et successeur de Foulque le Jeune, 71.

Baugaredi, Bagaudes.

BAUGÉ, *Baugiacus* (Maine-et-Loire). — Château construit par Foulque Nerra, 234.

Baugentiacus, Beaugency.

BAVIÈRE, *Baioria*, 19.

BAZOUGERS, *Basogerium* (cant. de Château-Gontier, Mayenne). Odeline l'apporte en dot à Hugue de Lavardin, 76. — Celui-ci le lègue à son fils Lisois, 76-77. — Lisois le concède à son frère Augier et à Hugue, fils de ce dernier, 86.

BÉATRICE, *Beatrix*.

BÉATRICE, femme de Geoffroi de Château-Gontier, 149-150.

BÉATRICE, fille d'Aubri, mère de Geoffroi de Château-Landon, 249.

BEAUCE, *Beaussa*, *Belsia*, pays de France, 5, 243.

BEAUFORT-EN-VALLÉE, *Bellus Fortis* (arr. de Baugé, Maine-et-Loire). — Château détruit par Louis VIII, 253.

BEAUGENCY, *Baugentiacus* (arr. d'Orléans, Loiret), 65, 90, 103, 110, 119. — Généalogie des seigneurs, 111, note 2. — Seigneur : Lancelin. — Voir aussi Simon de Beaugency.

BEAULIEU, *Bellus Locus* (cant. et arr. de Loches, Indre-et-Loire). — Foulque Nerra y fonde un monastère en l'honneur du Saint-Sépulcre, 51, 143, 144, 234. — Il y transporte les reliques de saint *Chrysanthus* et de sainte *Daria*, 147. — Il y est enseveli, 234-235, 239, 242.

BEAUMONT-SUR-OISE, *Bellus Mons* (cant. de l'Isle-Adam, arr. de Pontoise, Seine-et-Oise), 243.

Beaussa, Beauce.

BEAUVAIS, *Bellum Videre* (nom porté par de nombreuses localités du Maine et de l'Anjou), 124. — Voir Geoffroi de Beauvais.

Beduerus, échanson du roi Arthur. — Reçoit de lui la Normandie, 10.

Belismum, Bellême.

BELLAY, *Berlaius*, seigneur de Montreuil-Bellay, père d'Aénor, 106. — Allié de Foulque le Jeune, 159.

BELLÊME, *Belismum* (arr. de Mortagne, Orne), 156. — Voir Robert de Bellême.

BELLEPOULE (forêt de), nom moderne de la forêt de Limelle, 26, n. 4.

Bellum Videre, Beauvais.

Bellus Fortis, Beaufort-en-Vallée.

Bellus Locus, Beaulieu.

Belsia, Beauce.

Benregium, Bourré.

BÉRENGER d'Orsay, *Berengarius de Orcario*. — Allié de Foucois de Thorigné, soutient un siège à Orsay et est tué, 95.

Berlaius, Bellay.

BERNARD (St), *Bernardus*, abbé de Clairvaux, 24.

BERRY, *Bituria*, *Biturica provincia*, *Bituricus pagus*, pays de Bourges, 5, 10, 86, 131. — Comte : Goufier.

BERTHE, *Bertada*, femme de Pépin le Bref, 19.

BERTOLD, *Bertholdus*, *Bertoldus*, frère d'un duc de Saxe. — Est vaincu par Geoffroi Grisegonelle en combat singulier, 43-44.

[BERTRADE], sœur d'Amauri III de Montfort. — Epouse Foulque le Réchin, 65, 103. — Se fait enlever par le roi Philippe Ier, 67, 105.

BESANÇON, *Vesoncio* (Doubs), 249. — Comte : Liétaud (ou plutôt Humbert).

BESSAY-SUR-ALLIER, *Bethaicus* (cant. de Neuilly-le-Réal, arr. de Moulins, Allier). — Archembaud V de Bourbon s'empare de la ville, 112.

BEUVRON, *Beuro*, riv., affl. de la Loire, 52, 67, 82, 127.

Billeius, seigneur d'Amboise, 10, 12.

Bireium, localité de la Beauce (Briou, cant. de Marchenoir, arr. de Blois, Loir-et-Cher ?), 243.

Bissinus, mari de Basine, 13.

Bithinia, Bythinie.

Bituria, *Biturica provincia*, *Bituricus pagus*, Berry.

Biturica urbs, *Biturix*, Bourges.

Bizantium, Byzance.

BLAISON, *Blazo* (cant. des Ponts-de-Cé, arr. d'Angers, Maine-et-Loire). — Château brûlé par Geoffroi le Bel, 203. — Seigneur : Thibaud.

BLANCHE, *Blanca*, fille de Foulque le Bon, mère de Constance, 247, 248.

Blazo, Blaison.

BLÉMARS (forêt de), *Blimartium*, ancienne forêt qui était située à la limite de la Touraine et du Blésois, 6, 148, 149.

BLÉRÉ, *Blireius*, *Bliriacus* (arr. de Tours, Indre-et-Loire), 14. — Origines de cette place, 10. — Les pirates normands en détruisent le pont de pierre, 22. — Thibaud III de Blois y campe, 56. — Fortifié par Hugue Ier d'Amboise, 113.

Blesis, Blois.

BLÉSOIS, *Blesense territorium*, *Blesensis pagus*, pays de Blois, 46, 89.

BLÉSOIS, *Blesenses*, *Blesensis gens*, habitants du comté de Blois, 52,

55, 56, 79, 82, 83, 111, 119, 130, 149.
Blimartium, Blémars.
Blireium, *Bliriacus*, Bléré.
BLITILDE, *Blitildis*, fille de Clotaire II, femme d'Ansbert, 18.
BLOIS, *Blesis* (Loir-et-Cher), 45, 47, 52, 54, 55, 79, 81, 121, 122, 124, 125, 128. — Origine fabuleuse de la ville, 11. — Elle est détruite, puis rebâtie par Clovis, 16. — Bourel est chargé de la défense de la place, 80. — Le quartier de la Bretonnerie est concédé à Geudouin de Saumur par Eude II de Blois, 81. — Comté, 77, 82, 109. — Comtes : Etienne, Eude Ier, Eude II, Thibaud III, Thibaud IV, Thibaud V. — Abbaye : Saint-Lomer.
BLOU, *Blo*, *Bloium*, *Boloium* (cant. de Longué, arr. de Baugé, Maine-et-Loire), 178, 207, 242. — Voir Josselin de Blou, Robert de Blou.
Boamundus, Bohémond.
BODILON, *Bodilo*, noble franc, meurtrier de Childéric, 17.
BOÈCE, *Boetius*, poète. — Citations, 48, 72, 121, 122, 124, 129, 214, 215. — Emprisonné à Pavie par Théodoric, 11.
BOHÉMOND, *Boamundus*, *Buamundus*.
BOHÉMOND Ier, prince d'Antioche, fils de Robert Guiscard, 70, 170.
BOHÉMOND II, prince d'Antioche, fils et successeur du précédent, 70.
BOHON, *Bohon*, *Bohun* (comm. de Saint-André-de-Bohon et de Saint-Georges-de-Bohon, cant. de Carentan, arr. de Saint-Lô, Manche), 174, 225, 230. — Seigneur : Enjuger.
Boloium, Blou.
BONIFACE (S^t), *Bonifacius*, 18.
Borbo, *Borbonium*, *Borbonum*, Bourbon.
BOSON, *Boso*, comte de Chartres, 11.
BOUCHARD, *Bucardus*.
BOUCHARD, seigneur de Montrésor. — Fils de Roger *Diabolerius*, épouse Euphémie, fille de Lisois d'Amboise, 86. — Père d'Aubri, 86, 107.

— Lutte contre Sulpice et Lisois d'Amboise, 91. — Allié contre eux à Foucois de Thorigné, 94-95. — Se réconcilie avec eux, 95.
BOUCHARD de Saint-Amand, sénéchal du comte de Vendôme — Tente d'enlever à Sulpice II d'Amboise les droits de commandise qu'il avait en Vendômois, 116. — Est fait prisonnier par Sulpice II, 117.
BOURBON, *Borbo*, *Borbonium*, *Borbonum*, aujourd'hui Bourbon-l'Archambault (arr. de Moulins, Allier), 65, 103, 112, 128, 130, 169. — Seigneurs : Aimon Vaire-Vache, Archembaud III le Fort, Archembaud V. — Voir aussi Ernoul de Bourbon.
BOUREL, *Burellus*. — Préposé par Eude II de Blois à la défense de cette ville, 80.
BOURGES, *Biturix*, *Biturica urbs* (Cher), 2, 18, 83, 119, 245. — Les habitants soutiennent une guerre contre Geoffroi Martel, 236.
BOURGOGNE. *Burgundia*, pays de France, 5, 9, 11, 12, 14, 16, 19, 29. — Ducs : Henri, Hugue, Richard le Justicier, Robert.
BOURGUIGNONS, *Burgundiones*, habitants de la Bourgogne, 30, n d, 56, 84, 241.
BOURRÉ, *Benregium* (cant. de Montrichard, arr. de Blois, Loir-et-Cher), 52, 82.
BOUTONNE, *Vultona*, riv., affl. de la Charente, 59.
Brachesac, Brissac.
BRAYE (Bois de), *Braium*, ancien bois de Touraine, près de Saint-Martin-le-Beau. — Eude de Blois y est battu par Foulque Nerra, 176. — Thibaud III, comte de Blois, y est fait prisonnier, 57.
BRAYES, *Bresis*, aujourd'hui Reignac (cant. et arr. de Loches, Indre-et-Loire). — Les environs en sont dévastés par Hugue Ier d'Amboise, 113. — Incendié par Sulpice II d'Amboise, 121. — Seigneur : Archembaud.
Brena, Brienne.

Bretagne *Britannia, Armorica regio, Armorica Gallia*, 4, 5, 9, 11, 26. — Geoffroi, fils de Geoffroi le Bel, y dirige une expédition, 251-252. — Rois : Nonnénoé, Salomon. — Comtes : Arthur, Conan I*er*, Conan II, Henri II. — Cf. Bretons.
Bretagne (Grande-). — Voir Angleterre.
Breton d'Amboise, *Brito Ambaziacensis*, rédacteur des *Gesta consulum Andegavorum*, 164.
Bretonnerie (la), *Britonum feodum*, quartier de Blois. — Concédé à Geudouin de Saumur par Eude, comte de Blois, 81.
Bretons, *Britones, Britanni*, habitants de la Bretagne ou de la Grande-Bretagne, 6, 9, 11, 16, 26, 27, 28, 49, 156. — Dévastent l'Anjou, 30, 32. — Tributaires de Rollon, 35. — Attaquent Angers, 233. — Alliés de Geoffroi Martel dans son expédition contre Tours, 84. — Lui font la guerre, 236. — Organisent un tournoi contre des Normands, 181-182 — Tentent de secourir Saint-Hilaire, assiégé par Geoffroi le Bel, 226 — Réclament la garde de Pontorson, 227. — Prennent le parti de Jean Sans-Terre, 252.
Bricatis civitas, Avranches.
Brie, *Bria*, pays de France, 77, 81, 124. — Fait partie des domaines d'Eude le Champenois, 46.
Brienne, *Brena* (arr. de Bar-sur-Aube, Aube), 249 — Comte : Gautier.
Briollay, *Brioletum* (cant. de Tiercé, arr. d'Angers, Maine-et-Loire). — Château de Lisiard de Sablé, détruit par Geoffroi le Bel, 206.
Briou (cant. de Marchenoir, arr. de Blois, Loir-et-Cher). — Voir *Bireium*.
Buissac, *Brachesac* (cant. de Thouarcé, arr. d'Angers, Maine-et-Loire). — Geoffroi le Barbu y est battu et fait prisonnier par Foulque le Réchin, 237.
Britanni, Bretons.

Britannia, Angleterre.
Britannia, Bretagne.
Britones, Bretons.
Britonum feodum, la Bretonnerie, à Blois.
Bruère ou Bruyère, *Brueria* (les localités de ce nom sont trop nombreuses pour permettre une identification), 174. — Voir Goufier de Bruère.
Buamundus, Bohémond.
Bucardus, Bouchard.
Burbanum. — Forteresse établie par Geoffroi le Bel entre Loudun et Montreuil-Bellay, 216.
Bureium, Bury.
Burellus, Bourel.
Burgundia, Bourgogne.
Burgundiones, Bourguignons.
Bury, *Bureium* (comm. de Saint-Secondin, cant. d'Herbault, arr. de Blois, Loir-et-Cher). — Incendié par Sulpice II d'Amboise, 121.
Buzançais, *Busenchaiacus, Buzenchaiacus, Buzenciacus* (arr. de Châteauroux, Indre), 46, 83, 87. — Concédé à Aimon par Charles le Chauve, 21. — Donné en dot à *Aelendis*, femme d'Enjuger, 30, n. 6. — Les habitants se rangent au parti de Foulque Nerra, 80. — Passe aux mains de Robert, neveu du trésorier Sulpice, 86. — Seigneurs : Aimon, Archembaud. — Voir aussi Robert de Buzançais.
Bythinie, *Bithinia*, pays d'Asie, 50.
Byzance, *Bizantium*. — Voir Constantinople.

C

Caen, *Codomum, Chodomum* (Calvados). — Etienne de Blois y séjourne, 225.
Caino, Chinon.
Calucum, Chalus.
Calvimons, Calvus Mons, Chaumont.
Cambrai, *Cameracus* (Nord), 9, 16.
Cameliacensis (Petrus), Chemillé (Pierre de).
Campania, Champagne.
Candé, *Cande, Candeium* (arr. de Segré, Maine-et-Loire), 125, 157.

— Geoffroi Martel le Jeune y est tué, 66, 104. — Voir Foulque et Raoul Guiard de Candé.

CANGY, *Cangiacus* (cant. d'Amboise, arr. de Tours, Indre-et-Loire). — Victoire remportée en ce lieu par Sulpice II d'Amboise, 117. — Thibaud IV de Blois y campe, 122.

Caput Vultone, Chef-Boutonne.

Caramantam, ancien nom de Morand.

Caredoctus, roi de Grande-Bretagne, 9.

Carileffus (Sanctus), Saint-Calais.

CARLOMAN, *Karolomagnus*, fils de Charles Martel, 18.

Carnotum, Chartres.

Carus, Cher.

Cassamota. — Voir *Quasimota*.

CASSIN (MONT), *Cassinus mons* (Italie), 18.

Castalio, Castelio, Châtillon-sur-Indre.

Castella, Castellum, Château-la-Vallière.

Castellum Novum super Sartam, Châteauneuf-sur-Sarthe.

Castellum Theoderici, Château-Thierry.

Castrum Duni, Castrum Dunum, Châteaudun.

Castrum Gunterii, Château-Gontier.

Castrum Landonense, Château-Landon.

Castrum Ledi, Castrum Lidii, Château-du-Loir.

Castrum Novum, Châteauneuf.

Castrum Raginaudi, Châteaurenault.

CATILINA, *Catilina*, conspirateur romain, 97.

CATON L'ANCIEN, *Cato*, 78, 171.

Cavitonium, Chef-Boutonne.

Cenomannensis, Cenomannicus pagus, Cenomannica, Maine.

Cenomannis, Cenomannica urbs, Mans (le).

CÉRENCES, *Cerentiae* (cant. de Brehel, arr. de Coutances, Manche). — Se rend à Geoffroi le Bel, 228.

CÉSAR (JULES), *Julius Cesar*, 1, 2, 3, 4, 5, 6, 8, 78, 229.

Cesaris Burgus, Cherbourg.

CHALUS, *Calucum* (arr. de Saint-Yrieix, Haute-Vienne). — Richard Cœur-de-Lion est tué devant cette place, 252.

CHAMPAGNE, *Campania*, fille d'Archembaud de Brayes et d'Hermesent d'Amboise, épouse de Rideau de Rillé, 103.

CHAMPAGNE, *Campania*, partie de la Touraine comprise entre l'Indre et le Cher. — Délimitations de cette contrée, 108. — Droits concédés sur cette contrée à Lisois d'Amboise par le comte Foulque Nerra, 84. — Dévastée par l'archevêque Gilbert, 113 ; — par Guennon de Châtillon, 114.

CHAMPAGNE, *Campania*, pays de France, 46, 77-78, 81, 82, 124. — Comtes: Eude Ier, Eude II, Henri Ier, Herbert Ier, Robert.

Chana, fille de Geudouin de Saumur, femme de Frangal, seigneur de Fougères, 81, 87.

CHARLEMAGNE, *Karolus Magnus, Karolomagnus*, 18, 19, 23, 24, 27, 233.

CHARLES, *Karolus*.

CHARLES II LE CHAUVE, *Karolus Calvus*, roi de France et empereur, 15, 19, 20, 25, 26, 27, 29. — Inféode Loches, Amboise, Buzançais, Châtillon-sur-Indre, 21, 33. — Nomme Tortulfus forestier de la forêt de Limelle, 26. — Concède un fief en Gâtinais à Tertulle, 28. — Le nomme sénéchal de ce pays, 165. — Rapporte de Byzance la chemise de la Vierge, 23. — En rapporte aussi la ceinture de la Vierge, 43. — Donne le comté d'Anjou à Enjuger, 233.

CHARLES III LE SIMPLE, *Karolus Stultus*, roi de France, 22, 23, 31, 32, 33, 35. — Est placé sous la tutelle de Hugue de Bourgogne, 31. — Emprisonné par Herbert de Vermandois, 248.

CHARLES MARTEL, *Karolus Martellus*, 18.

CHARLES, fils de Charlemagne, 19.

CHARLES LE BON, comte de Flandre, 68.

CHARTRES, *Carnotum* (Eure-et-Loir). — Assiégée par Rollon, 23. — Possédée par Eude Ier, comte de Blois, 45-46, 77. — Habitants du comté de Chartres, *Carnotenses*, 119, 130. — Pays de Chartres, *Carnotense territorium*, 82. — Comtes : Boson, Etienne, Eude Ier, Eude II, Thibaud III. — Evêque : Solemnis.

Charus, Cher.

Château-du-Loir, *Castrum Ledi*, *Castrum Lidii* (arr. de Saint-Calais, Sarthe). — Geoffroi le Bel y meurt, 72, 170, 223.

Châteaudun, *Castrum Duni*, *Castrum Dunum* (Eure-et-Loir). — Fondé par *Dunicius*, 5. — Assiégé par Foulque Nerra, 47. — Sulpice d'Amboise y est emprisonné, 129. — Gens de Châteaudun, *Dunenses*, 129. — Eglise Saint-Valérien, 130. — Voir Landri de Châteaudun.

Château-Gontier, *Castrum Gunterii* (Mayenne). — Château construit par Foulque Nerra, 234. — Généalogie de ses seigneurs, 148 et n. 2, 149. — Seigneurs : Geoffroi, Renaud.

Château-Landon, *Landonense castrum*, *Castrum Landonum* (arr. de Fontainebleau, Seine-et-Marne), 39, 49, 232, 249. — Tertulle y reçoit un fief, 28. — Ce fief est accru au profit d'Enjuger, 29, 166. — Donné à Enjuger, mari d'Adèle, 135-136. — Louis le Bègue y tient un plaid, 136. — Donné à Enjuger, fils de Tertulle, 139. — Légué par Geoffroi Martel à Foulque le Réchin, 62. — Foulque le Réchin en est vicomte, 90. — Il l'abandonne au roi Philippe Ier, 64. — Revendiqué par Geoffroi Martel le Jeune, 66. — Seigneur : Geoffroi.

Château-la-Vallière, *Castellum*, *Castella* (arr. de Tours, Indre-et-Loire). — Appartient à Hugue d'Alluyes, 48, 79. — Guicher de Châteaurenault y est emmené prisonnier, 98.

Châteauneuf, *Castrum Novum*, partie d'Amboise, 8, 45.

Châteauneuf, *Castrum Novum*, ancien faubourg de Tours, aujourd'hui englobé dans la ville, 167, 210. — Droits concédés sur ce lieu à Sulpice Ier d'Amboise, 89. — Vexations dont les habitants sont victimes, 122. — Eglise Saint-Martin, 31, note *a*, 44, note *c*. — Cf. Saint-Martin.

Chateauneuf-sur-Sarthe, *Castellum Novum super Sartam* (arr. de Segré, Maine-et-Loire). — Château construit par Geoffroi le Bel, 208.

Châteaurenault, *Castrum Raginaudi* (arr. de Tours, Indre-et-Loire), 98. — Prétendue fondation par Geoffroi de Château-Gontier, 150. — Geoffroi Martel l'acquiert, 235. — Les environs en sont pillés par Hélie de la Flèche, 110. — Jean, comte de Vendôme, y campe, 120. — Passe par mariage aux mains de Josselin d'Auneau, 124. — Incendié par Sulpice II d'Amboise, 124. — Seigneurs : Guicher, Josselin d'Auneau, Renaud.

Château-Thierry, *Castellum Theoderici* (Aisne). — Charles le Simple y est emprisonné, 248.

Chatillon-sur-Indre, *Castalio*, *Castelio* (arr. de Châteauroux, Indre), 114. — Château concédé à Aimon par Charles le Chauve, 21. — Donné en dot à *Aelendis*, femme d'Enjuger, 30, n. *b*. — Le trésorier Sulpice le lègue à son neveu Robert, 86. — Voir Guennon de Châtillon.

Chaumont-sur-Loire, *Calvus Mons*, *Calvimons* (cant. de Montrichard, arr. de Blois, Loir-et-Cher), 91, 92, 94, 95, 97, 98, 102, 122, 123, 127, 131, 149, 243. — Fondé par le comte Eude de Blois, 80. — Fondation attribuée à Foulque Nerra, 234. — En butte aux attaques de Lisois d'Amboise, 79. — Donné par Eude II de Blois à Geudouin de Saumur, 81. — Dévasté par les gens de Loches, 55. — Donné à Sulpice Ier d'Amboise par Geoffroi de Chaumont, fils de Geudouin, 88-89. — Sulpice Ier le transmet à son fils Hugue Ier, 96. — Un parti s'y forme autour de Maurice *Escarpellus*, 96. — Appelé au secours par le prévôt Joubert, Geoffroi de Chaumont y rétablit l'ordre, 97-98. — Hugue Ier y construit une tour, 114. — Jean, comte de Vendôme, y est enfermé, 121. — Geoffroi le Bel ravage le pays environnant, 210. — Donné par Sulpice II à son fils Hugue II, 125. — Thibaud de Blois pille le bourg, mais ne peut s'emparer de la citadelle, 128-129. — Détruit par Henri Plantegenêt, 130-131. — Châtelain : *Nevolus*. — Seigneurs : Geoffroi, Geudouin, Hugue Ier, Hugue II, Sulpice Ier, Sulpice II.

Chédon, *Cheudon*, forêt qui s'étendait sur les paroisses de Faverolles, Saint-Julien de Chédon, Ange et Pouillé, en Loir-et-Cher, 10.

Chef-Boutonne, *Caput Vultone, Cavitonium* (arr. de Melle, Deux-Sèvres). — Origine du nom, 59. — Geoffroi Martel y livre bataille à Guillaume de Poitou, 60 et 58, note 3.

Chemillé (arr. de Cholet, Maine-et-Loire). — Pierre de Chemillé, *Petrus Cameliacensis*, 157.

Cher, *Carus, Charus*, riv., affl. de la Loire. — 22, 51, 52, 56, 80, 82, 84, 87, 94, 110, 113, 114, 234.

Cherbourg, *Cesaris Burgus* (Manche). — La ville est fondée par César, 229-230. — Geoffroi le Bel s'en empare, 229-230.

Chester, *Cestria* (Angletere), 254. — Comte : Renou.

Cheudon, sénéchal du roi Arthur. — Reçoit d'Arthur les comtés d'Anjou et Touraine, 10. — Fondateur de Chinon, 10. — Tué près d'Autun et enterré près de Chinon, 10.

Cheudon, prétendu nom primitif de Chinon.

Cheudon, Chédon.

Childéric, *Childericus*.

Childéric Ier, roi des Francs, 13, 14, 16.

Childéric II, roi des Francs, 17.

Chilpéric Ier, *Chilpericus*, roi des Francs, 17.

Chinon, *Caino, Chinonum, Kaino*, (Indre-et-Loire). — Fondé par Cheudon, 10. — Possession d'Eude de Blois, 77. — Attaqué par Foulque Nerra, 48. — La place est livrée à Foulque Nerra, 83. — Les abords en sont dévastés, 55. — Geoffroi Martel la réunit à ses Etats, 235. — Geoffroi le Barbu y est incarcéré, 90. — Les troupes de Geoffroi le Bel y séjournent, 205. — Louis VIII y campe, 253.

Chiriacus, ancien nom de Saint-Remy-la-Varenne (cant. des Ponts-de-Cé, arr. d'Angers, Maine-et-Loire). — Donné aux monastères de Saint-Aubin et Saint-Lézin d'Angers par Foulque le Roux, 34.

Chodomuni, Caen.

Choc, Coué.

Choisille, ou Grande-Choisille, *Choisilium*, riv., affl. de la Loire, 80.

Chouzy, *Chozeium* (cant. d'Herbault, arr. de Blois, Loir-et-Cher), 125. — Voir Guérin de Chouzy.

Christina (Sancta), Sainte-Christine.

Cristophorus (Sanctus), Saint-Christophe.

Chrysanthus (S[t]), *Crisantius*. — Ses reliques, 147.

Cicéron, *Tullius*. — Citations, 27, 45, 72, 76, 78, 86, 87, 90, 104, 109, 112, 116, 118, 124, 126, 170, 206, 207.

Cinq-Mars. — Voir Saint-Mars.

Cirici (sancti) ecclesia, Saint-Cyr-sur-Loire.

Cisse, *Siccia*, riv., affl. de la Loire, 5, 117. — Origine du nom, 4.

Clara Vallis, 178, 207. — Seigneur : Païen.

Clain, *Clino*, riv., affl. de la Vienne, 59.

Clairvaux (comm. de Ville-sous-la-Ferté, cant. de Bar-sur Aube, Aube). — Abbé : Bernard (saint).

Claudiomachus, Clion.

Clefs (cant. et arr. de Baugé, Maine-et-Loire). — Hugue de Clefs, *Hugo de Cleeriis*, 207, 241, 242, 243, 245, 246.

CLERMONT-FERRAND, *Arvernis* (Puy-de-Dôme). — Concile, 65.
Clino, Clain.
CLION, *Claudiomachus* (cant. de Châtillon-sur-Indre, arr. de Châteauroux, Indre), 10.
CLODION, *Clodio*, *Clodius*, roi des Francs, 9, 16.
Clodoveus, Clovis.
CLOTAIRE, *Clotarius*, *Clotharius*.
CLOTAIRE Ier, roi des Francs, 17.
CLOTAIRE II, roi des Francs, 17, 18.
CLOTILDE, *Crochildis*, femme de Clovis, 14.
CLOVIS *Clodoveus*
CLOVIS Ier, roi des Francs, 13, 14, 15, 16, 43. — Détruit et reconstruit Blois, 16.
CLOVIS II, roi des Francs, 17. — Enlève le bras de saint Denis, 18.
CLUNY, *Cluniacus*, abbaye, 154. — Abbé : Hugue.
Cocta. — Voir *Cotta*.
Codomum, Caen.
COLOGNE, *Colonia*, *Agripina urbs* (Allemagne), 5, 16.
COLOMBIERS, *Columbarium*, aujourd'hui Villandry cant. et arr. de Tours, Indre-et-Loire). — Hugue d'Amboise, frère de Sulpice II, épouse Lisoie, dame du lieu, 122.
COMPIÈGNE (Oise). — Gautier de Compiègne, *Gauterius Compendiensis*, 164.
Cona, Cosne.
CONAN, *Conanus*.
CONAN, neveu de *Caredoctus*. — L'empereur Maxime lui concède la Bretagne, 9.
CONAN Ier, comte de Rennes. — Mari d'Ermenjart, fille de Geoffroi Grisegonelle, 249. — Ses incursions en Anjou, 48-49. — Ses fils attaquent Angers, 233. — Défait et tué à Conquereuil par Foulque Nerra, 234.
CONAN III, comte de Rennes, père de Constance, 252.
CONQUEREUIL, *Conquiretum* (cant. de Guémené-Penfao, arr. de Saint-Nazaire, Loire-Inférieure). — Foulque Nerra y livre bataille à Conan Ier, comte de Rennes, 234.
CONRAD III, *Conradus*, empereur, 24.
CONSTANCE, *Constantia*.
CONSTANCE, fille du roi Philippe Ier, femme de Bohémond Ier d'Antioche, 70.
CONSTANCE, fille de Conan III, duc de Bretagne. — Épouse Geoffroi, fils de Geoffroi le Bel, et lui apporte en dot le comté de Nantes, 252.
CONSTANCE, femme de Robert le Pieux, roi de France, 247, 248.
CONSTANCE, *Constantius*.
CONSTANCE, fils de Constant, empereur romain, fondateur de Coutances, 228.
CONSTANCE, sénateur romain, 7.
CONSTANT, *Constans*, père de Constance, 229.
Constantia civitas, Coutances.
CONSTANTIN, *Constantinus*, fils de Constance, 7.
Constantiniana provincia, *Constantiniensis pagus*, Cotentin.
CONSTANTINOPLE, *Constantinopolis*, *Bizantium*, 10, 11, 17, 20, 23, 50, 238. — Empereur : Justinien. — Impératrice : Irène.
CORBE, *Corba*, fille de Foucois de Thorigné le Jeune et d'Elisabeth, 86, 99. — Épouse Aimeri de Courron, 99. — Veuve d'Aimeri, est remariée à Achard de Saintes, 101. — A la mort de ce dernier, épouse Geoffroi Bourel, 86, 102. — L'accompagne en « Romanie », 102. — Est faite prisonnière par les Turcs, 103.
CORBON, *Corbo*, père de Thibaud de Rochecorbon, 86.
CORBONNAIS, *Corbonensis pagus*, pays de France, 241. — Comte : Geoffroi.
CORNOUAILLE, *Cornubia*, pays d'Angleterre, 9, 11.
Cosdretus, Coudray-Macouard (le)
COSNE, *Cona* (Nièvre). — Assiégé par le roi de France et le comte de Nevers, 200. — Débloqué par Geoffroi le Bel, 201.
COTENTIN, *Constantiniana provincia*, *Constantiniensis pagus*, partie de la

Normandie. — Ravagé par Enjuger et Alexandre de Bohon, 225. — Soumis par Geoffroi le Bel, 229.

Cotta, tribun romain, 5, 6.

COUDRAY MACOUARD (le), *Cosdretus* (cant. de Montreuil-Bellay, arr. de Saumur, Maine-et-Loire). — Geoffroi le Bel y élève une forteresse, 216.

COUÉ, *Choé* (comm. de Seiches, arr. de Baugé, Maine-et-Loire), 215, 216. — Voir Rogon de Coué.

COUTANCES, *Constantia civitas*, (Manche). — Sa fondation par Constance, 228-229. — Geoffroi le Bel s'en empare, 228-229.

Crachaicum, Crassay.

CRAON (arr. de Château-Gontier, Mayenne). — Maurice de Craon, *Mauricius de Credunte*, 157.

CRASSAY, *Crachaicum* (comm. de Langeais, arr. de Chinon, Indre-et-Loire). — Les habitants de cette place sont alliés à Foulque Nerra, 80.

Credunte (Mauricius de), Craon (Maurice de).

CRÉPIN de Maindray, *Crispinus de Mindraio*, collibert de Saint-Lomer de Blois. — Tente de livrer Sulpice II d'Amboise au comte de Blois, 125. — S'enfuit à Blois dont il est nommé prévôt, 125-126.

Crescentius, patrice de Rome. — Ses méfaits, 144-145 — Foulque Nerra parvient à le faire tuer, 145-147.

Crisantius, Chrysanthus.

Crochildis, Clotilde.

Curia (ecclesia beati Petri de), Saint-Pierre-de-la-Cour, au Mans.

D

Daci, Danois.

Dacia, Danemark.

DAGOBERT, *Dagobertus*.

DAGOBERT Ier, roi des Francs, 17, 18.

DAGOBERT II, roi des Francs, 17.

DALMATIE, *Dalmatia*, 9.

DAMAS (habitants de), *Damasceni* (Syrie). — Se soumettent à Foulque le Jeune, 70, 170. — *Damascenus exercitus*, 116.

DAMASE, *Damasus*, pape, 8.

Damfruntus, Donfront.

DANEMARK, *Dacia*, 9, 21.

DANOIS, *Dani*, *Daci*, 19, 239. — Voir Normands (pirates).

Danzeium, Donzy.

DARIA (Sainte). — Ses reliques, 147.

DAVID, *David*, prétendu comte du Maine, 241.

DENIS (S[t]), *Dionisius*. — Clovis II enlève son bras, 18.

DENISE, *Dionisia*.

DENISE, femme de Sulpice Ier d'Amboise. — Lui apporte en dot la moitié de Chaumont et quelques autres fiefs, 87-88, 106. — Son oncle Geoffroi de Chaumont lui abandonne le reste de ses droits sur cette place, 89. — Ses enfants, 95-96. — Placée sous la protection du prévôt Joubert, 97. — Sa mort, 98.

DENISE, fille de Hugue Ier d'Amboise. — Épouse Ernoul de Bourbon, 112.

DENISE, fille de Sulpice II d'Amboise. — Épouse Ebbon de Déols, 122. — Ses enfants, 123.

DÉOLS, *Dolis* (cant. et arr. de Châteauroux, Indre), 122, 123. — Église, 123. — Seigneur : Ebbon.

Desiderius, Didier.

DIANE, *Diana*. — Pin qui lui est dédié, près d'Amboise, 8.

DIDIER, *Desiderius*, roi des Lombards, 19.

DIDONNE, aujourd'hui Saint-Georges-de-Didonne (cant. de Saujon, arr. de Saintes, Charente-Inférieure). — Pierre de Didonne, *Petrus Didonensis*, 236.

DIOCLÉTIEN, *Diocletianus*, empereur romain, 6, 7.

Dionisia, Denise.

Dionisii (sancti) ecclesia, église Saint-Denis, à Amboise.

Dionisius, Denis.

Dionisius (Sanctus), Saint-Denis, près Paris.

Disbarchum, résidence des Francs Saliens, 12.

Dolis, Déols.

DOMFRONT, *Damfruntus* (Orne). — Geoffroi le Bel s'en empare, 225.

DONZY, *Danzeium* (arr. de Cosne, Nièvre), 110, 114. — Seigneur : Hervé.

DOUÉ, *Doe*, 215. — Voir André de Doué.

DREU, *Drogo*, fils de Foulque le Bon, évêque du Puy, 37, 247.

Dumnorix. — Voir *Dunicius*.

Dunenses. — Voir Châteaudun.

Dunicius (ou mieux *Dumnorix*), chef germain, 5.

DURTAL, *Duristallum* (arr. de Baugé, Maine et Loire). — Château construit par Foulque Nerra, 234.

E

EBARD, *Ebardus*. — Chargé par Sulpice Ier de la garde du donjon d'Amboise, 91. — Le livre sottement à Foulque le Réchin, 92-93. — Père de Hugue, 116.

EBBON de Déols, *Ebo Dolis*, mari de Denise d'Amboise, 122. — Ses enfants, 123.

EBROÏN, *Ebroinus*, maire du Palais, 17, 18.

EDELTHED, *Edelthedus*, duc de Souabe. — Attaque le royaume de France, 43. — Est obligé de battre en retraite, 44.

ÉDESSE (comté d'). — Voir Rohais.

ÉDOUARD, *Eduardus*.

ÉDOUARD, fils de Grimoald. — Devient roi d'Austrasie, 17.

ÉDOUARD, comte de Flandre, 38.

Edua urbs, Autun.

Eduardus, Édouard.

Egidius, patrice des Romains, père de *Siagrius*, 12, 13, 15.

Egidius (*Sanctus*), Saint-Gilles.

ÉGYPTE, *Egyptus*, 213.

ÉGYPTIENS, *Egiptii*, habitants de l'Égypte, 19.

ELARISH, *Laris*, ville d'Égypte. — Baudouin II de Jérusalem y meurt, 70.

Elfredus, Alfred.

ÉLISABETH, *Elisabeth*.

ÉLISABETH, fille de Guillaume de Jaligny et d'Ermenjart de Bourbon, 66, 103. — Épouse Hugue Ier d'Amboise, 66, 104, 112. — A la mort de son frère Oudin, s'assure la possession de Jaligny, 112. — Porte plainte contre son fils Sulpice II au comte Geoffroi le Bel et se retire à Tours et à Maillé, 119 ; — puis en Auvergne, 120. — Veut détourner son fils Sulpice II de faire la guerre contre le comte de Blois, 126, 127. — Donne Jaligny et ses fiefs auvergnats à son petit-fils Hugue, 131. — Revendique son douaire, 210. — Meurt et est ensevelie à Pontlevoy, 131.

ÉLISABETH, fille de Sulpice II d'Amboise. — Épouse André d'Alluyes, 122. — Ses enfants, 123. — Sa mort, 123.

ÉLISABETH, fille de Lisois d'Amboise. — Épouse Foucois de Thorigné, 86, 91. — En a une fille nommée Corbe, 86. — Opposée au mariage de Corbe avec Achard de Saintes, 101. — Épouse en secondes noces Orri Pireloup, 87.

ELY (comté de Cambridge, Angleterre). - Évêque : Niel.

EMME, *Emma*, fille [de Thibaud de Chartres et] de Liégeart, [femme de Guillaume IV d'Aquitaine], 248.

Endria, Indre.

ÉNÉE, *Eneas Crinitus*, chef troyen, 16.

ENGEBAUD, *Engolbaudus*, archevêque de Tours, frère de Barthélemi de Vendôme et de Marie, 76.

ENGELBERT, *Ingelbertus*, fils de Windesmodis, 249.

ENJUGER *Ingelgerius*, *Ingergerius*, *Ingeugerius*.

ENJUGER, fils de Foulque le Roux, 33, 247. — Tué par les Normands, 34.

ENJUGER, fils de Tertulle, 29. — Venge l'honneur de sa marraine, 29, 137-139. — Reçoit en récompense le comté de Gâtinais, 139. — Charles le Chauve lui concède la vicomté d'Orléans et le charge de la défense de Tours, 29-30,

165. — Épouse *Aelendis* et reçoit en dot l'alleu d'Amboise, 30. — Reçoit la moitié du comté d'Anjou, 30, 165. — Inféode Amboise à Robert, fils d'Aimon, 31. — Ramène d'Auxerre le corps de saint Martin, 30, n. d, 35, n. a. — Père de Foulque le Roux, 31, 232, 247, 250. — Est enterré à Saint-Martin de Tours, 31, n. a, 34, n. a. — Considéré comme le premier comte d'Anjou, 232.

ENJUGER, seigneur de Bohon. — Fournit des renseignements à Jean de Marmoutier, 174. — Reçoit de Geoffroi le Bel le gouvernement d'Argentan, 225. — Intervient en faveur de Richard de La Haye, 230.

ENJUGER, sénéchal de Louis le Bègue. — Épouse Adèle, fille de Geoffroi de Château Landon, et reçoit le comté de Gâtinais, 135 136. — Sa mort, 136.

EREMBOURG, *Aremburgis*, fille d'Hélie, comte du Maine, femme de Foulque le Jeune 111, 243.

Erich, chef normand. — Incendie Tours, 23.

ERMENFROI, *Ermenfredus*, meurtrier d'Ebroïn, 18.

ERMENJART, *Ermengardis*.

ERMENJART, femme de l'empereur Louis le Pieux, 19.

ERMENJART, comtesse d'Anjou. — Fille d'Archembaud de Bourbon, femme de Foulque le Réchin et mère de Geoffroi Martel le Jeune, 65, 103, 169. — Répudiée par Foulque le Réchin, épouse Guillaume de Jaligny, 65, 103, 112. — Apporte en dot la place de Bessay-sur-Allier, 112. — Mère d'Oudin et d'Élisabeth, 103, 104.

ERMENJART, fille de Foulque Nerra, comte d'Anjou, femme de Geoffroi de Château-Landon, mère de Foulque le Réchin, 232, 247, 248, 249, 250. — Épouse en secondes noces Henri, duc de Bourgogne, 247

[ERMENJART], fille de Foulque le Réchin, femme d'[Alain Fergent], comte de Bretagne, 65, 103.

ERMENJART, fille de Geoffroi Grisegonelle, femme de Conan, comte de Rennes, 249.

ERMESENT, *Ermesendis, Hermesendis*.

ERMESENT, fille de Sulpice Ier d'Amboise et de Denise, 96. — Épouse Archembaud de Brayes, 103. — Ses enfants, 103.

ERMESENT, fille d'Archembaud, femme de Foulque de Villentrois, 87.

ERNOUL, *Arnulfus, Ernulfus*.

ERNOUL de Bourbon mari de Denise d'Amboise, 112.

ERNOUL de Meung, fils de Léon de Meung. — Gardien du « Domicile » d'Amboise, 89. — Prend le parti de Geoffroi le Barbu, 90. — Foulque le Réchin lui enlève la garde du « Domicile » et l'expulse d'Amboise ainsi que son fils Léon, 64, 90-91.

ERNOUL de Vierzon, allié de Sulpice II d'Amboise, 119.

Erveus, Hervé.

ESCHIVARD, *Eschivardus*, seigneur de Preuilly, soumis par Foulque le Jeune 68.

ESCLAVONIE. — Voir Slavonie.

Esmantia, Manse (La).

Esna, Aisne.

ESPAGNE, *Hispania, Hyspania*, 7, 11, 12, 15, 19, 123, 179.

ESPAGNOLS, *Hispani*, 19.

ÉTAMPES, *Stampae* (Seine-et-Oise), 39.

ETHELWULF, *Hethelulfus, Haustuinus*, géant danois, tué en combat singulier par Geoffroi Grisegonelle, 38-39. — Appelé *Haustuinus* par les Français, 38.

ÉTIENNE, *Stephanus*.

ÉTIENNE III, pape, 19.

[ÉTIENNE], évêque d'Autun. — Prend part à l'expédition du comte de Nevers contre Cosne, 200.

ÉTIENNE, comte de Blois et de Chartres. — Sulpice d'Amboise lui fait hommage pour le château de Chaumont, 88. — Épouse Ale, fille de Guillaume le Conquérant, 97, 98. — Tente de délivrer Geoffroi le Barbu, 64, 193. — S'enfuit au siège d'Antioche, 101. — Est fait prisonnier et tué à la bataille de Ramleh, 109.

ETIENNE de Garlande, sénéchal de France, 244.

ETIENNE, comte de Mortain, puis roi d'Angleterre, frère de Thibaud de Blois. — Prend part à l'expédition de Henri Ier contre Foulque le Jeune, 156. — Assiste au tournoi du Mont-Saint-Michel, 182. — Devient roi d'Angleterre, 71, 214, 225. — Dirige une expédition infructueuse en Normandie, 225. — Richard de la Haye lui demande du secours, 230. — Sa lutte contre Geoffroi le Bel, 230-231. — Sa mort, 131, 251.

ETIENNE, comte de Sancerre, 124.

EUDE, *Odo*.

EUDE, abbé de Cluny. — Nourri dans sa cellule par Foulque le Bon, 35, n. *a*. — Raconte la translation des reliques de saint Martin, à la demande de Foulque le Bon, 30, n. *d*, 35, n. *a*.

EUDE, abbé de Marmoutier, rédacteur des *Gesta consulum Andegavorum*, 164.

EUDE, abbé de Saint-Genou de l'Estrée. — Gouverne le monastère de Beaulieu, 143, 144.

EUDE, roi de France, 22, 23.

EUDE Ier, comte de Blois, de Chartres et de Champagne, *Odo Campaniensis*. — Geoffroi Grisegonelle aide le roi à lui enlever Melun, 240. — Soutient Landri de Châteaudun, 45, 46. — Tente d'enlever Amboise à Foulque Nerra, 47-48.

EUDE II, comte de Blois, de Chartres et de Champagne, *Odo Campaniensis*. — Etendue de sa domination, 77-78. — Son caractère, 78. — Attaque les domaines de Foulque Nerra pendant que ce dernier est en Terre Sainte, 51. — Confie le château de Chaumont à *Nevolus*, celui de Blois à Bourel, celui de Saint-Aignan à Geoffroi le Jeune, 80. — Est défait à la bataille de Pontlevoy, 52, 53, 82, 176, 234. — Est attaqué par le duc de Lorraine Ferri, 53, 79. — Attaque Angers, 234. — Assiège Montboyau, 53, 80-81. — Donne Chaumont et quelques autres fiefs à Geudouin de Saumur, 81. — Va au secours de Bar-sur-Aube et repousse les Lorrains, 54, 81. — Meurt peu après de ses blessures, 54, 83. - Père de Thibaud III, 84, 235.

EUDE, fils d'Ebbon de Déols, 123.

EUDE, fils de Jean de Lignières, 103.

EUDOXE, *Eudoxius*

EUDOXE, évêque arien, 8.

EUDOXE, vicomte de Tours, 12.

Eufemia, Euphémie.

EUGÈNE II, *Eugenius*, pape, 24.

EUPHÉMIE, *Eufemia*, fille de Lisois Ier d'Amboise. — Epouse Bouchard de Montrésor, 86, 91. — Ses enfants, 86.

EVE. — Voir Aveline.

F

Faia, Faye-la-Vineuse.

Faramundus, Pharamond.

FASTRADE, *Faustada*, femme de Charlemagne, 19.

Fausta, femme de Constantin, 7.

Fausta, femme de *Billeius*, petite-fille d'*Avicianus*, 10, 12.

Faustada, Fastrade.

FAYE-LA-VINEUSE, *Faia* (cant. de Richelieu, arr. de Chinon, Indre-et-Loire). — Château construit par Foulque Nerra, 234.

FERRI ou FRÉDÉRIC II, duc de Haute-Lorraine, *Frericus Tullensis consul*. — En lutte contre Eude II de Blois, 79.

Fertheia (Sanctus de), 119.

Filgeriae, Fougères.

Fisca, Flèche (La).

Flaccus, Flacus, Horace.

FLAMANDS, *Flandrenses*, habitants de la Flandre, 40, 42, 156. — Philippe Auguste lutte contre eux et les défait, 253, 254.

FLANDRE, *Flandria*, 5, 9, 38, 68. - Concédée par le roi Arthur à son porte-étendard Oudin, 10. — Comtes : Audouin, Baudouin V,

Charles le Bon, Edouard, Guillaume, Oudin.
FLÈCHE (La), *Fisca* (Sarthe), 63. — Seigneur : Hélie.
FLORENT (S¹), *Florentius*, 28.
Florentii (sancti) abbatia, Saint-Florent, à Saumur.
FLORENTIN (S¹), *Florentinus* - Translation de ses reliques du Poitou en l'église Notre-Dame d'Amboise, 51, 85.
Florentini (sancti) ecclesia, Saint-Florentin, à Amboise.
Florus, fils de Philippe Ier et de Bertrade de Montfort, 67.
Fons Ebraldi, Fontevrault.
FONTAINE-MILON, *Fons Milonis* (cant. de Seiches, arr. de Baugé, Maine-et-Loire). — Château de Josselin de Tours, 196.
FONTENOY-EN-PUISAYE, *Fontanidi campi* (cant. de Saint-Sauveur, arr. d'Auxerre, Yonne), 20.
FONTEVRAULT, *Fons Ebraldi* cant. et arr. de Saumur, Maine-et-Loire). — Richard Cœur-de-Lion est enseveli dans l'abbaye, 252.
Foucois de Thorigné, *Fulcoius, Fulchoius de Torinneio*. — Originaire de Thorigné dans le Maine, 58. — Geoffroi Martel lui concède à Amboise un château, appelé depuis la Motte-Foucois, 58, 89. — Excite Foulque le Réchin contre Ernoul de Meung et contre Sulpice d'Amboise, 90-92. — Reste en guerre avec Sulpice après que ce dernier a conclu la paix avec Foulque le Réchin, 94. — Sulpice s'empare par ruse de sa forteresse, 94-95 — Assiégé par Sulpice dans Orsay, 95. — S'enfuit à Montrichard, 95. — Père de Foucois le Jeune, 86
Foucois de Thorigné le Jeune, *Fulcoius juvenis de Torinneio*, fils du précédent. — Epouse Elisabeth, fille de Lisois d'Amboise, 86, 91. — Enfermé à Orsay, est livré à Sulpice d'Amboise et tué, 95. — Père de Corbe, 86, 99, 103.
FOUGÈRES, *Filgeriae, Fulgeriae* (Ille-et-Vilaine), 81, 227. — Seigneurs : Frangal, Henri.
FOULQUE, *Fulco*.
FOULQUE Ier le Roux, *Fulco Rufus*, comte d'Anjou. — Fils d'Enjuger, 31, 232, 247, 250. — Hugue le Grand lui donne tout le comté d'Anjou et les abbayes de Saint-Aubin et Saint-Lézin d'Angers, 32. — Epouse Roussille, 33. — Ses enfants, 33-34, 247, 250. — Ses dernières volontés, 34. — Il est enterré à Saint-Martin de Tours, 34, n. a, 37, n. a. — Son caractère, 166.
FOULQUE II le Bon, *Fulco Bonus, Fulco Pius*, comte d'Anjou. — Fils de Foulque Ier le Roux, 33, n. 1, 34, 232, 247, 250. Lui succède, 34. — Son caractère, 34-35, 166. — Sa piété, 35, 140, 167. — Sa dévotion à saint Martin, 35, 36, 141 — Porte le saint sous la figure d'un lépreux, 141-142, 167. — Nourrit saint Eude de Cluny dans sa cellule, 35, n. a. — Lui écrit une lettre pour l'inviter à raconter la translation des restes de saint Martin, 35, n. a. — Sa mort, 37, n. a. — Est enterré à Saint-Martin de Tours, 37, n. a. — Ses enfants, 37, 247, 248, 250.
FOULQUE III Nerra, *Fulco Nerra, Fulco Jerosolimitanus*, comte d'Anjou. — Fils de Geoffroi Grisegonelle, 233, 247, 248, 249, 250 — Prétendu fils de Maurice, 45, 46. — [Demi]-frère de Maurice, 247 — Assiège Châteaudun, 47. — Fait raser la maison de Landri de Châteaudun à Amboise, 47-48. — Attaque les possessions d'Eude de Blois, 48, 79. — Bat Conan Ier de Rennes à Conquereuil, 234. — Repousse une attaque des fils de Conan contre Angers, 49. — Va en pèlerinage à Jérusalem en compagnie de Robert, duc de Normandie, 50. — Passe par Rome, 144-145. — Réussit par un stratagème à voir le Saint-Sépulcre, 50-51. — En repassant à Rome, réussit à tuer

Crescentius, 145-147. — Au retour de son pèlerinage fonde l'abbaye du Saint-Sépulcre de Beaulieu, 51, 143, 144, 234. — Fortifie Morand, 149. — Construit le château de Montrichard, 52, 82. — Autres châteaux construits par lui, 234. — Victorieux d'Eude de Blois à Pontlevoy, 52-53, 82, 176, 234 — Construit le château de Montboyau, 53, 80. — Soumet le Maine, 233. — S'empare de Saumur, 53, 81. — Assiège Montbazon, 53, 81. — S'empare de Montbazon, 54, 82. — S'empare de Langeais et de Chinon, 83. — En guerre contre son fils Geoffroi Martel, 235. — Aurait réuni le comté du Maine à ses États, 233. — Donne à son sénéchal Lisois le donjon d'Amboise et divers fiefs, 54, 78-79, 84. — Charge Léon de Meung de la garde du « Domicile » à Amboise, 90. — Fonde le monastère de Saint-Nicolas d'Angers, 62, note c, 234. — Fonde six prébendes en l'église Notre-Dame d'Amboise, 85. — Ses pèlerinages, 54, note e, 234 — Ses dernières recommandations à son fils, 83. — Sa mort, 84, 234, 235. — Au retour d'un troisième pèlerinage à Jérusalem, meurt à Metz où sont enterrés ses viscères, 54, note e. — Son corps est enterré à Beaulieu, 54, note e, 235, 239. — Son caractère, 78, 168. — Son juron habituel, 47, 77. — Traité qu'il aurait composé sur les droits des comtes d'Anjou à la charge de sénéchal de France, 239-241. — Père de Geoffroi Martel, 50, 62, 85, 88, 90, 176, 232, 235 ; — d'Adèle, 50 ; — d'Ermenjart, 232, 247, 248, 249, 250.

Foulque IV le Réchin, *Fulco Richin*, comte d'Anjou. — Fils d'Ermenjart et de Geoffroi de Château-Landon, 232, 247, 248, 249, 250. — Armé chevalier par son oncle Geoffroi Martel, 236. — Reçoit de lui le comté de Saintes, 236. — Reçoit de lui en héritage la Touraine et Château-Landon, 62 ; — la Touraine et l'Anjou, 88. — En lutte contre son frère Geoffroi le Barbu, 63, 89, 155, 169. — Se rend maître d'Angers, 63. — Fait prisonnier son frère Geoffroi le Barbu, mais est forcé de le relâcher, 237. — Le fait prisonnier de nouveau à Brissac et usurpe le comté d'Anjou, 64, 90, 237. — Abandonne Château-Landon au roi Philippe Ier, 64, 90. — Refuse de remettre Geoffroi le Barbu en liberté, 93. — Enlève la garde du « Domicile » d'Amboise à Ernoul de Meung, 64, 90-91 ; — la confie à Renard Pourceau, 90-91. — Tente en vain de s'emparer du donjon d'Amboise, 92. — Ne peut réussir à faire Sulpice d'Amboise prisonnier, 93. — Est attaqué par le comte de Poitou et Geoffroi de Preuilly, 97. — Fait la paix avec ce dernier et avec Hugue d'Amboise, 98. — Marie Corbe, fille de Foucois de Thorigné, à Aimeri de Courron et confie à Aimeri la garde du « Domicile » d'Amboise, 99. — Rétablit la paix à Amboise, 99-100. — Remarie Corbe, veuve d'Aimeri de Courron, à Achard de Saintes, garde du « Domicile » d'Amboise, 101. — Hugue Ier d'Amboise va à sa cour, à Loches, 102. — Excite contre Hugue Ier d'Amboise Josselin et Hugue de Sainte-Maure, 106. — Est abandonné par sa femme Bertrade, 67, 105. — Reçoit une rose d'or du pape Urbain II, 238. — Incendie Rochecorbon, 65 66. — Aurait trempé dans le meurtre de son fils Geoffroi Martel le Jeune (1106), 66, 104, 170. — Ses mariages, 65, 103, 169. — Ses enfants, 65, 103, 169, 250. — Sa mort, 67, 107. — Son caractère, 169. — Histoire des comtes d'Anjou composée par lui, 232, 238.

Foulque V le Jeune, *Fulco Hierosolymitanus*, comte d'Anjou et du Maine, puis roi de Jérusalem. — Fils de Foulque le Réchin et de Bertrade de Montfort, 65, 250. —

Epouse la fille du comte du Maine Hélie et devient comte du Maine, 67, 111, 170. — Concède Amboise à Hugue de Chaumont, 67-68, 107. — Restitue Brayes à Archembaud de Brayes, 107. — Aide Hugue de Chaumont à rentrer en possession de Montrichard, 68, 111-112. — Assiège Preuilly, 68 — Achète Montbazon et fait le siège de la place, 68. — S'empare de Montreuil-Bellay, 68. — En guerre contre Henri Ier d'Angleterre, 68. — Repousse Henri Ier et s'empare d'Alençon, 155-160. — Fait la paix avec Henri Ier et marie sa fille Mathilde à Guillaume Adeling, 68, 161. — Ses démêlés avec Louis VI, 242. — Lui envoie une ambassade, 243. — A avec lui une entrevue où sont reconnus ses droits à la charge de sénéchal de France, 244. — Il est traité avec les honneurs qui lui sont dus à raison de cette charge lors d'une expédition royale en Auvergne et d'un couronnement royal à Bourges, 245. — Il marie son fils Geoffroi le Bel à l'« impératrice » Mathilde, fille du roi d'Angleterre Henri Ier, 69, 161, 177-181. — Il épouse la fille de Baudouin de Jérusalem et succède à celui-ci sur le trône de Jérusalem, 69-70, 115, 170, 181, 242. — Vision qu'il a avant de partir en Terre Sainte, 161-162. — Hugue d'Amboise l'accompagne, 120, 209. — Soumet au tribut les habitants de Damas et d'Ascalon, 70, 116. — Défend la principauté d'Antioche contre les Turcs, 70-71. — Sa mort, 71. — Père de Geoffroi le Bel, Hélie, Baudouin et Amauri, 69, 71, 176 ; — de Mathilde, 161.

Foulque de Candé. — Assiste à la bataille d'Alençon, 157.

Foulque, frère de Hugue de Clefs, conseiller de Geoffroi le Bel, 207.

Foulque, seigneur de Villentrois. — Epouse Hermesent, nièce du trésorier Sulpice, qui lui apporte Villentrois en dot, 86, 87.

Fracta Vallis, Fréteval

Français (ou Francs), *Franci, Francigene*, habitants de la France, 9, 12, 13, 14, 15, 16, 17, 18, 19, 20, 22, 23, 24, 25, 27, 30, note *d*, 31, 33, 35, 38, 40, 41, 42, 43, 44, 75, 102, 103, 156, 251, 252, 253.

Français, *Franci, Galli*, habitants de la *Francia*, 56, 59, 84, 234, 236, 240.

France, *Francia, Francorum regnum, Gallia*, 5, 17, 18, 19, 27, 28, 29, 30, 35, 40, 41, 43, 54, note *b* 69, 115, 181, 200, 242, 244, 245, 254. — Rois : Carloman, Charlemagne, Charles II le Chauve, Charles III le Simple, Childéric Ier, Childéric II, Chilpéric Ier, Clotaire Ier, Clotaire II, Clovis Ier, Clovis II, Dagobert Ier, Dagobert II, Eude, Henri Ier, Hugue Capet, Lothaire, Louis Ier le Pieux, Louis II le Bègue, Louis IV d'Outre-Mer, Louis VI, Louis VII, Louis VIII, Pépin le Bref, Philippe Ier, Philippe II Auguste, Raoul, Robert Ier, Robert II le Pieux, Sigebert III, Thierri III.

Francia, région de France comprenant, entre autres, l'Ile-de-France, 64, 72, 139, 219, 246, 254.

Francs. — Voir Français.

Frangal, *Frangalus*, seigneur de Fougères, mari de *Chana*, fille de Geudouin de Saumur, 81.

Frericus, Ferri.

Fréteval, *Fracta Vallis* (cant. de Morée, arr. de Vendôme, Loir-et-Cher), 76, 119. — Disputé entre Henri Plantegenêt et Thibaut de Blois 130. — Voir *Nevolus* et Ourson de Fréteval.

Friges Phrygiens.

Frisons, *Frisones, Frixones*, habitants de la Frise, 6, 14.

Fnou, Frodulfus, fils d'Arnulf, 18.

Fudense Sancti Galli cœnobium, monastère inconnu, où Dagobert II aurait été relégué, 17.

Fulchoius, Fulcoius, Foucois.

Fulco, Foulque.
Fulcoii cultura, la Couture-Foucois, à Amboise, 114.
Fulgeriae, Fougères.
Fullo, chef romain, 9.

G

G., moine de Marmoutier, 218.
GAIMARD, *Guenmardus*, ou Aimeri Gaimard, seigneur de Lavardin, fils de Salomon, 76 et note 4.
Galannus, Galaunus, Véland.
GALATIE, *Galatia*, pays d'Asie-Mineure, 19.
GALBERT, *Galbertus*, abbé de Marmoutier, 152.
Galchisus, fils d'Arnulf, père de saint Wandrille, 18.
Galericus (Sanctus), Saint-Valery-sur-Somme.
Galganus, neveu du roi Arthur, 10.
Galli (S.) Fudense coenobium, monastère inconnu où Dagobert II aurait été relégué, 17.
Gallia, Galliae, Gaule.
Gallia Armorica, Bretagne.
Galli, Gaulois.
Galli, Français.
Gandregisillus, Wandrille.
Garinus, Guérin.
GARLANDE, *Garlanda* (cant. de Gonesse, arr. de Pontoise, Seine-et-Oise), 242, 244. — Voir Anseau, Etienne et Guillaume de Garlande.
GARNIER, *Warnerius*, père de Roussille, 33.
GARONNE, *Garona*, fleuve, 7.
GASCOGNE, *Vasconia*, pays, 7.
GASCONS, *Vascones*, habitants de la Gascogne, 19, 59, 61.
GATINAIS, *Gastinia, Gastinensis pagus, Guastinensis pagus*, pays de France. — Donné à Enjuger, mari d'Adèle, 135-136. — Tertulle y reçoit un fief, 28. — Il en devient sénéchal, 165. — Enjuger, fils de Tertulle, défend l'honneur d'une dame de ce pays, 29, 136-139. — Il en devient comte, 139. — Comtes: Enjuger, Geoffroi. — Comtesse : Adèle.
GAUDIN de Vaiges, *Gaudinus de Vegia*, conseiller de Foulque le Jeune, 242.

Gauferius, Goutier.
Gaufredus, Gaufridus, Geoffroi.
GAULE, *Gallia, Galliae*, 1, 6, 7, 8, 20, 21, 28, 38, 151.
GAULOIS, *Galli*, 6.
GAUTIER, *Galterius, Gauterius, Walterius*.
GAUTIER, trésorier de Saint-Martin de Tours, élu archevêque de Tours, 112-113.
GAUTIER de Compiègne, moine de Marmoutier. — Ses écrits, 164.
GAUTIER, comte de Brienne. — Sa fille épouse Foulque le Réchin, 249.
GAUTIER de Mayenne. — Prend part à la bataille d'Alençon, 158.
GAUTIER de Senlis, prétendu bouteiller de Louis VI, 245 et note 2.
Gelduinus, Geudouin.
GENILLÉ, *Genilleium* (cant. de Montrésor, arr. de Loches, Indre-et-Loire). — Les abords en sont incendiés par Sulpice II d'Amboise, 121.
Genmardus, Aimeri Gaimard.
Genulfi (sancti) abbatia, Saint Genou.
GEOFFROI, *Goffredus, Gosfredus, Gaufredus, Gaufridus*.
GEOFFROI Ier, abbé de la Trinité de Vendôme. — Chargé par Louis VI d'une négociation auprès de Foulque le Jeune, 242.
GEOFFROI Ier Grisegonelle, *G. Grisa Gonella, G. Grisa Tunica*, comte d'Anjou. — Fils de Foulque le Bon, 37, 232, 247, 248, 250. — Lui succède, 37, 167. — Ses vertus, 37, 167, 233. — Origine de son surnom, 37, 40. — Tue en combat singulier le géant Ethelwulf, 38-40. — Met en fuite une armée de pirates normands, 40-42. — Triomphe en combat singulier de Bertold, frère du duc de Saxe, 43-44. — Repousse les Allemands, 239-240. — Reçoit du roi les évêchés d'Angers et du Mans, 240. — Prend Melun, 240. — Prend Mortagne pour le compte du roi, qui lui donne le comté du Maine, 241. — Il lui donne aussi

la charge de sénéchal de France, 241-242. — S'empare de Loudun et bat Guillaume Fièrebrace aux Roches, 233. — Repousse les Bretons, 233. — Donne à Landri de Châteaudun une maison fortifiée à Amboise, 45. — Assiège Marçon avec Hugue Capet, 233. — Sa mort, 44, 233. — Il est enterré à Saint-Aubin d'Angers, 44, note c, 46, note c; — à Saint Martin de Tours, 44, note c, 233. — Ses enfants, 44-45, 233, 247, 248, 249, 250. — Ses frères, 37, 247.

GEOFFROI II Martel, *G. Martellus*, comte d'Anjou. — Fils de Foulque Nerra, 50, 232, 235, 247, 248, 249, 250. — Revendique le comté de Saintes contre Guillaume, comte de Poitou, 58-59, 86. — Bat ce dernier à Chef-Boutonne, 59-61; — à Moncontour, 235. — Est reconnu comte de Saintes, 61-62, 168. — Fait prisonnier le comte du Maine Herbert Bacon, 235. — Se révolte contre Foulque Nerra, 235. — Ce dernier lui recommande Lisois d'Amboise, 54, 83. — Succède à Foulque Nerra, 55, 84, 235 — En guerre contre Thibaud III de Blois, 55, 235. — Assiège Tours, 55, 84. — Bat Thibaud de Blois à Nouy, 55-57, 84, 176. — Fait Thibaud prisonnier et se fait céder par lui la Touraine, 57-58, 85, 148, 168, 235. — En guerre contre Guillaume le Conquérant, 62, 236; — contre les comtes de Poitou, 236; — contre les Français, 236; — contre Aimeri de Thouars, 236; — contre les comtes de Nantes et de Rennes, 236; — contre le comte du Maine Hugue, 236 — Constitue un fief à Geoffroi de Château-Gontier, 148-149. — Fonde l'abbaye de la Trinité de Vendôme, 62, note c, 150-151. — Achève la construction de l'église Saint-Nicolas d'Angers, 62, note c — Bienfaiteur de l'église Notre-Dame d'Amboise, 85-86. — Raconte à Foulque le Réchin l'histoire des comtes d'Anjou, 232. — **Arme Foulque le Réchin chevalier et lui confie le comté de Saintes**, 234. — Partage ses États entre ses neveux **Geoffroi le Barbu** et **Foulque le Réchin**, 62, 88. — Il se fait moine à Saint-Nicolas d'Angers, 236. — Sa mort, 62, 236-237. — Translation de son corps dans l'église Saint-Nicolas d'Angers, 238.

GEOFFROI III le Barbu, *G. Barbatus*, comte d'Anjou — Neveu de Geoffroi Martel, 62. — Fils d'Ermenjart, sœur de Geoffroi Martel, 247, 248, 249, 250. — Geoffroi Martel lui lègue l'Anjou et la Saintonge, 62; — l'Anjou et la Touraine, 88. — Soutient Hélie, comte du Maine, contre Guillaume le Conquérant, 63. — Ses démêlés avec les moines de Marmoutier, 152-155, 168-169. — Est fait prisonnier par son frère Foulque le Réchin, 237. — Remis une première fois en liberté, il est à nouveau fait prisonnier par Foulque, 237. — Il est fait prisonnier et dépouillé de ses États, 63-64, 89-91, 237. — Etienne, comte de Blois, réclame en vain sa mise en liberté, 93. — Est remis en liberté par Geoffroi Martel le Jeune, mais sort de prison à demi fou, 65. — Il meurt peu après, 65, 94.

GEOFFROI IV Martel le Jeune, *G. Martellus*, comte d'Anjou, fils de Foulque le Réchin et d'Ermenjart de Bourbon, 65, 103, 169, 250. — Remet Geoffroi le Barbu en liberté, 65. — Marie sa demi-sœur Elisabeth de Jaligny à Hugue de Chaumont, 66, 104. — Promet à Hugue de Chaumont le « Domicile » d'Amboise, 104. — Fiancé à la fille d'Hélie, comte du Maine, 66, 67. — En guerre contre Guillaume le Roux, duc de Normandie, 66. — Revendique Château-Landon et le Saintonge, 66. — Tué à Candé, 66, 170.

GEOFFROI V le Bel, comte d'Anjou et du Maine. — Fils de Foulque le Jeune, 69, 71, 176, 250. — Est adoubé à Rouen en présence de Henri Ier d'Angleterre, 178-180. — Epouse « l'impératrice » Mathilde, 69, 161, 180-181. — Prend part à un tournoi et y triomphe d'un géant saxon, 181-183. — Fait prisonnier son frère Hélie qui revendiquait le Maine, 71. — Reçoit l'hommage de Sulpice II d'Amboise, 116. — Hugue d'Amboise est au nombre de ses familiers, 118 — Marche contre Sulpice II d'Amboise, mais est battu aux portes d'Amboise, 119. — Fait la paix avec Sulpice II au moment où il s'apprêtait à assiéger Amboise, 121. — Soutient Hugue le Manceau, seigneur de Cosne, contre le roi de France et le comte de Nevers, 200-201. — Les barons se révoltent contre lui, 201. — Il soumet Gui de Laval, 202. — S'empare de Thouars, 202-203 ; — de Parthenay, 203 ; — brûle Blaison, 203 ; — prend Mirebeau, 203-204. — Soumet Peloquin de l'Ile-Bouchard, 205-206. — Ravage les terres de Lisiard de Sablé et détruit Briollay, 206. — En guerre contre Robert de Sablé, 206-209. — Lutte contre les Poitevins, 194. — Conquiert la Normandie, 72, 215, 225, 226-229. — Lutte contre Etienne de Blois, 230-231. — En guerre contre Giraud de Montreuil-Bellay, 215-219. — S'empare de Montreuil-Bellay, 72, 217-220. — Fait reconnaître les droits de Saint-Aubin d'Angers sur Méron, 221. — Rentre en triomphe à Angers, 223. — Sa mort, 72, 125, 170, 223-224. — Son tombeau, 72, 174, 224, 244. — Ses enfants, 73, 125, 171, 214, 251. — Son surnom de Plantegenêt, 170. — Anecdotes diverses relatives à Geoffroi le Bel : il s'égare à la chasse et rencontre un bûcheron qui lui révèle les exactions de ses officiers, 183-189 ; — il châtie les coupables, 189-191 ; — sa générosité envers un pauvre clerc de Loches, 191-192 ; — ses démêlés avec l'archevêque de Tours, 192-193 ; — il fait grâce à des chevaliers poitevins prisonniers de guerre, 194-196 ; — à des vassaux rebelles, 196-199 ; — sa générosité envers un pauvre clerc du Mans, 211-212. — Son histoire par Jean de Marmoutier, 172-231

Geoffroi VI, comte d'Anjou, fils de Geoffroi le Bel, 73, 125, 171, 214. — Fait prisonnier par Thibaud de Blois, 130. — Remis en liberté en échange de la destruction du château de Chaumont, 130-131. — Devient comte d'Anjou, 251. — Ses démêlés avec son frère Henri, 251. — Acquiert par mariage le comté de Nantes, 251.

Geoffroi d'Anjou, fils de Henri II Plantegenêt, 250.

Geoffroi de Beauvais. — Pousse Sulpice II d'Amboise à combattre Josselin d'Auneau, 124.

Geoffroi, fils de Renaud de Château-Gontier, 149.

Geoffroi, frère de Renaud de Châteaurenault. — Sulpice d'Amboise force Renaud à lui donner une partie de ses domaines, 120.

Geoffroi, dit *Puella*, seigneur de Chaumont. — Fils de Geudouin de Saumur, 58, 81, 82, 87, 88, 106. — Geoffroi Martel lui rend une partie de ses biens, 58. — Il prête hommage à Geoffroi Martel, 58. — Succède à son père, 82. — Marie sa nièce Denise à Sulpice d'Amboise et lui abandonne une partie de ses domaines, 87-88, 106. — Suit Guillaume le Conquérant en Angleterre au moment de la conquête du pays, 88-89 ; — y reçoit des biens considérables, 89. — Obtient pour Etienne, comte de Blois, la main d'Ale, fille du Conquérant, 97. — Vient à Chaumont et charge Joubert de la garde de la place, 97. — Retourne en Angleterre, 97. — Vient en Normandie assister au mariage d'Etienne de Blois, 98. — Prend sous sa garde son neveu Hugue, 98. — Revient résider à

Chaumont et abandonne ses possessions anglaises à son neveu Savari, 98. — Dote richement son neveu Hugue, 101. — Sa mort, 109. — Il est enterré à Pontlevoy, 109.

Geoffroi, frère de Hugue de Clefs, conseiller de Geoffroi le Bel, 207.

Geoffroi le Roux, *G. Rufus*, seigneur de Colombiers, par suite de son mariage avec Lisoie d'Amboise, 122.

Geoffroi, prétendu comte de Corbonnais, 241.

Geoffroi de Doué, allié de Foulque le Jeune, 159.

Geoffroi, comte de Gâtinais, père d'Adèle, 135.

Geoffroi, comte de Gâtinais, père de Foulque le Réchin et de Geoffroi le Barbu, 232, 249.

Geoffroi de Montrésor. — Prend part à la bataille d'Alençon, 158.

Geoffroi Ier, seigneur de Preuilly. — Tué lors de la surprise d'Angers par Foulque le Réchin, 63-64. — Père du suivant, 64.

Geoffroi II, seigneur de Preuilly, puis comte de Vendôme. — Fils du précédent, 64. — Attaque Foulque le Réchin, 97. — Se réconcilie avec lui, 98. — Devient comte de Vendôme, 98. — Les gens d'Amboise et de Chaumont sont en butte à des vexations, 98. — Fait prisonnier à Ascalon, 110. — En guerre contre Sulpice II d'Amboise, 118. — Meurt à Saint-Gilles, 120. — Son fils et successeur Jean, 120.

Geoffroi, seigneur de Saint-Aignan. — Attaque les domaines de Foulque Nerra, 51. — Soutient Eude II de Blois, 80. — Livré à Foulque Nerra et étranglé en prison, à Loches, 54.

Geoffroi, comte de Vendôme. — Voir Geoffroi II, seigneur de Preuilly.

Geoffroi Béchin, *G. Bechin*, chroniqueur, 164.

Geoffroi Bouhel, *G. Burellus*. — Épouse Corbe de Thorigné, 86. — Accompagne Guillaume de Poitou à la croisade, 87, 102. — Réussit à échapper aux Turcs lors de la déroute, 102. — Sa femme tombe aux mains des Infidèles, 87, 103. — Allié de Sulpice II d'Amboise, 119.

Geoffroi Guiterne. *G. Guiterni*, allié de Sulpice II d'Amboise, 116.

Geoffroi *Manemunitus*. — Préposé par Sulpice d'Amboise à la garde du château de Saugeon, 93. — S'empare de la Motte-Foucois, à Amboise, 95. — S'empare du « Domicile », à Amboise, 99.

Georgii (beati) ecclesia, Saint-Georges, à Vendôme.

Gérard, *Gerardus*, comte de Vienne. — Fonde l'abbaye de Vézelay, 19.

Gerinus, Guérin.

Germains, *Germani*, habitants de la Germanie, 5, 8. — Cf. Teutons.

Germani (sancti) burgus, Saint-Germain (faubourg), à Paris.

Germanie, *Germania*, *Theutonica regio*, 5, 6, 9, 16. — Cf. Allemagne.

Geudouin, *Gelduinus*, *Gilduinus*, seigneur de Saumur, puis de Chaumont. — D'origine « danoise », 78. — Allié de Landri de Châteaudun, 46. — Tente d'expulser Foulque Nerra de Touraine, 47. — Foulque Nerra cherche à l'expulser de Touraine, 78. — Attaque les domaines de Foulque Nerra pendant un pèlerinage de ce dernier, 51. — Se fortifie à Pontlevoy, 51. — Foulque Nerra dévaste ses domaines, 51-52. — Prend part au siège de Montboyau, 53, 80. - Perd Saumur, 53, 81. — Eude II de Blois lui concède Chaumont en échange, 81. — Geoffroi Martel lui rend une partie de ses biens, 58. — Il renonce à Saumur, 58. — Fonde l'abbaye de Pontlevoy, 82. — Y est enterré, 82. — Mari d'Aénor, 82. — Père de Geoffroi de Chaumont, 58, 81, 87, 88, 106 ; — et de *Chana*, 81, 87. — Oncle d'Aénor de Montreuil-Bellay, 106.

GILBERT, *Gislebertus*, archevêque de Tours. — Incidents relatifs à son élection à l'archevêché, 112-113.
Gilduinus, Geudouin.
GILLE, *Gilla*.
GILLE, fille de Charles le Simple, 23, 35.
GILLE, nièce de Raoul, archevêque de Tours. — Epouse Archembaud de Brayes, 112.
GIRARD. — Voir Gérard.
GIRAUD, *Giraudus*.
GIRAUD, trésorier de Saint Martin de Tours, fils de Jean de Lignières, 103
GIRAUD BELLAY, *G. Bellaii*, *G. Bellais*, *G. Berlai*, seigneur de Montreuil-Bellay. — Devient sénéchal de Poitou, 215. — Se révolte contre Geoffroi le Bel, 201, 215, 216, 217, 218. — Assiégé par lui dans Montreuil-Bellay, 72, 218-219. — Contraint de se rendre et envoyé captif à Angers, 219. — Délivré grâce à l'intervention de Louis VII, 219. — Moleste les moines de Saint-Aubin, 219-220. — Renonce à ses prétentions sur Méron, 222.
Gislebertus, Gilbert.
Gisors, *Gisort* (arr. des Andelys, Eure). — Concédé à Louis VII, par Geoffroi le Bel, 72, 215. — Cf. *Guenort*.
Glabellus Rodulfus. — Voir Raoul Glaber.
GODEFROI de Bouillon, *Godefredus*, roi de Jérusalem, 70.
Goferius, Goufier.
Goffredus, Geoffroi.
Golfarius, *Golferius*, Goufier.
GOLGOTHA, *Golgota*, colline à Jérusalem, 70, 71, note a.
GOLIATH, *Goliaht*, *Golias*, 38, 213.
GONTRAN, *Gontrandus*, *Gontramnus*, *Guntrandus*, *Guntrannus*, seigneur en Gâtinais. — Accuse Adèle, veuve d'Enjuger, 136. — Vaincu et tué en combat singulier par Enjuger, fils de Tertulle, 137-139.
Gosbertus, Joubert.
Goscelinus, Josselin.
Gosfridas, Geoffroi.

Goslenus, *Gosselinus*, Josselin.
GOTHIE, *Gotlandia*, 9.
GOTHS, *Gothi*, 9, 11, 13, 14, 15, 19, 20. — Rois : Alaric Ier, Alaric II, Athanaric, Théodoric, Thorismond.
Gotlandia, Gothie.
GOUFIER, *Gauferius*, *Goferius*, *Golfarius*, *Golferius*, *Guferius*, *Gufferius*.
GOUFIER, porte-épée du roi Arthur. — Reçoit de lui le Poitou et le Berry, 10.
GOUFIER de Bruyère ou Bruère, familier de Geoffroi le Bel, 174.
GRANDE-BRETAGNE. — Voir Angleterre.
GRATIEN, *Gratianus*, empereur romain, 8.
GRÈCE, *Grecia*, 19, 20.
GRECS, *Greci*, 3, 15, 19.
GRÉGOIRE II, *Gregorius*, pape, 19.
GRIMOALD, *Grimaudus*, *Grimodus*, duc des Francs, 17.
Guastinensis pagus, Gâtinais.
GUENNON, *Guenno*.
GUENNON de Châtillon-sur-Indre, neveu d'Aubri de Montrésor, 114. — En guerre avec Hugue d'Amboise au sujet de Montrésor, 114.
GUENNON, seigneur de Nouâtre, 48.
Guenort, localité inconnue (erreur pour Gisors ?), 243.
GUÉRIN, *Gerinus*, frère de saint Léger, 18.
GUÉRIN de Chouzy, *Garinus*, 125.
Guferius, *Gufferius*, Goufier.
GUI, *Guido*, *Wido*, *Witdo*.
GUI, évêque du Puy, fils de Foulque le Bon, 37, 247.
GUI, évêque de Soissons, fils de Foulque le Roux, 33, 34, 247.
GUI, seigneur de Laval. — Prend part à la bataille d'Alençon, 158. — Se révolte contre Geoffroi le Bel, 201. — Fait sa soumission, 202.
[GUI V], vicomte de Limoges, 252.
GUI, fils de Guillaume III, comte de Poitou, 248.
GUI II de Senlis, bouteiller de Louis VII, 245, note 2.
GUI de Upione, fils de *Windesmodis*, 249.

Gui-Geoffroi, comte de Poitou. — Voir Guillaume VI.

Guidomarus, conseiller de Childéric Ier, 13.

Guicher, *Guicherius*, seigneur de Châteaurenault. — Allié de Geoffroi de Preuilly, 98. — Fait prisonnier par Hugue d'Alluyes, 98. — Dépouillé de son fief par Geoffroi Martel, 148, n. 2.

Guillaume, *Guielmus, Guilelmus, Guilermus, Guillelmus, Vilermus, Wilelmus, Wilermus, Willelmus*.

Guillaume de Passavant, évêque du Mans. — Jean de Marmoutier lui dédie son Histoire de Geoffroi le Bel, 172. — Construit l'église Saint-Julien, 224.

Guillaume le Conquérant, duc de Normandie, puis roi d'Angleterre. — Bâtard du duc Robert, 50, 88, 249. — Ses entreprises sur le Maine, 62, 63. — Lutte contre Geoffroi Martel, 236. — Conquiert l'Angleterre, 88 89, 242. — Emmène avec lui Geoffroi de Chaumont et lui donne des fiefs en Angleterre, 88-89. — A la demande de Geoffroi de Chaumont, donne à Etienne, comte de Blois, sa fille Ale en mariage, 97, 98. — Mari de Mathilde, 248. — Partage ses États entre ses enfants, 68.

Guillaume le Roux, *G. Rufus*, duc de Normandie, puis roi d'Angleterre, 66, 68, 98.

Guillaume [Adeling], fils de Henri Ier, roi d'Angleterre, 68. — Epouse Mathilde, fille de Foulque le Jeune, 161.

Guillaume, fils du comte d'Anjou Geoffroi le Bel, 73, 125, 171, 214.

Guillaume Cliton, comte de Flandre, fils de Robert Courteheuse. — Epouse [Sibille], fille de Foulque le Jeune, 68; — puis [Jeanne], sœur de la reine Adélaïde, 68. — Devient comte de Flandre, 68. — Prend part à l'expédition de Henri Ier d'Angleterre contre Foulque le Jeune, 156. — Assiste au tournoi du Mont-Saint-Michel, 182. — Est tué, 68.

Guillaume de Garlande, sénéchal de France, 242, 244.

Guillaume, seigneur de Jaligny. — Epouse Ermenjart de Bourbon, 65, 103, 104, 112. — Père d'Elisabeth, 66, 104.

Guillaume, seigneur de Lignières. — Fils de Jean de Lignières, 103. — Ses frères, 103. — Chargé par Sulpice II de la défense d'Amboise, 121.

Guillaume, seigneur de Mirebeau. — Chargé par Foulque Nerra de la garde de Montbazon, 54, 82.

Guillaume, seigneur de Mirebeau. — Allié de Foulque le Jeune, 159.

[Guillaume II], comte de Nevers. — Lutte contre Hugue le Manceau, seigneur de Cosne, 200, 201. — Défait devant Cosne par Geoffroi le Bel, 201.

Guillaume II Fièrebrace, comte de Poitou. — Geoffroi Martel lui enlève Loudun et le bat aux Roches, 233.

Guillaume III le Grand, comte de Poitou, fils d'Emme et père du suivant, 248.

Guillaume IV le Gros, comte de Poitou. — Fils de Guillaume III le Grand, 248. — Lutte contre Geoffroi Martel, 236. — Est battu et fait prisonnier au Mont-Couër, 235.

Guillaume V, comte de Poitou. — En guerre avec Geoffroi Martel au sujet de la possession de la Saintonge, 55, 58-59, 86, 236. — Battu par lui à Chef-Boutonne, 59-61, 168. — Concède à Geoffroi Martel la Saintonge moyennant hommage, 61. — Père de Guillaume VI, 64.

Guillaume VI (ou Gui-Geoffroi), comte de Poitou. — Fils du précédent, 64. — S'empare de la Saintonge, 64. — Allié à Geoffroi de Preuilly, attaque Foulque le Réchin, 97.

Guillaume VII, comte de Poitou. — Geoffroi Martel le Jeune veut lui reprendre la Saintonge, 66. — Part à la croisade, 102.

GUILLAUME VIII, comte de Poitou. 24. — Frère de Raimond, prince d'Antioche, 70. — Secourt Mirebeau contre Geoffroi le Bel, 204. — Prend part à l'expédition de Geoffroi le Bel en Normandie, 215.

GUILLAUME des Roches. — Construit la Roche-au-Moine, 253.

GUILLAUME de Saintes, cellérier de Saint-Martin de Tours, frère d'Achard, 102.

GUILLAUME de Senlis, bouteiller de Louis VI, 245, n. 2.

GUILLAUME de Verneuil. — Intervient en faveur de Richard de La Haye, 230.

GUILLAUME d'Ypres. — Sa révolte, 225.

GUILLAUME les Males. — Prend part à l'expédition de Henri Ier d'Angleterre contre Foulque le Jeune, 156.

GUYENNE, *Aquitania*. — Voir Aquitaine.

H

Haia, Haye (La).
Haimericus, Aimeri.
Haimo, Aimon.
HAINAUT, *Henno*, 70. — Comte : Baudouin.
Haistulfus, Astolf.
Hala Ale.
Halpes, *Helpes*, femme de Hugue de Lavardin, 75, 76.

HARDOUIN de Saint-Mars, *Harduinus de Sancto Medardo*. — Accompagne Geoffroi le Bel à Rouen, 178. — Conseiller de ce prince, 207.

HAROLD, *Haroldus*, roi d'Angleterre, 88, 89.

HASTINGS, *Hastingus*, *Huasten*, chef normand, 21, 30, n. d, 38.

Hastuini ou *Hatuini aula*, lieu dit près de Saint-Martin-le Beau, 57, 84.

Haustuinus. — Voir Ethelwulf.

HAYE (La), *Haia*, aujourd'hui La Haye-Descartes (arr. de Loches, Indre-et-Loire), 108. — Possession de Garnier, beau-père de Foulque le Roux, 33. — Apportée en dot à Josselin de Montreuil-Bellay par sa femme *Quasimota*, 106. — Les chevaliers de cette place tuent Josselin et son frère Hugue, 107.

Helianus, chef des Bagaudes 7.

HÉLIE, *Helias*, *Helyas*.

HÉLIE, seigneur de la Flèche, puis comte du Maine, 69. — Repousse Guillaume le Conquérant, 63. — Soutient Geoffroi le Barbu contre Foulque le Réchin, 64. — Fiance sa fille [Erembourg] à Geoffroi Martel le Jeune, 66. — La marie à Foulque le Jeune et lui donne le Maine en dot, 67, 111. — Cousin de Hugue d'Amboise, 110. — Le soutient contre Renaud de Châteaurenault, 110. — Cousin de Raoul de Beaugency, 111 et note 2.

HÉLIE, fils de Foulque V le Jeune, 69. — Revendique le comté du Maine, 71. — Se révolte contre son frère Geoffroi le Bel, 207. — Est fait prisonnier par lui et meurt peu après sa mise en liberté, 71.

Helpes. — Voir *Halpes*.

Henno, Hainaut.

HENRI, *Ainricus*, *Hainricus*, *Henricus*.

HENRI V, empereur, premier mari de Mathilde, fille de Henri Ier d'Angleterre, 69, 161, 177, n. 3.

HENRI Ier, roi d'Angleterre, fils de Guillaume le Conquérant, 68, 182, 227. — Devient roi d'Angleterre, 68. — Fait prisonnier son frère Robert Courteheuse, 68. — Père de Guillaume Adeling, 68 ; — de l'« impératrice » Mathilde, 69, 125, 251. — S'empare d'Alençon, 155. — Est battu devant cette place, 156-159. — Marie sa fille à Geoffroi le Bel, 161, 177, 181. — Lutte contre Louis VI, 242. — Sa mort à Lyons-la-Forêt, 71, 214, 225.

HENRI II Plantegenêt, comte d'Anjou et du Maine, duc de Normandie et roi d'Angleterre. Fils de Geoffroi le Bel, 73, 214, 250, 252. — Devient comte d'Anjou, 251. — Refuse de faire hommage au comte de

Blois, 125. — Lutte contre Thibaud de Blois, 130. — Détruit la forteresse de Chaumont pour obtenir la libération de son frère, 130. — Conclut la paix avec Thibaud de Blois, 131. — Epouse Aliénor d'Aquitaine, 251. — Devient roi d'Angleterre, 131, 251. — Geoffroi le Bel lui interdit de modifier les coutumes de ses Etats, 224. — Jean de Marmoutier lui dédie ses *Gesta consulum Andegavorum*, 162. — Son éloge par Jean de Marmoutier, 171. — Ses enfants, 250.

HENRI III, roi d'Angleterre, fils du précédent, 250.

HENRI Ier, roi de France. — Fils de Robert le Pieux, 23, 247. — Rétablit la paix entre Geoffroi Martel et Thibaud de Blois, 58, 85. — Concède la Touraine à Geoffroi Martel, 235. — Sa mort, 236.

HENRI Ier, comte de Champagne, 124.

HENRI de Fougères, 227.

HENRI, fils de Hugue le Grand, « duc de Lorraine » (en réalité duc de Bourgogne), 23, 43.

HERBERT, *Herbertus*.

HERBERT Ier, comte de Champagne. — Voir Herbert Ier, comte de Troyes.

HERBERT Ier Eveille-Chien, *H. Evigilans Canem*, comte du Maine, 77. — Allié de Foulque Nerra, 52, 78, 80, 81. — Prend part à la bataille de Pontlevoy, 52, 82, 234.

HERBERT II Bacon, *H. Baconus*, comte du Maine. — Soutenu par Geoffroi Martel contre Guillaume le Conquérant, 62. — Reconnait la suzeraineté de ce dernier, 63. — Battu et fait prisonnier par Geoffroi Martel, 235.

HERBERT de Pouillé, allié de Sulpice d'Amboise, 116.

HERBERT Ier, comte de Troyes (Herbert II, comte de Vermandois), père du suivant, 248

HERBERT II, comte de Troyes, prétendu père (en réalité, frère) de Liégeard et de Robert, 248, 249.

HERCULE, *Hercules*, 213.

HERMENGARDE, *Ermengardis*. — Voir Ermenjart.

Hermesendis, Ermesent.

HERSENT, *Hersendis*, nièce du trésorier Sulpice, femme de Lisois d'Amboise, 84. — Ses ascendants, 87. — Ses enfants, 86.

HERVÉ, *Erveus, Herveus*.

HERVÉ, évêque d'Angers, 34.

HERVÉ, fils de Sulpice II d'Amboise, 122, 132. — Fait prisonnier par Thibaud de Blois, 127. — Remis en liberté, 131.

HERVÉ de Donzy, 110. — Père d'Agnès, femme de Sulpice II d'Amboise, 114.

HERVÉ, seigneur de Lavardin, 76, note 4, 111, note 2.

HERVÉ, seigneur de Saint-Aignan. — Attaqué par Maurice *Escarpellus*, 110.

Hethelulfus, Ethelwulf.

Hilarius (*Sanctus*), Saint Hilaire-du-Harcouet.

HILDEGARDE, *Ildegardis*. — Voir Audegarde.

Hilduinus, Audouin.

Hispani, Espagnols.

Hispania, Espagne.

HOËL, *Hoellus*.

HOËL V, comte de Nantes. — En guerre contre Geoffroi Martel, 236.

HOËL VI, comte de Nantes. — Expulsé par Geoffroi, fils de Geoffroi le Bel, 252.

Honorius, empereur romain, 10, 11.

HORACE, *Flaccus, Flacus*, poète latin. — Citations, 24, 109, 116, 193, 213.

Huasten, Hastings.

HUGUE, *Hugo, Huo, Ugo*.

HUGUE II, archevêque de Tours. — Rétablit la paix entre Geoffroi le Bel et Sulpice II d'Amboise, 121, 210.

HUGUE de Saint-Calais, évêque du Mans. — Rétablit la paix entre Robert de Sablé et Geoffroi le Bel, 207.

HUGUE, abbé de Cluny, 154, 155.

HUGUE, duc des Francs, prétendu père du roi de France Eude, 22.

HUGUE le Grand, *Hugo Magnus*, duc

des Francs, 23, 33. — Duc de Bourgogne, 31. — Reçoit le duché de Neustrie, entre Loire et Seine, 31-32.

Hugue Capet, *Hugo Capet, Hugo Chapeth*, duc, puis roi de France, 23, 37, 43, 75. — Réponse que lui fait Foulque le Bon, 167. — Geoffroi Grisegonelle l'accompagne au siège de Marçon, 233.

Hugue Ier, seigneur d'Alluyes, Saint-Christophe et Château-la-Vallière, allié de Foulque Nerra, 48.

Hugue II ou III, seigneur d'Alluyes, Saint-Christophe et Château-la-Vallière. — Allié de Lisois d'Amboise, 98. — Fait prisonnier Guicher de Châteaurenault, 98. — Prend part à la bataille d'Alençon, 157.

Hugue, fils d'André d'Alluyes et d'Elisabeth d'Amboise, 123.

Hugue Ier, seigneur d'Amboise et de Chaumont. Fils de Sulpice Ier d'Amboise et de Denise, 95-96. — Donné en otage à Foulque le Réchin, 94. — Est reconnu comme seigneur d'Amboise et de Chaumont, 96-97. — Est remis en liberté par Foulque le Réchin, 98. — Est armé chevalier, 99. — Se rend maître du « Domicile » d'Amboise, 99. — Fait la paix avec Foulque le Réchin, 100. — Prend la croix à Marmoutier (1096), 101. — Reste deux ans en Terre Sainte, 101. — Assiste au siège d'Antioche, à la prise de Marra, de Jérusalem, à la bataille d'Ascalon, 101-102. — Va à la cour du comte Foulque à Loches, le jour de Noël, 102. — Marie sa sœur Aénor à Jean de Lignières, 103. — Épouse Elisabeth de Jaligny, 66, 104. — Geoffroi Martel le Jeune lui concède les domaines des comtes d'Anjou à Amboise, 66, 104. — Détruit le « Domicile » des comtes d'Anjou à Amboise, 104. — Est attaqué par Josselin et Hugue de Sainte-Maure, 106-107. — Fait la paix avec Foulque le Jeune, qui lui abandonne tous ses droits sur Amboise, 66, 107. — Assiège Montrichard, 107. — Pille les domaines d'Aubri de Montrésor, le bat et le met en fuite, 108-109. — En guerre avec Maurice *Escarpellus* et Renaud de Châteaurenault, 109-111. — Assiège en vain Montrichard, 111. — Fait la paix avec Maurice *Escarpellus*, 111. — Allié à Foulque le Jeune, assiège à nouveau Montrichard, qui se rend, 111-112. — Foulque le Jeune lui concède Montrichard, 68, 112. — Refuse d'aller prendre possession de la seigneurie de Jaligny, 112. — En guerre avec Archembaud de Brayes au sujet de l'élection de Gilbert à l'archevêché de Tours, 112-113. — Force Guennon à restituer Montrésor à Aubri, 114. — Construit deux donjons, l'un à Chaumont, l'autre à Montrichard, 114 ; — un pont sur la Loire, 114. — Renonce à disposer des prébendes de l'église Notre-Dame et Saint-Florentin d'Amboise, 105. — Déshérite son fils Hugue, 115. — Accompagne Foulque le Jeune en Terre Sainte, 115, 209. — Meurt à Jérusalem, 116. — Est enterré au Mont des Oliviers, 116. — Son éloge, 105. — Ses enfants, 112, 115, 131.

Hugue II, seigneur d'Amboise et de Chaumont, fils de Sulpice II, 122. — Fiancé à Sibille de Châteaurenault, 124. — Son père lui donne Chaumont et tout ce qu'il tenait en fief du comte de Blois, 125. — Fait prisonnier par Thibaud de Blois, 127. — Remis en liberté, 131. — Reçoit l'héritage de son père, 131. — Son aïeule Elisabeth lui donne Jaligny et ses fiefs auvergnats, 131. — Prend part à la bataille d'Alençon, 157, 158. — Se révolte contre Geoffroi le Bel, 201. — Ses vertus, 132.

Hugue, fils de Hugue Ier d'Amboise, 112. — Attaque son frère Sulpice, 115, 118. — Est déshérité par son père, 115. — Allié contre son frère

Sulpice à Jacquelin de Maillé, 119. — Prend la croix et passe quelques années en Terre Sainte dans la suite de Foulque le Jeune, devenu roi de Jérusalem, 120. — Rentre en France, 121. — Fait la paix avec son frère Sulpice, 122. — Epouse Lisoie de Colombiers et devient seigneur de Colombiers, 122. — Reçoit du roi Louis VII un fief en Orléanais comme récompense de ses services, 122. — Chargé par Geoffroi le Bel de défendre Tours contre son frère Sulpice, 210. — Est empoisonné par des chevaliers de Monthazon, 124.

Hugue, fils d'Augier, seigneur de Bazougers, 86.

Hugue de Champagne, *H. Campaniensis*, 78, 79 (pour *Odo Campaniensis*, Eude II de Blois).

Hugue de Clefs. — Recueille les écrits de Foulque Nerra relatifs aux droits des comtes d'Anjou, 241. — Conseiller de Foulque le Jeune, 242 ; — et de Geoffroi le Bel, 207. — Chargé par Foulque le Jeune d'une mission auprès du roi de France, 243. — Constate les droits honorifiques du comte d'Anjou, 245-246.

Hugue, duc de Bourgogne, « tuteur de Charles le Simple », 78.

Hugue le Manceau, *H. Cenomannicus*, seigneur de Cosne. — Geoffroi le Bel le soutient contre le comte de Nevers et le roi de France, 200-201.

Hugue du Gué, *H. de Vado*, gardien du « Domicile » d'Amboise, 104.

Hugue, seigneur de Lavardin. — Filleul de Hugue Capet, reçoit de lui la seigneurie de Lavardin, 75. — Epouse successivement *Halpes* et *Odeline*, fille de Raoul de Sainte-Suzanne, qui lui apporte en dot Bazougers et Sainte-Christine, 76. Ses enfants, 76. — Leur répartit ses domaines, 76. — Sa mort, 77. — Son éloge, 75-76.

Hugue III, comte du Maine. — En guerre contre Geoffroi Martel, 236.

Hugue de Matellon. — Assiste à la bataille d'Alençon, 157. — Excite Robert de Sablé contre Geoffroi le Bel, 206.

Hugue, seigneur de Sainte-Maure, mari d'Aénor de Montreuil-Bellay, père de Josselin et de Hugue, 106, 107, note 1.

Hugue, fils de Hugue de Sainte-Maure. — Attaque Hugue d'Amboise, 106. — Est tué ainsi que son frère Josselin par les chevaliers de La Haye, 107.

Hugue, fils d'Ebard, allié de Sulpice II d'Amboise, 116.

Humbert, *Umbertus*, comte de Mâcon (ou plutôt de Besançon), 249.

Hunald, *Hunaldus*, duc d'Aquitaine, 18.

Huns, *Huni*, 12.

Hyspania, Espagne.

I

Ibernia, Irlande.
Ierosolimis, *Iherosolimis*, Jérusalem.
Ildegardis, Audegarde.

Ile-Bouchard (l'), *Insula Bucardi* (arr. de Chinon, Indre-et-Loire), 45, 159. — Attaquée par Foulque Nerra, 48. — Assiégée par Geoffroi le Bel, 205. — Seigneur : Péloquin.

Ile-de-France. — Voir *Francia*.

Ilgerius, Augier.
Illandia, Irlande.
Illyrie, *Illiricum*, 9, 15.

Indre, *Anger*, *Endria*, riv., affl. de la Loire, 12, 13, 51, 80, 87, 91, 108.

Indrois (ou Indroye), *Andresius*, riv., affl. de l'Indre, 10, 12, 14, 87, 100, 113.

Ingelbertus, Engelbert.
Ingelgerius, *Ingergerius*, *Ingeugerius*, Enjuger.

Innocent II, *Innocentius*, pape. — Sacre à Reims Philippe, fils de Louis VI, 24.

Insula Bucardi, Ile-Bouchard (l').
Irène, *Irena*, impératrice, 19.
Irlande, *Illandia*, *Ibernia*, 9.
Isaac, *Isaac*, moine. — Amène à

Aix-la Chapelle un éléphant d'Afrique, 19.
Isle-Bouchard (l'). — Voir Ile-Bouchard (l').
Israélites, *Israelite*, 213.
Italie, *Italia, Ithalia, Langobardia*, 11, 19, 23, 145.
Ivomadus, premier seigneur de Blois, 11.

J

Jacob, Jacob, 213.
Jacobus (Sanctus), Saint-Jacques de Compostelle.
Jacquelin de Maillé, *Jacuelinus, Jaguelinus de Malliaco, Jagelinus Malleacensis*. — Attaque Sulpice II d'Amboise, 119. — Défend Chaumont contre Thibaud de Blois, 127-128. — Assiste à la bataille d'Alençon, 157. — Accompagne le jeune Geoffroi le Bel à Rouen, 178. — Chargé par lui de défendre Tours contre Sulpice II d'Amboise, 210.
Jaligny, *Jaliniacus, Jalinniacus, Jalliniacus* (arr. de La Palisse, Allier), 65, 66, 103, 104. — Occupé, à la mort d'Oudin, par Elisabeth, femme de Hugue Ier d'Amboise, 112. — Donné par elle à Hugue II d'Amboise, 131. — Seigneurs : Elisabeth, Guillaume, Oudin.
Jean, *Jehannes, Johannes*.
Jean VIII, pape, 20.
Jean, moine de Marmoutier. — Sa préface aux *Gesta*, 162 et n. 1.
Jean [Sans-Terre], comte d'Anjou et roi d'Angleterre. — Devient comte d'Anjou, 252. — Lutte contre Philippe Auguste, 252. — Tue son neveu Arthur, 252. — Condamné par les pairs de France, 252. — Assiège la Roche-au-Moine, 252-253. — S'enfuit à l'approche de Louis VIII, 253. — Perd l'Anjou et la Normandie, 254.
Jean d'Alluyes. — Prend part à la bataille d'Alençon, 158.
Jean, seigneur de Lignières. — Epouse Aénor d'Amboise, 103. — Ses enfants, 103. — Fait prisonnier par Thibaud de Blois, 127.

Jean, fils du précédent, 103.
Jean, seigneur de Montbazon. — Vend Montbazon à Foulque le Jeune, 68. — Est contraint par la force de respecter ce contrat, 68.
Jean, comte de Vendôme, fils de Geoffroi de Preuilly, 120. — S'allie à Renaud de Châteaurenault contre Sulpice II d'Amboise, 120. — Est battu par celui-ci et fait prisonnier, 120-121. — Il est enfermé dans le donjon de Chaumont, 121.
Jean Scot, *J. Scotus*. — Convertit les Normands au catholicisme, 21.
Jean *de Temporibus*, écuyer de Charlemagne, 24.
[Jeanne], sœur de la reine Adélaïde, épouse Guillaume Cliton, 68.
Jérusalem, *Jerusalem, Ierosolimis, Iherosolimis*. — Foulque Nerra s'y rend en pèlerinage, 50, 54, note c, 145, 234, 235. — Geoffroi Bourel y va avec sa femme Corbe, 87. — Première croisade, 65, 100, 238. — La ville est prise par les croisés, 102. Personnages qui s'y rendent : Robert Courteheuse, 68 ; Renaud de Château-Gontier, 149 ; — Hugue Ier d'Amboise, qui y meurt, 116 ; — Hugue, fils du précédent, 120, 121 ; — Foulque le Jeune, 161, 209 ; — Louis VII, 24. — Eglise Saint-Anne : Ermenjart, veuve d'Alain Fergent, s'y retire, 65, 103. — Succession des rois prédécesseurs de Baudouin II, 70. — Royaume : donné à Foulque le Jeune, 69, 115, 170, 181. — Rois : Baudouin Ier, Baudouin II, Baudouin III, Foulque le Jeune, Godefroi de Bouillon.
Joel, *Juellus*, fils de Gautier de Mayenne. — Assiste à la bataille d'Alençon, 158.
Johannes, Jean.
Josselin, *Goscelinus, Gosselinus, Goslenus*.
Josselin d'Auneau, seigneur de Châteaurenault. — En guerre avec Sulpice II d'Amboise, 124.
Josselin de Blou, conseiller de Geoffroi le Bel, 207.

Josselin, fils de Hugue de Sainte-Maure. — Épouse *Quasimota*, qui lui apporte en dot la seigneurie de La Haye et la vicomté de Tours, 106. — Avec son frère Hugue combat Hugue Ier d'Amboise, 106-107. — Est tué en même temps que son frère par des chevaliers de La Haye, 107.

Josselin de Sainte Maure. — Assiste à la bataille d'Alençon, 157-158.

Josselin de Tours, sénéchal d'Anjou. — Chargé de garder des prisonniers poitevins, 194. — Obtient leur grâce, 195-196.

Joubert, *Gosbertus*, prévôt, de Chaumont, 97.

Jourdain Tesson, *Jordanus Tesson, Thesson*. — Seigneur de Saint-Sauveur-le-Vicomte. — Fournit des renseignements à Jean de Marmoutier, 174 et n 3. — Intervient en faveur de Richard de La Haye, 230.

Judith, *Judihit, Judith, Juditha*.

Judith, impératrice, femme de Louis le Pieux, 19.

Judith, fille de Charles le Chauve, femme d'Astolf, roi de Wessex, 20.

Judith, fille de Conan Ier de Rennes, femme de Richard II, duc de Normandie, 49, 50, 249.

Juellus, Joel.

Juifs, *Judei*, 160.

Juliani (sancti) ecclesia, Saint-Julien, au Mans.

Julius Cesar. — Voir César.

Justinien, *Justinianus*, empereur, 17.

Juvénal, poète latin. — Citation, 117.

K

Kaino, Chinon.
Karolomagnus, Carloman.
Karolomagnus, Charlemagne.
Karolus, Charles.

L

Lancelin, *Lancelinus*, seigneur de Beaugency. — Foulque le Réchin épouse sa fille, 65, 103. — Tableau généalogique, 111, note 2.

Landonense castrum, Château-Landon.

Landri de Châteaudun, *Landricus Dunensis*. — Geoffroi Grisegonelle lui inféode un château à Amboise, 45. — Tente d'enlever Amboise au comte Maurice et s'allie au comte de Blois, 45-46. — Se joint aux ennemis de Foulque Nerra, 47. — Assiégé par Foulque Nerra dans son château d'Amboise, est forcé de se rendre, 48. — Est expulsé d'Amboise, 48.

Langeais, *Lengiacus, Lingais* (arr. de Chinon, Indre-et-Loire). — Château construit par Foulque Nerra, 234. — Aux mains d'Eude II, 46, 77. — Pris par Foulque Nerra, de Blois, 83. — Restitué à Geoffroi Martel par Thibaud III de Blois, 58.

Langobardia, Italie.

Laon, *Laudunum Clavatum* (Aisne), 13, 18, 40.

Larçay, *Larchaiacus* (cant. et arr. de Tours, Indre-et-Loire). — Fait partie des domaines de l'archevêque de Tours, 113. — Est incendié par Hugue Ier d'Amboise, 113.

Laris Jerusalem, Elarish.

Latins, *Latii*, 2.

Latran (le), *Lateranense palatium*, à Rome, 147.

Laudi (Sancti) ecclesia, Saint-Laud, à Angers.

Laudiacus, Laudiacus Mons, Montlouis.

Laudunum Clavatum, Laon.

Laudus (Sanctus), Saint-Lô.

Launomari (sancti) ecclesia, Saint-Lomer, à Blois.

Lausdunum, Loudun.

Laval, *Lavallis* (Mayenne), 201, 202. — Seigneur : Gui.

Lavardin, *Lavardinum* (cant. de Montoire, arr. de Vendôme, Loir-et-Cher), 93. — Concédé par Hugue Capet à son filleul Hugue, 75. — Donné en dot à Aveline, épouse de Sebrand de Mayenne, 76. — Héritiers successifs du fief, 76 et note 4. — Seigneurs : Aimeri Gai-

mard, Hervé, Hugue, Salomon Ier, Salomon II.
LÉGER (saint), *Leodegarius*, évêque d'Autun, 18.
Lemovicenses, Limousins.
Lengiacus, Langeais.
Leodegarius, Léger (saint).
LÉON, *Leo, Leonius*.
LÉON IV, pape, 20.
LÉON de Meung, père d'Ernoul de Meung, 89. — Reçoit de Foulque Nerra la garde du « Domicile » d'Amboise et les commandises de *Silva Longa*, 90.
LÉON de Meung, fils d'Ernoul de Meung. — Foulque le Réchin l'expulse d'Amboise, 64.
Leonardi (sancti) burgus, Saint-Léonard, à Amboise.
Leons, Lyons-la-Forêt.
LESCELIN d'Orsay, *Lescelinus de Orcario*, fils de Bérenger d'Orsay, 95. — Au moment de la prise d'Orsay par Sulpice Ier d'Amboise, s'enfuit à Montrichard, 95.
Letaldus, Liétaud.
Leuns, Lyons-la-Forêt.
Leutgardis, Liégeart.
Licini (sancti) abbatia, Saint-Lézin.
LIÉGEART, *Leutgardis*, fille d'Herbert Ier de Troyes, mère d'Emme, 248.
LIÉTAUD, *Letaldus*, comte de Besançon (ou plutôt de Mâcon), 249.
Liger, Loire.
LIGNIÈRES, *Lineriae* (cant. d'Azay-le-Rideau, arr. de Chinon, Indre-et-Loire), 103, 121, 127. — Seigneurs : Jean, Guillaume.
LIMELLE (forêt de), *Nidus Meruli*, aujourd'hui forêt de Bellepoule (aux environs du Grand-Limelle, *Nithmerla*, comm. de Brain-sur-l'Authion, cant. s -e. d'Angers, Maine-et-Loire). — Tertulle en est nommé forestier, 26.
LIMOGES (Haute-Vienne). — Vicomte (Gui V), 252.
LIMOUSINS, *Lemovicenses*, habitants du pays de Limoges, 59, 61.
LINCOLN, *Linconia* (Angleterre), 231, note a.

Lingais, Langeais.
LISIARD, seigneur de Sablé, *Lisiardus Saboliensis*. — Prend part à la bataille d'Alençon, 158. — Se révolte contre Geoffroi le Bel, 206. Son fils Robert lui succède, 206.
LISOIE, *Lisoia*, fille de Geoffroi le Roux de Colombiers, femme de Hugue d'Amboise, lui apporte Colombiers en dot, 122.
LISOIS, *Lisoius*, seigneur d'Amboise. — Fils de Hugue de Lavardin, 76. — Hérite des seigneurs de Bazougers et Sainte-Christine, 76. — Est distingué par Foulque Nerra, qui en fait un de ses conseillers, 77-78. — Foulque Nerra lui confie la garde des places de Loches et d'Amboise, 48, 79. — Est sénéchal de Foulque Nerra, 54. — Est très écouté de lui, 80. — Celui-ci lui fait épouser Hersent, nièce du trésorier Sulpice, laquelle lui apporte en dot le donjon d'Amboise et divers autres biens, 54, 83-84. — Avertit Geoffroi Martel qu'il va être attaqué par Thibaud de Blois, 55-56. — Poursuit Thibaud de Blois à la bataille de Nouy, 57, 84. — Reçoit de Geoffroi Martel une nouvelle partie d'Amboise, 85. — Fait une donation aux chanoines de Notre-Dame d'Amboise, 86. — Donne Bazougers à son frère Augier et Sainte-Christine à son frère Aubri, 86. — Ses enfants, 86. — Il leur partage ses domaines, 87. — Sa mort, 87. — Il est enterré à Villeloin, 87.
LISOIS, *Lisoius*, fils du précédent, 86. — Son père lui lègue ses fiefs de Loches et la moitié de Verneuil, 87. — Soutient son frère Sulpice Ier, seigneur d'Amboise, contre Foucois de Thorigné, Bouchard de Montrésor et Foulque le Réchin, 90-95. — Baillistre d'Amboise et de Chaumont pendant la minorité de son neveu Hugue Ier, 96. — Soutient les attaques de Maurice *Escarpellus*, 97. — Obtient de Foulque le Réchin la mise en

liberté de son neveu Hugue Ier, 97-98. — Tient tête à Geoffroi de Preuilly, comte de Vendôme, 98. — Consent au mariage de Corbe, fille de Foucois de Thorigné, avec Aimeri de Courron, 99. — Abandonne Verneuil à son neveu Hugue Ier, 100. — Se fait moine à Pontlevoy, y meurt et y est enterré, 100.

Lizini (sancti) monasterium, Saint-Lézin.

Lochacensis abbatia, Beaulieu.

LOCHES, *Lochae, Lotchae, Luchae, Lochacense castrum, Lucacense castrum* (Indre-et-Loire), 48, 51, 55, 81, 82, 108, 145, 147, 234, 237. — Fondé par Thorismond dit *Lotchius*, 12. — Donné à *Silarius* par Alaric II, 12; — à *Adelaudus* par Charles le Chauve, 21, 33. — Passe aux mains de Garnier, fils d'*Adelaudus*, 33. — Attaqué par Landri de Châteaudun, 45. — Eude II de Blois veut l'enlever à Foulque Nerra, 47. — Foulque Nerra en confie la garde à Lisois, 79. — Le trésorier Sulpice y possède une maison qu'il donne en dot à Hersent, femme de Lisois, 84. — Airard, gardien du donjon, 83. — Geoffroi de Saint-Aignan y est emprisonné et étranglé, 54, 80. — Le corps de Foulque Nerra y est transporté, 54, note e. — Lisois d'Amboise lègue les fiefs qu'il y possède à son fils Lisois, 87. — Les environs en sont dévastés par Sulpice Ier d'Amboise et par son frère Lisois, 91. — Foulque le Réchin y tient sa cour, 102. — Archembaud de Brayes s'y réfugie, 113. — Les abords en sont dévastés par Sulpice II d'Amboise, 121. — Geoffroi le Bel y séjourne, 191. — Eglise Notre-Dame, 44. — Eglise [Saint-Ours], 12.

Lodovicus, Louis.

LOIRE, *Liger*, fleuve, 1, 2, 3, 4, 5, 7, 11, 13, 16, 32, 34, 52, 80, 84, 94, 107, 110, 114, 119, 148, 231, 252, 253. — Les pirates normands remontent le fleuve, 20-22.

LOMBARDIE, *Longobardia*, 95.

LOMBARDS, *Longobardi*, 19. — Rois : Astolf, Didier.

LONDRES, *Londonia*, *Trinovantum urbs* (Angleterre), 6.

Longobardia, Lombardie.

LORRAINE, *Lotoringia, Lothoringia*, duché, 5, 19, 23, 43, 46, 52, 54, 78, 79, 81, 83. — Ducs : Ferri II, Thierri. Royaume de Lorraine, *Lotoringense regnum*, 23.

Losdunum, Loudun.

Lotchae, Loches.

Lotchius, surnom de Thorismond.

LOTHAIRE Ier, *Lotharius*, empereur, fils de Louis le Pieux, 19, 20.

LOTHAIRE, *Lotharius*, roi de France, fils de Louis IV, 23, 38, n. 1, 75, 240.

Lothoringia, Lotoringia, Lotoringense regnum, Lorraine.

LOUDUN, *Lausdunum, Losdunum* (Vienne), 81, 237. — Geoffroi Grisegonelle s'empare de la ville, 233 et n. 2. — Fait partie des domaines de Foulque Nerra, 48. — Les environs en sont dévastés quatre années durant, 59. — Geoffroi de Montreuil-Bellay ravage le pays environnant, 216.

LOUIS, *Lodovicus, Ludovicus*.

LOUIS Ier le Pieux, *L. Pius*, empereur et roi de France, 19, 20, 27, 233.

LOUIS II le Bègue, *L. Balbus*, *L. qui Nihil Fecit*, roi de France, 21, 22, 28, 29, 31, 32, 33, 78. — Reconstruit Amboise au profit d'Enjuger, 30. — Garde de l'héritage de Geoffroi, comte de Gâtinais, 135. — Le donne à Enjuger, mari d'Adèle, fille de Geoffroi, 136. — Tient un plaid à Château-Landon pour juger Adèle, accusée d'adultère, 136-139. — Donne le Gâtinais à Enjuger, fils de Tertulle, 139.

LOUIS IV, d'outre-Mer, *L. Ultramarinus*, roi de France, 23, 33, n. 3, 75.

LOUIS VI le Gros, *L. Pinguis*, roi de France, 23, 68. — Favorise l'élection de Gilbert à l'archevêché de

Tours, 113. — Donne à Hugue d'Amboise un fief en Orléanais, 122. — Assiège Cosne, 200, 201. — Ses démêlés avec Foulque le Jeune, 242. — Hugue de Clefs est envoyé en ambassade auprès de lui, 243. — A une entrevue avec Foulque le Jeune et reconnaît ses prérogatives, 243-244. — Favorise son avènement au trône de Jérusalem, 69, 115, 181.

Louis VII le Jeune, *L. Juvenis*, roi de France, 127. — Son expédition en Terre Sainte, 24. — Répudie Aliénor, 251. — Conclut un traité avec Geoffroi le Bel, 72. — Geoffroi le Bel lui cède Gisors, 215. — Donne la charge de sénéchal de Poitou à Giraud de Montreuil-Bellay, 215. — Le soutient dans sa lutte contre Geoffroi le Bel, 218, 219.

Louis VIII, roi de France. — Fait lever le siège de la Roche-au-Moine, 253. — Conquiert l'Anjou, 253.

Louis [le Germanique], roi de Germanie, 19, 20.

Louis de Senlis, bouteiller de Louis VI, 245 et n. 2.

Louve, *Lupa*, dame d'Amboise. — Fille de *Billeius* et de Fauste, 12. — Epouse le vicomte de Tours Eudoxe, 12. — Laisse Amboise à ses fils, 12. — Fonde l'abbaye de Villeloin, 12. — Vient à la rencontre de Childéric Ier, 13. — Reste auprès de Basine, 14. — Lègue Amboise à Clovis Ier, 15. — Est enterrée à Villeloin, 15.

Luat, localité près d'Amboise. — Les pirates normands en détruisent l'église, 21.

Lucacense castrum, Loches.

Lucain, *Lucanus*, poète latin — Citations: 2, 6, 48-49, 52, 55, 63, 76, 117, 207, 229.

Luchae, Loches.

Lucie (S[te]), *Lucia*, 7.

Lucius, consul. — Envoyé contre le roi Arthur, 10.

Ludovicus, Louis.

Lugdunum, *Lugdunensis urbs*, Lyon.
Lupa, Louve.
Luxeuil, *Luxovium* (arr. de Lure, Haute-Saône), 18.
Lyon, *Lugdunum*, *Lugdunensis urbs* (Rhône), 1, 7, 13.
Lyons-la-Forêt, *Leons*, *Leuns* (arr. des Andelys, Eure). — Henri Ier d'Angleterre y meurt, 71, 214.

M

Mâcon (Saône-et-Loire). — Comte de Mâcon, *Matisconensis comes*: Humbert.

Magdunum, Meung-sur-Loire.

Maillé, *Malliacus* (cant. de Sainte-Maure, arr. de Chinon, Indre-et-Loire), 119, 127, 178, 210. — Seigneur : Jacquelin.

Maindray ou Maindret, *Mindraium* (localité sise à proximité du Beuvron : la carte de Cassini indique un Grand et un Petit Maindret au sud de l'embouchure de cette rivière), 125. — Philippe Ier y enlève Bertrade, 67. — Menacé par Thibaud de Blois, 126. — Pris par ruse par Thibaud de Blois, 127, 131. — Voir Crépin de Maindray.

Maine, *Cenomannica*, *Cenomannicus*, *Cenomannensis pagus*, 5, 69, 77, 156, 181, 251. — Charles le Chauve y construit des forteresses, 20. — Acquis par Geoffroi Grisegonelle, 233, 241. — Foulque le Réchin a la suzeraineté du comté, 232. — Foulque le Jeune l'acquiert par son mariage avec la fille du comte Hélie, 67, 168. — Henri Ier d'Angleterre tente de s'attacher par des présents les habitants du pays, 68. — [Sibille], fille de Foulque le Jeune, l'apporte en dot à Guillaume Cliton, 68. — Hélie, fils de Foulque le Jeune, le revendique, 71. — Comtes : David, Foulque le Jeune, Geoffroi le Bel, Hélie, Henri II d'Angleterre, Herbert Ier Eveille-Chien, Herbert II Bacon, Hugue III.

Majus Monasterium, Marmoutier.

Mala Vallis, près d'Amboise (peut-être sur l'emplacement du château

actuel de Malevau, à quelque distance d'Amboise, vers l'est), 95.
Malliacus, Maillé.
Malus Leporarius, Maulévrier.
MANCEAUX, *Cenomannenses, Cenomanni*, habitants du Maine. 35, 42, 63, 81, 93, 157, 158, 163, 235.
MANS (Le), *Cenomannis, Cenomannica urbs* (Sarthe), 5, 206, 245. — Geoffroi Grisegonelle reçoit les droits du roi sur l'évêché, 240. — Hélie de La Flèche reprend la ville à Guillaume le Conquérant, 63. — Urbain II y séjourne, 238. — Promis à Geoffroi Martel le Jeune avec la fille du comte Hélie, 66. — Foulque le Jeune y tient sa cour, 115, n. 2. — Le mariage de Geoffroi le Bel y est célébré, 180-181. — Geoffroi le Bel y séjourne, 211. — Geoffroi le Bel y est enseveli, 72, 125. — Églises : Saint-Julien, Saint-Pierre-de-la-Cour. — Évêque : Hugue de Saint-Calais.
MANSE (la), *Esmantia*, faubourg de l'Ile-Bouchard. Brûlé par les Angevins, 205.
MARCEL, *Marcellus*, prêtre d'Amboise, 8.
MARCHENOIR (forêt de), près Marchenoir (arr. de Blois, Loir-et-Cher). — Voir *Silva Longa*.
Marchesneium, localité de la Beauce (Marchenoir, arr. de Blois, Loir-et-Cher ?), 243.
Marchoardus. Marcouard.
Marchomir, duc franc, 16.
MARCIEN, *Marcianus*, empereur romain, 11.
MARÇON, *Marsonus* (cant. de La Chartre-sur-Loir, arr. de Saint-Calais, Sarthe). — Assiégé par Hugue Capet et Geoffroi Grisegonelle, 233.
MARCOUARD, de Saumur, *Marchoardus de Salmurio*, bienfaiteur de l'église Notre-Dame d'Amboise, 85.
MARIE, *Maria*, femme d'Aimeri Gaimard, seigneur de Lavardin, 76.
MARIE-MADELEINE (S^{te}), *Maria Magdalena*. — Reliques, 19.

Marie (sancte) ecclesia, Notre-Dame, à Amboise.
Marie (sancte) abbatia, Notre-Dame, à Pontlevoy.
MARMOUTIER, *Majus Monasterium*, abbaye (comm. de Sainte-Radegonde, cant. de Tours, Indre-et-Loire), 162, 164, 218. — Divers seigneurs y prennent la croix, 101. — Ses démêlés avec Hugue d'Amboise, 115, n. 2. — Des moines en sont appelés à la Trinité de Vendôme, 151. — Ses démêlés avec Geoffroi le Barbu, 152-155, 168-169. — Objet d'une vision de Foulque le Jeune, 161-162. — Geoffroi le Bel en est moine, 193. — Abbés : Barthélemi, Galbert. — Moines : G., Gautier de Compiègne, Jean.
MARRE, *Marra*, ville de Syrie, 102.
MARS, *Mars*, 5-6, 127. — Statue du dieu, 3, 7, 8.
MARSEILLE, *Massilia* (Bouches-du-Rhône), 7.
Marsonus, Marçon.
Martellus. — Voir Geoffroi Martel.
MARTIN, *Martinus*.
MARTIN (S^t), 8, 93, 152, 154. — Fonde l'abbaye de Marmoutier, 168. — Apparaît à Foulque le Bon sous la figure d'un lépreux, 141-142. — Ses reliques, 21, 22, 30, note *d*. — Son tombeau et son église, 14.
MARTIN, maire du Palais, 18.
Martini (sancti) abbatia, Marmoutier.
Martini (sancti) ecclesia, Saint-Martin, à Angers.
Martini (beati) ecclesia, Saint-Martin, à Tours.
Martini (beati) ecclesia, Saint-Martin, à Vendôme.
Martini (Sancti) Belli burgus, Saint-Martin-le-Beau.
MARTROI, *Martreium* (comm. de Chauconin, cant. et arr. de Meaux, Seine-et-Marne), 246. — Voir Raoul de Martroi.
Massilia, Marseille.
MATATHIAS, *Mathatias*, Mathias, personnage biblique, 164.
MATEFLON, *Mathafelo* (comm. et cant.

de Seiches, arr. de Baugé. Maine-et-Loire, 157, 206. — Voir Hugue et Thibaud de Mateflon.

MATHIEU, *Matheus*, doyen du chapitre d'Angers, 174.

MATHILDE, *Mathildis, Matildis, Meltidis*.

MATHILDE, femme de Guillaume le Conquérant, 248.

MATHILDE, fils de Foulque le Jeune. — Epouse Guillaume Adeling, fils de Henri Ier d'Angleterre, 161.

MATHILDE, fille de Henri Ier d'Angleterre, 251. — Epouse en premières noces l'empereur Henri V, 69, 177. — Dite l' « impératrice » Mathilde, 225. — Epouse en secondes noces Geoffroi le Bel, 69, 130, 177, 180, 181. — Son expédition en Angleterre contre Etienne de Blois, 225-226. — Ses enfants, 73, 125, 171.

Matisco, Mâcon.

MAULÉVRIER, *Malus Leporarius* (arr. de Cholet, Maine-et-Loire). — Château construit par Foulque Nerra, 234.

Maura (Sancta), Sainte-Maure.

Maureacus, Moré.

MAURICE, *Mauricius*.

MAURICE, comte d'Anjou, fils de Geoffroi Grisegonelle, 44, 247. — Son gouvernement, 45-46. — Prétendu père de Foulque Nerra, auquel il aurait transmis ses domaines, 45-46. — Enterré à Saint-Aubin d'Angers, 46, n. c ; — à Saint-Martin de Tours, 46, n. c (voir l'erratum). — Ses vertus, 167.

MAURICE de Craon. — Assiste à la bataille d'Alençon, 157.

MAURICE *Escarpellus* ou *Eschirpellus*. Sa famille, 96 et n. 2. — Ses guerres contre Hugue de Chaumont, 96-97, 109-110. — Allié de Hervé de Donzy, 110. — Conclut la paix avec Hugue de Chaumont, 111.

MAURICE, jeune Breton, 9.

Mauricii (Sancti) burgus, Saint-Maurice, faubourg d'Amboise.

Mauricii (beati) ecclesia, Saint-Maurice, à Angers.

Mauricii (sancti) ecclesia, Saint-Maurice, à Tours.

MAURIENNE, *Moriana*, région de France, 1.

Mauritonium, Mortain.

MAXENCE, *Maxentius*, empereur romain, 7.

MAXIME III, *Maximus*, empereur romain, 8, 9, 26.

MAXIMIEN HERCULE, *Maximianus Herculus*, empereur romain, 7.

[MAYENCE]. — Eglise Saint-Alban. Voir ce mot.

MAYENNE, *Meduana*, riv., affluent de la Loire, 30, 40, 48.

MAYENNE, *Meduana* (Mayenne), 76, 158. — Voir Gautier et Sebrand de Mayenne.

Medardus (Sanctus), Saint-Mars.

Meduana, Mayenne.

Meltidis, Mathilde.

MELUN, *Meludunum* (Seine-et-Marne). — Geoffroi Grisegonelle prend la ville, 240.

Meotidae Paludes, aujourd'hui mer d'Azof, 15.

Merlay, Meslay.

MÉRON, *Merum* (cant. de Montreuil-Bellay, arr. de Saumur, Maine-et-Loire). — Domaine de Saint-Aubin d'Angers, 220. — Les habitants sont molestés par Geoffroi de Montreuil Bellay, 220. — Les moines de Saint-Aubin y recouvrent leurs droits, 222-223.

MÉROVÉE, *Merovechus*, roi des Francs, 12, 13, 16.

MESLAY, *Merlay* (cant. et arr. de Laval, Mayenne). — Château de Gui de Laval, pris par Geoffroi le Bel, 202.

MÉSOPOTAMIE, *Mesopotamia*, 69.

METZ, *Mettis* (Lorraine). — Brûlée par les Huns, 12. — Foulque Nerra y meurt, 54, note c.

MEUNG-SUR-LOIRE, *Magdunum* (arr. d'Orléans, Loiret), 64, 89, 90. — Voir Ernoul et Léon de Meung.

MIREBEAU, *Mirebellum* (arr. de Poitiers, Vienne), 54, 59, 82. — Geoffroi Grisegonelle y poursuit Guillaume Fièrebrace, 233. — Fait partie des Etats de Foulque Nerra, 48.

Château construit par ce prince, 234. — Le seigneur se révolte contre Geoffroi le Bel, 201. — Thibaud de Blaison s'y retranche, 203. — Geoffroi le Bel s'empare de la ville, 204-205. — Arthur de Bretagne y est fait prisonnier par Jean Sans-Terre, 252, 254. — Seigneur : Guillaume.

Monasteriolum, Montreuil-Bellay.

Moncontour, *Mons Consularis* (arr. de Loudun, Vienne). Formes diverses du nom de la ville, 235, n. 1. — Château construit par Foulque Nerra, 234. La ville est détruite par Louis VIII, 254.

Mons, *Mons Henno*, ville de Belgique (province de Hainaut), 70.

Mons Basonis, Montbazon.
Mons Budelli, Montboyau.
Mons Consularis, Moncontour ou Mont-Couër.
Mons-Fortis, Montfort-l'Amaury.
Mons Michaelinus, Michaeliticus, Mont-Saint-Michel (le).
Mons Morentius, Montmorency.
Mons Olivetus, Mont des Oliviers.
Monsorellus, Montsoreau.
Mons Ricardi, Montrichard.
Mons Rotundus, partie d'Amboise, où César construit une forteresse, 3.
Mons Thesauri, Montrésor.

Mont des Oliviers, *Mons Oliveti*, près de Jérusalem. — Hugue Ier d'Amboise y est enseveli, 116.

Montbazon, *Mons Basonis* (arr. de Tours, Indre-et-Loire), 81. — Assiégé à deux reprises par Foulque Nerra, 53-54. — Les habitants ravagent le pays jusqu'à Chinon, 55. — La ville est occupée par Eude II de Blois, 77. — Elle est assiégée par Foulque Nerra, 82 ; — par Foulque le Jeune, 155. — Ses chevaliers prennent parti pour Hugue d'Amboise, 124. — Foulque le Jeune l'achète à son seigneur, 68. — Seigneur : Jean.

Montboyau, *Mons Budelli*, aujourd'hui la Motte-Montboyau (comm. de Saint-Cyr-sur-Loire, cant. et arr. de Tours, Indre-et-Loire). — Assiégé par Eude II de Blois, 53, 80-81.

Mont-Couër, *Mons Consularis* (?) (comm. de Taizé, cant. de Thouars, arr. de Bressuire, Deux-Sèvres). — Geoffroi Martel y bat Guillaume le Gros, comte de Poitou, 235.

Montesaurium, Montesaurus, Montrésor.

Montfort-l'Amaury, *Monsfortis* (arr. de Rambouillet, Seine-et-Oise), 65, 103, 242, 243. Seigneurs : Amauri III, Amauri IV.

Monthesaurus, Montrésor.

Montils (les), *Monticii* (cant. de Contres, arr. de Blois, Loir-et-Cher), 127. — Thibaud de Blois les fortifie, 122.

Montlouis, *Laudiacus, Laudiacensmons* (cant. et arr. de Tours, Indre-et-Loire). — Geoffroi Martel y campe, 56, 121. — Maurice Escarpellus en dévaste les abords, 110.

Montmorency, *Mons Morentius, Mons Morentiaci* (arr. de Pontoise, Seine-et-Oise). — Les pirates normands s'y établissent, 38. — Ils incendient et pillent la place, 40. — Otton III y campe, 239.

Montrésor, *Mons Thesauri, Montesaurium, Montesaurus, Monthesaurus* (arr. de Loches, Indre-et-Loire, 52, 82, 86, 91, 94, 95, 107. Château construit par Foulque Nerra, 234. — Enlevé à Aubri par Guennon de Châtillon, 114. Seigneurs : Aubri, Bouchard, Roger *Diabolerius*.

Montreuil (prairie de), *Musterioli pratum*, près d'Amboise, 114.

Montreuil-Bellay, *Monasteriolum, Musteriolum Bellai* ou *Berlai, Musteriolum, Musterolinum, Musterolum* (arr. de Saumur, Maine-et-Loire), 106, 159. — Château construit par Foulque Nerra, 234. — La ville est assiégée et prise par Foulque le Jeune, 68, 72. — Geoffroi le Bel dirige une expédition contre la ville et s'en empare, 215-217, 223,

note 1. — Seigneurs : Bellay, Giraud.
Montrichard, *Montricardus* (arr. de Blois, Loir-et-Cher), 56, 94, 110, 115. — Forteresse construite par Foulque Nerra, 82. — Attaqué par Eude II de Blois, 52. — Lescelin d'Orsay s'y réfugie, 95. — Attaqué par Hugue Ier d'Amboise, 107. Assiégé par Raoul de Beaugency, 111. — Rendu à Hugue de Chaumont par Foulque le Jeune, 68, 112. — Hugue de Chaumont y construit un donjon, 114. — Sulpice Ier d'Amboise y séjourne, 121. — Geoffroi le Bel ravage le pays environnant, 210.
Mont-Saint-Michel (le), *Mons Michaelinus, Michaeliticus* (cant. de Pontorson, arr. d'Avranches, Manche), 182.
Montsoreau, *Monsorellus* (cant. et arr. de Saumur, Maine-et-Loire). — Attaqué par Foulque Nerra, 48.
Morand, *villa Moranni* (cant. de Châteaurenault, arr. de Tours, Indre-et-Loire). — Appelé autrefois *Caranuantum*, 48, 149. — Château construit par Foulque Nerra, 48. — Renaud de Châteaurenault s'y fortifie, 110.
Moné, *Maureacus* (comm. d'Esvres, cant. de Montbazon, arr. de Tours, Indre-et-Loire). — Donné à Lisois d'Amboise par Foulque Nerra, 54, 83, 84. — Compris dans la part d'héritage attribuée par Lisois à son fils Sulpice, 87.
Moriana, Maurienne.
Mortagne, *Moritonia* (Orne). — Pris par Geoffroi Grisegonelle, 241.
Mortain, *Mauritonium, Moritonium* (Manche), 156, 182 (*Moritonia*, corr. *Moritonium*), 214. — Enjuger de Bohon et son frère ravagent le pays environnant, 225. — Geoffroi le Bel s'en rend maître, 226. — Comte : Etienne.
Morvan, *Morvandus*, neveu du roi Arthur, 11.
Motte-Foucois (la), *Mota Fulchoii*, maison forte à Amboise, 58, 89.

Motte-Montboyau (la). — Voir Montboyau.
Musterioli pratum, près d'Amboise, 114.
Musteriolum, Musteriolum Berlai, Musterolium, Musterolum, Montreuil-Bellay.

N

Nantes, *Nannetis, Nannetica civitas* (Loire-Inférieure), 9. — Conan Ier de Bretagne dispute le comté à Foulque Nerra, 234. — Foulque le Réchin le revendique, 232 et n. 3. — Geoffroi, fils de Geoffroi le Bel, acquiert la ville et le comté, 252. — Comtes : Geoffroi VI d'Anjou, Hoël V, Hoël VI.
Nanteuil, *Nantolium, Nantollium* (comm. de Montrichard, arr. de Blois, Loir-et-Cher). — Enlevé par Foulque Nerra à Geudouin de Saumur, 82. — Détruit par Foulque Nerra, 52. — Foulque le Jeune vient menacer de là Montrichard, 111.
Navarrais, *Navarri*, habitants de la Navarre, 19.
Nazelles, *Navicellae* (cant. d'Amboise, arr. de Tours, Indre-et-Loire). — Fondé par Jules César, 4.
Négron, *Nigron* (cant. d'Amboise, arr. de Tours, Indre-et-Loire). — Dévasté par les Normands, 21.
Neustrie, *Neustria*, pays entre Loire et Seine, concédé à Hugue le Grand, 32.
Neustria, Normandie.
Nevers, *Nivernis, Nivernensis urbs* (Nièvre), 2, 6. — Comte : Guillaume II.
Nevolus, châtelain de Chaumont, 80.
Nevolus de Fréteval. — Epouse une fille d'Aimeri Gaimard de Lavardin, 76.
Nicée, *Nicea*, ville d'Asie, 101, 102.
Nicholai (sancti) monasterium, Saint-Nicolas, à Angers.
Nidus Meruli, Limelle.
Niel, *Nigellus*, évêque d'Ely, 231, note a.
Nigron, Négron.

NIVERNAIS, *Nivernia*, pays de Nevers, 5.
Nivernis, *Nivernensis urbs*, Nevers.
Noastrium, *Noastrum*, Nouâtre.
Noit, Nouy.
NOMENOÉ, *Nomenoius*, roi des Bretons, 28.
NORMANDIE, *Normannia*, *Neustria*, 5, 6, 9, 20, 98, 219. — Le gouvernement en est confié par le roi Arthur à *Beduerus*, son échanson, 10. — Occupée par les pirates normands, 20. — Dévastée par eux, 29. — Concédée par Charles le Simple à Rollon, qui lui donne le nom de Normandie, 35. — Donnée en héritage à Robert Courteheuse, 68. — Ravagée par Geoffroi Martel le Jeune, 66. — Appartient à Etienne de Blois, 71. — Il y conduit une expédition sans résultat, 225. — Geoffroi le Bel l'envahit après la mort de Henri Ier, 72, 225. — Il la soumet, 215, 227-228. — Conquise par Philippe Auguste, 252, 254. — Coutumes, 224. — Ducs : *Beduerus*, Geoffroi le Bel, Guillaume le Conquérant, Guillaume le Roux, Henri Plantegenêt, Jean Sans-Terre, Richard Ier, Richard II, Richard III, Robert Courteheuse, Robert le Magnifique, Rollon.
NORMANDS, *Normanni*, habitants de la Normandie, 156, 214. — Organisent près du Mont-Saint-Michel un tournoi contre les Bretons, 181-182.
NORMANDS (pirates), *Normanni*, *Normant*, *Dani*, *Daci*. — Appelés Normands par les Teutons, 20. — Leurs incursions en Gaule, 20-21, 77. — Repoussés par Charles le Chauve, 26. — Détruisent Amboise et deux églises voisines, 21-22, 30. — Dévastent Négron, 21. — Repoussés de Tours, 22. — Sous la conduite d'Éric et de Barhet incendient Tours, 23. — Nouvelles incursions en Normandie et Aquitaine au temps de Louis le Bègue, 28-29. — Enjuger leur est opposé à Tours, 30. — Il lutte contre eux,

166. — Foulque le Roux lutte contre eux, 32, 33. — Ils font Charles le Simple prisonnier, 33. — Rollon est repoussé devant Chartres, 23. — Il obtient la Normandie, 23, 35. — Geoffroi Grisegonelle lutte contre eux, 38-42. — Cf. Suédois.
NOTRE-DAME, *sancte Marie ecclesia*, église à Amboise. — Les reliques de saint Florentin y sont transportées, 51, 85. — Donations faites au chapitre, 85-86. — L'église est incendiée, 92. — Hugue d'Amboise en vend les prébendes, 105. — Appelée aussi église Notre-Dame et Saint Florentin, 105.
NOTRE-DAME, *sancte Marie ecclesia*, abbaye, à Pontlevoy. — Fondation de l'abbaye par Geudouin de Saumur, 51, 82. — Sulpice Ier d'Amboise, Denise d'Amboise, Lisois d'Amboise, Geoffroi de Chaumont, Elisabeth d'Amboise y sont enterrés, 96, 98, 101, 109, 131. — Thibaud V de Blois interdit d'y ensevelir Sulpice II d'Amboise, 130.
NOUÂTRE, *Noastrium*, *Noastrum* (cant. de Sainte-Maure, arr. de Chinon, Indre-et-Loire), 48, 53, 81. — Seigneur : Guennon.
NOUY, *Noit* (comm. de Saint-Martin-le-Beau, cant. d'Amboise, arr. de Tours, Indre-et-Loire). — Geoffroi Martel y bat Thibaud III de Blois, 56-57, 88, 235.
Novum Castrum ou *Castellum*, Châteauneuf, à Amboise.
NUMIDES, *Numidæ*, peuple d'Afrique, 3.

O

Obertus, Osbert.
Ocrea (*Obertus de*). — Voir Osbert.
ODELINE, *Odelina*, fille de Raoul de Sainte-Suzanne, femme de Hugue de Lavardin, 76.
Odo, Eude.
Oldinus, Oudin.
ONGLÉE (L'), *Angulata* (comm. de Sainte-Gemmes-sur-Loire, cant. des Ponts-de-Cé, arr. d'Angers, Maine-

et Loire). — Eude II de Blois y campe, 234.

Orcarius, Orsay.

ORLÉANAIS, *Aurelianensis pagus*, 20, 30. — Hugue de Colombiers y reçoit des terres, 122.

ORLÉANS, *Aurelianis, Aureliana urbs, Aurelianensis civitas* (Loiret), 13, 16, 30, 32, 39, 49, 90, 119, 245. — Assiégé par les Huns, 12. — Menacé par les Normands, 21. — Enjuger en est nommé vicomte, 29-30, 165. — Louis le Bègue y réunit ses barons, 136. — Robert le Pieux y construit l'église Saint-Aignan, 23. — Philippe Ier y emmène Bertrade, 67.

ORRI Pireloup, *Orricus Pejor Lupo*, second mari d'Elisabeth, fille de Lisois d'Amboise, 87. — Allié de Sulpice Ier d'Amboise, 116.

ORSAY, *Orcarius* (comm. de Loché, cant. de Montrésor, arr. de Loches, Indre-et-Loire). — Sulpice Ier d'Amboise y assiège et tue Bérenger d'Orsay, 95. — Lescelin, fils de Bérenger, s'en échappe, 95.

OSBERT de la Heuse, *Obertus de Ocrea* (?), connétable de Cherbourg, 174 et note 4.

OTTON II, *Otho*, empereur, 38, n. 1. — Envahit la Lorraine et la France, 43. — Assiège Paris, 239.

OTTON III, empereur, 147, note 2.

OTTON, *Otho*, fils de Hugue le Grand (confondu avec l'empereur Otton II), 23.

OUDIN, *Oldinus, Uldinus*.

OUDIN, porte-enseigne du roi Arthur. — Reçoit de lui le gouvernement de la Flandre, 10.

OUDIN Barbe, *Uldinus Barba*, père de Guillaume de Jaligny, 103.

OUDIN, fils de Guillaume de Jaligny, 103. — Sa mort, 112.

OUDIN, seigneur de Jaligny, fils de Hugue Ier d'Amboise, 112. — Les habitants d'Amboise l'appellent à leur secours, 128. — Retourne en Auvergne, 130. — Assassiné pendant un pèlerinage à Saint Gilles, 131.

OUEN (S[t]), *Audoenus*, 18.

OURS, *Ursus*, abbé [de Saint Ours] de Loches, 12.

OURSON de Fréteval, *Urso de Fracta Valle*, allié de Sulpice II d'Amboise, 119.

OVIDE, poète latin. — Citations, 160, 189, 196.

P

PAÏEN, *Paganus*.

PAÏEN de Claravalle. — Accompagne Geoffroi le Bel à Rouen, 178. — Conseiller de ce prince, 207.

PAÏEN Bafier, *P. Bafer*, allié de Giraud de Montreuil-Bellay, 216.

PALESTINE, *Palestina*, 69, 109.

Palladiorum stirps, 114.

PALLUAU, *Paludellum* (cant. de Châtillon-sur-Indre, arr. de Châteauroux, Indre), 116. — Voir Pierre de Palluau.

PALUS MÉOTIDE. — Voir *Meotidae Paludes*.

PANNONIE, *Pannonia*, province romaine, 15, 19.

Papia, Pavie.

PARIS, *Parisius, Parisiaca urbs*, 32, 38, 39, 40, 243. — Assiégé par le roi Arthur, 9. — Il y est couronné roi, 10. — Occupé par Childéric Ier, 13. — Grimoald y est emprisonné, 17. — Les Normands en ravagent les abords, 21. — Attaqué par Otton II, 239. — Philippe, fils de Louis VI, y meurt, 24. — Faubourg Saint-Germain, 39.

PARISIS, *Parisiacum*, pays de Paris. — Occupé par Childéric Ier, 13.

PARTHENAY (Deux Sèvres). — Le seigneur de Parthenay (*Partaniacensis, Partiniensis dominus*) se révolte contre Geoffroi le Bel, 201. — Il est contraint de faire sa soumission, 203. — Geoffroi le Bel s'empare de la ville, 203, n. 1.

PASCAL Ier, *Paschalis*, pape, 19.

PASSAVANT, *Passavantum* (cant. de Vihiers, arr. de Saumur, Maine-et-Loire). — Château construit par Foulque Nerra, 234.

PAUL, *Paulus*, comte romain d'Angers, 14.

PAVIE, *Papia* (Italie), 11.

PELOQUIN, seigneur de l'Ile-Bouchard, *Peloquinus de Insula Bucardi*. Assiste à la bataille d'Alençon, 159. — Fait sa soumission à Geoffroi le Bel, 206.

PÉPIN, *Pipinus*.

PÉPIN [d'Herstal], 18.

PÉPIN [le Bref], roi des Francs, 18, 19, 23.

PÉPIN, fils de Charlemagne, 19.

PÉPIN, fils de Louis le Pieux, 19, 20.

PERCHE, *Perticum*, pays de France, 156. — Comte : Rotrou.

PÉRIGUEUX (Dordogne). Habitants de Périgueux, *Petragorenses*, 59.

PERONELLE, *Petronilla*, femme de Tertulle, 29.

PÉRONNE, *Perona*, *Peronia* (Somme), 156, 244. — Comte : Raoul de Vermandois.

PERSE, poète latin. — Citations, 98, 118, 213.

PERSES, *Persae*, habitants de la Perse, 19, 20.

Petragorenses, Périgueux (habitants de).

Petri (beati) ecclesia, Saint-Pierre-de-la-Cour, au Mans.

Petri (sancti) curia, à Pontlevoy. Voir Pontlevoy.

Petronilla, Peronelle.

Petrus, Pierre.

PHARAMOND, *Pharamundus*, *Faramundus*, roi des Francs, 16, 43.

PHILIPPE, *Philippus*, *Philipus*.

PHILIPPE Ier, roi de France. — Est placé sous la tutelle du comte de Flandre Baudouin, 23. — Tente de faire remettre Geoffroi le Barbu en liberté, 64. — Fait la paix avec Foulque le Réchin, qui lui cède Château-Landon, 64. — Geoffroi Martel le Jeune tente de lui reprendre cette place, 66. — Enlève Bertrade de Montfort, 66-67, 105. — Père de Constance, 70 ; — de Louis VI, 23, 242 ; — de Philippe et de *Florus*, 67. — Qualifié de *libidinosus*, 66 ; — *luxuriosus*, 67, 105 ; — *impius*, 233.

PHILIPPE II [Auguste], roi de France. — Conquiert la Normandie, la Guyenne et l'Anjou sur Jean Sans-Terre, 252-254. — Sa mort, 254.

PHILIPPE, fils de Philippe Ier et de Bertrade de Montfort, 67.

PHILIPPE, fils de Louis le Gros, 24. — Sa mort, 24.

PHRYGIENS, *Friges*, peuple d'Asie Mineure, 3.

Pictavia, Poitou.

Pictavis, Poitiers.

PIERRE, *Petrus*.

PIERRE (S^t), 20. — Son *sacrarium*, 19.

PIERRE de Chemillé, *P. Cameliacensis*, assiste à la bataille d'Alençon, 157.

PIERRE de Didonne, *P. Didonensis*. — En guerre avec Geoffroi Martel, 236.

PIERRE de Palluau, allié de Sulpice d'Amboise, 116.

PIERRE de Preuilly. — Assiste à la bataille d'Alençon, 159.

Pipinus, Pépin.

PLACIDE, *Placida*, fille d'Avicien, 10.

Platea, Saint-Martin-de-la-Place.

Podium, Puy (Le).

POITEVINS, *Pictavenses*, *Pictavi*, habitants du Poitou, 35, 59, 60, 86, 235. — Sont battus par les Angevins près de Chef-Boutonne, 60-61. — Luttent contre Geoffroi le Bel, 194. — Prennent le parti de Jean Sans-Terre, 252. — Font la paix avec Philippe Auguste, 254.

POITIERS, *Pictavis* (Vienne), 59. — Victoire de Clovis près de cette ville, 15. — Guillaume VII y élève deux nouvelles tours, 66.

POITOU, *Pictavia*, *Pictavensis pagus*, 51, 59, 85. — Le gouvernement en est confié par le roi Arthur à son porte-épée Goufier, 10. — Châteaux élevés dans ce pays par Foulque Nerra, 234. — Giraud de Montreuil-Bellay en devient sénéchal, 215. — *Pictavense ferrum*, 179. — Comtes : Goufier, Guillaume II, Guil-

laume III, Guillaume IV, Guillaume V, Guillaume VI (ou Gui-Geoffroi),Guillaume VII, Raimond.
Poliacus, Pouillé.
POMPÉE, *Pompeius*, général romain, 6.
Pons Urso, Pontorson.
Pontesius, Pontoise.
PONTLEVOY, *Pontilevis*, *Pontilevicus* (cant. de Montrichard, arr. de Blois, Loir-et-Cher), 130. — Foulque Nerra y séjourne, 52. — Il y bat Eude de Blois, 234. — Appartient à Geudouin de Saumur, 81. — Celui-ci y fortifie la *curia sancti Petri*, 51. — Il y fonde un monastère en l'honneur de Notre-Dame, 51, 82. — Le pays est pillé par les gens de Loches, 55. — Thibaud III de Blois y passe, 56. — On y ensevelit Sulpice Ier d'Amboise 96 ; Denise d'Amboise, 98 ; Lisois d'Amboise, 100 ; Geoffroi de Chaumont, 109 ; Elisabeth, femme de Hugue Ier d'Amboise, 131. — Thibaud V de Blois interdit d'y ensevelir Sulpice II d'Amboise, 130.
PONTOISE *Pontesius* (Seine-et-Oise), 243.
PONTORSON, *Pons Urso* (arr. d'Avranches, Manche). — Se soumet à Geoffroi le Bel, 227.
Porta Boamundi, porte d'Antioche, 101.
Porta Lupe, lieu dit à Amboise, 8, 12.
PORT-CORDON, *Portus Cuurdonis* (comm. de La Riche, cant. et arr. de Tours, Indre-et-Loire), 141, 167.
PORT-DE PILES, *Portus Pile* (cant. de Dangé, arr. de Châtellerault, Vienne), 141.
POUILLÉ, *Apulia*, pays d'Italie, 131.
POUILLÉ, *Poliacus* (cant. de Saint-Aignan, arr. de Blois, Loir-et-Cher), 116. — Voir Herbert de Pouillé.
PRECILLY. *Pruleium*, *Pruliacus* (arr. de Loches, Indre-et-Loire), 64, 97, 98, 110, 159. — Assiégé par Foulque le Jeune, 68. — Seigneurs : Eschivard, Geoffroi Ier,

Geoffroi II. — Voir aussi Pierre de Preuilly.
PRIAM, *Priamus*, chef troyen, 15, 16.
Prompti, *Promptuli*, surnom de quatre archers angevins, 145, 146.
PROVENCE, *Provincia*, pays de France, 19.
Pruleium, *Pruliacus*, Preuilly.
PUY (Le), *Podium* (Haute-Loire), 37, 247. — Evêques : Dreu, Gui.

Q

Quasimota, *Cassamota*, femme de Josselin de Sainte-Maure, 106.
Quintini (Sancti) prata, prairies près de Bléré, 56.

R

Rabelli Nobilis villa ou *vicus*, village situé près du Cher, non loin de Nanteuil, enlevé à Geudouin de Saumur par Foulque Nerra, 82 ; — détruit par lui, 51.
RABIN, *Rabinus magister*. — Donne des renseignements à Jean de Marmoutier, 164. — Cf. Robin.
Radulfus, Raoul.
Rages, Rohais.
RAIMOND, *Raimundus*.
RAIMOND, prince d'Antioche, 24, 70, 170.
RAIMOND, comte de Poitou, 45.
Rainardus, Renard.
RAINON, *Raino*, évêque [d'Angers], frère de l'archevêque Adalaud, oncle d'*Aelendis*, 30.
RAMES, *Rama*, *Ramula*, ville de Palestine, 109.
RAOUL, *Radulfus*, *Rodulfus*.
RAOUL, archevêque de Tours. — Sa mort, 112.
RAOUL, roi de France, 23, 248.
RAOUL, seigneur de Beaugency. — Sa famille, 111, note 2. — Allié de Hugue d'Amboise, 110. — L'assiste dans son expédition contre Montrichard et reçoit de lui la terre d'*Anaziacus*, 110-111. — Chargé de la garde de la Porte Bohémond à Antioche, 101. — Louis VI lui confie une mission auprès de Foulque le Jeune, 242.

Raoul Guiard de Condé, 125.

Raoul, fils d'Ebbon de Déols, 123.

Raoul, frère de Richard de La Haye. — Tente de résister à Geoffroi le Bel, 229.

Raoul de Martroi, familier de Louis VI, 246.

Raoul de Péronne. — Voir Raoul, comte de Vermandois.

Raoul, vicomte de Sainte-Suzanne, père d'Odeline, 76.

Raoul, vicomte de Thouars. — Allié de Geoffroi Martel, assiste à la bataille de Chef-Boutonne, 59.

Raoul, comte de Vermandois, *R. de Peronia*, *R.*, *comes Perone*. — Assiste Henri Ier dans son expédition contre Alençon, 156. — Sénéchal de France, 244.

Raoul Glaber, *Glabellus Rodulfus*, chroniqueur, 164.

Ratbode, chroniqueur. — Citations, 20, 21, 22.

Reading, *Redinga*, abbaye (comté de Berk, Angleterre), 214, note c.

Redonis, Rennes.

Regula, monastère près de Chinon, 10.

Reignac. — Voir Brayes.

Reims, *Remis* (Marne), 13. — Innocent II y sacre Philippe, fils de Louis VI, 24. — Archevêque : Remi (saint).

Remi (S[t]), *Remigius*, archevêque de Reims, 14, 15.

Remis, Reims.

Remorentinum, Romorantin.

Renard Pourceau, *Rainardus Porcellus*. — Reçoit la garde du « Domicile » à Amboise, 90, 91 et note 1.

Renaud, *Rainaldus*, *Rainaudus*, *Rainnaudus*.

Renaud, premier abbé de la Trinité de Vendôme, 151 et note 1.

[Renaud], comte de Bourgogne (appelé à tort Etienne), 110.

Renaud, seigneur de Château-Gontier. — Sa famille, 148-150. — Abandonne la cause de Geoffroi le Barbu, 63, note 3. — Il meurt à Jérusalem, 149.

Renaud de Château-Gontier, fils du précédent, 148-150. — Il meurt à Château-Gontier, 149. — Frère de Geoffroi, 149-150.

Renaud, *R. de Castro*, seigneur de Châteaurenault. — Fils de Geoffroi de Château-Gontier, 150. — Reçoit des fiefs du comte de Blois Thibaud, 150. — Fortifie Morand, 110. — Lutte contre Sulpice II d'Amboise, 120. — Assiste à la bataille d'Alençon, 158.

Renaud de Saint-Valery. — Sa rebellion contre Etienne de Blois, 225.

Renaud d'Ussé. — Assiste à la bataille d'Alençon, 159.

Renaud *Rabelli*, conseiller de Sulpice d'Amboise, 124.

Renaud le Roux, *R. Ruffus*, familier de Geoffroi le Bel, 174.

Reneaume le charpentier, *Rainelmus carpentarius*, serviteur de Hugue d'Amboise, 99.

Rennes, *Redonis*, *Redonensis civitas* (Ille-et-Vilaine), 9. — Revendiquée par Geoffroi Martel, 236. — Pays de Rennes, *Redonicus pagus*, 26. — *Redonici rustici*, 27. — Comtes : Conan Ier, Conan III.

Renou, *Renulphus*, comte de Chester. — Négocie une trêve entre Jean Sans-Terre et Philippe Auguste, 254.

Reugny, *Ruineium* (cant. de Vouvray, arr. de Tours, Indre-et-Loire), 149.

Rhin, *Rhenus*, *Renus*, fleuve, 6, 12, 16.

Rhone, *Rodanus*, fleuve, 1.

Richard, *Ricardus*.

Richard [Cœur-de-Lion], roi d'Angleterre. — Fils de Henri II, 250. Devient comte d'Anjou, 252. — Sa mort, 252.

Richard [le Justicier], duc de Bourgogne, 23.

Richard de La Haye, *R. de la Haia*. — Tente d'arrêter Geoffroi le Bel dans le Cotentin, 229-230.

Richard Ier, duc de Normandie, 38, note 1, 43.

Richard II, duc de Normandie. — Fils de Richard Ier, 50. — Fait conclure la paix entre Foulque

TABLE ALPHABÉTIQUE

Nerra et Conan Ier de Bretagne, 49. — Mari de Judith, fille de Conan, 249. — Ses enfants, 50.

RICHARD III, duc de Normandie, fils de Richard II. — Empoisonné par son frère Robert, 50.

RIDEAU de Rillé, *Ridellus*. — Epouse Champagne, fille d'Archembaud de Brayes, 103. — Défend Chaumont contre Thibaud de Blois, 128. — Père de Seguin Rahier, 127.

RILLÉ, *Rilliacus* (cant. de Château-la-Vallière, arr. de Tours, Indre-et-Loire), 103, 128. — Voir Rideau de Rillé.

ROBERT, *Robertus*, *Rotbertus*.

ROBERT [de Courçon], cardinal. — Négocie une trêve entre Jean Sans-Terre et Philippe Auguste, 254.

ROBERT Ier, roi de France, 22, 23.

ROBERT II [le Pieux], roi de France, 23, 54, note *b*. — Intervient comme médiateur entre Foulque Nerra et Conan Ier de Bretagne, 49. — Sa prétendue guerre contre Otton II, 239. — Prétendue concession faite par lui à Geoffroi Grisegonelle des évêchés d'Angers et du Mans, 240 et n. 2 ; — du Maine, 241 ; — du sénéchalat et de la mairie du palais, 241-242.

ROBERT, fils du roi de France Louis VI et d'Adélaïde de Maurienne, 24, note *a*. — Allié de Thibaud de Blois, 127.

ROBERT, fils d'Aimon, seigneur d'Amboise, 31.

ROBERT d'Avessé, gardien de la forteresse d'Amboise, 94, 99. — Ses démêlés avec Hugue d'Amboise, 99-100.

ROBERT de Bellême. — Assiste Henri Ier d'Angleterre dans son expédition contre Alençon, 156.

ROBERT de Blou, conseiller de Foulque le Jeune, 242, note 7. — Accompagne Geoffroi le Bel à Rouen, 178.

ROBERT, duc de Bourgogne, frère du roi de France Henri Ier, mari d'Ermenjart, fille de Foulque Nerra, 247.

ROBERT, seigneur de Buzançais et de Châtillon, neveu du trésorier Sulpice, 86.

ROBERT, fils d'Archembaud de Buzançais, 87.

ROBERT II [le Magnifique], duc de Normandie, 249. — Fils du duc Richard et de Judith, 249. — Père de Guillaume le Conquérant, 88, 249. — Sa prétendue rencontre en Terre Sainte avec Foulque Nerra, 50.

ROBERT III [Courteheuse], duc de Normandie, fils de Guillaume le Conquérant. — Reçoit la Normandie, 68. — Son voyage à Jérusalem, 66, 68. — Sa lutte contre son frère Henri, 68. — Père de Guillaume Cliton, 68.

ROBERT de Rochecorbon, *R. de Rupibus*. — Fils de Thibaut et de Sibille, 86. — Construit un château au-dessus de la Roche, 66. — Allié de Lisois d'Amboise contre Hugue de Preuilly, 98. — Chargé par Hugue d'Amboise de la garde de la forteresse de cette ville, 101. — Participe à l'enlèvement de Corbe, femme d'Achard de Saintes, 102. — Prend part au siège de Montrésor par Raoul de Beaugency, 111. — Atteste par serment la parenté de Sibille de Châteaurenault et de Sulpice d'Amboise, 124.

ROBERT, seigneur de Sablé. — Fils de Lisiard, 206. — Succède à son père, 206. — Familier de Geoffroi le Bel, 206. — Se révolte contre lui, 201, 206. — Fait la paix avec lui, 207. — Se révolte de nouveau contre lui, 207, 208. — Conclut la paix avec lui, 208.

ROBERT de Semblançay. — Accompagne Geoffroi le Bel à Rouen, 178.

ROBERT de Seuilly. — Assiste à la bataille d'Alençon, 158.

ROBERT, comte de Troyes, prétendu fils (en réalité frère) d'Herbert II de Troyes, 248, 249.

ROBERT, fils de Sulpice Mille-Boucliers, père d'Archembaud et du trésorier Sulpice, 87.

ROBERT, prévôt d'Angers. — Aide Foulque le Réchin à s'emparer de la ville, 63, note 3.

ROBERT le tonloyer, serviteur de Hugue d'Amboise, 99.

ROBERT GUISCARD, *R. Guiscardi*, père de Bohémond, 70.

ROBIN, *Robinus*, Rédacteur des *Gesta consulum Andegavorum*, 164. — Cf. Rabin.

ROCHE (La), *Rupes*, château non identifié élevé par Geoffroi le Bel à proximité de Montreuil-Bellay, 216.

ROCHE-AU-MOINE (La), *Rupes Monachi*, aujourd'hui la Roche-de-Serrant (comm. de la Possonnière, cant. de Saint-Georges-sur-Loire, arr. d'Angers, Maine-et-Loire). — Château construit par Guillaume des Roches, 252-253. — Assiégé par Jean Sans-Terre, qui s'enfuit à l'approche de Louis VIII, 253.

ROCHECORBON, *Rupes, Rupes Corbonis* (cant. de Vouvray, arr. de Tours, Indre-et-Loire), 66, 86, 91, 94, 98, 101, 102, 111, 124. — Eude II de Blois y passe, 81. — La place est assiégée par Foulque le Réchin et Geoffroi Martel le Jeune, 65. — Sulpice d'Amboise s'y réfugie, 93. — Il y meurt, 96. — Seigneurs : Corbon, Robert, Thibaud.

ROCHE-DE-SERRANT (La). — Voir Roche-au-Moine (la).

ROCHELLE (La), *Rupella* (Charente-Inférieure). — Jean Sans-Terre y débarque, 252.

ROCHES (Les), *Rupes* (comm. de Coussay, cant. de Monts, arr. de Loudun). — Geoffroi Grisegonelle y bat Guillaume Fièrebrace, 233.

Rodanus, Rhône.

Rodanusa gens, habitants des bords du Rhône, 1.

Rodulfus, Raoul.

ROGER *Diabolerius, Rogerius Diabolerius*, seigneur de Montrésor. — Chargé de la garde de Montrichard, 52, 82. — Dévaste le pays de Saint-Aignan, 55. — Père de Bouchard de Montrésor, 86.

ROGON de Coué, *Rogo de Choé*. — Allié de Giraud de Montreuil-Bellay, 215, 216.

ROHAIS, *Rages*, comté d'Arménie, près d'Edesse, 70. — Comtes : Baudouin Ier, Baudouin II.

ROLLON, *Rollo*, chef normand, 30, n. d. — Assiège Chartres, 23. — Reçoit la Normandie, 23, 35. — Obtient la suzeraineté de la Bretagne, 35. — Son mariage et sa conversion, 35.

ROMAIN (EMPIRE), *Romanum imperium*, 7, 8, 9.

ROMAINS, *Romani*, 1, 2, 3, 4, 6, 7, 8, 9, 13, 14, 15, 16, 19.

Romania (l'empire byzantin), 21, 102.

ROME, *Roma*, 7, 10, 11, 18. — Bouchard de Montrésor s'y rend, 95. — Foulque Nerra s'y rend en pèlerinage, 50, 144-145. — Il y tue le tyran *Crescentius*, 145-149. — *Romana sedes*, 144. — *Romanus populus*, 144, 146, 147. — Palais de Latran, *Lateranense palatium*, 147.

ROMORANTIN, *Remorentinum* (Loir-et-Cher), 90.

Roscilla, Roussille.

Rotbertus, Robert.

Rothomagus, Rotomagus, Rouen.

ROTROU, *Rotrodus*, comte du Perche, — Allié de Henri Ier d'Angleterre, 156.

ROUEN, *Rothomagus, Rotomagus* (Seine-Inférieure), 17-18, 71, 214. — Geoffroi le Bel y est armé chevalier, 178, 180.

ROUSSILLE, *Roscilla*, fille de Garnier. — Epouse le comte Foulque le Roux, 33.

Ruineium, Reugny.

Rupella, Rochelle (la).

Rupes, Roche (la).

Rupes, Rochecorbon.

Rupes, Roches (les).

Rupes Corbonis, Rochecorbon.

Rupes Monachi, La Roche-au-Moine.

S

SABLÉ, *Sabolium, Sablois* (arr. de La Flèche, Sarthe), 157, 158, 206, 208, 209. — Seigneurs : Lisiard, Robert.

Sacrum Cesaris, Sancerre.
Sacrum Martis, village situé sur les confins de l'Anjou et du Poitou (peut-être Saint-Mars, aujourd'hui Cinq-Mars, cant. de Langeais, arr. de Chinon, Indre-et-Loire). — On y trouve des reliques de saint Florentin, 85. — Cf. Saint-Mars.
Sagiensis civitas, Séez.
SAINT- et SAINTE-. — Voir plus loin.
Salmacius, chancelier de Foulque le Jeune, 242.
SAINTES, *Santonas, Sanctae* (Charente-Inférieure), 101, 102. — Les habitants concluent un traité avec Geoffroi Martel, 59. — La ville lui est livrée, 61. — Fait partie des domaines de Geoffroi le Barbu, 62. — Urbain II y séjourne, 238. — Comte : Aimeri. — Voir aussi Achard et Guillaume de Saintes.
SAINTONGE, *Sanctonicus consulatus, Santonicus pagus*, pays de Saintes. — Revendiquée par Geoffroi Martel, 59. — Conquise par lui, 60-61, 168. — Il en confie la défense à Foulque le Réchin, 236. — Aurait fait partie de l'apanage de Geoffroi le Barbu, 62. — Reconquise par Guillaume VI, comte de Poitou, 64. — Revendiquée par Geoffroi Martel le Jeune, 66.
Salgio, Saugeon.
SALLUSTE, auteur latin. — Citations, 25, 26, 32, 33, 35, 65, 78, 79, 80, 83, 91, 93, 100, 103, 104, 107, 108, 109, 110, 118, 128.
Salmurium, Saumur.
SALOMON, *Salomon*.
SALOMON, roi d'Israël, 165.
SALOMON, roi de Bretagne, 20.
SALOMON Ier, seigneur de Lavardin. — Sa famille, 76 et note 4. Allié de Sulpice d'Amboise, 93.
SALOMON II, seigneur de Lavardin, fils du précédent, 76, note 4.
Salvatoris ecclesia, Saint-Sauveur.
Samblanchiacus, Semblançay.
SANCERRE, *Sacrum Cesaris* (Cher). — Fondé par Jules César, 2. — Apanage d'Etienne de Blois, 124.

Sancta... — Voir au nom de chaque sainte.
Sanctae, Saintes.
Sanctonicus consulatus, Saintonge.
Sanctus... — Voir au nom de chaque saint.
Sanctus de Fertheia, allié de Sulpice d'Amboise, 119.
Santonicus pagus, Saintonge.
SAÔNE, *Arar, Araris, Sunna*, riv., affl. du Rhône, 1, 13.
SARRASINS, *Saraceni*, 15, 19, 20, 50.
SARTHE, *Sarta*, riv. affl. de la Mayenne, 208.
SAUGEON, *Salgio* (comm. de Cangy, cant. d'Amboise, arr. de Tours, Indre-et-Loire). — Sulpice d'Amboise s'y retranche, 93.
SAUMUR, *Salmurium, Salmurense castrum* (Maine-et-Loire), 59, 77, 78, 148. — Inféodé à Geudouin par Eude le Champenois, 46. — Foulque Nerra attaque la place, 48. — Il s'en empare par surprise, 53, 234 et note 2. — Cédé par Geudouin à Geoffroi Martel, 58. — Geudouin en est expulsé, 81. — Giraud de Montreuil-Bellay ravage le pays environnant, 216. — Les foires en sont transportées à Montreuil-Bellay, 217. — Geoffroi le Bel y séjourne, 221. — Abbaye : Saint-Florent.
SAVARI, *Savaricus*, neveu de Geoffroi de Chaumont, 98.
SAXE, *Saxonia*, 13, 16, 17, 19, 43.
SAXONS, *Saxones*, habitants de la Saxe, 14, 19, 38, 239. — *Saxonicus miles*, 182.
Scalaria vicus, rue à Tours, 102.
Sceva, prince de Vienne, 1.
Sclavonia, Slavonie.
SEBRAND de Mayenne, *Sehebrandus de Meduana*. — Epouse Aveline, fille de Hugue, seigneur de Lavardin, 76.
Secana, Seine.
SÉEZ, *Sagiensis civitas* (Orne). — Henri Ier d'Angleterre y réunit son armée, 156. — Il s'y réfugie après la défaite d'Alençon, 159.
SEGUIN, *Seguinus*, fils de Jean de Lignières, 103.

Seguin Rahier, *Seguinus Raherius*, fils de Rideau. — Fait prisonnier par Thibaud de Blois, 127.

Sehebrandus, Sebrand.

Seine, *Secana*, *Sequana*, fleuve, 5, 20, 32, 39, 240.

Semblançay, *Samblanchiacus*, *Semblanchiacus*, *Semblanciachus*, *Semblenceyacus*, *Semblentiacus* (cant. de Neuillé-Pont-Pierre, arr. de Tours, Indre-et-Loire), 157, 158, 178. — Fortifié par Foulque Nerra, 48. — Voir Alleaume et Robert de Semblançay.

Sénèque, *Seneca*, auteur latin. — Citations, 46, 55, 58, 120.

Senlis, *Silvanectis*, *Silvanectus* (Oise), 245. — Les environs en sont dévastés par les pirates normands, 40. — Voir Gautier, Gui, Guillaume et Louis de Senlis.

Sepulcri (sancti) ecclesia, Beaulieu, près Loches.

Sequana, Seine.

Serapte mons, Soracte (mont).

Serge IV, *Sergius*, pape. — Son entrevue avec Foulque Nerra, qui lui promet de le délivrer de *Crescentius*, 144, 145, 146. — Il célèbre la victoire de Foulque sur *Crescentius* et lui donne des reliques de saint *Chrysanthus* et de sainte *Daria*, 147.

Seuilly, *Suliacus*, *Suleius* (cant. et arr. de Chinon, Indre-et-Loire), 158. — Voir Robert de Seuilly.

Siagrius, fils d'*Egidius*, 13, 15.

Sibille, *Sibilla*.

[Sibille], fille du comte d'Anjou Foulque V le Jeune, mariée à Guillaume Cliton, 68.

Sibille, fille de Lisois d'Amboise. — Epouse Thibaud, seigneur de Rochecorbon, 86, 96.

Sibille, fille de Renaud II, seigneur de Châteaurenault. — Epouse le fils de Josselin d'Auneau, 124.

Sicambres, *Sicambri*, tribu germanique, 15.

Sicambria, ville bâtie par les Sicambres, 15, 16.

Siccia, Cisse.

Sicile, *Sicilia*, 7.

Sidoine Apollinaire, auteur latin. — Citations, 1, 3, 4, 64, 74, 97, 105, 113, 114

Sigebert III, *Sigisbertus*, roi des Francs, 17.

Silarius, seigneur de Loches. — Reçoit Loches d'Alaric II, 12. — Attaque Amboise, 12.

Silva Longa, forêt qui s'étendait dans le Dunois, le Blésois, et dont la forêt de Marchenoir (près Marchenoir, arr. de Blois, Loir-et-Cher), est un reste, 90, 104, 119.

Silvanectis, *Silvanectus*, Senlis.

Silvestre (S¹), *Silvester*. — Eglise qui lui est dédiée au mont Soracte, 18.

Silviniacus, peut-être Souvigné (cant. de Château-la-Vallière, arr. de Tours, Indre-et Loire). — L'église en est donnée aux chanoines de Notre Dame d'Amboise, 85.

Simon, *Simon*, *Symon*.

Simon, chef troyen, 16.

Simon de Beaugency. — Allié de Sulpice d'Amboise, 119.

Simonide, *Simonides*, *Sumonides*, chef troyen, 15, 16.

Siria, Syrie.

Slavonie, *Sclavonia*, pays à l'est de la Croatie, 19.

Soissons, *Suessionis* (Aisne), 13. — Les environs en sont dévastés par les pirates normands, 40, 41. — Evêque : Gui.

Solemnis, évêque de Chartres, 15.

Soliman, *Solimanus*, sultan d'Ikonium, 102.

Soracte (mont¹), *Serapte mons* (Italie). — Eglise Saint-Silvestre, 18.

Souabe, *Suevia*, pays d'Allemagne, 43.

Souvigné (canton de Château-La-Vallière, arr. de Tours, Indre-et-Loire). — Voir *Silviniacus*.

Spartiates, *Sparciate*, 3.

Stampae, Etampes.

Stephanus, Etienne.

Stratensis abbatia, Saint-Genou de l'Estrée.

Subventio, fête de saint Martin, 29, note *b*.

Suédois, *Suevi*, pirates normands, 20, 38. — Cf. Normands.
Suevia, Souabe.
Suessionis, Soissons.
Suleius, *Suliacus*, Seuilly.
Sulpice, *Sulpicius*, *Supplicius*.
Sulpice Ier, seigneur d'Amboise et de Chaumont. — Fils de Lisois d'Amboise, 86. — Hérite de lui tous ses domaines, sauf ceux de Loches et de Verneuil, 87. — Epouse Denise de Chaumont, qui lui apporte Chaumont en dot, 87-88. — Geoffroi de Chaumont lui abandonne tous ses autres fiefs, 88-89. — A son frère Lisois pour allié, 90. — En guerre contre Foucois de Thorigné, Bouchard de Montrésor et Foulque le Réchin, 91-94. — Fait la paix avec Foulque le Réchin, auquel il donne son fils Hugue comme otage, 94. — S'empare du château de Foucois à Amboise, 94-95. — Prend et détruit le château d'Orsay, 95. — Fait la paix avec Aubri de Montrésor, 95. — S'attache le prévôt Joubert, 97. — Possède Saint Cyr, 106. — Père de Hugue Ier d'Amboise, d'Aénor et d'Ermesent, 95-96. — Fait reconnaître son fils Hugue comme son successeur, 96. — Charge son frère de la tutelle de Hugue, 96. — Il meurt à Rochecorbon, 96. — Il est enterré à Pontlevoy, 96.

Sulpice II, seigneur d'Amboise et de Chaumont. — Fils de Hugue Ier d'Amboise et d'Elisabeth de Jaligny, 104, 112. — Epouse Agnès, fille de Hervé de Donzy, 114. — Guennon de Châtillon lui fait hommage, 114. — Est confié par son père à Geoffroi le Bel, 115-116. — Met en fuite Bouchard, comte de Vendôme, à la bataille de Cangy, 116-117. — Envahit les Etats du comte de Vendôme, 117-118. — En butte aux attaques de son frère Hugue et de Jacquelin de Maillé, 118-119. — Familier de Geoffroi le Bel, 209-210. — Sa mère Elisabeth excite contre lui le comte Geoffroi le Bel, 119. — Repousse Geoffroi le Bel, 119, 210. — Fait la paix avec lui, 120, 210-211. — Envahit les terres de Renaud de Châteaurenault, 120. — Fait prisonnier Jean, comte de Vendôme, allié de Renaud, 120-121. — Attaqué à nouveau par Geoffroi le Bel, 121. — La paix est rétablie entre eux, 121. — En guerre de nouveau contre les comtes d'Anjou et de Blois, 121. — Ses dévastations, 121. — Se réconcilie avec son frère Hugue, 122. — Conclut la paix avec les comtes d'Anjou et de Blois, 122. — Vu en pèlerinage à Saint-Jacques de Compostelle, 123. — En guerre contre Josselin d'Auneau, 124. — Incendie Châteaurenault, 124. — Refuse de prêter hommage à Thibaud de Blois, 125. — Trahi par Crépin de Maindray, 125-126. — Se fortifie à Maindray, 126. — Fait prisonnier traîtreusement par Thibaud de Blois, 127-128. — Enfermé à Châteaudun, 129. — Sa mort, 129-130. — Thibaud de Blois s'oppose à son enterrement à Pontlevoy, 130. — Il est enseveli dans l'église Saint-Valérien de Châteaudun, 130. — Ses enfants, 122, 131-132.

Sulpice « Mille-Boucliers », *S. Mille Clipeos*, fils d'Haimon de Buzançais, 87.

Sulpice, trésorier de Saint-Martin de Tours. — Frère d'Archembaud de Buzançais, 46, 87. — Sa famille, 87. — Vassal fidèle du comte d'Anjou, 46, 47. — Baillistre de ses neveux les enfants d'Archembaud de Buzançais, 83. — Construit une maison forte à Amboise, 46, 83-84. — Marie sa nièce Hersent à Lisois d'Amboise, 54, 84. — Fonde avec Foulque Nerra un chapitre à Notre-Dame d'Amboise, 51, 85. — Marie une de ses nièces à Foulque, qui devient seigneur de Villentrois, 86. — Gardien de la Tour de pierre d'Amboise, 89.

SULPICE SÉVÈRE, auteur latin. — Citation, 8.
Sumonides, Simonide.
Sunna, Saône.
Supplicius, Sulpice.
Suriani, Syriens.
Susanna (Sancta), Sainte-Suzanne.
SUZE (LA), *Susa* (arr. du Mans, Sarthe). — Geoffroi le Bel enlève la place à Lisiard de Sablé, 206. — Il la rend à Robert de Sablé, 206 — Geoffroi le Bel la lui reprend, 206-207.
Symon, Simon.
SYRIE, *Siria*, 69.
SYRIENS, *Suriani*, habitants de la Syrie, 51.

SAINTS ET SAINTES

SAINT-AIGNAN-SUR-CHER, *Sanctus Anianus, Sancti Aniani castrum* (arr. de Blois, Loir-et-Cher), 83, 94, 110, 114, 116. — Geoffroi Martel l'acquiert, 235. — Le pays voisin est dévasté par Roger *Diabolerius*, 55 ; — par Lisois d'Amboise, 79 ; — Arraud *Brustulii* y est enseveli dans l'église Saint-Jean, 80. — Le château sert de refuge à des brigands, 196. — Seigneurs : Geoffroi, Hervé.

SAINT-ALBAN, *Sanctus Albinus* (ou mieux *Sanctus Albanus*), église à Mayence. — La reine Fastrade y est enterrée, 19.

SAINT-AUBIN, *sancti Albini abbatia, monasterium, ecclesia*, abbaye, à Angers. — Concédée à Foulque le Roux, 32. — Foulque le Roux lui fait don de *Chiriacus*, 34. — Geoffroi Grisegonelle et Maurice y sont enterrés, 44, note c, 46, note c. — Démêlés des moines avec Giraud de Montreuil-Bellay au sujet de Méron, 219-223.

SAINT-CALAIS, *Sanctus Carileffus* (Sarthe), 207. — Voir Hugue de Saint-Calais, évêque du Mans.

SAINT-CHRISTOPHE, *Sanctus Christophorus* (cant. de Neuvy-le-Roi, arr. de Tours, Indre-et-Loire), 48. — Seigneur : Hugue d'Alluyes.

SAINT-CYR-SUR-LOIRE, *Sanctus Ciricus* (cant. et arr. de Tours, Indre-et-Loire), 98, 148. — Geoffroi Martel en rend la dîme à Geudouin de Saumur, 58. — Cette dîme et le village sont revendiqués par les petits fils de Geudouin, 106. — Sulpice II d'Amboise recouvre la possession de l'église, 89.

SAINT-DENIS, *sancti Dionisii ecclesia*, église, à Amboise, 85, 92. — Le bourg Saint-Denis est incendié par Geoffroi le Bel, 210.

SAINT-DENIS, *Sanctus Dionisius*, monastère près de Paris, 24. — Philippe Auguste y est enseveli, 254.

SAINT-FLORENT, *sancti Florentii abbatia*, abbaye, à Saumur, 148.

SAINT-FLORENTIN, *sancti Florentini ecclesia*, église, à Amboise. — Voir Notre Dame.

SAINT-GENOU de l'Estrée, *Sancti Genulfi Stratensis abbatia*, aujourd'hui Saint-Genou (cant. de Buzançais, arr. de Châteauroux, Indre), 143, 144. — Abbé : Eude.

SAINT-GEORGES, *beati Georgii ecclesia*, église, à Vendôme, 150. — Fondée par Agnès d'Anjou, 62, note c.

SAINT-GEORGES DE DIDONNE. — Voir Didonne.

SAINT-GERMAIN-DES-PRÉS, monastère, à Paris. — Le faubourg Saint-Germain (*burgus S. Germani*), 39.

SAINT-GILLES, *Sanctus Egidius* (arr. de Nîmes, Gard). — Geoffroi de Preuilly y meurt, 120. — Oudin de Jaligny y va en pèlerinage, 131.

SAINT-HILAIRE-DU-HARCOUET, *Sanctus Hilarius* (Manche, arr. de Mortain). — Pris par Geoffroi le Bel, 226-227.

SAINT-JACQUES DE COMPOSTELLE, *Sanctus Jacobus*, pèlerinage en Espagne. — Guillaume VIII, comte de Poitou, y meurt, 24. — Sulpice II d'Amboise s'y rend en pèlerinage, 123.

SAINT-JOUIN-DE-MARNES (cant. d'Airvault, arr. de Parthenay, Deux-Sèvres). — Geoffroi Martel y bat Guillaume le Gros, 58, note 3.

SAINT-JULIEN, *sancti Juliani ecclesia*, église, au Mans. — Geoffroi le Bel y est enseveli, 224, 244.

SAINT-LAUD, *beati Laudi ecclesia*, église, à Angers. — Foulque Nerra augmente le nombre des chanoines et fait divers dons à l'église, 151. — Geoffroi Martel y donne une prébende à un clerc de Loches, 192.

SAINT-LÉONARD, *Sancti Leonardi Burgus*, faubourg de l'Ile-Bouchard. — Brûlé par les Angevins, 205.

SAINT-LÉZIN, *sancti Licini abbatia, sancti Lizini monasterium*, monastère, à Angers. — Foulque le Roux en est nommé abbé, 32. — Il lui donne le domaine de *Chiriacus*, 34.

SAINT-LÔ, *Sanctus Laudus* (Manche). — Geoffroi le Bel s'en empare, 228.

SAINT-LOMER, *Sanctus Launomarus*, église, à Blois, 125.

SAINT-MARS, *Sanctus Medardus*, aujourd'hui Cinq-Mars (cant. de Langeais, arr. de Chinon, Indre-et-Loire), 178, 207. — Voir Hardouin de Saint-Mars. — Cf. *Sacrum Martis*.

SAINT-MARTIN, *sancti Martini ecclesia*, église, à Angers. — Le chapitre est copropriétaire du domaine de *Chiriacus*, 34. — Geoffroi le Bel y donne une prébende à un clerc de Loches, 192.

SAINT-MARTIN, *beati Martini ecclesia*, église, à Tours, 102. — Enjuger, Foulque le Roux, Foulque le Bon, Geoffroi Grisegonelle, Maurice, y sont enterrés, 31, note *a*, 34, note *a*, 37, note *a*, 44, note *c*, 46, note *c* (voir *l'erratum*), 233. — Particulièrement révérée de Foulque le Bon, 36, 141. — Il y prend part aux offices, 167. — Geoffroi le Bel en est chanoine, 193. — Sulpice d'Amboise s'y réfugie, 93. — Incendie de l'église, 238. — Ses domaines, 94. — Cellerier : Guillaume de Saintes. — Trésorier : Gautier. — Cf. Châteauneuf.

SAINT-MARTIN, *beati Martini ecclesia*, église, à Vendôme, 151.

SAINT-MARTIN-DE-LA-PLACE, *Platea*, (cant. et arr. de Saumur, Maine-et-Loire). — Geoffroi le Bel y élève une forteresse, 216.

SAINT-MARTIN-LE-BEAU, *Sanctus Martinus Bellus, burgus Sancti Martini Belli* (cant. d'Amboise, arr. de Tours, Indre-et-Loire). — Geoffroi Martel y bat Thibaut III, 56, 84.

SAINT-MAURICE, *Sancti Mauricii burgus*, faubourg d'Amboise, brûlé par les Angevins, 205.

SAINT-MAURICE, *sancti Mauricii ecclesia*, église, à Angers, 192.

SAINT-MAURICE, *sancti Mauricii ecclesia*, église, à Tours, 238.

SAINT-NICOLAS, *sancti Nicholai monasterium*, abbaye, à Angers. — Fondée par Foulque Nerra, 62, note *c*, 234, 237. — Geoffroi Martel en achève la construction, 62, note *c*, 237. — Il y prend l'habit monastique avant de mourir, 236-237. — Urbain II en fait la dédicace, 238. — Le corps de Geoffroi Martel est transféré dans la nouvelle église, 238.

SAINT-OMER, *Sanctus Audomarus*, (Pas-de-Calais), 246.

SAINT-QUENTIN (près de), *Sancti Quintini prata*, près de Bléré, 56.

[SAINT-PÈRE], église près de Vézelay — Voir Vézelay.

SAINT-PIERRE-DE-LA-COUR, *beati Petri de Curia ecclesia*, église, au Mans. — Chapelle des comtes du Maine, 211. — Geoffroi le Bel y donne une prébende à un pauvre clerc, 211-212.

SAINT-REMY-LA-VARENNE. — Voir *Chiriacus*.

SAINT-SAUVEUR, *Salvatoris ecclesia*, abbaye, à Villeloin. — Fondée par Louve, fille de *Billeius*, 12. — Lisois d'Amboise est enseveli auprès de l'église, 87.

SAINT-SAUVEUR-LE-VICOMTE (arr. de Valognes, Manche). — Seigneur : Jourdain Tesson.

SAINT-SÉPULCRE, *sancti Sepulcri eccle-*

sia, église, à Beaulieu, près Loches. — Voir Beaulieu.
SAINT-THOMAS, *sancti Thome ecclesia*, église, à Amboise. — Fondée par Hugue Ier d'Amboise, 114. — Située près de la demeure de Sulpice II d'Amboise, 126.
SAINT-VALÉRIEN, *sancti Valeriani ecclesia*, église, à Châteaudun. — Sulpice d'Amboise y est enseveli, 130.
SAINT-VALERY-SUR-SOMME, *Sanctus Galericus* (arr. d'Abbeville, Somme), 225. — Voir Renaud de Saint-Valery.
SAINTE-CHRISTINE, *Sancta Christina*, domaine appartenant aux seigneurs de Bazougers, 76, 86.
SAINTE-MAURE, *Sancta Maura* (arr. de Chinon, Indre-et-Loire), 106, 108, 157, 158. — Château construit par Foulque Nerra, 234. — Seigneurs : Guillaume, Hugue, Josselin.
SAINTE-SUZANNE, *Sancta Susanna* (arr. de Laval, Mayenne), 48, 76. — Vicomte : Raoul.

T

TAMISE, *Thamisis*, fleuve, 6.
Tebaudus, Thibaud.
Tebea legio, Thébaine (légion).
Teobaudus, Thibaud.
TERTULLE, *Tertullus, Tertulphus*, ancêtre des comtes d'Anjou. — Fils de Torquatius, 26-27, 165. — Entre au service de Charles le Chauve, 27. — Reçoit de lui des terres en Gâtinais et en *Francia*, 28. — Est créé par lui sénéchal de Gâtinais, 165. — Epouse Péronelle, cousine du duc de Bourgogne, 29. — Meurt en *Francia*, 29. — Père d'Enjuger, 29, 137.
TESCELIN, *Tescelinus*, chapelain de Foulque Nerra, 241.
TEUTONS, *Theutonici, Theotici*, 20, 44. — Cf. Germains.
Thamisis, Tamise.
THÉBAINE (LÉGION), *Tebea legio*, 7.
Theobaudus, Thibaud.
THÉODORIC, *Theodoricus*, roi des Wisigoths, 11.
Theodoricus, Thierri.

THÉODOSE, *Theodosius*, empereur romain, 10.
Theotici, Teutons.
Theutonica regio, Germanie.
Theutonici, Teutons.
THIBAUD, *Tebaudus, Teobaudus, Theobaudus*.
THIBAUD, seigneur de Blaison. — Révolté contre Geoffroi le Bel, 203. — Assiégé dans Mirebeau et contraint de se rendre, 203-205.
THIBAUD III, comte de Blois, fils d'Eude II, 59, 84, 88. — Succède à Eude II, 54, 83. — Lutte contre Geoffroi Martel, 55. — Ravage le pays entre Montrichard et Bléré, 56. — Défait à Nouy et fait prisonnier dans le bois de Braye, 57, 168, 176, 235. — Traite avec Geoffroi Martel, 148. — Lui abandonne Tours, 58, 85.
THIBAUD IV, comte de Blois, 122, 125, 150. — Assiste Henri Ier d'Angleterre dans son expédition contre Alençon, 156. — Blessé devant Alençon, 159. — Prend part au tournoi du Mont-Saint-Michel, 182. — Soutient Hugue le Manceau, seigneur de Cosne, contre le comte de Nevers et le roi de France, 200, 201. — Sa mort 124. — Frère d'Etienne, comte de Mortain, puis roi d'Angleterre, 71, 214.
THIBAUD V, comte de Blois, fils de Thibaud IV. — Lutte contre Sulpice II d'Amboise, 127. — Prend Maindray par surprise, 127. — S'empare, par trahison, de Sulpice d'Amboise, 74, 127. — Echoue devant Chaumont, 128. — Obtient la destruction du château de Chaumont, 130. — Lutte contre Henri Plantegenêt, 130. — Conclut la paix avec lui, 131.
THIBAUD, fils de Hugue de Mateflon. — Excite Robert de Sablé contre Geoffroi le Bel, 206.
THIBAUD, seigneur de Rochecorbon, fils de Corbon, mari de Sibille, fille de Lisois d'Amboise, 86. — Allié de Sulpice et de Lisois II, d'Amboise, 91.

THIBAUD, seigneur de Rochecorbon. — Défend Chaumont contre Thibaud V de Blois, 128.
THIERRI III, *Theodoricus*, roi des Francs, 17.
Thoarcium, Thouars.
Tholosenses, Toulousains
Thome (sancti) ecclesia, Saint-Thomas, à Amboise.
THOMAS, *Thomas*
THOMAS de Loches. — Rédacteur des *Gesta consulum Andegavorum*, 164.
THOMAS, frère de Raoul de Martroi, 246.
THORIGNÉ, *Torinneium* (cant. de Châteauneuf, arr. de Segré, Maine-et-Loire), 58, 86, 89. — Seigneur : Foucois.
THORISMOND, *Tursomodus Lotchius*, roi des Wisigoths, 11. — Fondateur de Loches, 12. — Attaqué par Mérovée, 12. — Meurt à Vienne, 12.
THOUARS, *Thoarcium, Toarcium, Toardium*, 59, 254. — Le seigneur se révolte contre Geoffroi le Bel, 201. — La ville est prise par Geoffroi, 202-203. — Le vicomte fait sa soumission, 203. — Le pays est dévasté par Louis VIII, 253. — Vicomtes : Aimeri IV, Aimeri VII, Raoul.
THOUET, *Toedus fluvius*, riv., affl. de la Loire, 148.
THRACE, *Tracia*, pays, 9.
Toarcium, Toardium, Thouars.
Toedus, Thouet.
Torinneium, Thorigné.
Torquatius, ancêtre des comtes d'Anjou — Appelé *Tortulfus* par les Bretons, 26, 165. — Originaire du pays de Rennes, 26. — Nommé par Charles le Chauve forestier de la forêt de Limelle, 26. — Père de Tertulle, 27, 165.
Tortulfus, autre nom de *Torquatius*.
TOUL, *Tullum* (Meurthe-et-Moselle), 13. — Ferri II, prétendu comte de Toul, 79 et note 3.
TOULOUSAINS, *Tholosenses*, 59.
TOURAINE, *Turonia, Turonica, Turonensis* ou *Turonicus pagus* ou *comitatus, Turonice partes*, pays de Tours, 30, 33, 46, 56, 64, 78, 79, 95, 105, 155, 156, 169, 170, 176, 181, 191, 236, 251. — Occupée par Jules César, 2, 5. — Concédée par le roi Arthur à son sénéchal Cheudon, 10. — Disputée à Foulque Nerra par Eude de Champagne et Geudouin de Saumur, 47. — Châteaux qu'y élève Foulque Nerra, 234. — Appartient à Geoffroi Martel, 58, 85, 168 ; — à Foulque le Réchin, 62, 88, 232 ; — à Foulque le Jeune, 69.
TOURANGEAUX, *Turonenses, Turonici cives*, habitants de la Touraine, 7, 48, 61, 157, 163.
TOURNAI, *Turnacum* (Belgique), 9, 16.
TOURS, *Turonis, Turonus, Turoni, Turonica urbs* (Indre-et-Loire), 4, 16, 36, 46, 53, 55, 58, 80, 83, 89, 91, 92, 94, 119, 140, 141, 154, 194, 237. — Conquise par Jules César, 2, 5. — Avicien en est nommé comte par l'empereur Maxime, 8. — Acquise par Childéric I*er*, 13-14. — Attaquée en vain par les Normands, 22. — Incendiée par Erich et Barhet, 23. — Enjuger est chargé de défendre la place, 39, 166. — Appartient à Eude II de Blois, 45, 77. — Il y séjourne, 81. — Assiégée par Foulque Nerra, 82 ; — par Geoffroi Martel, 84. — Ses habitants se rendent à Geoffroi Martel, 84-85. — Thibaud de Blois la cède à Geoffroi Martel, 148, 235. — Foulque le Réchin y séjourne, 92. — Il y réunit ses barons, 93. — Forteresse construite par Geoffroi de Chaumont, 107. — Philippe I*er* y séjourne, 66-67, 105. — Séjours d'Urbain II, 238 ; — de Foulque le Jeune, 112, 122, 161. — Conflit au sujet de la succession de l'archevêque Raoul, 112-113. — Hélie, fils de Foulque le Jeune, y est emprisonné, 71, 207. — Jacquelin de Maillé est chargé de la défense de la ville, 210. — Démêlés de l'archevêque et de Geoffroi le

Bel, 192-193. — Jean Sans-Terre s'empare de la ville, 252. — Fief de l'archevêque, 51. — Rue : *vicus Scalaria*, 102. — Vicomté, 106. — Archevêques : Engebaud, Hugue II, Raoul. — Eglises : Saint-Martin, Saint-Maurice. — Faubourg : Châteauneuf. — Vicomte : Eudoxe.

Tracia, Thrace.

Transmeduanenses pagi, pays d'outre-Maine, 31.

Trèves, *Treveris* (Allemagne), 8, 9, 12.

Trinité (la), *sancte Trinitatis cenobium*, abbaye, à Vendôme. — Sa fondation, 62, note c, 150-151. — Abbés : Geoffroi, Renaud.

Trinovantum urbs, Londres.

Troie, Troyens. — Voir Priam, Simonide.

Troyes, *Tricas, Treiciarum urbs* (Aube), 77, 240, 248. — Comtes : Eude Ier, Eude II, Henri Ier, Herbert Ier, Robert.

Tullum, Toul.

Turcs, *Turci*, 71, 170.

Turnacum, Tournai.

Turonenses, Turonici, Tourangeaux.

Turonia, Turonica partes, Turonicus pagus, Touraine.

Turoni, Turonica urbs, Turonis, Turonus, Tours.

Tursomodus Lotchius, Thorismond.

U

Ucceum, Ucheium, Ussé.

Ugo, Hugue.

Uldinus, Oudin.

Ulger, *Ulgerius*, évêque d'Angers. — Réconcilie Robert de Sablé et Geoffroi le Bel, 207.

Ulmus Casserii, lieu dit près d'Amboise, 85.

Umbertus, Humbert.

Urbain II, *Urbanus*, pape. — Prêche la croisade, 69, 100. — La prêche à Angers, 237-238.

Urso, Ourson.

Ursus, Ours.

Ussé, *Ucceum, Ucheium* localité aujourd'hui réunie à la commune de Rigny (cant d'Azay-le-Rideau, arr. de Chinon, Indre-et-Loire), 159. — Fait partie des domaines de Geudouin de Saumur, 46. — Voir Renaud d'Ussé.

V

Vaccaria Comitisse, ancien lieu dit près de Chaumont-sur-Loire, 80.

Vaiges, *Vegia* (cant. de Sainte-Suzanne, arr. de Laval, Mayenne), 242. — Voir Gaudin de Vaiges.

Valeia, Vallée.

Valens, empereur romain, 7, 8, 9.

Valentinien, *Valentinianus*.

Valentinien Ier, empereur romain, 8.

Valentinien II, empereur romain, 15, 16.

Valère, *Valerius*, empereur romain, 7.

Valeriani (sancti) ecclesia, Saint-Valérien, à Châteaudun.

Vallée, *Valeia*, région comprenant la vallée de la Loire entre Saumur et les Ponts-de-Cé (Maine-et-Loire), 48, 52, 156. — Attaquée par Eude le Champenois, 46.

Vallis Jude, lieu dit près de Montreuil-Bellay, 217.

Vandales, *Vuandali*, 19.

Vascones, Gascons.

Vasconia, Gascogne.

Végèce, *Vegecius Renatus*. — Geoffroi le Bel consulte ses ouvrages, 218.

Vegia, Vaiges.

Véland, *Galannus, Galaunus*, forgeron légendaire, 179 et note 1.

Vendôme, *Vindocinum* (Loir-et-Cher), 120, 130, 149. — Geoffroi de Preuilly en devient comte, 98. — Les habitants soutiennent Renaud de Châteaurenault, 110 ; — luttent contre Sulpice d'Amboise, 116-117. — Geoffroi Martel y fonde l'abbaye de la Trinité, 62, note c, 150. — La comtesse Agnès y fonde l'église Saint-Georges, qui prend le nom de Chapelle comtale, 62, note c. — Eglises et abbayes : Saint-Georges, Saint-Martin, Trinité (la). — Comtes : Geoffroi de Preuilly, Jean.

VENDÔMOIS, *Vindocinensis pagus*, pays de Vendôme, 116.

VÉNÉTIE, *Venetia*, pays de Venise, 9.

[VERMANDOIS], pays de France. — Comtes : Herbert II, Raoul.

VERNEUIL-SUR-INDRE, *Vernullium*, *Virnollium*, *Virnullium* (cant. et arr. de Loches, Indre-et-Loire), 230. — Donné à Lisois d'Amboise lors de son mariage avec Hersent, 54, 83, 84. — Fait partie de l'héritage de Lisois, fils du précédent, 87. — Celui-ci le conserve après abandon d'une partie de ses biens à son neveu Hugue, 100. — Voir Guillaume de Verneuil.

VERNOU-SUR-BRENNE, *Vernovum* (cant. de Vouvray, arr. de Tours, Indre-et-Loire). — Appartient à l'archevêché de Tours, 113. — Incendié par Hugue Ier d'Amboise, 113.

Vernullium, Verneuil.

Verruia, lieu dit près d'Amboise, 8.

Vesoncio, Besançon.

VESPASIEN, *Vespasianus*, empereur romain, 6, 7.

Vetus Roma, lieu dit à Amboise, 93.

Vetus Castellum, quartier d'Amboise, 8, 12.

VÉZELAY, *Videliacus* (arr. d'Avallon, Yonne). — Les reliques de sainte Marie-Madeleine y sont transférées, 19.

VIENNE, *Vienna* (Isère), 12, 16. — Prince : Sceva.

VIENNE, *Vienna*, *Vigenna*, riv., affl. de la Loire, 53, 58, 81, 205.

Vigenna, Vienne.

Villa Barolli, Villebarou.

Villa Lupe, Villeloin.

Villa Moranni, Morand.

VILLANDRY. — Voir Colombiers.

Villa Rabelli Nobilis. — Voir *Rabelli Nobilis villa*.

VILLEBAROU, *villa Barolli* (cant. de Blois, Loir-et-Cher). — Concédée à Geudouin de Saumur par Eude de Blois, 81.

VILLELOIN, *Villa Lupe* (cant. de Montrésor, arr. de Loches, Indre-et-Loire). — Fondé par Louve, fille de *Billeius*, 12. — Celle-ci y établit le monastère de Saint-Sauveur, 12. — Lisois d'Amboise y est enseveli, 87. — Abbaye : Saint-Sauveur.

VILLENTROIS, *Villentrastus* (cant. de Valençay, arr. de Châteauroux, Indre). — Fait partie des domaines de Garnier, père de Roussille, 33. — Ses habitants soutiennent Foulque Nerra, 80. — Foulque Nerra l'acquiert par son mariage avec une nièce du trésorier Sulpice, 86.

Vilermus, Guillaume.

Vindocinum, Vendôme.

Virnollium, *Virnullium*, Verneuil-sur-Indre.

VIRGILE, *Virgilius*, poète latin. — Citations, 21, 118, 187, 193, 194, 220.

Virso, Vierzon.

Vuandali, Vandales.

Vultona, Boutonne.

W

WAÏFRE, *Wfarius*, duc d'Aquitaine, 18.

Walterius, Gautier.

WANDRILLE (S[t]), *Gandregisillus*, 18.

Warnerius, Garnier.

Westsaxones, habitants du Wessex (Angleterre), 20. — Roi : Astolf.

Willelmus, *Wilermus*, Guillaume.

Wfarius, Waïfre.

Windesmodis, fille d'Adèle, petite-fille de Humbert de Mâcon, 249.

[WISIGOTHS]. — Rois : Alaric Ier, Alaric II, Athanaric, Théodoric, Thorismond. — Voir Goths.

Witdo, Gui.

Y-Z

YPRES, *Ypre* (Belgique), 225. — Voir Guillaume d'Ypres.

ZACHARIE, *Zacarias*, pape, 18.

TABLE DES MATIÈRES

INTRODUCTION. V
Chapitre Ier. — Les diverses rédactions des *Gesta consulum Andegavorum* et leurs rapports. VII
Chapitre II. — Les auteurs des *Gesta consulum Andegavorum*. XVIII
Chapitre III. — La composition des *Gesta consulum Andegavorum*. XXVII
Chapitre IV. — Le *Liber de compositione castri Ambaziae*. . . XLVII
Chapitre V. — Les *Gesta Ambaziensium dominorum*. LVII
Chapitre VI. — Les emprunts aux classiques. LXVI
Chapitre VII. — Manuscrits, traductions et éditions des *Gesta consulum Andegavorum*, des *Gesta Ambaziensium dominorum* et du *Liber*. LXIX
Chapitre VIII. — L'Histoire de Geoffroi le Bel par Jean de Marmoutier LXXXIV
Chapitre IX. — La Chronique de Foulque le Réchin. — Le *De senescalcia Franciae*. — Généalogies angevines. LXXXIX

PREMIÈRE PARTIE

CHRONIQUES DES COMTES D'ANJOU ET DES SEIGNEURS D'AMBOISE. TEXTE DU MANUSCRIT LATIN 6218 DE LA BIBLIOTHÈQUE NATIONALE.

I. — Liber de compositione castri Ambaziae et ipsius dominorum gesta 1
II. — Chronica de gestis consulum Andegavorum. 25
    Prologus 25
    De Tertullo. 26
    De Ingelgerio. 29
    De Fulcone Rufo. 31
    De Fulcone cognomento Bono. 34
    Cronica de Goffredo Grisa Tunica. 37
    Cronica de Mauricio consule. 45
    De Fulcone Nerra. 47
    De Gosfrido Martello. 55
    De Gosfrido Barbato et de Fulcone Richin. 62
    De Fulcone rege Jerusalem. 67
    De Gosfrido comite Andegavorum et duce Normannorum. 71
III. — Gesta Ambaziensium dominorum. 74

DEUXIÈME PARTIE

ADDITIONS AUX « GESTA CONSULUM ANDEGAVORUM » ET TEXTES COMPLÉMENTAIRES

I. — Gesta consulum Andegavorum. Additamenta 135
    1. Exploits d'Enjuger. 135
    2. Piété de Foulque le Bon. 140
    3. Les débuts du monastère de Beaulieu. 143
    4. Légende de la mort de Crescentius. 144
    5. Traité entre Geoffroi Martel et Thibaud de Blois (1044). 148
    6. Fondation de Châteaurenault. 148
    7. Fondation de l'abbaye de la Trinité de Vendôme. . 150
    8. Geoffroi le Barbu et les moines de Marmoutier. . . 152
    9. Récit de la bataille d'Alençon. 155
    10. Vision de Foulque le Jeune à son départ pour la Terre Sainte. 161
    11. Préface de Jean de Marmoutier. 162
II. — Historia Gaufredi ducis Normannorum et comitis Andegavorum 172
    Prologus 172
    Liber primus. 176
    Liber secundus. 225
III. — Fragmentum historiae Andegavensis [auctore Fulcone Richin] 232
IV. — De majoratu et senescalcia Franciae. 239
V. — Genealogiae comitum Andegavensium. 247

APPENDICE. — Fragment de chronique angevine (1151-1223). . 251
Généalogies des comtes d'Anjou et des seigneurs d'Amboise. . . 254-255
Erratum. 256
Table alphabétique des noms de lieux et de personnes. . . . 257

PHILIPPE DE BEAUMANOIR. **Coutumes de Beauvaisis**, texte critique publié avec une introduction, un glossaire et une table analytique, par Am. Salmon, 2 vol. (fasc. 24 et 30). . . . 26 fr. »
    Pour les souscripteurs à la collection. . . . . . 17 fr. 50

PIERRE DUBOIS. **De recuperatione Terre sancte**, traité de politique générale du commencement du XIVe siècle, publié par Ch.-V. Langlois (fasc. 9). . . . . *Épuisé.*

Annales Gandenses, publiées par F. Funck-Brentano, bibliothécaire à la Bibliothèque de l'Arsenal (fasc. 18). . . . . 4 fr. 25
    Pour les souscripteurs à la collection. . . . . 3 fr. »

Chronique artésienne (1295-1304), nouv. éd. et **Chronique tournaisienne** (1296-1314), publiée pour la première fois d'après le ms. de Bruxelles, par Frantz Funck-Brentano (fasc. 25), av. carte. 4 fr. »
    Pour les souscripteurs à la collection. . . . . 2 fr. 75

Textes relatifs aux institutions privées aux époques mérovingienne et carolingienne, publiés par M. Thévenin (fasc. 3). *Épuisé.*

Documents relatifs à l'histoire de l'industrie et du commerce en France, publiés avec une introduction, par Gustave Fagniez. Fasc. I : Ier siècle avant Jésus-Christ jusqu'à la fin du XIIIe siècle (fasc. 22). . . . . 9 fr. 50
    Pour les souscripteurs à la collection. . . . . 6 fr. 50

— Fasc. II : XIVe et XVe siècles, publiés avec une introduction et un glossaire des mots techniques (fasc. 31). . . . . 10 fr. »
    Pour les souscripteurs à la collection. . . . . 7 fr. »

Lois de Guillaume le Conquérant en français et en latin, textes et études critiques, publiés par John E. Matztke, professeur de langues romanes à « Leland Stanford Junior University » Californie), avec une préface historique par Ch. Bémont (fasc. 26). 2 fr. 25
    Pour les souscripteurs à la collection. . . . . 1 fr. 50

Chartes des libertés anglaises (1100-1305), publiées par Ch. Bémont (fasc. 12). . . . . 4 fr. 50
    Pour les souscripteurs à la collection. . . . . 3 fr. 25

Textes relatifs à l'histoire du Parlement depuis les origines jusqu'en 1314, publiés par Ch.-V. Langlois (fasc. 5). 6 fr. 50
    Pour les souscripteurs à la collection. . . . . 4 fr. 50

Les grands traités de la guerre de Cent ans, publiés par E. Cosneau (fasc. 7). . . . . 4 fr. 50
    Pour les souscripteurs à la collection. . . . . 3 fr. 25

Ordonnance Cabochienne (mai 1413), publiée par A. Coville (fasc. 8). . . . . 5 fr. »
    Pour les souscripteurs à la collection. . . . . 3 fr. 50

Documents relatifs à l'administration financière en France de Charles VII à François Ier (1449-1523), publiés par G. Jacqueton fasc. 11. . . . . 8 fr. 50
    Pour les souscripteurs à la collection. . . . . 5 fr. 75

Les grands traités du règne de Louis XIV, publiés par H. Vast (1648-1714), 3 vol. (fasc. 15, 23 et 28). . . . . 15 fr. 25
    Pour les souscripteurs à la collection. . . . . 11 fr. »

Documents relatifs aux rapports du clergé avec la royauté, publiés par L. Mention, 2 vol. fasc. 14 et 34 (1682 à 1789) 10 fr. 50
    Pour les souscripteurs à la collection. . . . . 7 fr. 50

Statuts d'Hôtels-Dieu et de Léproseries, recueil de textes du XIIe au XIVe siècle, publiés par Léon Le Grand, archiviste aux Archives nationales (fasc. 32) . . . . 7 fr. »
    Pour les souscripteurs à la collection. . . . . 5 fr. »

Mémoires de Philippe de Commynes, nouvelle édition publiée, avec une introduction et des notes, d'après un manuscrit inédit et complet ayant appartenu à *Anne de Polignac, comtesse de La Rochefoucauld, nièce de l'auteur*, par B. de Mandrot, 2 vol. fasc. 33 et 36 (1464-1498) . . . . 25 fr. .
    Pour les souscripteurs à la collection. . . . . 15 fr. 50

ROBERT DE SORBON. **De Consciencia et de tribus dietis**, publiés avec une introduction et des notes, par F. Chambon (fasc. 35). 2 fr. 25
    Pour les souscripteurs à la collection. . . . . 1 fr. 50

Recueil d'annales angevines et vendômoises, publié par Louis Halphen (fasc. 37). . . . . 5 fr. 50
    Pour les souscripteurs à la collection. . . . . 3 fr. 75

Monuments de l'histoire des abbayes de Saint Philibert, publiés par René Poupardin (fasc. 38). . . . . 4 fr. 50
    Pour les souscripteurs à la collection. . . . . 3 fr. 25

Annales de Flodoard, publiées d'après les manuscrits, avec une introduction et des notes, par Ph. Lauer (fasc. 39). 8 fr. »
    Pour les souscripteurs à la collection. . . . . 6 fr. »

GUIBERT DE NOGENT. **Histoire de sa vie**, publiée par Georges Bourgin (fasc. 40). . . . . 7 fr. »
    Pour les souscripteurs à la collection. , . . . 5 fr. »

La chronique de Morigny (1095-1152), publiée par Léon Mirot 2e édition (fasc. 41). . . . . 2 fr. 50
    Pour les souscripteurs à la collection . . . . 1 fr. 50

GUILLAUME DU BREUIL. **Stilus curie Parlamenti**, publié par Félix Aubert (fasc. 42). . . . . 7 fr. 50
    Pour les souscripteurs à la collection . . . . 5 fr. 50

Le Journal d'un bourgeois de Paris sous le règne de François Ier (1515-1536), publié par V.-L. Bourrilly fasc. 43 . . . 10 fr. »
    Pour les souscripteurs à la collection. . . . . 7 fr. 50

Recueil de textes relatifs à l'histoire de l'architecture en France XIe-XIIe siècles), publ. par Victor Mortet fasc. 44 12 fr. 50
    Pour les souscripteurs à la collection. . . . . 9 fr. »

BLAISE DE MONLUC **Commentaires**, nouvelle édition critique par P. Courteault. I : 1521-1553 (fasc. 45). . . 10 fr. »
    Pour les souscripteurs à la collection. . . . . 7 fr. 50

Les Miracles de saint Privat, suivis des opuscules d'Aldebert III, évêque de Mende, publ. par C. Brunel (fasc. 46) . . 4 fr. 50
    Pour les souscripteurs à la collection. . . . . 3 fr. 25

CPSIA information can be obtained at www.ICGtesting.com
Printed in the USA
BVOW01s0959190914

367555BV00015B/244/P